SAVANTS ET CHRÉTIENS

ÉTUDES

SUR L'ORIGINE ET LA FILIATION DES SCIENCES

PAR

Le R. P. Th. ORTOLAN, O. M. I.

Docteur en Théologie et en Droit canonique,
Lauréat de l'Institut catholique de Paris,
Membre de l'Académie de Saint Raymond de Pennafort

DELHOMME & BRIGUET, Éditeurs
PARIS | LYON
83, RUE DE RENNES, 83, | 3, AVENUE DE L'ARCHEVÊCHÉ,
1898
Tous droits réservés.

SAVANTS & CHRÉTIENS

ÉTUDES

SUR L'ORIGINE ET LA FILIATION DES SCIENCES

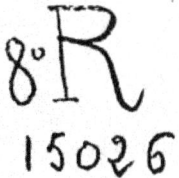

DU MÊME AUTEUR :

ASTRONOMIE & THÉOLOGIE, ou l'Erreur géocentrique, la Pluralité des Mondes habités et le Dogme de l'Incarnation. 1 vol. in-8. Prix . . . . **5 fr.**

Ouvrage couronné par l'Institut catholique de Paris, traduit en allemand, et honoré de lettres approbatives de NN. SS. les archevêques et évêques d'Aix, d'Ajaccio, de Fréjus, de Nice, etc.

Voici quelques courts extraits des longs articles consacrés à ce volume par un grand nombre de journaux et de revues scientifiques et littéraires :

« Si le prix Hugues faisait naître périodiquement des œuvres de cette importance, ce serait une des plus fécondes institutions de notre temps. » (*L'Université catholique.*)

« Ce livre pour être apprécié n'a besoin que d'être lu. L'Institut catholique l'a classé en le couronnant : le public sérieux ne le laissera pas sur la planche. En remerciant le P. Ortolan, nous le prions de ne pas s'arrêter là. Jeune encore, il fait concevoir des espérances qui ne tromperont pas, s'il le veut. Le talent oblige, le succès aussi. » (*L'Univers.*)

« Dans la première partie l'auteur déploie une science historique très vaste, qui, suivant l'expression de Mgr d'Hulst, n'est pas empruntée aux manuels. Il établit un parallèle intéressant entre la cosmologie très large des Pères de l'Église et celle des scolastiques qui, d'âge en âge, se solidarisent davantage avec les erreurs de Ptolémée... La seconde partie est celle qui, sans doute, répond le plus aux préoccupations des lecteurs du *Cosmos*. Mgr d'Hulst cite, avec raison, ces chapitres comme un modèle de discussion scientifique et théologique. C'est une réponse aussi spirituelle que savante aux livres de M. Flammarion. » (*Le Cosmos.*)

« Je recommande vivement la lecture de cet excellent ouvrage. Le but de l'auteur est de démontrer que la doctrine de la Pluralité des Mondes habités n'est pas contraire au dogme de l'Incarnation, et il y réussit parfaitement. Ses preuves sont surabondantes. » (*Revue de la Science nouvelle.*)

« Ce livre, plein d'actualité, envisage d'une manière aussi complète qu'approfondie toutes les faces de la très complexe question à laquelle il s'agissait de répondre. C'est un écrit destiné à faire d'autant plus de bien qu'il est en même temps d'une lecture plus attachante. » (*Polybiblion.*)

« Le R. P. Ortolan traite ces questions avec beaucoup de science et de talent... Dans les derniers chapitres, l'écrivain et l'artiste se donnent plus libre carrière. Opposant aux hypothèses de Flammarion des hypothèses plus vraisemblables, il nous décrit d'une plume brillante ces mondes innombrables... (*Études religieuses des Pères de la Compagnie de Jésus.*)

« Quand la fondation du prix Hugues n'aurait d'autre résultat que d'avoir provoqué la composition d'un tel ouvrage, elle mériterait, par cela seul, la reconnaissance des catholiques, comme de tous les esprits scientifiques dégagés de passions et de préoccupations étrangères à la science elle-même. » (*Revue des questions scientifiques de Bruxelles.*)

« Ce travail de haute valeur, implique des connaissances approfondies aussi bien dans les lettres profanes que dans les lettres sacrées, aussi bien dans les diverses branches des sciences proprement dites que dans la Philosophie, la Théologie et l'Exégèse. L'auteur a de plus le mérite, toujours assez rare, d'avoir rédigé son travail en un langage accessible à tout esprit cultivé. C'est donc un écrit à la portée du grand public et contenant une foule de données précieuses groupées en un faisceau lumineux. » (*Moniteur universel.*)

SAVANTS
ET CHRÉTIENS

ÉTUDES

SUR L'ORIGINE ET LA FILIATION
DES SCIENCES

PAR

Le R. P. Th. ORTOLAN, O. M. I.
Docteur en Théologie et en Droit canonique,
Lauréat de l'Institut catholique de Paris,
Membre de l'Académie de Saint Raymond de Pennafort

DELHOMME & BRIGUET, ÉDITEURS
PARIS | LYON
83, RUE DE RENNES, 83, | 3, AVENUE DE L'ARCHEVÊCHÉ,
1898
Tous droits réservés.

INTRODUCTION

AVANTAGES PRÉSENTÉS PAR L'ÉTUDE
DE L'ÉVOLUTION SCIENTIFIQUE DE L'ESPRIT HUMAIN.

Les hauts sommets sont toujours d'un accès difficile. Il en est ainsi, dans le monde physique, du sommet des montagnes couronné de neige et perdu dans la nue; dans le monde social, du sommet des grandeurs; dans le monde intellectuel, des sommets de la Science.

La route en est souvent escarpée et tortueuse. Elle comporte des montées et des descentes, des haltes multipliées et, quelquefois même, des stations bien longues. On ne pourrait la parcourir sans une habileté, une force, une persévérance peu communes. En outre, côtoyant les abîmes et fertile en dangers, elle s'ouvre uniquement aux vaillants.

Plus la cime est élevée, plus la difficulté augmente. Il est méritoire de gravir le Mont-Blanc; il est glorieux de s'élancer par sa seule énergie personnelle d'un rang médiocre au faîte de la puissance; mais il est plus admirable encore de découvrir la vérité et de la faire rayonner dans le monde. C'est, en quelque sorte, ravir le feu du ciel, comme le Prométhée de l'antique Mythologie.

Selon un mot de Descartes, il est des vérités scientifiques qui sont des batailles gagnées.

On ne s'imaginerait jamais, en effet, tout ce que ces conquêtes pacifiques ont exigé de savantes combinaisons, de labeurs et de veilles, de pénibles efforts et d'héroïque patience.

Depuis la chute originelle, le travail est pour l'homme une inéluctable nécessité. Le génie lui-même, malgré ses intuitions profondes et la vigueur de ses conceptions, n'en saurait être exempt.

En dehors de leur valeur objective, certains biens reçoivent de ce chef un prix inestimable. On est plus heureux de les posséder, en considérant que, sans de constants efforts pour les acquérir, on n'en aurait jamais joui.

La tempête agite-t-elle violemment les vagues écumantes de la mer en furie, le marin se félicite davantage d'être rendu au port. Arraché au courroux des flots, le naufragé dont le navire a été brisé en morceaux, trouve plus belle cette terre qu'il avait pensé ne plus revoir.

Entré vainqueur dans une place forte dont il n'a pu escalader les remparts, sans s'exposer mille fois à une mort imminente, et sans passer sur des milliers de cadavres, le soldat, couvert de sueur et de sang, éprouve une joie plus vive de planter sur la redoute ennemie le drapeau triomphant de la patrie aimée.

Qu'on se rappelle les transports d'Archimède découvrant enfin, après tant d'infructueuses recherches, le principe de l'équilibre des corps dans les liquides. « *Euréka, euréka!* J'ai trouvé! » redisait-il, hors de lui, en courant à travers les rues de Syracuse, sans s'apercevoir que, sorti précipitamment du bain, il en avait gardé le léger costume.

Kepler nous a laissé lui-même le récit de la sublime émotion qu'il ressentit, lorsque, après avoir refait, jusqu'à soixante-dix fois, ses prodigieux calculs sur les mouvements de la planète Mars, il reconnut dans l'orbite de cette planète, vagabonde en apparence, une ellipse régulière dont le Soleil occupe l'un des foyers.

En état, dès lors, de formuler, sur le déplacement des corps célestes dans l'espace, ces trois fameuses lois qui devaient à jamais illustrer son nom, et devenir le fondement inébranlable de l'Astronomie moderne, il s'écria dans une sorte de délire : « Achevons la découverte commencée, il y a vingt-deux ans!... Depuis huit mois, j'ai distingué les clartés naissantes de l'aurore; depuis trois mois, j'ai pu apercevoir les premiers rayons de l'astre du jour à son lever ; enfin, depuis peu, j'ai vu le Soleil de la plus admirable contemplation. Rien ne saurait désormais me retenir ; je m'abandonne à mon enthousiasme... Le sort en est jeté, j'écris mon livre : il sera lu par mes contemporains ou par les générations futures, peu m'importe. Il peut attendre son lecteur. Dieu n'a-t-il pas attendu, six mille ans, un contemplateur de ses œuvres ?... »

Son agitation est si profonde qu'elle semble l'entraîner trop loin. Ce noble orgueil n'est pas cependant une vanité ridicule.

Kepler est heureux d'avoir déchiffré l'énigme de la nature. Par une sagacité merveilleuse et par un superbe élan de son âme, il a deviné la grandiose uniformité du plan divin dans l'œuvre incomparable de la création ; mais il reste humble.

Il s'agenouille devant ce Dieu, suprême ordonnateur des choses, et il lui renvoie toute gloire. D'un autre côté, fuyant les honneurs et les applaudissements, il ne se prévaut pas de sa supériorité manifeste sur les autres savants de cette époque qu'il avait si complètement éclipsés.

L'immortel Newton ne put se défendre d'une agitation semblable, quand il entrevit le grand principe de l'attraction universelle.

Une première fois, ses calculs l'avaient fait douter de la vérité de sa découverte, car les dimensions attribuées alors au globe terrestre n'étaient pas exactes.

Mais lorsque, vingt ans après, l'abbé Picard, professeur d'Astronomie au Collège de France, se servant de méthodes plus rigoureuses et d'instruments plus parfaits, inventés par lui, eut mesuré avec une précision suffisante un degré du méridien, Newton, qui attendait avec anxiété le résultat de cette importante opération, refit sur cette nouvelle base ses laborieux calculs.

Cette fois, sa magnifique théorie recevait une éclatante confirmation.

A la vue d'un si beau triomphe, l'homme de génie qui avait supporté son insuccès précédent avec tant de calme et de patience, sentit une émotion poignante s'emparer de lui. Il eut comme une sorte d'éblouissement et de vertige. Son front devint brûlant, le sang jaillit à ses tempes, ses paupières se fermèrent, et la plume lui tomba des mains.

Incapable de résister à cette excitation qui le dominait, il ne put lui-même continuer ses calculs jusqu'à leur entier achèvement ; il dut en charger un de ses amis, confident de ses pensées.

Ces émotions profondes, cette immatérielle ivresse, ces enthousiasmes de la victoire, tous les pionniers de la vérité les ont éprouvés vivement, comme une légitime récompense de leurs peines et de leurs travaux.

L'Histoire des Sciences nous fait participer aux joies et aux ravissements de ces grands esprits. Entourée alors comme d'une auréole de gloire, la Science paraît plus belle et réellement digne de vénération, quand elle se montre à nous associée à l'idée des efforts qu'elle a réclamés.

Détachées de leurs origines, les découvertes scientifiques perdent quelque chose de leur éclat. Considérées dans l'ensemble des circonstances qui les ont accompagnées, elles sont plus admirables et plus frappantes.

Alors, se révèlent à nous, non seulement les vérités cachées, mais les règles servant à l'intelligence dans ses investigations.

En d'autres termes, là se dévoile non seulement le savoir humain, mais l'esprit de la Science, c'est-à-dire l'idée mère et directrice, le principe régulateur qui éclaire tout.

Le cœur et la volonté y ont aussi leur part et y reçoivent de précieuses leçons. Que de modèles n'y rencontre-t-on pas? De Kepler, par exemple, on apprend la persévérance dans le travail, longtemps ingrat parfois, mais souvent riche d'espérances; Newton nous enseigne le respect de la vérité; Archimède, le patriotisme; et, de nos jours, Pasteur, l'amour de l'humanité, inspirant au génie des moyens merveilleux et puissants, pour diminuer la souffrance et pour éloigner la mort.

Dans cet Ouvrage, nous avons l'intention de décrire la filiation des idées et des méthodes scientifiques. Les recherches de ce genre ont leur charme. N'est-il pas beau de suivre, à travers les siècles, le développement de l'intelligence humaine? de voir naître, à chaque époque, des aspirations nouvelles, et de contempler ensuite leur étonnante réalisation?

Le voyageur et le touriste aiment à visiter les champs de bataille. Là ils se recueillent, et leur imagination évoque les souvenirs du passé. Redonnant pour un instant la vie à ces illustres morts, qui dorment dans la poussière arrosée de leur sang généreux, ils reconstituent, comme de toutes pièces, les armées ennemies. De nouveau ils les mettent en présence, afin d'assister à la mêlée, et de saisir du regard toutes les péripéties du combat.

D'autres champs de bataille, moins bruyants, mais non moins glorieux, mériteraient, eux aussi, d'être visités plus souvent.

Elle a toujours été longue et captivante la lutte entre l'erreur et la vérité. Quel courage n'a-t-il pas fallu pour entreprendre ces expéditions lointaines dans le domaine ténébreux de l'inconnu?

Souvent il n'a pas suffi de l'énergie; mais l'audace et la témérité même ont été nécessaires. Là encore le mot d'Horace s'est trouvé juste: *audaces fortuna juvat*.

Puis, il a fallu du coup d'œil, une prudence consommée, une sagacité à toute épreuve en face de difficultés complexes, et une constance inébranlable, afin de poursuivre sans relâche le but qui semblait fuir.

Qu'il est frappant le spectacle offert par des générations de penseurs prodiguant, sans compter, les forces de leur corps et les ressources de leur âme pour la conquête de la vérité!

Quelle scène!...

C'est là une sorte de drame intellectuel renfermant, comme nous le disions tantôt, de hautes leçons de morale. On y constate, tout d'abord, la supériorité de l'esprit sur la matière, du génie sur le nombre, de l'idée sur les forces aveugles de la nature inanimée.

Au point de vue simplement physique, une armée est toujours plus vigoureuse que le général qui la commande ; mais c'est lui cependant qui communique l'élan, et donne l'impulsion déterminant la victoire.

La fortune d'un peuple est toujours, dans son ensemble, supérieure à celle d'un Crésus ou d'un roi ; mais des milliards d'hommes médiocres n'accompliront jamais ce que fit un Kepler ou un Newton.

Le génie ne se fractionne pas, car il n'est pas, lui-même, la collection d'intelligences bornées.

La Science, c'est la lumière éclairant le monde.

N'est-il pas magnifique le spectacle du Soleil levant? D'abord, ce sont les teintes indécises de l'aurore, forçant les ténèbres à reculer pas à pas ; puis, l'astre du jour, sur le point de paraître, lance dans les couches supérieures de l'atmosphère ses premiers feux, colorant l'horizon et dorant le sommet des montagnes ; enfin, s'avançant dans sa course, et couvrant le ciel entier des nuances les plus vives et les plus variées, il grandit de clartés en clartés, jusqu'à l'étincelante splendeur du plein midi.

Est-il moins admirable le lever du Soleil de la Science, au milieu des ténèbres de l'humanité !

Sur elle, depuis des siècles innombrables, l'ignorance avait jeté un sombre voile ; et voilà que, peu à peu, les éclats du génie percent cette obscurité.

A mesure que les siècles s'écoulent, comme à mesure que passent les heures de la nuit, la lumière devient plus brillante ; elle gagne aussi en étendue. Les rayons divers se réunissent comme en faisceau. Paraissant émaner d'une même source ou d'un même foyer, ils se superposent en centuplant leur puissance, et bientôt illuminent le monde entier.

Nous assistons à cet émouvant spectacle du lever du Soleil intellectuel, soit en étudiant les écrits des savants de tous les âges, et en y surprenant les idées maîtresses qui ont présidé aux grandes découvertes, soit en méditant la vie de ces héros du savoir. Il importe de les considérer eux-mêmes aux prises avec les difficultés de tout genre.

L'Histoire des idées doit marcher de front avec l'Histoire des hommes qui les ont conçues : l'une complète l'autre.

La Science est donc la lumière ; mais la lumière entretient la vie. Les applications multipliées des Sciences naturelles n'ont-elles pas contribué merveilleusement à améliorer les conditions matérielles de l'existence ici-bas ? L'homme n'est-il pas souverain, sur la Terre, et grâce aux étonnants progrès de la Science n'en devient-il pas, de plus en plus, le maître incontesté ? N'a-t-il pas dompté les éléments ?

Cela est vrai à notre époque surtout, et le passé n'est rien en comparaison du présent.

Toutefois, ce n'est pas une raison de ne regarder que dédaigneusement les connaissances imparfaites des temps anciens.

Sans les essais pénibles et les efforts persévérants de nos devanciers, nous serions encore plongés dans l'ignorance. Les premiers, ils ont creusé le sillon ; leurs successeurs ont semé le bon grain ; d'autres, après eux, ont arrosé, et nous commençons à recueillir le fruit de leurs travaux.

Assurément ce ne sont là que les prémices de la moisson. De nos jours, elle n'est pas entièrement levée. Les épis abondants réclament une plus ardente lumière pour être plus encore mûris et dorés.

Si nous nous moquions de nos ancêtres, nous nous exposerions à être nous-mêmes, peut-être dans un avenir prochain, un objet de risée pour la postérité. Ces connaissances, dont nous sommes si fiers, n'exciteront-elles pas, plus tard, un sourire de pitié chez les futures générations ?

On aurait tort de mépriser sa propre enfance : une nation serait plus répréhensible encore en le faisant. Nous voyons, au contraire, des familles vraiment nobles rechercher avec soin tout ce qui a trait à leur origine et à leur passé.

Or, l'Histoire de la Science, c'est l'Histoire de l'humanité entière, car la Science n'est pas emprisonnée dans les étroites limites d'un État. Traits-d'union entre les divers membres de l'immense famille humaine, les hommes réellement supérieurs, sont de tous les temps et de tous les pays.

Mais pour le catholique une étude de ce genre présente un attrait de plus.

Plusieurs de nos contemporains ont osé faire de l'impiété la condition *sine qua non* de la Science. D'après eux, on ne pourrait devenir savant, sans se débarrasser de toute attache religieuse.

Si, pour réfuter ces mensonges, on leur montre des hommes dont le front, entouré de l'auréole du génie, se courbe cependant, ou s'est courbé devant les enseignements de la Foi, ils prétendent que ce sont là des exceptions. La Raison et la Révélation, disent-ils, ne sont-elles pas incompatibles? Un *credo* défini par avance n'est-il pas une entrave à la liberté individuelle et à l'essor de l'esprit dans le domaine de la pensée?

S'ils étaient sincères cependant, ils seraient obligés de reconnaître que nulle institution sur la Terre n'a fait autant que l'Église pour l'avancement des Sciences et la protection des savants. Toujours elle a usé de son influence pour encourager les recherches scientifiques; toujours elle a aidé, favorisé et récompensé ceux qui s'étaient distingués dans la culture de quelque branche du savoir.

Ses instantes recommandations, sous ce rapport, ne sont pas restées lettre morte. Elles furent entendues et portèrent leur fruit.

De tout temps, les catholiques se sont adonnés avec ardeur aux études les plus difficiles; toujours ils l'ont fait avec succès. La plupart des découvertes et des inventions utiles ou importantes leur appartiennent. C'est à eux que le monde les doit.

Presque tous les savants de premier ordre ont été croyants. Ils étaient trop grands pour refuser de se mettre à genoux.

Ce sont là des vérités consolantes et fortifiantes. Nous serons heureux de les constater et de les faire toucher du doigt à nos lecteurs.

Depuis plusieurs siècles, a dit le comte J. de Maistre, l'Histoire est une conspiration contre la vérité.

Cette conspiration du silence et de la calomnie a eu, trop

souvent, des conséquences désastreuses. Ne trouve-t-on pas encore, à notre époque, de nombreuses gens qui en sont les victimes?

On ne va pas, peut-être, jusqu'à se persuader qu'il existe entre la Science et la Foi, une opposition irrémédiable. Mais des mensonges, à ce sujet, ont été si souvent débités avec tant d'effronterie et de cynique assurance, qu'ils finissent par faire une certaine impression.

On se dit alors que l'Église pense trop au Ciel et pas assez à la Terre. Elle possède, il est vrai, les clartés de la Foi et les espérances de la vie éternelle ; mais elle n'a pas les biens de ce monde, et la lumière de la Science, paraît-il, brille de préférence parmi ses ennemis, incrédules, sceptiques ou athées.

C'est là une déplorable erreur, et nous n'admettrons jamais qu'on puisse dévotement se résigner à croire à cette infériorité prétendue.

Dans cet Ouvrage, nous nous proposons de démontrer le contraire. Ce travail a déjà été tenté, nous le savons ; mais nous le reprenons sur une nouvelle base. Il nous suffira d'apporter notre pierre à l'édifice commun.

La première Partie de ce volume traitera de l'origine des Sciences et de leur développement dans l'Antiquité. La seconde exposera ce que les chrétiens du moyen âge ont fait pour la culture des Sciences exactes, physiques et naturelles, malgré les obstacles de tout genre accumulés sous leurs pas.

Comme l'écrivait des anciens moines un des orateurs les plus éloquents de ce siècle, M. le comte de Montalembert : « Ce que nous demandons pour ces hommes et pour leur temps, ce n'est pas grâce, mais justice. »

Notre ambition est de dissiper quelques-uns des nuages par lesquels est cachée l'auréole glorieuse de ces héros oubliés et méconnus. Nous établirons, pièces en mains, leurs états de service, et le lecteur jugera si, oui ou non, ils ont bien mérité de la Science et de la Société.

PREMIÈRE PARTIE

HISTOIRE DES SCIENCES ET DES SAVANTS DE L'ANTIQUITÉ.

CONSIDÉRATIONS PRÉLIMINAIRES

S'il a pris la peine de lire notre Introduction, le lecteur a déjà compris que par le mot *Sciences* nous entendons ici, non pas les Sciences philosophiques, sociales ou morales, mais les Sciences exactes, physiques et naturelles.

A quelle époque celles-ci ont-elles commencé à être constituées régulièrement? Il serait fort difficile de le préciser au juste. Leur origine, entourée de ténèbres impénétrables, ne nous est connue que par des traditions plus ou moins fabuleuses.

Aussi loin que remonte l'Histoire, nous voyons toujours les peuples en possession de quelques vérités d'ordre mathématique. Ces vérités étaient en petit nombre et susceptibles d'être immédiatement réduites à un résultat pratique.

Bien plus tard seulement, et après une lente et pénible élaboration, la Science se dégagea, de plus en plus, des objets matériels dans lesquels, jusque-là, elle s'était concrétisée. Alors, elle revêtit son caractère d'abstraction, cause de sa vraie puissance, et son domaine s'élargit.

Elle ne pouvait se perfectionner qu'en se spiritualisant.

A défaut de documents positifs, des conjectures non dénuées de fondement laissent supposer que la Science des nombres, Arithmétique ou Algèbre élémentaire, se forma d'abord chez les nations commerçantes, comme les Phéniciens, par exemple. Telle était l'opinion de Strabon.

La Géométrie dont le but principal est, non de supputer les nombres, mais d'évaluer l'étendue, longueurs ou surfaces, se développa, sans doute, en premier lieu chez les peuples laboureurs, les Égyptiens, entre autres.

Quelle science eût été plus utile pour terminer les litiges toujours renaissants parmi eux? Ne servait-elle pas, plus que toute autre, à mesurer la superficie des terrains, et à fixer les limites des propriétés toujours confondues par les incessantes inondations du Nil?

Dans ces régions, les efforts de l'intelligence ont évidemment dû se porter, de bonne heure, vers des spéculations de cette nature. Si l'on en croit Hérodote, la Grèce est redevable à l'Égypte de la connaissance des principes géométriques. Dans l'espèce, ce témoignage du Père de l'Histoire paraît digne de foi.

Les plus anciens géomètres dont les noms et les travaux soient parvenus jusqu'à nous, les philosophes grecs, n'ont-ils pas, pour la plupart, visité l'ancienne Égypte, dont les prêtres étaient regardés comme les dépositaires du savoir?

Doués d'une haute puissance de conception, ces Grecs dépassèrent bientôt leurs maîtres. Après avoir réuni en corps de doctrine les vérités éparses, ils en vinrent assez rapidement à des abstractions géométriques d'un ordre parfois très élevé. Ils n'en prévirent pas assurément toutes les conséquences, mais ce fut assez pour leur gloire : ils avaient posé, sans bien s'en rendre compte, les bases de l'Analyse transcendante.

Fait digne de remarque : la Grèce, quoique destinée à être placée, dans la suite, à la tête des nations policées, ne commença vraiment, comme le reste de l'Europe, à compter dans l'Histoire, qu'après avoir été rattachée à l'Orient, où se trouvait alors le foyer de la civilisation.

Quant aux Sciences d'observation, telles que l'Astronomie, elles naquirent apparemment chez les peuples nomades ou pasteurs. Les premiers astronomes furent vraisemblablement les Chaldéens, habitués dès leur enfance à contempler le lever et le coucher des astres, pendant de longues nuits transparentes, sous un ciel toujours pur, dans les immenses plaines où paissaient leurs troupeaux.

Il serait injuste, ici, d'oublier les Hindous. Chez eux,

dès l'antiquité la plus reculée, les Sciences furent florissantes. Les vieux et gigantesques monuments dont le sol de l'Inde est parsemé, sont une preuve incontestable des connaissances de tout genre auxquelles ces peuples furent initiés, bien des siècles avant notre ère.

Est-ce là le véritable berceau des Sciences? De là se sont-elles répandues en Asie-Mineure, et, dans la suite, en Égypte? Ou bien faut-il voir, dans ces divers pays, des centres distincts de civilisation scientifique?... problème historique dont la solution sera toujours bien ardue, et ne donnera lieu souvent qu'à des hypothèses plus ou moins hasardées.

Sans nous livrer, ici, à des discussions oiseuses, car elles n'aboutiraient probablement à aucun résultat positif, nous raconterons dans cette première Partie et en divers Chapitres, ce que furent dans l'Antiquité l'Arithmétique, la Géométrie, l'Algèbre, l'Astronomie, la Mécanique, la Physique et la Chimie.

CHAPITRE PREMIER

LES CALCULATEURS DANS L'ANTIQUITÉ.

§ I

Leur manière d'écrire les nombres et de les compter.

I

La Notation numérique.

Disons, tout d'abord, un mot des systèmes primitifs de notation numérique.

Il y en eut de trois sortes : par les barres, par les lettres, par les chiffres. Afin de nous conformer à l'ordre chronologique, nous ne parlerons de la troisième que dans la partie de l'Ouvrage consacrée au moyen âge.

Dans le premier système, le plus ancien naturellement, les nombres étaient représentés par de simples traits, ou lignes droites, plus faciles à tracer sur les pierres ou les briques, et à creuser dans le bois. C'étaient des entailles ou des encoches.

D'après la façon dont elles étaient placées, les unes par rapport aux autres, elles indiquaient les unités simples, les dizaines ou les centaines : la direction verticale, horizontale ou oblique, établissait ces distinctions.

Quelquefois aussi, la position réciproque des signes marquait qu'on devait les additionner ou les soustraire. Mais de longs siècles s'écoulèrent, avant qu'il y eût, à cet égard, une règle fixe, commune aux différents peuples. Souvent même, l'usage variait de province à province, et de ville à ville. On conçoit sans peine tout ce que ce défaut d'uniformité devait engendrer de confusion.

Quand le nombre de barres était trop considérable, on les séparait en groupes, afin de donner à l'œil plus de commodité pour les compter. Cela était nécessaire déjà pour les neuf premiers nombres.

Les voici représentés d'après la coutume des Égyptiens :

```
I                         III  } ou  III III
II                        III  
III                       IIII } ou  IIII III
                          III  
II   } ou  IIII           IIII } ou  IIII IIII
II                        IIII 
III  } ou  III II         III III } ou  III III III
II                        III
```

Les Phéniciens faisaient de même ; seulement ils prolongeaient leur système de notation au delà de la première dizaine des unités, en ajoutant un trait horizontal aux symboles précédents. Ainsi, par exemple, les nombres 11, 12, 13, 15... 17... s'exprimaient par

I ⁻, II ⁻, III ⁻, II III ⁻.... IIII III ⁻....

Suivant toute probabilité, les Grecs, dans les premiers siècles de leur Histoire, employèrent également cette notation.

On la retrouve aussi chez les anciens Chinois. Les barres, en usage chez eux, étaient verticales pour les unités simples, et horizontales pour les dizaines ; puis, elles redevenaient verticales pour les centaines, et de nouveau horizontales pour les mille.

Ainsi :

I, II, III, IIII, III II....

indiquaient 1, 2, 3, 4, 5.... ou 100, 200, 300, 400, 500....

et

$$\underline{} \quad \underline{=} \quad \underline{\equiv} \quad \overline{\overline{=}} \quad \overline{\overline{\equiv}},$$

10, 20, 30, 40, 50.... ou 1000, 2000, 3000, 4000, 5000....

Pour éviter une trop grande accumulation de barres, ils avaient inventé un signe abréviatif pour les nombres supérieurs à cinq. Au-dessus des précédents ils posaient un trait perpendiculaire dont la valeur était 5.

Ils avaient donc

$$\overline{\text{I}}, \overline{\text{II}}, \overline{\text{III}}, \overline{\text{IIII}}$$

pour 6, 7, 8, 9, ou 600, 700, 800, 900,

et

$$\underline{!} \quad \underline{!!} \quad \underline{!!!} \quad \underline{!!!!}$$

pour 60, 70, 80, 90, ou 6000, 7000, 8000, 9000.

Les Étrusques, un des plus anciens peuples de l'Italie, et qui, d'après une tradition fort répandue, descendaient des Lydiens, se servaient, eux aussi, de barres verticales ; mais il exprimaient le nombre cinq par deux traits obliques, réunis à leur extrémité et formant un angle aigu, ou un V, soit droit, soit renversé. Le nombre dix était alors représenté par un double V, c'est-à-dire par un X.

Dans le principe, ils écrivaient de droite à gauche, comme les Orientaux. Cela nous explique pourquoi dans leurs vieilles inscriptions on trouve indifféremment

IΛ ou ΛI pour 6 ; IIV ou VII pour 7 ; IIX ou XII pour 12, etc.

Un signe à gauche d'un autre de plus grande valeur, était aussi tantôt additif et tantôt soustractif. Pour éviter toute confusion, à ce sujet, les Romains établirent, plus tard, que le signe additif serait toujours à droite, et le soustractif à gauche.

Dès lors, on eut

IV pour 4, et VI pour 6 ; IIX pour 8, et XII pour 12 ;
IX pour 9, et XI pour 11, etc.

Un signe intercalé au milieu de deux autres était toujours soustractif; on écrivait

XIV pour 14 ; XIIX pour 18 ; XXIIX pour 28 ; etc.

De là vinrent les expressions de ce genre *undevigenti, duodeviginti, undetriginta*, etc., c'est-à-dire *vingt moins un, vingt moins deux, un enlevé de trente* pour dix-neuf, dix-huit, vingt-neuf, etc., expressions renouvelées des Indiens et du sanscrit, retrouvées dans certaines langues modernes, dans l'anglais, par exemple, pour les mots *eleven* et *twelve*, onze et douze.

De là vint aussi, peut-être, pour les Romains l'usage de compter dans leur calendrier les jours en rétrogradant.

Le système de notation par barres des anciens Romains, en se perfectionnant peu à peu, aboutit comme tout naturellement au système de notation par lettres.

Cette évolution est assez curieuse.

Les unités simples, comme nous l'avons dit, s'exprimaient à l'origine par des traits uniques, uniformément répétés. Le nombre dix terminait cette première série.

Pour la série suivante, celle des dizaines, on prit deux de ces traits, et on les croisa. Le signe des dizaines fut ainsi trouvé : ce fut X.

L'ordre demandait que pour les centaines, composant la troisième série, trois lignes fussent employées. Il s'agissait de les combiner ensemble. On y réussit, en reprenant la barre initiale à laquelle on ajouta deux petits traits horizontaux, en haut et en bas. Le symbole des centaines fut donc Ɛ.

Pour les mille il fallait évidemment quatre traits, arrangés le mieux possible. On prit, à cet effet, les deux moitiés de X; mais, au lieu de les mettre l'une sur l'autre, on les mit à côté, de cette façon, ΛΛ.

Peu à peu, en arrondissant les angles du symbole Ɛ, on le transforma en C, et en rapprochant les deux parties ΛΛ on obtint un M.

Les quatre principaux signes de la notation romaine I, X, C, M, devenaient donc des lettres de l'alphabet.

Le système se prêtait à de nouveaux perfectionnements.

On voulut le simplifier. Afin d'éviter la répétition perpétuelle des mêmes symboles, on s'imagina, pour représenter les nombres intermédiaires, de couper en deux les signes déjà possédés.

Le caractère X, partagé en deux, donna pour le nombre cinq les deux formes V et Λ. Elles furent d'abord employées simultanément ; puis, on se détermina uniquement pour la première, à cause de sa similitude avec une lettre de l'alphabet, le V.

À son tour, le symbole des centaines C, divisé en deux parties, fournit pour le nombre cinquante, deux expressions L et Γ. On choisit encore celle qui se rapprochait le plus d'une des lettres de l'alphabet, et le nombre cinquante fut représenté par L.

Les quatre traits combinés qui représentaient les mille, ayant pris dans la suite une forme arrondie, comme le signe des centaines, s'étaient transformés en ထ. Ce nouveau caractère, divisé lui aussi en deux parties, donna pour le nombre cinq cents, les deux signes Ɑ et D. On choisit le second comme se trouvant dans l'alphabet.

Ainsi, tous les chiffres romains furent représentés par les sept lettres de l'alphabet I, V, X, L, C, D, M, dont les valeurs étaient respectivement 1, 5, 10, 50, 100, 500, 1000.

Parlons maintenant plus directement du système de la notation par lettres.

Les Hébreux s'en servaient déjà, alors que les Romains et les Étrusques en étaient encore aux simples traits rectilignes ; mais ils y employaient toutes les lettres de leur alphabet, et non pas quelques-unes seulement.

Ces lettres sont au nombre de vingt-deux. Comme cinq d'entre elles sont susceptibles de recevoir une forme finale, elles fournissaient donc vingt-sept différents caractères. C'était suffisant pour les besoins de cette numération.

Les neuf premières lettres exprimaient les unités ; les neuf suivantes, les dizaines ; les quatre dernières et les cinq lettres finales, les centaines.

En voici le tableau avec leur valeur respective en regard :

Unités.	Dizaines.	Centaines.
Aleph א aspirée légère. = 1	Iod י y, i. . . = 10	Quoph ק q. . . = 100
Beth ב b. . . . = 2	Caph כ k. . . . = 20	Resch ר r . . . = 200
Ghimel ג g. . . = 3	Lamed ל l. . . = 30	Schin ש s. . . = 300
Daleth ד d. . . = 4	Mem מ m. . . = 40	Thau ת th. . . = 400
Hé ה aspirée . . = 5	Noun נ n. . . . = 50	Caph final ך c . = 500
Vau ו v. . . . = 6	Samech ס s. . . = 60	Mem id. ם m. . = 600
Zaïn ז z. . . . = 7	Aïn ע aspir. tr. fort. = 70	Noun id. ן n. . = 700
Heth ח aspirée forte. = 8	Phé פ ph, f. . . = 80	Phé id. ף ph. = 800
Teth ט t. . . . = 9	Tsadé צ ts. . . = 90	Tsadé id. ץ ts . = 900

L'emploi des lettres finales pour désigner des centaines au-dessus de 400 fut en usage chez les Massorètes ; mais les rabbins préféraient se servir du thau ת, 400, auquel ils ajoutaient les autres lettres indiquant les centaines précédentes, par exemple תר = 600.

Surmontées de deux points, les lettres de l'alphabet exprimaient successivement les unités de mille, les dizaines et les centaines de mille : ד̈ = 4.000 ; ל̈ = 30.000, etc.

Dans les nombres composés de plusieurs lettres, le symbole du nombre le plus grand était toujours à droite שב = 302.

Enfin, particularité à noter, le nombre 15, au lieu d'être représenté par יה (10 + 5), l'était par טו (9 + 6), parce que יה était l'abréviation du nom ineffable de Dieu, יהוה.

Les Grecs empruntèrent aux Hébreux ce système de numération.

Chez eux aussi, les unités simples furent représentées par les neuf premières lettres de l'alphabet ; les dizaines, par les neuf lettres suivantes ; et les centaines, par les dernières.

Mais, leur alphabet ne se composant que de vingt-quatre lettres, ils durent y intercaler trois signes spéciaux. Afin de s'écarter le moins possible de la notation des Hébreux, ils mirent ces nouveaux symboles précisément à la place où les caractères hébraïques manquaient de correspondants.

Le *stigma* ς ou *digamma* (deux fois *gamma*, ou deux fois trois) fut placé avant le *zéta* ; il correspondait au *vau* des Hébreux : on l'appelait pour cela ἐπίσημον Ϝαυ, ou simplement ἐπίσημον. L'autre, le *coppa*, ϙ ou Ϟ, correspondant au *quoph* des Hébreux, fut placé après le *pi*. Enfin, le troisième prit rang après l'*oméga* : c'était le *sampi* ϡ. On le forma d'un ancien *sigma* renversé avec un π au dedans.

Voici le tableau de ces expressions numériques :

Unités.			Dizaines.			Centaines.		
Α	α′	= 1	Ι	ι′	= 10	Ρ	ρ′	= 100
Β	β′	= 2	Κ	κ′	= 20	Σ	σ′	= 200
Γ	γ′	= 3	Λ	λ′	= 30	Τ	τ′	= 300
Δ	δ′	= 4	Μ	μ′	= 40	Υ	υ′	= 400
Ε	ε′	= 5	Ν	ν′	= 50	Φ	φ′	= 500
ς′		= 6	Ξ	ξ′	= 60	Χ	χ′	= 600
Ζ	ζ′	= 7	Ο	ο′	= 70	Ψ	ψ′	= 700
Η	η′	= 8	Π	π′	= 80	Ω	ω′	= 800
Θ	θ′	= 9	ϙ′ ou Ϟ		= 90	ϡ′		= 900

A l'encontre des Hébreux, les Grecs avaient la coutume de poser à gauche des chiffres les plus faibles les chiffres les plus forts, par exemple μα′, 41 ; οδ′, 74 ; ρξε′, 165. Ils ne connaissaient pas l'usage du zéro, inutile, puisque chaque chiffre indiquait l'ordre d'unités représenté par lui. Ainsi, par exemple, le nombre 809 s'exprimait simplement par ωθ′.

Pour certains cas, assez rares du reste, comme pour le dénombrement des chants d'un poème, on n'intercalait pas les trois signes supplémentaires. Chaque lettre avait alors la valeur tirée de son ordre de classement dans l'alphabet ; par exemple, ω valait 24 au lieu de 800.

Dans les inscriptions, ils employaient encore un autre système. Ils se servaient alors des initiales des noms de nombre. L'unité était représentée par Ι (initiale de Ια, pour μία, un ;) cinq par Π (de Πέντε ;) dix par Δ (de Δεκα ;) cent par Η de Ηκάτον ;) mille par Χ (de Χιλιοί ;) et dix mille par Μ (de Μυριοι.)

Ces lettres étaient susceptibles d'être redoublées, et quand on renfermait dans un Π une d'elles, on quintuplait sa va-

leur. Pour 100.000 on écrivait M dans un Δ, et pour
1.000.000 M dans un H.

Mais ce procédé, un peu trop compliqué, n'était pas commode pour les usages de la vie et pour les opérations numériques. On lui préférait donc celui de l'alphabet complet, tel que nous l'avons exposé plus haut.

On marquait d'un point au-dessus, ou d'un petit accent à droite, les lettres numérales, afin de ne pas les confondre avec les signes purement alphabétiques. Toutefois, dans les nombres composés de plusieurs chiffres, on se contentait d'accentuer la lettre de droite.

Pour exprimer les neuf premiers nombres de mille, les Grecs reprenaient les neuf premières lettres avec un *iota* souscrit, ou une virgule à côté. Ils auraient pu se servir des dix-huit signes suivants avec ce même iota souscrit, pour les dizaines et les centaines de mille, et continuer ainsi indéfiniment avec deux, trois... *iota*, pour les millions, les milliards, les trillions... mais ils n'y songèrent pas, n'ayant jamais l'occasion d'opérer sur des nombres si élevés.

Pour les fractions, les Grecs écrivaient le numérateur à côté du dénominateur, mais un peu en haut, comme une sorte d'exposant. Si le numérateur était l'unité, on le représentait par une apostrophe.

II

La Numération.

Jusqu'au IIIe siècle avant notre ère, leur numération ne s'étendit pas au delà de dix mille, c'est-à-dire d'une myriade.

Archimède pensa, le premier, à dépasser ce terme; mais, au lieu de la prolonger comme nous venons de l'indiquer, ce qui eût été la méthode la plus simple, il considéra la myriade comme une unité nouvelle. Sur cette base, il assit un système trop compliqué encore, et destiné à être abandonné par ses successeurs.

Voici à quel propos il fut amené à compléter la nomenclature numérique des Grecs. Il le fit dans un livre intitulé l'*Arénaire*, et dédié à Gélon, fils de Hiéron, roi de Syracuse, parent d'Archimède lui-même.

C'est, dans l'ordre chronologique, un des derniers ouvrages du grand géomètre, mais non l'un des moins remarquables, quoique l'auteur, en le composant, ne poursuivit aucun résultat pratique.

Ses contemporains, précisément à cause de l'imperfection de leur Arithmétique, croyaient incommensurable le nombre de grains de sable dont se compose le globe terrestre. Ils le supposaient infini, comme certains matérialistes de notre époque disent infini le nombre des étoiles constituant les nébuleuses dont le ciel physique est peuplé.

Archimède sentit de prime abord la fausseté de cette conception. Il voulut montrer que le nombre infini ne saurait être réalisé dans la nature, et pourrait tout au plus, d'une certaine façon, exister dans l'esprit.

A cet effet, il entreprit de calculer non seulement le nombre de grains de sable composant le globe terrestre, mais celui qui serait nécessaire pour remplir une sphère dont la Terre serait le centre, et dont la circonférence s'étendrait jusqu'à l'orbite du Soleil.

L'illustre géomètre attribuait au méridien terrestre une longueur de trois cents myriades de stades environ, la stade valant cent vingt-cinq pas. Le diamètre du Soleil lui paraissait être trente fois celui de la Terre ; enfin, il donnait à la sphère, ayant la Terre pour centre et l'orbite du Soleil pour limite, un diamètre d'environ cent myriades de myriades de stades.

Il possédait ainsi tous les éléments de calcul, pour évaluer le nombre de grains de sable contenus dans cette sphère immense. Mais, pour un nombre aussi colossal, la numération si restreinte des anciens Grecs n'était pas suffisante. Il fallait évidemment la compléter.

Archimède y travailla. Son système est assez ingénieux, mais il manque de régularité. Le voici, tel qu'il l'expose lui-même dans l'*Arénaire*.

Prenant la numération là où elle s'arrêtait, c'est-à-dire à la première myriade, il considéra celle-ci comme unité, et la répéta dix mille fois. Il eut ainsi le carré de la myriade, ou 100.000.000 d'unités simples.

Il appelait nombres premiers ceux qui vont jusqu'à cette première myriade de myriades. Celle-ci, à son tour, devenait l'unité des nombres seconds, qui comptaient jusqu'à dix mille myriades de myriades de la seconde espèce, ou de myriades carrées.

De même, une myriade de myriades de second ordre, formait l'unité des nombres troisièmes qui, de cette façon, servaient à compter les myriades à la troisième puissance. Il poursuivait ainsi jusqu'aux nombres huitièmes. Ces huit ordres de nombres, ou, si l'on veut, ces huit puissances de myriades, formaient la première période, nommée aussi première *octade*.

La seconde période était conçue d'une manière identique. L'unité de ses nombres premiers était le nombre le plus élevé de l'octade précédente. Elle avait aussi ses nombres seconds, troisièmes... et huitièmes, après lesquels commençait la troisième période, et ainsi de suite indéfiniment.

Comme on le voit, la régularité de l'ensemble laissait à désirer; il y avait là une complication inutile, et les séries successives auraient pu être mieux ordonnées.

Archimède trouva que le nombre de grains de sable contenus dans la sphère étudiée, ne monterait pas à mille unités des nombres septièmes. Certes, ce n'était point là l'infini.

Mis en goût par ce premier résultat, il chercha de même le nombre de grains de sable contenus dans une sphère ayant la Terre pour centre et s'étendant jusqu'aux étoiles fixes. Le nombre devait être prodigieux, ce semble; mais cependant il s'élevait, à peine, aux unités du soixante-quatrième terme de son échelle numérique.

Évidemment, ce n'était point là encore l'infini. Il y avait dans cette démonstration rigoureuse de quoi confondre assurément ceux qui jugent des grands nombres par l'imagination.

Si l'on est en droit de reprocher à cette nomenclature du géomètre grec un défaut manifeste de simplicité et de régularité, on ne pourrait cependant l'accuser de manquer de valeur : elle renferme en germe le principe de la théorie des logarithmes.

Malgré ses imperfections, elle porte donc l'empreinte incontestable du profond génie d'Archimède.

Au lieu de calculer directement le nombre de grains de sable contenus dans la sphère proposée, l'auteur de l'*Arénaire* se contente de fixer dans quel rang se trouvent les plus hautes unités de ce nombre : c'est, en réalité, chercher la partie entière du logarithme de ce nombre. Sa numération, en effet, est une progression indéfinie de termes continuellement proportionnels à partir de l'unité.

Nous l'avons déjà dit, ce système ne fut jamais admis dans la pratique.

Un demi-siècle après Archimède, un de ses plus illustres successeurs, le géomètre Apollonius de Perga, essaya de prolonger, lui aussi, la numération, mais en la simplifiant.

Il commença par réduire de moitié les périodes ou *octades* d'Archimède ; puis, il eut l'idée d'adopter pour les myriades supérieures la notation de la première myriade. Les nombres trop considérables se trouvaient ainsi divisés en groupes ou tranches de quatre chiffres au plus.

La séparation des groupes s'établissait par des points à partir de la droite. La première tranche indiquait les unités ; il pouvait y en avoir jusqu'à 9,999. La seconde tranche, en allant vers la gauche, désignait les myriades ; la troisième, les carrés de myriades, et ainsi de suite.

Dans les opérations, Apollonius, au lieu de se servir des vingt-sept lettres de l'alphabet, aurait voulu n'employer que les sept premières. Celles-ci, outre leur valeur nominale ou absolue auraient eu également une valeur relative, ou valeur de position. C'eût été là une simplification fort utile.

Il semblait, dès lors, qu'il n'y eût plus qu'un pas à faire pour en arriver à notre système actuel si régulier et si commode. Il suffisait d'accomplir sur les simples dizaines, ce qu'Apolonius avait fait pour les myriades, ou dizaines de mille.

Toutefois ce progrès si important, suite naturelle des perfectionnements déjà réalisés, allait exiger encore un long espace de siècles.

Nous reparlerons de cette question plus bas, quand nous traiterons de l'Histoire des Mathématiques au Moyen Age.

Il nous suffira de remarquer, ici, l'influence capitale exercée sur les développements de la Science des nombres, par le système de notation numérique et de numération employé chez les divers peuples. Plus ce système a offert de simplicité et de facilité pour les combinaisons des valeurs particulières, plus la Science des Mathématiques a progressé rapidement.

A quelle cause, en effet, pourrait-on attribuer l'infériorité que nous allons constater chez les Grecs et les Romains, sous ce rapport, si ce n'est à l'imperfection manifeste de leur système de numération?

La nôtre est vraiment admirable, et néanmoins elle nous paraît si simple maintenant, que chacun se croirait capable de l'inventer, si elle n'existait pas encore. Nous y sommes habitués dès notre enfance. Il nous semblerait impossible de calculer autrement que par elle; et cependant, pour la trouver, il a fallu des prodiges de génie et des siècles de travail.

§ II

Les Opérations fondamentales.

I

Diverses causes qui ont empêché longtemps le perfectionnement de la Science des nombres.

Après les considérations précédentes sur la numération des anciens, il ne sera pas besoin de longs développements pour donner une idée nette de leur Arithmétique. Elle fut naturellement très incomplète.

Nous ne dirons rien des peuples qui se contentaient de compter sur leurs doigts, ou à l'aide de coquilles et de petites pierres [1]. Ils ne pouvaient pas assurément aller bien loin.

Les nécessités journalières et les échanges commerciaux familiarisèrent de bonne heure les hommes avec les opérations fondamentales de l'Arithmétique, au moins dans leurs cas les plus simples.

L'invention de la *Table de multiplication* contenant tous les produits des neuf premiers nombres, est attribuée à Pythagore, qui vivait au VIe siècle avant J.-C. Maintenant encore elle porte son nom.

Mais jusqu'au IVe siècle, c'est-à-dire jusqu'à Aristarque de Samos, et même jusqu'à Archimède (IIIe siècle), on ne trouve dans les écrits des géomètres grecs aucune trace d'opérations numériques. Ils ne paraissent pas en avoir senti l'utilité, ni avoir soupçonné aucun rapport pos-

---

[1]. Le souvenir de cet usage s'est conservé, d'après plusieurs étymologistes, dans le nom par lequel les Romains désignèrent la Science des nombres, le *Calcul*, de *calculus*, caillou. Certains auteurs cependant trouvent cette étymologie plus ingénieuse que vraie.

sible entre elles et les spéculations géométriques auxquelles, cependant, ils s'étaient déjà livrés avec tant d'ardeur et de succès.

Comment auraient-ils supposé entre ces deux genres d'études une relation quelconque? La Science des nombres était encore si dénuée de clarté, si embrouillée dans ses expressions, si embarrassée dans sa marche! Elle semblait condamnée à une stérilité presque totale, à cause de la difficulté de ses procédés.

Aussi raisonnèrent-ils seulement sur les grandeurs concrètes, lignes, surfaces, volumes, poids, temps, etc.; jamais ils ne le firent sur leurs valeurs abstraites, mesures ou nombres représentant ces grandeurs.

Ils étaient capables de calculer celles-ci avec une approximation suffisante; mais leur méthode différant de la nôtre leur suggérait une manière de s'exprimer toute particulière. Ils ne disaient point, comme nous, par exemple: L'aire d'un rectangle s'obtient en multipliant la mesure de sa base par celle de sa hauteur; ou: La surface d'un cercle est la moitié du produit de la mesure de sa circonférence par celle de son rayon; ou encore: La superficie d'une sphère égale le produit des mesures de la circonférence d'un grand cercle et d'un diamètre.

Mais ils disaient: La surface d'une sphère est égale à celle d'un cylindre dont la base serait un grand cercle et la hauteur un diamètre; celle d'un cercle égale celle d'un triangle qui aurait pour base la circonférence, et pour hauteur le rayon; un rectangle est à un autre comme sa base est à une quatrième proportionnelle à trois lignes, représentant respectivement la hauteur du premier rectangle, et la base et la hauteur du second.

Cette façon de parler provenait de leur habitude de ne pas séparer assez les idées abstraites des objets eux-mêmes. Les Sciences mathématiques, à leur naissance, se confondant encore avec les phénomènes du monde sensible, conservaient trop la forme concrète.

Les premiers géomètres ne surent pas s'affranchir de ces liens naturels; aussi, privée de l'abstraction qui seule pouvait lui permettre de se développer, la Science des nombres végéta longtemps, et resta pendant plusieurs siècles à peine ébauchée.

Un autre obstacle s'opposait à son perfectionnement : celui des *quantités incommensurables*. Pour les grandeurs croissant d'une manière continue et par degrés insensibles, il est certains états qui ne sauraient être représentés exactement par des nombres, quand ceux-ci désignent des unités communes à divers genres de grandeurs, comme stades, pas, coudées, pieds, palmes, doigts, etc.

En devenant mathématiciens à de telles conditions, les anciens géomètres auraient craint de n'aboutir qu'à des valeurs approchées. Toutes leurs spéculations leur auraient donc paru fausses.

Ces considérations suffisaient, pour les faire renoncer à l'idée de raisonner sur les mesures des grandeurs, plutôt que sur les grandeurs elles-mêmes. D'ailleurs, cette idée ne leur était pas venue, car ils n'en virent jamais l'utilité.

La notion de nombre étant donc absolument étrangère à leurs préoccupations, il y eut séparation complète entre la Géométrie et l'Arithmétique. Celle-ci, presque entièrement abandonnée, dut se développer indépendamment, et ne gagna point à demeurer seule dans son propre domaine. Elle fit peu de progrès, et n'a laissé presque aucune trace dans l'Histoire de cette époque [1].

Les nombres n'étaient employés dans les ouvrages scientifiques d'alors qu'au numérotage des propositions. Ils s'y rencontraient donc d'une façon très accessoire, toujours comme entiers, et jamais comme fractionnaires.

Au contraire, les expressions de proportions, de rapports, ou plutôt de raisons entre plusieurs grandeurs données, s'y voyaient à chaque page et presque à chaque ligne. Les géomètres savaient mettre ces raisons ou rapports sous une multitude de formes différentes, afin de transformer les proportions, et de les faire servir à des usages variés. Ils

---

1. Les Grecs semblent avoir eu, dans ces temps reculés, l'habitude de commencer généralement leurs opérations par la gauche.

avaient les raisons *composées* d'autres raisons, la raison doublée, triplée, sesquialtère, etc.[1]

II

Premières manifestations de la Science des nombres.

Comme nous l'avons déjà dit, c'est seulement vers le III° ou IV° siècle avant J.-C. que le calcul numérique commença à devenir l'auxiliaire des recherches scientifiques. Cependant cette innovation due à Aristarque de Samos et à Archimède (dans l'Arénaire) eut pour cause des considérations d'ordre astronomique : elle ne fut pas nécessitée par la Géométrie elle-même.

Ces grands hommes avaient désiré connaître le rapport des distances de la Terre à la Lune et au Soleil ; puis, celui de la circonférence au diamètre. Mais ces quantités dont ils cherchaient la raison, étaient liées, l'une à l'autre, par des lois beaucoup plus compliquées que celles dont jusque-là on avait eu occasion de s'occuper.

Auparavant, pour les problèmes de ce genre, et dans les cas les plus simples, on divisait mécaniquement une des grandeurs en un certain nombre de parties égales, et l'on examinait combien de fois une de ces parties était contenue dans l'autre grandeur. On découvrait ainsi leur raison ou rapport.

Un procédé aussi élémentaire ne pouvait évidemment conduire qu'à des *à peu près*.

Maintenant les opérations mécaniques ne répondaient plus aux besoins de la Science. Il était urgent d'introduire en Géométrie un facteur nouveau. L'abstraction pénétra

---

1. Ils disaient, par exemple, deux rectangles sont entre eux en raison composée des bases et des hauteurs.

donc dans la Science des grandeurs concrètes, non toutefois sans beaucoup de restriction et de parcimonie.

La méthode de calcul numérique en fut alors à ses premiers débuts. Ils consistaient en de longs tâtonnements, propres à conduire seulement à des résultats approximatifs.

Comme l'on manquait encore de procédés réguliers, on essayait des nombres alternativement trop forts et trop faibles. Si l'un d'eux fournissait une solution exacte, on s'en tenait là. Dans le cas contraire, on prenait la moyenne des deux résultats les plus approchés : elle était comme la limite vers laquelle convergeaient les valeurs étudiées.

Archimède enseigna une autre méthode dans son *Traité de la Mesure du Cercle*. Il trouva pour le rapport de la circonférence au diamètre, ou π, une valeur égale au triple du diamètre, augmenté d'une portion du diamètre plus petite que le $\frac{1}{7}$, ou les $\frac{10}{70}$, et plus grande que les $\frac{10}{71}$ de ce même diamètre [1].

Il y parvint en considérant la circonférence comme la limite vers laquelle tendent les périmètres d'un polygone régulier inscrit et d'un polygone régulier circonscrit, dont le nombre des côtés augmente indéfiniment.

Partant de l'hexagone, il calcula successivement jusqu'aux polygones inscrits et circonscrits de 96 côtés. Ces opérations lui donnèrent pour valeur approchée un peu moins de $\frac{22}{7}$ du diamètre. Exprimée en décimales, cette valeur revient à 3,1428. Elle comporte, en plus, une erreur de treize dix-millièmes.

Plus tard, mais longtemps après, à la fin du XVIe siècle, c'est-à-dire près de deux mille ans après le grand géomètre de Syracuse, Adrien Métius, poursuivant ces mêmes calculs, obtint pour π la fraction $\frac{355}{113}$ ou 3,1415920. Cette expression ne manque d'exactitude qu'à la septième décimale, avec une erreur, en moins, de deux dix-millionièmes.

Le rapport de la circonférence au diamètre étant un

---

[1]. *De la Mesure du Cercle.* Proposition III.

nombre incommensurable ne peut être évalué que par approximation ; mais rien n'empêche de pousser cette approximation aussi loin qu'on le veut. Archimède aurait pu continuer : il ne le fit pas, n'en voyant pas la nécessité.

Aussi cherchait-il non pas précisément le *rapport* de la circonférence au diamètre, mais la *raison* entre ces deux grandeurs, et pour lui ce n'était pas tout à fait la même chose. Il y a une raison entre elles, car elles varient proportionnellement ; mais comme il n'y a pas de nombre capable d'exprimer cette raison avec une absolue rigueur, essayer de la calculer aurait semblé alors un problème absurde.

Pendant longtemps encore la raison et le rapport devaient rester deux concepts différents.

Cette valeur de π, dont la connaissance nous paraît maintenant indispensable, est la chose à laquelle eût tout d'abord pensé Archimède, s'il eût été astronome, car elle lui eût été d'un usage quotidien. Comme il était, avant tout, géomètre, ce fut la dernière dont il se préoccupa.

A la fin de sa vie seulement, son attention fut attirée de ce côté, quand il voulut savoir le volume de la sphère dont le rayon s'étendait du centre de la Terre à celui du Soleil.

Jusqu'à ce moment, il s'était contenté de comparer entre eux les volumes et les surfaces de diverses figures. Jamais il n'avait cherché à évaluer directement les mesures de ces surfaces et de ces volumes : il lui avait suffi de réussir à établir des équivalences, en imaginant des surfaces et des volumes plus simples que ceux qu'il étudiait, mais en même temps identiques en grandeur.

En introduisant ainsi dans la Géométrie théorique les recherches des rapports numériques entre des quantités liées, les unes aux autres, par des lois un peu compliquées, il ouvrit une ère nouvelle. Les côtés des polygones réguliers inscrits et circonscrits à un cercle, sont évidemment des cordes et des tangentes à ce cercle ; mais leur rapport au rayon est le plus souvent incommensurable.

La méthode inaugurée par Archimède devait permettre, plus tard, à ses successeurs de construire les tables des cordes des arcs d'un cercle rapportées au rayon, ou, en d'autres termes, les tables des raisons de ces cordes au rayon du cercle.

Vers le second siècle avant J.-C., tous ces germes commencèrent à se développer et à porter leurs fruits.

Les procédés pour l'évaluation numérique de certaines grandeurs géométriques se perfectionnèrent de plus en plus. On n'en était pas encore à remplacer les raisonnements sur les grandeurs par des considérations analogues sur leurs mesures. On envisageait toujours les grandeurs elles-mêmes. L'expression de leur relation recevait d'abord une forme concrète. Mais quand la construction des figures devenait impossible, à cause des dimensions trop fortes ou trop petites des valeurs cherchées, on savait lui substituer l'évaluation numérique.

Susceptible d'une approximation plus grande, cette méthode réduisait de beaucoup les erreurs inévitables dans la construction des figures. Néanmoins, là encore, par défaut de régularité dans la marche à suivre, les Grecs étaient contraints de se livrer à toute une série de tâtonnements.

Ce n'était donc pas précisément un progrès de la Géométrie, mais un rapprochement entre elle et la Science des nombres. Ce rapprochement devait, tout d'abord, profiter plus à celle-ci qu'à celle-là.

III

Découverte de la théorie des opérations fondamentales.

A l'occasion des spéculations géométriques faites sur les grandeurs concrètes, les anciens découvrirent la théorie de la multiplication, de la division et de l'extraction des racines.

L'inspection des figures leur avait révélé que le produit

d'une somme par un nombre, se compose de tous les produits partiels obtenus en multipliant les diverses parties de cette somme par le nombre donné. Du reste, la multiplication des nombres est, en définitive, la recherche d'une quatrième proportionnelle à trois grandeurs représentées respectivement par l'unité, le multiplicateur et le multiplicande

Ils avaient vu, de même, que, pour diviser une somme, on peut diviser séparément ses parties, et ajouter les quotients. La division, étant l'inverse de la multiplication, revient, elle aussi, à la recherche d'une quatrième proportionnelle à trois grandeurs représentées par le diviseur, le dividende et l'unité.

Quant aux racines carrées, jusqu'au IIe et IIIe siècle après J.-C., on n'avait su les extraire que par tâtonnements, en essayant successivement des carrés ou trop grands ou trop petits.

On savait toutefois, depuis fort longtemps, construire géométriquement une moyenne proportionnelle entre deux grandeurs données; mais on n'avait pas songé, ou on n'avait pas réussi, à en tirer parti pour établir une théorie au sujet de l'évaluation numérique des racines. Cependant la racine carrée d'un nombre entier, carré parfait, est bien la mesure d'une moyenne proportionnelle entre deux grandeurs représentées respectivement par ce nombre et par l'unité.

Depuis très longtemps aussi, il y avait dans la Géométrie ancienne un problème resté célèbre. C'était celui de la duplication du cube, consistant à chercher le côté d'un cube double en volume d'un cube donné. Il avait suggéré à Hippocrate de Chios, au Ve siècle avant J.-C., l'idée de l'insertion de deux moyennes proportionnelles entre deux grandeurs représentant les deux volumes connus.

C'était vouloir résoudre géométriquement, et par un procédé compliqué, l'équation si simple, $x^3 = 2$; d'où $x =$ racine cubique de 2.

Les géomètres avaient, en effet, découvert que le côté du cube cherché serait la première de ces deux moyennes proportionnelles ; mais il leur fallut de longs siècles pour apercevoir aucun rapport entre cette proposition et l'extraction de la racine cubique. Celle-ci est bien la mesure de la première de deux moyennes proportionnelles insérées entre deux grandeurs dont l'une est exactement le double de l'autre.

S'ils avaient su extraire cette racine, le problème eût été d'une extrême simplicité, tandis que la méthode géométrique, pour ce cas, multipliait les obstacles. Ménechme, au IVe siècle avant J.-C., était encore obligé de recourir à l'intersection de deux paraboles ayant leur sommet commun, ou bien à l'intersection d'une parabole et d'une hyperbole.

Théon d'Alexandrie, qui vécut près de huit cents ans plus tard, vers le IVe siècle de notre ère, donna le premier un procédé régulier pour l'extraction de la racine carrée : c'est celui dont on se sert encore aujourd'hui.

Il le découvrit, en considérant le théorème d'Euclide relatif au carré construit sur une ligne divisée en deux parties inégales. Ce carré total se compose, comme l'on sait, du carré construit sur la première partie, du carré construit sur la seconde, et de deux fois le rectangle ayant pour côtés les deux parties de la ligne ainsi divisée.

Dès lors, Théon devina que le carré de la somme de deux nombres contient le carré du premier, plus le carré du second, plus le double produit du premier par le second [1].

Ce ne fut donc pas la Géométrie qui fut perfectionnée par l'Arithmétique, mais l'Arithmétique qui le fut par la Géométrie.

---

1. L'expression *puissance* fut également fournie aux mathématiciens par les géomètres. Ceux-ci, pour exprimer qu'une ligne renfermait telle ou telle superficie, disaient qu'elle *pouvait* tel ou tel espace.

IV

Convergence des spéculations de la Géométrie et des recherches mathématiques.

Ainsi, peu à peu, la Science des nombres se constituait par *l'application de la Géométrie à l'Arithmétique, ou à l'Algèbre* (ce dernier mot étant pris dans son sens le plus large.)

Dans les temps modernes, grâce à Descartes, et par *l'application* féconde *de l'Algèbre à la Géométrie*, la Science des nombres ou des valeurs abstraites, devait rendre à la Science des lignes, des surfaces et des volumes, le service qu'elle en avait reçu quinze cents ans auparavant.

Telles furent donc les diverses phases de cette évolution intéressante et curieuse :

Les travaux des géomètres et des mathématiciens sont, d'abord, totalement étrangers les uns aux autres ; il en est ainsi pendant une dizaine de siècles, à partir des temps historiques.

Puis, trois ou quatre cents ans après notre ère, on commence à s'apercevoir, mais sans en être bien assuré, que ces deux genres de recherches pourraient, parfois peut-être, se prêter un mutuel secours.

Après cette découverte hypothétique, il faut encore attendre jusqu'à la Renaissance des Lettres et des Sciences, c'est-à-dire pendant onze ou douze siècles, pour que cette conformité de but, soupçonnée à peine, soit clairement constatée, et que l'union devienne complète. *Tantæ molis erat!*

A qui faut-il attribuer ce long retard dans cette révolution si importante pour les Sciences mathématiques? Faut-il en rendre responsables les hommes ou les méthodes? Les géomètres de cette époque manquèrent-ils de la pénétration suffisante? ou bien, engagés dans une mauvaise direction, leur fut-il impossible de s'apercevoir, si ce n'est très tard, qu'ils faisaient fausse route?

Ces hommes s'appellent Archimède, Apollonius de Perga, Euclide, Hipparque, etc. Leurs noms et les ouvrages admirables dont ils sont les auteurs, nous sont parvenus entourés d'une auréole de gloire justement méritée. Qui donc oserait les accuser d'avoir manqué de clairvoyance, alors qu'il faut leur concéder le génie?

Leur méthode était-elle défectueuse? Elle contenait cependant en germes les progrès futurs, et, par elle, ils posèrent les bases de l'Analyse infinitésimale. Pourquoi n'ont-ils pas fait, eux-mêmes, ce que Descartes fit ensuite avec tant de succès? Après s'être tant approchés du but, pourquoi ne l'ont-ils pas atteint? Un pas de plus, aurait suffi.

Souvent les petites causes engendrent les grands effets. Nous en avons ici un exemple entre mille. Il manquait peu de chose aux anciens géomètres; pourtant ce peu de chose, dans l'espèce, était beaucoup. La méthode était bonne, mais l'instrument était débile.

Il leur eût fallu une numération régulièrement constituée et s'étendant, non seulement aux entiers, mais aux nombres fractionnaires à des degrés illimités.

Ils savaient assurément représenter par des nombres les diverses grandeurs concrètes, longueurs, surfaces, volumes, etc.; ils n'étaient pas embarrassés, pour évaluer en nombres les aires des polygones et les volumes des polyèdres. Ils possédaient à ce sujet des moyens *pratiques* pour les cas simples; mais ils ne connaissaient pas les *formules théoriques* des mesures.

En cela, comme en bien d'autres choses, la pratique précéda de longtemps la théorie.

Comment s'en étonner? Les praticiens opéraient, d'après les besoins journaliers de la vie ordinaire, sur des objets apparents et, par suite, toujours faciles à saisir. Les théoriciens, au contraire, cherchaient des formules rationnelles, c'est-à-dire des relations générales entre les divers éléments de figures plus ou moins complexes.

Des expériences nombreuses et souvent répétées sur

une multitude d'exemples particuliers, leur étaient indispensables pour s'élever à ce degré d'abstraction. Or, si l'on veut y réfléchir, on verra combien il devait leur être malaisé d'apercevoir distinctement ce but à atteindre, et, par conséquent, d'y faire converger leurs efforts.

L'imperfection de leur numération les empêchait de concevoir comme possibles ces formules générales. N'allaient-ils point, à chaque pas, se heurter aux obstacles toujours renaissants des nombres incommensurables ou irrationnels ? Comment, en effet, trouver des formules générales pour des quantités qui n'ont pas de commune mesure, à moins que celle-ci ne soit infiniment petite ?

Il leur aurait fallu, pour cela, une numération s'étendant aux fractions décimales qui permettent de pousser l'approximation indéfiniment, et d'exprimer, aussi exactement qu'on le veut, le rapport de deux grandeurs incommensurables, quoique cette exactitude réelle soit inaccessible. Mais dans le courant du moyen âge seulement, le système décimal de numération fut introduit en Europe, et, avec lui, les formules générales de mesures.

Ces deux inventions inséparables l'une de l'autre et dues probablement aux Hindous, excitèrent en Occident la même admiration.

Il y a loin, en effet, de l'unité pratique et concrète, toujours bien déterminée dans une collection d'objets visibles, à l'unité théorique, abstraite, arbitraire même, et servant à exprimer hypothétiquement en nombres toutes les grandeurs susceptibles d'entrer dans une même recherche.

Cette différence nous explique pourquoi les anciens, tout en sachant représenter par des nombres les diverses grandeurs, afin de les évaluer dans les cas particuliers, n'ont pas cru nécessaire ou utile de transporter la notion des mesures dans leurs spéculations purement géométriques.

§ III

Divagations pythagoriciennes au sujet de la Philosophie des nombres.

I

Intuitions de Pythagore sur la Physique mathématique.

Au lieu de s'occuper des abstractions fécondes, mais difficiles, les arithméticiens préférèrent prendre une voie de beaucoup moins ardue. Frappés par quelques propriétés plus ou moins certaines des nombres, les esprits médiocres portèrent de ce côté leur attention, dans l'espoir d'y faire des découvertes. Ils en firent, mais ce furent des découvertes discutables en théorie, et, le plus souvent, d'une utilité nulle en pratique.

Depuis longtemps, les Pythagoriciens attribuaient aux nombres une sorte de force occulte. Ils leur supposaient le pouvoir chimérique de régir l'Univers.

Une bonne partie de leurs idées philosophiques reposaient sur ce fait qu'il y a cinq polyèdres réguliers, et qu'il ne saurait y en avoir davantage, chacun d'eux dépendant d'un des cinq éléments entrant dans la constitution du Monde. Le cube provenait de la terre; la pyramide, du feu; l'octaèdre, de l'air; l'icosaèdre, de l'eau; et le dodécaèdre, de l'éther.

On trouve ces doctrines déjà exposées dans les ouvrages de Philolaüs de Crotone, qui vivait au v° siècle avant J.-C. Il est le premier à nous avoir transmis par écrit les renseignements de l'école, si fameuse depuis, à laquelle il appartenait.

Les Mathématiques, dont les disciples de Pythagore faisaient une de leurs occupations principales, leur paraissaient tenir le premier rang dans les Sciences. Elles étaient la base de la doctrine cachée à laquelle les nouveaux adeptes n'étaient initiés, qu'après une longue préparation de quatre ou cinq ans, passés dans la retraite, l'abstinence, le silence et la méditation.

On leur révélait, alors, que tous les phénomènes de la nature s'expliquent par des combinaisons géométriques et par l'influence des nombres, ceux-ci étant réellement les principes, la source et la raison de toutes choses.

Le fondateur de cette secte, vraie société secrète à l'origine, avait été conduit à créer cette curieuse doctrine sur les nombres, précisément par le vice naturel à la méthode que nous avons signalé plus haut. Il considéra toujours l'unité d'une façon concrète, et ne réussit point à l'abstraire des objets extérieurs avec lesquels il la confondait.

De plus (autre cause d'obscurité,) en parlant des principes des choses, il ne distinguait pas suffisamment les causes efficientes des éléments primitifs, et les lois productrices des rapports symétriques existant entre les parties constitutives.

Remarquant, d'un côté, la facilité avec laquelle les notions arithmétiques ou géométriques se combinent ensemble, d'une façon de plus en plus complexe; d'autre part, apercevant dans le monde physique une foule de lois et de propositions d'ordre géométrique et numérique, admirablement unies dans ce tout harmonieux auquel lui-même donna le nom de *cosmos*, il ne put s'empêcher d'opérer un rapprochement.

De cette synthèse naquit sa Philosophie des nombres.

Les lois physiques ou positives auxquelles sont soumis les éléments matériels, ne portent pas en elles leur explication; au contraire, les lois mathématiques dont elles dépendent, ont toujours un caractère d'évidence intrinsèque. Pythagore voulut donc trouver dans celles-ci l'explication rationnelle de tous les phénomènes de la nature.

D'après lui, chaque être est donc un nombre. L'ensemble des êtres est une combinaison de nombres; en d'autres termes, un nombre plus grand, émané de l'unité suprême. Ainsi, tout se développe, grandit, se perfectionne, s'agite et vit dans des rapports harmonieux.

Cette conception est séduisante : la Science moderne s'en est emparée, l'a rajeunie, et nous la présente comme la plus conforme aux résultats de ses immenses travaux et de ses merveilleuses découvertes.

Pythagore eut donc là un éclair de génie. Sa gloire eût été plus grande, s'il avait su en tirer parti davantage.

Mais il s'arrêta aux premières conséquences immédiates ; puis, il s'égara dans des voies détournées.

Le premier, parmi les Grecs, il avait posé les fondements de la Philosophie corpusculaire. Les êtres matériels, à son avis, étaient composés de particules très petites, douées d'un mouvement local. L'hypothèse des atomes, attribuée faussement à Démocrite, remonte donc plus haut.

Détail curieux, et qui révèle chez Pythagore une véritable intuition : la couleur ne lui paraissait pas être une réalité objective, mais une perception de l'œil, due aux mouvements déterminés par les corps diversement modifiés.

II

Erreurs de Pythagore et de ses disciples.

Voici maintenant où il se perdit, et où on ne peut plus le suivre : ce fut dans les régions obscures de la Métaphysique, cette mer si longtemps inconnue et si féconde en naufrages.

L'unité et le nombre pair, disait-il, subsistent éternellement. De leur union est né le nombre impair, et du mélange de ces deux nombres résultèrent toutes choses.

L'unité, c'est Dieu, Être suprême et immuable, car l'unité multipliée par elle-même donne toujours l'invariable unité. De Dieu découlent toutes choses, car l'unité engendre tous les nombres, et cause leurs innombrables combinaisons.

Le nombre pair, c'est le néant, ou plutôt le chaos.

Si l'on comprend assez facilement pourquoi l'unité représente Dieu, il est plus malaisé de saisir pourquoi le néant est symbolisé par le nombre deux. Peut-être, est-ce parce que celui-ci est exactement divisible, tandis que l'unité ne l'est pas.

Il y a donc là une différence radicale. L'unité est l'image de l'Être éternel, immuable, simple et parfait; mais la *dyade*, étant composée et divisible, est, par là même, le contraire absolu de l'Être immuable et suprême : c'est le néant en face de l'être essentiel; c'est le principe passif opposé au principe agissant; c'est la matière première, l'informe chaos opposé à l'esprit.

L'unité s'unissant au nombre pair, c'est Dieu opérant sur le chaos, et par la création appelant tous les êtres à l'existence. Le nombre impair, produit de cette union, c'est l'être créé. Il tient à la fois de l'Être suprême et du non-être. Indivisible comme l'unité, mais moins simple qu'elle, car il renferme en soi le nombre pair, il n'est qu'un être partiel, secondaire et contingent.

Ainsi se forme la *triade*, nombre mystérieux, réunissant en lui les propriétés des deux premiers : c'était le type de l'harmonie.

Comme conséquence de ces considérations, l'unité et le nombre impair étaient pour les Pythagoriciens, quoique à des titres différents, le symbole du vrai et du bon, du bien et du juste, de l'honnêteté et de l'ordre; le nombre pair, au contraire, était le signe du faux et du mal, de l'injustice et du vice, du désordre et de la confusion.

La justice était définie : Un nombre plusieurs fois semblable à lui-même. N'est-elle pas établie, en effet, sur l'inflexible égalité?

On pouvait inférer des principes précédents qu'il n'y a qu'un seul être secondaire ou créé, comme il n'y a qu'un seul Être suprême, ou Créateur ; mais l'unité se mélangeant de mille façons différentes au nombre pair, les êtres créés varient infiniment.

Le nombre quatre, *tétrade* ou quaternaire, quoique pair méritait l'estime et le respect, car étant le premier carré parfait dans la série des nombres, il représente la première puissance mathématique. On faisait à ce propos une foule de remarques subtiles, ingénieuses, ou chimériques, toutes à la louange de la tétrade.

N'y avait-il pas quatre éléments ? — tantôt on en trouvait cinq. — N'y avait-il pas quatre espèces de quantités : points, lignes, surfaces et volumes ? N'y avait-il pas quatre qualités des corps : le chaud et le froid, l'humide et le sec ? etc., etc. En Musique même, ce nombre magique régnait souverainement : sans lui ni symphonie harmonieuse, ni régulière mélodie.

Quant au nombre cinq, il était l'emblème du mariage. — Pourquoi ? demandez-vous. — Eh ! n'est-il pas composé du premier nombre pair, et du premier nombre impair, c'est-à-dire du principe passif et du principe actif ? Vous n'y aviez donc pas songé ?...

Le nombre six est aussi rangé parmi les parfaits, car la somme de ses facteurs est égale à leur produit : $1.2.3 = 1 + 2 + 3 = 6$. Les Pythagoriciens l'appelaient, à cause de cela, le *nombre nuptial*. Si les enfants ressemblent à leurs père et mère, c'est à lui qu'ils en sont redevables.

Pour les anciens, le nombre sept était sacré ; mais les applications multipliées qu'ils en faisaient étaient fondées sur une connaissance inexacte de l'Astronomie. Ils croyaient qu'il y avait seulement sept planètes dans le ciel. Aussi les Egyptiens s'étaient-ils divisés en sept castes ; leur Thèbes avait sept portes, et leurs pyramides sept chambres. La fête du bœuf Apis durait sept jours, comme celle d'Adonis, chez les Grecs. Il y avait sept cordes à la lyre d'Apollon, et sept tuyaux à la flûte de Pan, etc., etc.

Il est curieux que ce nombre sept ait été ainsi en honneur durant toute l'antiquité, dans la mysticité comme dans la cabale et l'astrologie ; chez les Perses et chez les

Juifs; chez les Égyptiens et chez les Grecs; chez les Japonais et chez les Indiens.

Pythagore se garda bien de s'écarter d'une tradition à ce point vénérable.

Le nombre huit est aussi fort remarquable, car c'est le premier cube. N'y a-t-il pas, d'ailleurs, huit grands Dieux, maîtres des autres?

L'*ennéade*, ou nombre neuf, est le premier carré des nombres impairs. Symbole de la fragilité des choses humaines, il inspirait une crainte salutaire ; aussi tâchait-on de l'éviter, lui et ses multiples, surtout quatre-vingt-un, produit de neuf multiplié par lui-même.

Enfin, dans la *décade*, qui ramenait à l'unité, se résumaient toutes les qualités des nombres précédents. Elle représentait donc l'ensemble des merveilles de la nature. C'était, en outre, un signe de paix, parce que, disait-on, quand deux amis se rencontrent, ils se serrent la main, et mettent ainsi leurs dix doigts en contact. C'est là évidemment une raison péremptoire.

Telle était, à peu près, la doctrine de Pythagore. Non seulement ses disciples l'acceptèrent avec enthousiasme et confiance, mais dans la suite ils renchérirent encore sur l'enseignement du maître. Ils s'avancèrent dans la même voie, et, comme ils n'avaient pas de motifs de s'arrêter, les conceptions les plus chimériques eurent le privilège d'attirer davantage leur attention.

Chez eux, la Science des nombres consista, dès lors, en de simples jeux de mots et en de véritables extravagances.

D'un esprit plus ingénieux que profond, ils mirent tout leur plaisir à combiner les nombres en séries particulières, dont ils étudiaient avec soin les propriétés vraies ou fausses. Leurs efforts ne tendaient, ni plus haut, ni plus loin.

On comprend qu'en présence de ces aberrations singulières et bizarres des mathématiciens de profession, les géomètres aient éprouvé un réel mépris pour des spéculations aussi vaines. Ils ne daignèrent pas s'en occuper, et n'y firent aucune allusion dans leurs écrits.

Frappés par la grandeur des découvertes dues au génie

d'Archimède, d'Apollonius, d'Euclide, etc., ils ne souffrirent jamais d'être appelés mathématiciens. Ce nom résonnait mal à leurs oreilles.

Les arithméticiens, au contraire, auraient bien voulu paraître géomètres. Ils ne négligèrent rien dans ce but, et leur empruntèrent une foule de leurs expressions.

Ils divisèrent les nombres, non seulement en pairs et impairs, ou en impairement pairs, et pairement impairs, mais en plans et solides, en carrés et oblongs, en triangulaires et pyramidaux, en polygonaux de toutes les espèces, en circulaires et sphériques, en parfaits, abondants et déficients, ou paraboliques, hyperboliques et elliptiques.

Ces dénominations curieuses étaient fondées sur des relations gratuitement supposées entre ces diverses classes de nombres et les figures géométriques, jouissant de propriétés particulières et déterminées.

Mais ce culte à outrance des nombres figurés n'était, ni de la Géométrie, ni de l'Arithmétique. C'était un passe-temps enfantin, dénué de tout intérêt sérieux. Ces considérations d'apparence philosophique ne consistaient qu'en rapprochements forcés, en principes discutables, en déductions illogiques, en conclusions ridicules et fausses.

En se confinant dans des inanités de ce genre, les mathématiciens rêveurs de l'école de Pythagore en étaient arrivés, sous le rapport de la Science des nombres, à une véritable atrophie de l'intelligence.

Les géomètres s'en étaient aperçus, et le savaient fort bien. Aussi se gardèrent-ils de marcher sur leurs traces. Ils n'avaient nulle envie de dépenser tant d'efforts pour aboutir à de si pauvres résultats.

§ IV

La Philosophie mathématique de Pythagore dans l'École Platonicienne et chez les Pères de l'Église.

I

Platon et saint Augustin.

Dans l'ancienne Philosophie cependant, ces divagations pythagoriciennes sur les qualités occultes des nombres, jouèrent pendant longtemps un rôle d'une certaine importance. De grands esprits eux-mêmes furent séduits.

Le divin Platon y avait trouvé le germe de ses *idées premières*, ou *prototypes*.

Le nom du fondateur de l'Académie était un précieux appui pour les sectateurs de Pythagore. Ils pouvaient l'invoquer comme une garantie de la justesse de leurs vues, car Platon était à la fois philosophe et géomètre, ayant, un des premiers, étudié avec soin les sections coniques. Guidé par lui, Speusippe, son neveu et son successeur dans la direction de l'Académie, avait composé un *Traité des Nombres*.

Sous un tel patronage les idées pythagoriciennes acquirent encore plus de faveur. Grâce à l'école néo-platonicienne, elles furent remises en honneur durant les premiers siècles de notre ère. Pendant une partie du moyen âge, elles régnèrent aussi, beaucoup plus qu'on ne le pense communément. Elles se glissèrent jusque dans la Philosophie chrétienne et dans la Mystique, soit divine, soit diabolique.

On connaît l'admiration de saint Augustin pour Platon, suivant le mot de Thomassin : *Quidquid a Platone dicitur, vivit in Augustino* [1]. A l'exemple de son maître, le fils de

---

1. *Dogm. Theolog.*

Monique professait une très grande estime pour la Philosophie pythagoricienne.

Il ne craignait pas de l'appeler vénérable et presque divine, ne cessant pas d'exalter la puissance des nombres.

Là où il y a nombre, disait-il, là il y a beauté, car celle-ci est la variété dans l'unité; c'est le nombre dans la mesure. Tous les êtres de la Terre et du Ciel, inanimés ou vivants, ont une forme, parce qu'ils sont un nombre. Enlevez-leur le nombre, et ils ne seront plus [1].

Il faut, d'abord, concevoir par la pensée les nombres purs ou quantités intelligibles, pour s'élever ensuite à la notion de Dieu. En effet, ajoutait-il, des nombres corporels et changeants, l'intelligence parvient aux nombres immuables de l'éternelle vérité. Ainsi lui est-il possible de contempler dans les créatures sensibles les invisibles attributs du Créateur [2].

Si les nombres conduisent à la connaissance de Dieu, à plus forte raison mènent-ils à la connaissance de l'âme, car elle aussi, est un nombre. La Science des mathématiques est donc indispensable à la solution de tous les problèmes de Philosophie [3].

Voici le motif de cette assertion en apparence exagérée et paradoxale. Tous les nombres procédant de l'unité et s'y ramenant, l'unité est à la fois leur principe générateur et leur lien commun. D'autre part, tout être, un en lui-même, tend à l'unité de l'ensemble, ordre et harmonie de l'Univers. L'unité est donc aussi le principe et la fin de l'être, l'*alpha* et l'*oméga* [4].

L'unité créée a un commencement, mais n'a pas de fin, car les nombres peuvent croître indéfiniment. Quant à l'Unité souveraine et incréée, par un privilège singulier, elle n'a, ni commencement, ni fin.

Dans les corps cependant, comme dans le temps et l'es-

---

1. *De Libero Arbitrio*, libr. II, cap. XI et XVI.
2. *Retractat.*, libr. I, cap. XI. Et *Epist.* CI, *Memorio Episcopo*.
3. *De Ordine*, libr. II, cap. XI, XVII, XVIII.
4. *De Musica*, libr. VI, cap. XII, XIV, XVII. Cf. *De Vera Religione*, cap. XXXIV.

pace, l'unité n'est que factice, apparente et trompeuse. La matière dont les corps sont composés est essentiellement divisible, et, dès lors, radicalement multiple. Mais dans l'âme l'unité est plus parfaite, parce que la substance spirituelle est simple, ne contenant aucune partie constitutive.

Il tire de ces prémisses cette conclusion ingénieuse : la beauté étant la variété et la proportion harmonieuse dans l'unité, les êtres physiques ne sont pas vraiment beaux, s'ils n'ont quelque reflet de la beauté intellectuelle. Les sens ne seraient pas complètement charmés, si l'intelligence ne l'était pas. Les sens cherchent ce qui leur est conforme, mais l'esprit seul goûte le beau.

Comme l'essence de la beauté, l'essence de la sagesse, de la justice et de la morale est constituée par le nombre. Toutefois, ajoute le subtil penseur, comme peu ont en partage la sagesse, tandis que beaucoup savent compter, les esprits bornés admirent la sagesse, et méprisent les nombres. Il n'en est pas ainsi des hommes éclairés et judicieux [1].

Dans cette théorie, exposée magnifiquement, il y a évidemment beaucoup de vrai. On reconnaît là le génie d'Augustin et son âme contemplative. Ce qui suit, est malheureusement moins exact.

L'unité est un bien, et le manque d'unité est un mal. S'appuyant sur ce principe, saint Augustin, comme les disciples de Pythagore, fait de la monade le symbole du bien, de la vertu, de la continence et de la paix dans l'union.

La dyade, au contraire, représente le mal et la division, le vice et la discorde, même la colère et la volupté [2]. Il en est ainsi des multiples de deux, surtout du nombre quatre qui représente la matière passible et divisible, les choses créées et périssables [3].

Poursuivant ses considérations sur les propriétés singulières des nombres, il les divise en plusieurs catégories : les parfaits, les imparfaits, etc. La distinction ne semble

---

1. *De Libero Arbitrio*, libr. II, cap. XI.
2. *Confessionum*, libr. IV, cap. XV.
3. *Serm.* 252, cap. X et *in Psalm.* VI.

pas établie sur un fondement bien sérieux et inattaquable. Trois, par exemple, est parfait, parce qu'il comprend un commencement, un milieu et une fin (1 + 1 + 1,) et que ce commencement, cette fin et ce milieu sont égaux. Pour le même motif, tous les multiples de trois sont parfaits.

Sept n'est pas moins remarquable, parce qu'il se compose de trois, nombre parfait, le premier des impairs, et de quatre, premier carré pair. (Cependant le nombre quatre était rangé plus haut parmi les mauvais.)

Dix est la perfection, mais onze implique le désordre moral, car le péché est l'acte par lequel on sort de la limite du devoir, exprimé par le nombre dix [1]. Aussi dans la Sainte-Écriture, le nombre onze n'est-il jamais multiplié par dix, mais par sept qui symbolise l'homme. Le péché, en effet, est le propre de l'homme, et ne saurait nullement appartenir à Dieu.

On pourrait objecter à ce raisonnement que sept désigne aussi l'Esprit-Saint, à cause des sept dons et des sept sacrements, canaux de la grâce; qu'il représente aussi le Ciel et la béatitude éternelle, car Dieu s'est reposé le septième jour [2]. Saint Augustin admet toutes ces significations du nombre sept; mais il ne paraît pas avoir songé à cette difficulté, car il se serait empressé de la résoudre le mieux possible.

Voici comment sept est le symbole de l'homme. L'âme a trois facultés, sources de trois opérations distinctes; le corps est la combinaison des quatre éléments; donc...

Après ces explications préliminaires, saint Augustin se livre à des calculs mystiques.

On jeûne quarante jours (quatre fois dix,) afin de faire servir le temps à l'acquisition de la bienheureuse éternité. En effet, quatre signifie le temps, car le jour se divise en quatre parties : le matin, le midi, le soir et la nuit; de même, l'année, en quatre saisons : le printemps, l'été, l'automne et l'hiver. D'un autre côté, dix étant le nombre parfait par ex-

---

1. *Serm.* 83, cap. IV et VI.
2. *Serm.* 252, *loc. cit.* et *Enarrat. in Ps.* L. *Serm.* 95, n° 2; *Serm.* 114.

cellence, comme il a été expliqué, marque la connaissance totale des créatures et du Créateur, la vision béatifique réservée aux élus dans le Ciel [1].

Quarante indique donc le pèlerinage terrestre de l'âme voyageuse marchant vers la patrie. Ainsi les Israélites ont erré quarante ans dans le désert. Pour ce motif, Moïse, Élie et Notre-Seigneur lui-même, jeûnèrent quarante jours.

Par une conséquence naturelle, ce nombre rappelle et signifie, à la fois, la Loi ancienne donnée par Moïse, les oracles des Prophètes personnifiés en Élie, et l'Évangile reçu directement du Verbe incarné. Il indique donc, en même temps, le travail de la mortification et la pratique des vertus contenues dans la Loi, les Prophètes et l'Évangile.

Si à ce nombre on ajoute dix, nombre parfait et image de Dieu, récompense de nos mérites, on obtient cinquante, nombre de la joie et du bonheur éternel : c'est bien le cinquantième jour après Pâques que l'Esprit-Saint descendit sur les Apôtres; *unde cum labore celebramus Quadragesimam ante Pascha; cum lætitia vero, tamquam accepta mercede, quinquagesimam post Pascha* [2].

Saint Augustin part de là, pour expliquer pourquoi, lorsque Notre-Seigneur s'approcha de la Piscine Probatique, il ne guérit qu'un seul des nombreux infirmes qui s'y trouvaient : celui dont la maladie remontait à 38 ans.

La raison en est que, par ce nombre fatal, est caractérisée la maladie la plus affreuse infectant l'âme et le corps : le péché.

Dans le nombre quarante, comme il a été dit, est formulé l'accomplissement intégral de la Loi, des Prophètes et de l'Évangile; mais dans le nombre deux, c'est-à-dire dans les deux préceptes de la charité envers Dieu et envers le prochain, sont contenus aussi la Loi et les Prophètes, selon une parole du Maître lui-même. Si donc vous enlevez de quarante, ensemble des vertus à pratiquer, les deux préceptes

---

1. *Serm.* 252, cap. XI. *Enarrat. in Psalm.* CL. *Serm.* 210, cap. VI.
2. *In Johann.*, tract. 17.

de la charité qui résument tout, que vous reste-t-il, si ce n'est la négation de toute vertu, le péché, maladie spirituelle et mort de l'âme?

Dans quel but Notre-Seigneur a-t-il voulu descendre du Ciel et vivre sur la Terre? N'est-ce pas pour guérir cette maladie, et vaincre la mort, en la forçant à rendre ses victimes? On comprend donc que, parmi tant d'infirmes qui se pressaient autour de la Piscine, le Messie ait distingué, entre tous, celui qui était malade depuis 38 ans.

Si non è vero è ben trovato. Tous les commentateurs ne sont pas, sur ce point, de l'avis de saint Augustin; mais ils ne sauraient lui refuser le mérite de l'ingéniosité.

Il ne s'est pas arrêté en si beau chemin. Le nombre six lui fournit une foule de considérations mystiques sur la mort et la résurrection du Messie; sur la mort et la résurrection des hommes coupables; puis, sur la guérison de la femme paralysée depuis dix-huit ans [1].

A propos du nombre sept, il explique pourquoi l'arche de Noé avait trois cents coudées de long, cinquante de large et trente de haut.

Sept, dit-il, est le nombre des dons du Saint-Esprit. Multiplié par lui-même, il donne quarante-neuf. Ajoutez un, comme hommage à la divinité, vous avez cinquante : c'est l'expression de la grâce et de la charité, communiquée à nos âmes par l'Esprit-Saint, une des personnes de la Sainte-Trinité.

Le nombre trente indique les dix commandements du Dieu Trine. L'Évangile est représenté par le nombre trois cents. Donc, en pratiquant, par un motif de charité divine, l'Évangile et les dix commandements de Dieu, on se sauve, comme se sont sauvés, à l'époque du grand cataclysme, tous les êtres contenus dans l'arche de Noé [2].

Les eaux du déluge s'élevèrent de quinze coudées au-dessus des plus hautes montagnes, parce que huit signifie

---

1. Quæst. XXVI, *in Dialog. quæstionum.*
2. *Op. cit.*, Quæst. LIII.

la résurrection, et sept le repos : Dieu, en effet, se reposa le septième jour ; or, huit et sept font quinze [1].

Il explique par une raison analogue pourquoi les cataractes du Ciel furent ouvertes, et déversèrent sur la Terre des torrents dévastateurs, pendant quarante jours et quarante nuits ; ensuite, pourquoi cela arriva lorsque Noé avait six cents ans [2].

En lisant des raisonnements de ce genre, on ne peut disconvenir que l'illustre évêque d'Hippone, payant son tribut à l'esprit de son temps, n'ait fait ici un mélange assez bizarre de la Théologie catholique et des idées pythagoriciennes sur la Philosophie des nombres.

Cette constatation n'enlève rien à son mérite transcendant, ni à son vaste génie. Le Soleil a des taches, et il y a toujours quelques ombres dans un tableau. Le saint Docteur, aussi humble que savant, n'a-t-il pas écrit lui-même plusieurs livres de Rétractations [3] ?

II

Saint Grégoire le Grand.

Au vi[e] siècle, le grand pape saint Grégoire subit également l'influence de Pythagore propagée par l'École néoplatonicienne.

Comme le remarque son commentateur, le moine bénédictin Hugues Ménard, il était en cela l'écho de plusieurs Pères des premiers siècles : de saint Anastase (*In Psalm.* VI;) de Clément d'Alexandrie (Libr. V *Stromatum* ;) de

---

1. *Op. cit.*, quæst. LVII.
2. *Op. cit.*, quæst. LIV et LV.
3. Pour de plus amples détails à ce sujet, voir saint Augustin, *In Psalm. quinquagesimum* et Serm. XXXVIII, n° 2.

saint Athanase (*Serm. de Sabbato et Circumcisione*;) de saint Grégoire de Nysse (*In Psalm.* VI ;) de saint Basile (Libr. *De Spiritu Sancto ad Amphilochium*, cap. 27 ;) de saint Cyprien (*Sermo de Spirit. Sancto* ;) de saint Grégoire de Nazianze (*Oratio in Pentecost.* ;) etc., etc.

Le nombre six lui semble parfait pour les raisons données par saint Augustin, d'après Pythagore ; puis, par des considérations mystiques fondées sur ce que la création du monde a été opérée en six jours.

Le nombre sept représente évidemment l'Esprit-Saint septiforme et les vertus qu'il fait pratiquer ; mais il désigne aussi la vie terrestre, car la semaine se compose de sept jours. Pendant tout notre pèlerinage ici-bas, il faut travailler pour mériter le repos éternel : la Résurrection est donc tout indiquée par le nombre huit.

Dix est parfait à cause des dix commandements de Dieu ; il signifie également la récompense céleste, car il se compose de trois et de sept. Or, trois symbolise les trois personnes divines, ou les trois vertus théologales ; sept est la formule de l'homme qui possède sept propriétés : trois pour l'âme (vie végétative, sensitive, et intellective,) et quatre pour le corps, à cause des quatre éléments avec lesquels il est constitué [1].

La décade indique donc bien l'union parfaite de Dieu à l'homme, union commencée sur la Terre par la pratique des trois vertus théologales, et consommée dans le Ciel par la vision intuitive et la possession ineffable des trois personnes divines.

A ce propos, le saint Docteur, jouant sur le mot latin *denarius* (dizaine, ou denier,) remarque, que c'est bien là, au sens propre et figuré, le salaire promis dans l'Évangile aux ouvriers ayant travaillé dans la vigne du Seigneur [2].

Douze est un nombre sacré, car il est le produit de trois

---

1. Corporaliter vero quatuor qualitatibus continetur, quia videlicet ex materiâ calidâ et frigidâ, humidâ et siccâ componitur. (*Moralium*, libr. XXXV, n° 42.)
2. *S. Matth.*, xx, 10, 11.

par quatre; trois, exprime les personnes de la Sainte-Trinité; quatre, les parties du monde : l'Orient, l'Occident, le Nord et le Midi [1].

Les apôtres furent au nombre de douze, comme les patriarches fils de Jacob. Il y eut douze tribus en Israël; il y aura douze sièges pour les juges de l'univers. La céleste Jérusalem aura douze portes et douze fondements précieux. Les Hébreux trouvèrent dans le désert douze fontaines pour se désaltérer. Après le miracle de la multiplication des pains, douze corbeilles furent remplies avec les fragments. Les élus seront au nombre de douze mille par tribu, *duodecim millia signati*; douze étoiles couronnent la femme mystérieuse de l'Apocalypse, *in capite ejus corona stellarum duodecim* [2].

Dans l'antiquité païenne également le nombre douze était sacré. A cause des douze signes du zodiaque et des douze mois de l'année, les Égyptiens avaient donné douze chambres à leur labyrinthe, et les Grecs avaient composé leur Aréopage de douze juges. Platon prétendait aussi que, pour bien organiser un pays, il fallait placer, au milieu, la ville capitale, et diviser le reste en douze parties. Il expose cette curieuse doctrine dans le *cinquième Dialogue des Lois*.

Donnons maintenant un court aperçu des calculs mystiques de saint Grégoire.

Un des problèmes qu'il chercha à résoudre fut celui de savoir pourquoi Job, au temps de sa prospérité, après ses cruelles épreuves, posséda mille paires de bœufs, mille ânesses, six mille chameaux et quatorze mille brebis [3].

Pour trouver la réponse, il commence par emprunter l'idée pythagoricienne des nombres carrés et solides. Dans la Science du siècle, dit-il, *apud sæcularem quidem scientiam*, mille est un nombre parfait, parce qu'il est le résultat de dix multiplié deux fois par lui-même. Dix fois dix, en ef-

---

1. *Liber Sacramentorum. In Octavis Domini*, et VI kal. Martii, *Natalis Sancti Matthiæ Apostoli*.
2. *Apocal.*, XII, 1.
3. *Job*, cap. XLII, 12, 13.

fet, donnent cent, figure numérique carrée, mais plane ; ce premier produit, multiplié une fois encore par dix, devient une figure à trois dimensions, un cube ou un solide [1].

Ce nombre étant aussi parfait, il convenait que Job eût mille ânesses et mille paires de bœufs. Mais six est également parfait ; le nombre des chameaux pouvait donc s'élever à six mille.

Quant aux quatorze mille brebis, il faut remarquer que sept correspond à l'ensemble des vertus chrétiennes, car il y a trois vertus théologales et quatre vertus cardinales ; mais ici on double le nombre, ce qui fait quatorze, parce que ces vertus doivent être pratiquées par les deux sexes. *Beatus igitur Job quatuordecim millia ovium recepit. Quia enim in sancta Ecclesia virtutum perfectio ad utrumque sexum ducitur, septenarius in eâ numerus duplicatur* [2].

La sagacité du docte exégète s'exerça ensuite sur un autre problème du même genre. Il est raconté dans l'Évangile [3] que saint Pierre, ayant jeté son filet d'après l'indication de Notre-Seigneur, prit, en une seule fois, cent cinquante-trois gros poissons.

Ce nombre n'est pas sans mystère, dit à ce sujet saint Grégoire ; en voici l'explication :

Toutes les œuvres imposées par l'Ancien-Testament sont contenues dans les dix préceptes du Décalogue ; dans le Nouveau-Testament, nous trouvons la force de les accomplir par la grâce septiforme reçue de l'Esprit-Saint ; mais cela ne peut toutefois se réaliser sans la foi en la Sainte-Trinité.

En additionnant dix, pour l'Ancien-Testament, et sept, pour le Nouveau, on obtient dix-sept ; le tout, multiplié par trois, en l'honneur de la Sainte-Trinité, donne cinquante-et-un. Multipliez encore une fois par trois, parce que, non seulement la Sainte-Trinité nous aide sur la Terre, mais

---

1. *Moralium*, libr. XXXV, n° 42.
2. *Op. et loc. cit. in fine.*
3. *S. Johan.*, xxi, 1-14.

elle sera aussi notre récompense au Ciel, et vous obtenez ainsi cent cinquante-trois.

C'est le nombre des poissons pêchés par saint Pierre : il représente le nombre des élus conduits au Ciel par l'Église dont le Prince des apôtres est l'inébranlable fondement [1].

On formulerait assez facilement des objections sérieuses contre cette argumentation. Est-il bien nécessaire de multiplier deux fois par trois? Ne pouvait-on pas le faire une fois seulement?

N'y aurait-il pas, en outre, des motifs plausibles de multiplier trois, quatre, cinq fois?... Ne serait-il pas bien aussi d'ajouter quelque autre nombre au résultat? par exemple : un, en l'honneur de la Divinité; deux, à cause de la dualité de natures en Notre-Seigneur; cinq, à cause des cinq plaies; six, vu la perfection bien connue de ce nombre; huit, pour la résurrection; douze à cause des apôtres, des douze tribus d'Israël et des douze portes de la céleste Jérusalem?

Ces calculs sont donc un peu élastiques. Mais il fallait arriver à cent cinquante-trois, et le commentateur s'est servi du moyen qui pouvait l'y conduire. Si, au lieu de cent cinquante-trois gros poissons, saint Pierre en eût capturé cent cinquante-quatre, le commentateur, ce semble, aurait pu assez facilement se tirer d'embarras, et rendre raison de cet autre nombre.

Saint Augustin, méditant ce passage, avant saint Grégoire, était parvenu au même résultat, mais par une voie différente. Tous les chemins ne conduisent-ils pas à Rome?

Par le nombre quarante, disait-il, est marquée la vie terrestre, temps de larmes, de travail et de souffrances; dix exprime la récompense due aux chrétiens. Ces deux nombres ajoutés ensemble donnent cinquante, et leur somme multipliée par trois, en l'honneur de la Très Sainte-Trinité, produit cent cinquante. Ajoutez encore une fois ce divin multiplicateur, vous aurez cent cinquante-trois,

---

[1]. *Homilia* XXIV, *In Evangel.*, n° 4.

nombre des gros poissons pris dans le filet de saint Pierre, et représentant la totalité des saints [1].

L'évêque d'Hippone enseigne une autre méthode pour atteindre le même but. Comme il y a dix commandements et sept dons du Saint-Esprit, il suffit d'ajouter les dix-sept premiers nombres successivement [2]. En effet, $1+2+3+ \ldots +15+16+17=153$.

Au lieu de cette addition, qui est l'enfance de l'art, il aurait pu employer, s'il l'avait connue, la formule algébrique $S=(a+l)\frac{n}{2}$, d'après laquelle, pour obtenir la somme d'un certain nombre de termes d'une progression par différence, il suffit de multiplier la demi-somme des termes extrêmes par le nombre des termes de cette progression. Ici, $\frac{(1+17)}{2} \times 17 = 153$.

Avec un peu de bonne volonté, on pourrait encore apercevoir beaucoup d'autres raisons justifiant ce nombre cent cinquante-trois. Mais la multiplicité des méthodes est presque toujours un signe de leur faiblesse individuelle. A chacune d'elles, dans ce cas, on est généralement en droit d'appliquer l'axiome : *post hoc, ergo propter hoc.*

N'est-ce pas pour les maladies incurables que l'on propose le plus de remèdes? N'est-ce pas aussi pour les plus grands problèmes de la nature qu'on essaie le plus de systèmes ou d'hypothèses, et que l'on offre le plus de solutions? Si l'une seule d'entre elles était bonne, on s'en contenterait, sans doute; mais si, après les avoir trouvées, on cherche encore ailleurs, c'est que nulle d'entre elles n'a satisfait l'esprit.

Par les remarques précédentes, nous ne croyons en rien déroger au respect dû aux illustres auteurs des ouvrages dont nous venons de citer quelques passages. Ces saints Docteurs n'en demeurent pas moins les plus grands génies

---

1. *Serm.* 252, cap. XI.
2. *Serm.* 248, cap. IV, et *Serm.* 250, cap. VII et VIII.

de leur siècle. Leur tort, si c'en est un, fut de transporter en Exégèse une partie des doctrines pythagoriciennes.

L'Apologétique moderne n'use-t-elle pas, elle aussi, dans l'explication des Livres inspirés, des renseignements fournis par la Science contemporaine et par les découvertes les plus récentes? Est-ce un mal?... Est-il possible d'agir autrement?

On ne saurait donc, à bon droit, les accuser d'avoir fait ce que l'on fait encore aujourd'hui. Nous avions établi déjà cette thèse dans un de nos précédents ouvrages. Nous y disions : Les opinions scientifiques régnant à l'époque où les divers commentaires sur la Bible furent écrits, ont, plus qu'on ne le pense communément, guidé les interprètes dans leurs investigations [1].

Il ne faut pas l'oublier : dans des travaux de ce genre, chacun, à moins d'un secours spécial de Dieu, est exposé à se tromper. Ces commentaires sont une œuvre purement humaine. Éminemment respectables sans doute, quand ils sont le fruit des méditations d'hommes très recommandables par le génie et la vertu, ils restent cependant toujours distincts de la Révélation elle-même.

Seule la mauvaise foi aurait l'impudence de formuler, à propos de ces erreurs inévitables, un odieux sophisme contre l'Église et la Religion ; mais jamais un esprit sincère et clairvoyant n'en sera ébranlé.

---

[1]. *Astronomie et Théologie, ou l'Erreur géocentrique, la Pluralité des Mondes habités et le Dogme de l'Incarnation*, 1re partie, chapitre 1er.

Jusque dans la *Somme Théologique* de saint Thomas d'Aquin, on retrouve un écho des doctrines de Pythagore sur les propriétés des nombres. Voir en particulier 2, 2ª, q. 87, art. I, c. et P. III, q. 31, art. VIII, c.

L'illustre Kepler lui-même, au XVIe siècle, subissait encore parfois leur influence : on en rencontre des vestiges dans ses ouvrages.

CHAPITRE SECOND

LES GÉOMÈTRES DE L'ANTIQUITÉ.

---

§ I

Notions générales.

I

Procédés et limites de la Géométrie élémentaire.

Pendant de longs siècles, nous venons de le voir, l'Arithmétique végéta; mais il n'en fut pas de même de la Géométrie. Dans le courant de cette même période, elle se constitua sur ses vraies bases, se développa magnifiquement, et fut poussée à un degré de haute perfection.

Des hommes de génie la cultivèrent merveilleusement. Leurs découvertes, en cet ordre d'idées, s'étendirent bien au delà de la partie élémentaire : elles permirent d'établir une théorie assez complète des sections coniques et de poser les fondements de l'Analyse transcendante.

La Géométrie élémentaire, on le sait, s'occupe exclusivement des propriétés de la ligne droite et du cercle, des surfaces terminées par des lignes droites ou par des cercles, et, enfin, des solides limités par des surfaces planes ou circulaires.

Le cercle y est donc la seule courbe étudiée. Les motifs de cette préférence s'expliquent aisément. Il est bien, en effet, la courbe la plus simple, la plus facile, et, en outre, une des plus utiles pour les exigences quotidiennes de la vie et pour les progrès mêmes de la Science. Il fournit des moyens commodes pour mesurer les angles et pour mener les perpendiculaires.

La ligne droite et le cercle appellent tout naturellement l'emploi de la règle et du compas. Avec des instruments si primitifs et si débiles en apparence, on peut aller bien loin.

Assemblées deux à deux, trois à trois, quatre à quatre, etc., les simples lignes droites donnent lieu à une foule de théorèmes intéressants sur les angles, les perpendiculaires, les obliques, les parallèles; puis, sur les triangles, les quadrilatères, et les polygones quelconques. Considérées sous le rapport de leur grandeur relative, elles conduisent à la théorie des lignes proportionnelles, des transversales et des figures semblables.

Très nombreuses également sont les propriétés de la ligne circulaire et ses relations avec la ligne droite.

Quant aux surfaces, on peut, sans trop de peine, évaluer celle du triangle ou du quadrilatère, et celles des polygones décomposables en triangles et rectangles.

Une difficulté spéciale se présente pour l'aire du cercle, car elle est terminée par une ligne courbe. Cependant un simple coup d'œil sur les figures montre qu'elle se rapproche, de plus en plus, de celle des polygones inscrits et circonscrits, à mesure que le nombre de leurs côtés augmente. Elle en vient donc à différer, de moins en moins, du produit du périmètre par la moitié du rayon.

Pour légitimer ce passage du commensurable à l'incommensurable, les anciens recouraient à la réduction par l'absurde. Ce fut leur méthode d'exhaustion, méthode exacte et rigoureuse, mais un peu longue.

Les résultats étaient identiques à ceux de la méthode des infiniment petits, pour laquelle la circonférence est un polygone d'un nombre infini de côtés infinitésimaux, et le cercle une réunion de triangles élémentaires ayant leur sommet au centre du cercle et leur base sur la circonférence.

Ce procédé par exhaustion permit encore aux anciens,

dans la Géométrie à trois dimensions, de passer aussi de l'aire et du volume du parallélipipède, du prisme et de la pyramide, figures terminées par des surfaces planes, à l'aire et au volume du cylindre, du cône droit et de la sphère, solides terminés par des surfaces courbes.

Il n'y a pas lieu de trop s'étonner que, portant avec de persévérants efforts leur attention de ce côté, les anciens aient découvert assez rapidement toute la Géométrie élémentaire. Celle-ci n'est-elle pas un enchaînement serré de déductions logiques découlant d'un très petit nombre de vérités premières?

Pour atteindre ce but, il suffit de deux ou trois procédés extrêmement faciles, comme la superposition des figures, la mesure des angles par les arcs de cercle décrits du sommet comme centre; puis, la réduction à l'absurde et la méthode d'exhaustion pour les grandeurs incommensurables.

II

Sections coniques et Géométrie transcendante.

Mais là ne s'arrêtèrent pas les grands génies de l'antiquité. De bonne heure, ils dépassèrent les bornes de la Géométrie élémentaire, et s'avancèrent fort au delà.

Leurs succès, en effet, ne furent pas moindres dans l'étude des sections coniques, si remarquables par leurs propriétés. Ces courbes sont comme la traduction graphique des aspects particuliers sous lesquels sont susceptibles de se présenter les équations du second degré entre deux variables. Elles constituent donc une transition naturelle entre la Géométrie élémentaire et la Géométrie transcendante.

L'objet de cette dernière s'étend à toutes les lignes courbes d'ordre supérieur, divisées en diverses classes d'après leur forme. Il comprend également toutes les surfaces et tous les volumes dérivant de ces courbes.

Son but spécial est la rectification de ces lignes, la quadrature de ces surfaces et la cubature de ces solides.

Dès lors, elle réclame des secours plus efficaces. Elle doit appeler à son aide l'Analyse algébrique, et, très souvent même, le Calcul infinitésimal.

Quant aux sections coniques, les moyens dont dispose a Géométrie pure suffisent pour en donner une théorie claire et complète.

Nous aurons à nous demander si les anciens sont parvenus à leurs surprenantes découvertes, sous ce rapport, en se servant d'une Analyse algébrique dont ils ne nous ont pas transmis le secret, ou bien en employant des considérations d'ordre simplement géométrique.

Le procédé analytique, dont l'usage est devenu universel chez les modernes, est plus général, plus rapide, et, en ce sens, plus facile ; mais aussi, il est obscur, précisément à cause de cette rapidité. Franchissant d'un bond toutes les vérités intermédiaires, par lesquelles, ce semble, on devrait nécessairement passer, il laisse dans l'ombre plusieurs propositions, parfois plus intéressantes, elles-mêmes, que le résultat final.

Au contraire, la méthode géométrique s'avance pas à pas, et non par sauts. Sa marche paraît quelquefois bien lente aux esprits pénétrants et prompts ; mais la route est parcourue en plein Soleil. On sait toujours où l'on se trouve ; on est libre de s'arrêter à chaque instant, pour considérer le point de vue. Parvenu au terme, on se rend un compte exact des rapports multiples et curieux unissant le point de départ et le point d'arrivée.

Après ces considérations préliminaires, nous allons maintenant faire l'historique des découvertes géométriques dues aux anciens. Nous parlerons successivement de leurs progrès dans la Géométrie élémentaire, dans leur connaissance des sections coniques et dans la Géométrie transcendante. Nous terminerons par un aperçu sur leur Trigonométrie.

§ II

Les Législateurs de la Géométrie élémentaire.

I

Depuis les temps historiques jusqu'à Euclide.

Sans aucun doute, certaines notions de Géométrie furent connues de tout temps. Ce sont naturellement les plus simples, comme celles de la perpendicularité et du parallélisme, l'égalité des triangles, quelques-unes des propriétés du cercle et de la sphère.

Le premier exemple d'un enseignement régulier de cette Science se rencontre dans l'École ionienne. Son fondateur, Thalès de Milet, né en 640 avant J.-C., découvrit plusieurs théorèmes, entre autres, celui d'après lequel tous les angles inscrits dans une demi-circonférence sont des angles droits.

Il apprit aux Grecs ses contemporains, après l'avoir peut-être appris, lui-même, des Égyptiens, à mesurer la hauteur des monuments par la longueur de leur ombre. La loi de la similitude des figures ne lui était donc pas inconnue, et il savait que les triangles équiangles ont leurs côtés homologues proportionnels.

A Pythagore, né en 569, quelques années avant la mort de Thalès, on attribue communément la théorie de l'incommensurabilité de la diagonale, par rapport au côté du carré ; une ébauche de la doctrine des isopérimètres ; et le fameux théorème relatif à l'égalité entre le carré de l'hypoténuse d'un triangle rectangle et la somme des carrés construits sur les deux côtés de l'angle droit.

Plusieurs refusent cette dernière gloire au fondateur de

l'École italique ; on ne voit pas cependant par quel motif plausible, puisque toute l'antiquité la lui a décernée. Aurait-il emprunté cet important théorème aux Égyptiens, chez lesquels il avait passé vingt-sept ans environ, à Memphis et à Thèbes, recevant les leçons des savants et des prêtres ?... Le fait est possible, mais il n'est pas démontré.

Quoi qu'il en soit de l'origine, il n'a pu connaitre cette vérité, sans avoir étudié en même temps et révélé à ses disciples les relations existant entre les surfaces des parallélogrammes et celles des triangles. Un seul pas restait à faire pour évaluer le volume des parallélipipèdes ; assurément cette partie de la route a dû être parcourue de bonne heure.

Au milieu du ve siècle avant notre ère, Hippocrate de Chios écrivit un *Traité de Géométrie*. Il s'était rendu célèbre par la quadrature de ses lunules. C'étaient des figures planes en forme de croissant terminé par des arcs de cercle se coupant à ses extrémités. L'un de ces arcs de cercle était décrit sur l'hypoténuse et l'autre sur l'un des côtés de l'angle droit d'un triangle rectangle. Hippocrate avait établi que par la combinaison de ces arcs de cercle, on obtenait des espaces curvilignes égaux à la surface de ce même triangle.

Ce premier succès lui avait fait espérer de trouver la quadrature du cercle lui-même. Ses efforts furent vains, la chose étant impossible, comme on l'a démontré ensuite ; mais il resta convaincu de sa possibilité, et tâcha de la prouver par des raisons très spécieuses.

Il s'était aussi occupé du problème de la duplication du cube ; il fut le premier à le ramener à l'insertion de deux moyennes proportionnelles entre deux grandeurs.

Ce problème fut l'objet des efforts persévérants de plusieurs générations de géomètres. Archytas, élève de Philolaüs, le résolut, vers le ive siècle, au moyen du cylindre. Le divin Platon y travailla, lui aussi. Des solutions plus ou moins ingénieuses en furent données par ses disciples.

Celle d'Eudoxe de Cnide nous est restée inconnue, quoique les anciens l'aient trouvée excellente. Ménechme, presque à la même époque, y réussit de deux façons différentes, mais toujours par l'intersection des coniques qu'il avait étudiées spécialement, et dont il avait poussé l'étude assez loin : l'intersection de deux paraboles, ou celle d'une parabole et d'une hyperbole.

Le problème étant du troisième degré ne pouvait être traité par la règle et le compas.

Ces solutions diverses, quoique déjà nombreuses, ne suffisaient pas sans doute. Nous voyons, en effet, deux ou trois cents ans plus tard, un siècle avant J.-C., Philon de Byzance en proposer une nouvelle; puis, Nicomède, quelques années avant notre ère, en essaya une autre, au moyen de la conchoïde qu'il avait inventée, et qui porte son nom.

L'ouvrage d'Hippocrate de Chios sur la Géométrie élémentaire ne nous est point parvenu, mais celui de Zénodore, composé à peu près à la même époque, a eu la bonne fortune d'échapper au naufrage du temps.

Nous sommes redevables de sa possession à Théon d'Alexandrie qui, près de huit cents ans plus tard, dans le courant du IV° siècle de notre ère, eut la pensée de l'insérer dans son *Commentaire sur la Syntaxe mathématique (l'Almageste) de Ptolémée.*

Dans cet écrit, le plus ancien de tous ceux que nous ayons sur les vérités géométriques, Zénodore s'attache à montrer que des périmètres égaux ne renferment pas des surfaces égales.

Eudoxe de Cnide, dont nous avons déjà parlé à propos du problème de la duplication du cube et de l'insertion de deux moyennes proportionnelles entre deux grandeurs données, fit avancer beaucoup, non seulement la Géométrie plane, mais encore celle à trois dimensions.

D'après Archimède, il aurait découvert qu'une pyramide est le tiers d'un prisme, et le cône le tiers d'un cylindre de même base et de même hauteur.

Un nom digne aussi d'être mentionné est celui de Conon de Samos. Aucun de ses ouvrages malheureusement ne nous a été conservé ; mais il fut, dit-on, le maître d'Archimède. Ce serait assez pour sa gloire d'avoir formé un tel disciple.

Celui-ci professait pour lui une véritable estime. Il le témoigne d'une manière non équivoque dans la préface de son *Traité de la Sphère et du Cylindre* et dans celle du *Traité des Hélices*. Ce dernier livre, si profond et si beau, est dû, sans doute, à la proposition, faite par Conon aux géomètres, de trouver la théorie de la spirale.

De nombreux ouvrages sur la Géométrie élémentaire furent écrits vers la même époque, ou dans les siècles précédents ; mais, éclipsés par celui d'Euclide venu après, ils furent négligés, et, par suite, se perdirent. C'étaient ceux de Théon ou Léon ; de Theudius de Magnésie ; d'Hermotime de Colophon ; de Thœtète ; d'Eudoxe ; de Théophraste, dont le *Traité des Caractères* devait plus tard servir de modèle à notre La Bruyère ; d'Eudème, disciple d'Aristote, etc.

La plupart de ces ouvrages existaient encore dans les premiers siècles de l'ère chrétienne. Pappus et Proclus dans leurs commentaires nous en ont conservé le titre et quelques fragments.

II

Euclide.

Il nous faut maintenant parler de celui qui, par son mérite supérieur, les fit tous oublier.

Euclide, né en 315 et mort en 255 avant J.-C., forma le lien entre l'École de Platon dans laquelle il étudia, et celle d'Alexandrie où il fut appelé par Ptolémée Philadelphe.

Ce prince ne dédaignait pas de venir lui-même assister à son cours, et il se fit un point d'honneur d'occuper parmi ses disciples un des rangs les plus distingués. Parfois, cependant, il lui en coûtait beaucoup.

Fatigué, un jour, de l'attention soutenue qu'il avait dû prêter aux doctes leçons de son maître, il lui demanda si on ne pourrait pas le conduire à la connaissance de la Science par un chemin plus court et plus facile. — Non, répondit Euclide, il n'y a pas ici de route spéciale pour les rois.

Un courtisan se fût bien gardé de formuler un pareil verdict; mais Euclide était géomètre, et il n'ignorait pas sa propre valeur. Cette réponse pourtant, en la supposant authentique, laisse beaucoup à désirer.

Si parfaite que fût la méthode euclidienne, elle pouvait encore être perfectionnée, et, dès lors, rendue plus commode. Elle imposait à l'intelligence certains efforts qu'elle aurait pu lui épargner. Un peu plus de simplicité dans les démonstrations, un peu moins de redondance dans les pensées et de prolixité dans le style, aurait soulagé la mémoire; l'esprit en eût été plus dispos, et le succès mieux assuré.

Ce *Traité de Géométrie* n'en fut pas moins, durant deux mille ans, considéré comme un modèle; il fut pendant cette longue période de siècles le manuel obligé de tous les étudiants.

Sous le titre modeste d'*Éléments de Géométrie*, Euclide avait d'abord rangé, dans un ordre méthodique et souvent admirable, les diverses propositions distribuées, un peu au hasard des circonstances, dans les écrits de ses devanciers. Il en avait corrigé les démonstrations, et aplani les difficultés.

Il avait, en outre, ajouté, de son propre chef, plusieurs théorèmes d'une grande importance.

Toutefois, son principal mérite est d'avoir perfectionné la méthode, en s'efforçant de rendre l'enchaînement des propositions de plus en plus serré, et l'argumentation de plus en plus précise et rigoureuse.

Sous ce rapport, il poussa ses scrupules peut-être trop loin. Il eut, comme tant d'autres, les défauts de ses qualités. Il voulut tout prouver, même les choses les plus évidentes par elles-mêmes. Aussi quelquefois ses raisonnements sont-ils longs et diffus, par conséquent, compliqués et difficiles à suivre. On retrouve, là, des signes du temps dans lequel il vivait, avec des tendances à la subtilité des sophistes grecs toujours pointilleux.

Il pèche aussi par une trop constante uniformité, source d'ennui et de fatigue. La succession des théorèmes, des corollaires, des propositions inverses des précédentes, est un peu trop monotone. La symétrie de la rédaction détruit la variété, et l'étude en est moins agréable.

Mais, comme par ailleurs, il rachète largement ces petites imperfections! Les théorèmes sont disposés avec un tel art, que les savants modernes ont trouvé peu de chose à changer à l'ordre suivant lequel il les avait placés.

Non, ce n'est pas sans motif que cet ouvrage a été universellement regardé comme un modèle. Pendant une vingtaine de siècles, on s'est contenté de le commenter. On l'a traduit dans toutes les langues, même en persan, en arabe, et en chinois. Jusqu'à nos jours, il a été pour toutes les Écoles le texte obligatoire. On croyait impossible de parvenir à s'en passer.

Même à notre époque, il n'a pas été entièrement éclipsé. Il reste encore la base de tous les ouvrages similaires, à cause de son exactitude et de l'enchaînement méthodique de ses démonstrations.

Quand les progrès modernes le rendirent par trop incomplet et insuffisant, on y était encore tellement attaché qu'on voulut le corriger, et l'adapter aux nouvelles connaissances. Y renoncer purement, eût été plus sage. Sous le prétexte de l'améliorer, on le défigura. On en rompit l'unité, en y intercalant d'une façon maladroite des formules abstraites, auxquelles Euclide et les Grecs, ses contemporains, n'avaient jamais songé.

Ses remarquables théorèmes sur les rapports des grandeurs concrètes, furent remplacés par des considérations sur les proportions entre nombres commensurables, c'est-à-dire par la simple théorie des fractions ordinaires. Cette application de l'Arithmétique à la Géométrie ne fut là un progrès, pas plus qu'ailleurs, comme nous l'avons déjà montré.

On peut, à ce sujet, faire une curieuse observation.

Pendant tout le moyen âge, l'enseignement scientifique des Écoles publiques et des grandes Universités, se réduisit à la Physique d'Aristote, à la Géométrie d'Euclide, et à l'Astronomie d'Hipparque et de Ptolémée. De tout cela, les siècles n'ont respecté que la Géométrie d'Euclide et les travaux d'Hipparque. La Physique d'Aristote et le système de Ptolémée unis ensemble, sont tombés presque en même temps, et leur effondrement a été absolu.

Les *Éléments* se divisaient en quinze livres, dont voici l'objet. Les quatre premiers contenaient les démonstrations relatives aux propriétés des figures planes; les deux suivants, la théorie des proportions et des grandeurs; les cinq derniers, les propositions concernant les figures à trois dimensions.

Les quatre livres intermédiaires étaient appelés *arithmétiques*. L'auteur y parlait des propriétés générales des nombres, des rapports numériques et des quantités incommensurables.

Dans le but de faciliter l'application de ses *Éléments*, Euclide leur avait ajouté un appendice : c'étaient les *Données*, suite de propositions aptes à servir de principes dans les démonstrations. Elles furent en honneur parmi les géomètres de l'antiquité. Ceux du moyen âge les citaient aussi. Newton lui-même en faisait grand cas; mais, après lui, on prit insensiblement l'habitude de s'en passer.

Le succès des *Éléments* fit un peu oublier les autres ouvrages dans lesquels Euclide avait relaté ses travaux personnels. Ils furent cependant très admirés par ses contemporains et ses premiers successeurs. Toutefois, mis au second plan, ils se perdirent, et nous devons à ce motif de ne les point posséder.

Les principaux étaient: quatre livres sur les *Sections coniques*; deux sur les *Lieux à la surface* (il y étudiait, croit-on, les surfaces ou les courbes à double courbure;) et trois sur les *Porismes*. On ignore en quoi, au juste, ces derniers consistaient; on sait seulement qu'ils avaient pour but de faciliter la solution des problèmes les plus ardus. Peut-être renfermaient-ils le germe des théories homographique et d'involution.

Euclide avait également écrit un *Traité sur la Musique* (*Introductio harmonica, sectio canonis;*) un autre sur le *Partage des polygones* (Liber *de Divisionibus;*) un sur *la Sphère* et plusieurs sur l'*Optique*, concernant les phénomènes de la vision et la théorie des miroirs.

III

Archimède.

Cinquante ans après ce législateur de la Géométrie, parut Archimède, le plus grand mathématicien de l'antiquité.

Par la détermination du rapport approché de la circonférence au diamètre, il combla une lacune des *Éléments* : il féconda les théorèmes si remarquables de son devancier sur les surfaces et les volumes des corps ronds; en outre, il compléta son enseignement en lui donnant, grâce à son esprit inventif, un développement merveilleux.

Euclide avait bien décrit, il est vrai, les propriétés du cylindre et du cône, du cercle et de la sphère ; toutefois, il n'avait rien dit des théorèmes relatifs à leur étendue. On savait, seulement depuis Eudoxe, que le volume du cône est le tiers de celui du cylindre de même base et de même hauteur.

A ce propos, Archimède fit d'importantes découvertes. Les livres dans lesquels il les consigna nous sont heureusement presque tous parvenus, même dans le texte primitif, le texte grec. Ces ouvrages contiennent exclusivement ses travaux personnels; pour les propositions déjà connues, il ne s'occupe pas de les exposer, mais il renvoie aux auteurs précédents.

Le principal de ses écrits pour la Géométrie élémentaire, est son *Traité de la Sphère et du Cylindre*. Il y examine avec beaucoup de sagacité les divers rapports de ces figures entre elles.

Après avoir établi que le cercle est égal au triangle ayant pour base la circonférence et pour hauteur le rayon, il démontre quelques autres propositions comme celles-ci, par exemple : la surface d'un cylindre est égale à celle d'un rectangle dont la base serait la circonférence et dont la hauteur serait la hauteur même du cylindre; la surface de la sphère est quadruple de celle d'un de ses grands cercles, etc.

Il en vient alors au rapport entre le cylindre et la sphère.

La surface de la sphère, dit-il, est égale à celle du cylindre ayant pour base un grand cercle et pour hauteur un diamètre. La surface totale de ce même cylindre, en y comprenant celle des bases, égale les $\frac{3}{2}$ de celle de la sphère.

Quant au volume, il prouve que celui du cylindre dont la base est un grand cercle et la hauteur un diamètre de la sphère, vaut également trois fois la moitié du volume de cette sphère. Réciproquement le volume de la sphère est les deux tiers de celui du cylindre.

Il tirait de ces vérités des corollaires tels que ceux-ci : une sphère est le quadruple d'un cône dont la base est égale à un grand cercle et la hauteur à un rayon de cette sphère; la surface d'une zone est égale à celle d'un cylindre de même hauteur, dont la base serait un grand cercle. Il en déduisait aussi d'autres propositions concernant les segments et les secteurs sphériques.

Ces rapports constituent encore, à l'heure présente, les plus beaux théorèmes de la Géométrie élémentaire.

Dans le but de perpétuer le souvenir de ces découvertes, dont il était justement fier, le grand géomètre voulut qu'on sculptât sur son tombeau un cylindre circonscrit à une sphère.

A la prise de Syracuse, Archimède, comme on le sait, fut tué violemment par un soldat qui ne le connaissait pas. Le vainqueur, Marcellus, dont l'armée tout entière avait été tenue en échec, pendant plus de trois ans, par la seule science de cet homme de génie, éprouva le plus vif regret de sa perte. Se conformant à son désir, il lui fit ériger un tombeau portant, sur une petite colonne, cette double figure géométrique.

Un siècle et demi plus tard, pendant sa questure en Sicile, Cicéron fut curieux de savoir si ce monument existait encore. Sous la domination romaine, les habitants de Syracuse avaient tellement négligé l'étude si chère à leur illustre concitoyen, qu'ils n'avaient pris aucun soin de son tombeau. Ils en ignoraient la place, affirmant même qu'il n'en restait aucun vestige.

Cicéron le chercha avec persévérance, et finit par le trouver sous les buissons et les ronces qui l'avaient entièrement recouvert. Ayant fait déblayer le terrain, il put lire un fragment d'épitaphe à demi effacée. La sphère et le cylindre étaient demeurés comme témoins irrécusables. Cicéron donna des ordres pour la restauration de ce modeste mausolée; mais il en fit payer le prix à Archimède lui-même, et un peu trop cher, ce semble.

Racontant ce fait dans ses *Tusculanes*, il se flatte d'avoir rendu à celui qu'il appelle dédaigneusement un homme obscur, *humilem homunculum*, la gloire dont sans lui, pensait-il, Archimède eût pour toujours été privé [1].

Orateur et philosophe, Cicéron professait un certain mépris pour les mathématiciens et les géomètres. Cependant, au point de vue du génie, cet Archimède qu'il s'imaginait orgueilleusement avoir ressuscité, lui était sans nul doute supérieur.

Nous le constaterons plus encore, quand nous verrons ses étonnantes découvertes dans le domaine de la Géométrie transcendante. Cicéron n'eût-il pas restauré son tombeau, ce nom n'en serait pas moins venu jusqu'à nous, entouré de l'auréole d'une gloire immortelle.

---

1. *Tusculanarum disputationum*, libr. V, cap. 23. Humilem homunculum a pulvere et radio excitabo, Archimedem. Cujus ego Quæstor ignoratum ab Syracusanis, septum undique et vestitum vepribus et dumetis, indagavi sepulcrum, etc...

§ III

Les Fondateurs de la Géométrie transcendante.

I

Nombreux et importants théorèmes découverts par les disciples de Platon.

Plus philosophe que Cicéron, Platon surnommé le divin, n'avait pas pour les Mathématiques et pour la Géométrie le même souverain mépris.

Il paraît avoir été le premier à considérer les sections coniques. On ne nous a conservé de lui, sur ce sujet, aucun ouvrage spécial, mais il dirigea de ce côté les spéculations de ses disciples.

De la fondation de l'École platonicienne, il est bon de le remarquer, datent les grands progrès de la Géométrie.

On lui doit l'introduction féconde de la méthode analytique dans la Science des grandeurs. Cette précieuse méthode consiste à envisager la question comme résolue, et à partir de l'inconnu, supposé trouvé, pour remonter au connu par une suite de déductions logiques. Elle est le contraire de la méthode synthétique par laquelle, allant du connu à l'inconnu, on démontre les propositions successives au moyen de celles déjà prouvées auparavant.

Si la synthèse sert admirablement à mettre en lumière l'enchaînement des vérités acquises, l'analyse est, de son côté, un très puissant instrument pour s'ouvrir une voie à travers des régions encore inexplorées. L'une est pour l'exposition et la démonstration; l'autre, pour l'invention et les découvertes.

L'École platonicienne a donc un droit réel à notre reconnaissance. De plus, outre plusieurs théorèmes d'un ordre très élevé et germes de la Géométrie transcendante, elle nous a valu la doctrine des lieux géométriques. Pour les tracer, les anciens suivaient le mouvement de plusieurs points, fixés à des appareils mobiles d'après certaines lois définies.

Ils furent amenés par divers motifs à fonder cette théorie ; mais ils l'appliquèrent surtout d'une manière très habile, il faut l'avouer, aux deux problèmes, désormais célèbres, de la duplication du cube et de la trisection de l'angle.

Ces savantes méthodes firent de la Géométrie une science nouvelle. Elle s'étendait par elles au delà des limites des simples Éléments ; aussi, dès lors, les disciples de Platon commencèrent-ils à l'appeler *transcendante*.

Développant et perfectionnant ces procédés, ils abordèrent de front l'immense sujet des sections coniques, et en découvrirent les principales propriétés.

Les questions de ce genre furent étudiées avec tant d'ardeur, et la théorie en fut avancée à tel point par Ménechme, un des premiers disciples de Platon, que les sections coniques furent dans l'antiquité connues sous le nom de *courbes de Ménechme*.

Peu après, vers 350 avant J.-C., Aristée composa sur ces matières un important ouvrage, très estimé des anciens, mais qui malheureusement ne nous est point parvenu.

Euclide, comme nous l'avons déjà dit, avait écrit également plusieurs livres sur les Coniques (*Conicorum libri*) et un *Traité des lieux à la surface* (*Locorum ad superficiem*.) Dans ce dernier, il examinait les courbes à double courbure et les surfaces engendrées par les sections coniques tournant autour de leur axe.

Voici quelques-uns des principaux théorèmes connus avant Archimède : Dans la parabole la sous-tangente est double de l'abscisse. Les diamètres sont en nombre infini ; mais, dans la parabole, ils sont tous parallèles ; au contraire, dans l'hyperbole et dans l'ellipse, ils sont conjugués deux à deux.

La somme des rayons vecteurs menés des foyers à un

point de la courbe est constante dans l'ellipse; dans l'hyperbole, c'est leur différence qui ne varie pas.

Ils connaissaient les propriétés des foyers par rapport aux tangentes.

Ils nommèrent *asymptotes* les lignes droites dont peuvent s'approcher indéfiniment, sans les atteindre jamais, les deux branches de l'hyperbole. Ces asymptotes étaient les diagonales du parallélogramme construit sur deux diamètres conjugués.

Plusieurs propriétés des asymptotes leur étaient connues, par exemple : la division en deux parties égales par le point de contact d'une tangente menée à l'hyperbole et terminée aux asymptotes; l'égalité des portions d'une sécante comprises entre les asymptotes et l'hyperbole; la constance de la valeur du parallélogramme compris entre les deux asymptotes et leurs parallèles menées d'un point de l'hyperbole et terminées à leur point de rencontre avec l'autre asymptote.

D'autres propositions analogues leur étaient familières : c'étaient celles des rapports entre les tangentes et les sécantes de l'ellipse, ou entre les segments des cordes d'une ellipse, etc.

II

Génie et magnifiques travaux d'Archimède.

Archimède, auquel la Géométrie élémentaire doit tant, ne fut pas moins heureux dans l'étude des sections coniques.

Ses principaux ouvrages en cette matière sont : *Des Conoïdes et des Sphéroïdes, Des Hélices, De la Quadrature de la Parabole, Des Corps portés sur un fluide, De l'Équilibre des Plans*. Dans ce dernier, qui paraîtrait appartenir plus directement à la Physique, il touche aussi à la Géométrie, car à propos d'Hydrostatique et de Pesanteur, il revient à tout moment aux conoïdes.

Ses méditations continuelles et profondes sur la mesure des grandeurs curvilignes, le mirent à même de reculer tellement le domaine de cette partie des Mathématiques, qu'on peut le regarder comme le créateur de cette Science spéciale. A lui revient l'honneur d'avoir posé les fondements sans lesquels il eût été impossible aux savants, venus plus tard, d'élever la Géométrie si haut.

Ses travaux en ce genre ont toujours excité l'admiration; mais ils ont semblé plus étonnants encore aux modernes qu'ils ne l'étaient à ses contemporains, depuis que l'invention du Calcul différentiel et du Calcul intégral a permis de donner une confirmation éclatante à ses sublimes intuitions.

Pour Archimède, les sphéroïdes appartiennent aussi à la Géométrie des coniques, car par sphéroïdes il entend les corps engendrés par une ellipse tournant autour d'un de ses axes. Il réserve le nom de conoïdes aux corps produits par la révolution d'une hyperbole ou d'une parabole.

Voici quelques-unes des propositions dont la démonstration se trouve dans le *Traité des Conoïdes et des Sphéroïdes* :

La surface d'une ellipse est égale à celle d'un cercle dont le rayon serait une moyenne proportionnelle entre les demi-axes de cette ellipse; ou, la surface d'une ellipse est au cercle décrit sur le grand axe, comme le petit axe est au grand; ou encore, la surface d'une ellipse est à un cercle quelconque comme le rectangle ayant pour côté les deux axes est au carré construit sur le diamètre de ce cercle; et, enfin, les surfaces de deux ellipses sont entre elles comme celles des rectangles construits avec les axes de ces ellipses.

Des sphéroïdes, il passe ensuite aux conoïdes mêmes.

La section d'un conoïde parabolique faite par un plan parallèle à l'axe, détermine, dit-il, une parabole égale à la parabole génératrice. Il en est de même des sections pareilles faites à un conoïde hyperbolique ou à un sphéroïde; elles produisent des hyperboles ou des ellipses semblables à l'hyperbole ou à l'ellipse primitives.

Il montre quelle serait la figure, si la section était faite selon un plan oblique à l'axe. Soit pour les conoïdes paraboliques et hyperboliques, soit pour les sphéroïdes allongés, la figure serait une ellipse; il donne les moyens d'en évaluer le grand et le petit axe.

Puis, viennent une foule de propositions curieuses et remarquables sur les segments des conoïdes et des sphéroïdes. En les énonçant et en les démontrant, l'auteur témoigne toujours d'une grande science et d'une profonde sagacité.

Il est merveilleux de voir avec quelle habileté consommée Archimède vient à bout des problèmes les plus rebelles, par la seule application de son système de l'équivalence des figures.

Transformant les segments de conoïdes hyperboliques ou de sphéroïdes, en parties de cônes, il substitue à ceux-ci des cylindres à bases elliptiques parallèles de même volume, puis des cylindres à bases circulaires. La surface du cercle étant égale à celle d'un triangle rectangle ayant pour base la circonférence et pour hauteur le rayon, les cylindres à bases circulaires deviennent tout naturellement des prismes à bases triangulaires, et, enfin, par une opération des plus faciles, se métamorphosent en simples parallélipipèdes rectangles.

Ainsi les segments de sphéroïdes ou de conoïdes hyperboliques et paraboliques, au moyen d'une série de changements légitimes, sont assimilés à des figures d'une extrême simplicité.

Son génie brille d'un éclat aussi vif dans son *Traité de l'Équilibre des Plans*, lorsque, après avoir établi la théorie du levier et fixé le centre de gravité du triangle, du parallélogramme et du trapèze, il recherche le centre de gravité d'un segment parabolique à une ou deux bases.

On ne saurait jamais assez admirer avec quel art prodigieux Archimède répond à des questions aussi compliquées, et pour lesquelles les ressources de la Géométrie analytique des modernes ne sont pas de trop.

La même observation s'applique à son *Traité sur la Quadrature de la Parabole*.

Le premier, il eut la gloire de surmonter les obstacles s'opposant à la mesure exacte des surfaces curvilignes. Dinostrate, frère de Ménechme et disciple de Platon, avait bien essayé, un siècle auparavant, de résoudre le problème de la quadrature du cercle, déjà abordé par Hippocrate de Chios. Il avait inventé, dans ce but, la quadratrice qui porte son nom. Nous ne la décrirons pas ici, elle est assez connue ; mais il n'avait qu'un procédé mécanique pour tracer cette quadratrice, rangée par les modernes parmi les courbes transcendantes.

Il lui était impossible de la construire rigoureusement. Un procédé mécanique et graphique, quelque parfait et délicat qu'on le suppose, n'est jamais susceptible d'atteindre la précision mathématique. La difficulté subsistait donc à peu près tout entière, soit pour le cercle, soit à plus forte raison pour les sections coniques.

Avant Archimède on ne rencontre pas d'exemple de la quadrature absolue et rigoureuse d'un espace compris entre une corde et une courbe de ce genre. Il démontra, par une méthode ingénieuse, que la surface d'un segment parabolique, égale les deux tiers de celle d'un parallélogramme ayant pour bases la corde du segment et une parallèle à cette base tangente à la courbe, et dont les deux autres côtés sont des parallèles à l'axe menées des extrémités de la corde.

Ce résultat fut d'abord obtenu par des moyens mécaniques, basés sur les conditions d'équilibre de diverses figures, triangles, trapèzes et segments paraboliques, suspendus aux deux extrémités d'un levier à bras égaux.

Cette méthode ne laisse pas d'être singulière et semble trop indirecte. Le génie d'Archimède sut pourtant en tirer parti. Il s'en servit avantageusement pour résoudre ce difficile problème. Toutefois, son esprit n'était pas entièrement satisfait ; il tâcha d'arriver au but par une voie purement géométrique, plus régulière et meilleure, à son avis.

Le succès répondit à son attente.

Le principe sur lequel il basa son raisonnement est celui-ci : Lorsque dans un segment de parabole est inscrit un triangle ayant pour base celle du segment, et pour sommet le point de contact d'une tangente parallèle à cette même base, ce triangle contient huit fois un autre triangle inscrit de la même façon dans un des deux segments secondaires restant entre le premier triangle et la parabole.

Chacun de ces deux triangles secondaires est, lui-même, octuple d'un triangle inscrit dans les segments tertiaires, et ainsi de suite, indéfiniment.

En d'autres termes, chaque triangle inscrit est quadruple de la somme des deux triangles inscrits d'ordre inférieur.

Plus le nombre de ces triangles inscrits dans les fragments successifs du segment augmente, plus leur somme totale se rapproche de la surface du segment parabolique. Elle peut s'en rapprocher au point d'en différer aussi peu que l'on veut.

Cette surface égale donc celle du premier triangle inscrit, plus le quart de ce même triangle, plus le quart du quart, etc.

Elle équivaut donc aux quatre tiers de ce triangle, c'est-à-dire aux deux tiers du parallélogramme dont ce triangle est la moitié.

Archimède fut le premier, d'ailleurs, à prouver que la série

$$1 + \frac{1}{4} + \frac{1}{16} + \frac{1}{64} + \cdots \text{ égale } \frac{4}{3}.$$

Il y parvint par un moyen très ingénieux, nous révélant, une fois de plus, les merveilleuses ressources de son génie fécond. Nous en parlerons quand nous dirons comment le grand géomètre a posé les fondements de l'Analyse infinitésimale.

Dans son *Livre des Corps portés sur un fluide*, on le voit appliquer les principes d'Hydrostatique découverts par lui, à l'équilibre d'un segment sphérique et d'un segment de conoïde parabolique.

Pour ce dernier cas, il enseigne que le centre de gravité est situé sur l'axe du segment, et au tiers de sa longueur à partir de sa base. Il montre ensuite dans quelles circonstances le segment, en partie immergé, restera vertical ou s'inclinera sur la surface du fluide.

Ces questions difficiles, envisagées successivement sous divers aspects, sont toujours traitées par lui avec une surprenante sagacité.

Malgré son génie, dont il fournit tant de preuves, on aurait peine à croire que ces problèmes eussent été résolus et que ces théories si complexes eussent été formulées par Archimède, s'il n'avait eu à son usage une Algèbre déjà très perfectionnée, et dont le secret ne nous a pas été transmis.

Sans le secours du Calcul algébrique, il est extrêmement difficile et presque impossible de suivre ses raisonnements et de comprendre l'énoncé de ses théorèmes. Que serait-ce pour les découvrir et pour les démontrer?

Si, privé des moyens de l'Analyse algébrique, Archimède avait été capable d'opérer de pareils tours de force, il serait incontestablement, même parmi les hommes de génie, un être extraordinaire et incomparablement supérieur, un vrai prodige dans l'humanité.

Qu'on en juge par cet exemple, choisi entre une foule d'autres :

Lorsque l'axe d'un segment droit de conoïde parabolique surpasse trois fois la moitié du demi-paramètre, mais est trop petit pour que la raison de l'axe au demi-paramètre soit comme 15 est à 4 [1]; si la raison de la pesanteur du segment à celle du fluide dépasse la raison de l'excès du carré de l'axe (hauteur du segment) sur le carré de l'excès de l'axe sur trois fois la moitié du demi-paramètre — au carré de l'axe; c'est-à-dire si l'on a

$$\frac{p'}{p} > \frac{h^2 - \left(h - \frac{3}{2}p\right)^2}{h^2};$$

---

[1]. On exprimerait ces conditions en langage algébrique par $h > \frac{3}{2} p$, et $\frac{h}{p} < \frac{15}{4}$; ou si l'on supposait, par exemple, p égal à 4, h serait plus grand que 6 et plus petit que 15. Par le paramètre d'une parabole, Archimède entend le quadruple de la distance du foyer au sommet.

alors, si on abandonne ce segment dans le fluide, en immergeant entièrement sa base et en inclinant son axe, il ne se retournera pas de manière à donner à son axe une direction verticale, mais de façon à lui faire déterminer avec la surface du fluide un angle dont la tangente serait la raison de la racine carrée du produit de la moitié du demi-paramètre sur l'excès sur le demi-paramètre du produit des deux tiers de l'axe par l'excès de l'unité sur la racine carrée de l'excès de l'unité sur la raison de la pesanteur du segment à la pesanteur du fluide — à l'excès sur le demi-paramètre du produit des deux tiers de l'axe par l'excès de l'unité sur la racine carrée de l'excès de l'unité sur la raison de la pesanteur du segment à la pesanteur du fluide.

Nous sommes, certes, très loin de prétendre que cette phrase, interminable et si embrouillée, soit des plus claires et des plus élégantes; elle serait même, nous en convenons, presque absolument incompréhensible sans la formule ci-jointe, indiquant la tangente dont il est question ici.

$$\text{Tang} = \frac{\sqrt{\frac{1}{2}p \left[\frac{2}{3}h\left(1 - \sqrt{1 - \frac{P'}{P}}\right) - p \right]}}{\frac{2}{3}h\left(1 - \sqrt{1 - \frac{P'}{P}}\right) - p}.$$

Seule cette formule est capable de nous faire saisir la pensée d'Archimède.

Dans cette formule, p est le demi-paramètre; h la hauteur du segment ou l'axe; P' et P sont les pesanteurs respectives du segment et du fluide.

Pour mieux fixer les idées, citons encore un autre exemple, présentant quelque analogie avec le précédent, mais en différant toutefois, en ce qu'il détermine l'angle d'inclinaison, non par sa tangente, mais par les deux côtés d'un triangle rectangle dont cet angle ferait partie; l'angle serait opposé au premier de ces côtés.

L'énoncé commence par l'exposé des mêmes conditions. Lorsque l'axe d'un segment droit de conoïde parabolique est plus grand que trois fois la moitié du demi-paramètre et se trouve pourtant trop petit pour que la raison

de l'axe au demi-paramètre soit comme celle de 15 à 4 ;
C'est-à-dire, si l'on a encore :
$$h > \frac{3}{2}p, \text{ et } \frac{h}{p} < \frac{15}{4};$$
si la raison de la pesanteur du segment à celle du fluide est inférieure à la raison du carré de l'excès de l'axe sur trois fois la moitié du demi-paramètre, — au carré de l'axe ;
$$\frac{p'}{p} < \frac{\left(h - \frac{3}{2}p\right)^2}{h^2};$$
alors, si on abandonne ce segment dans le fluide, de sorte que la base ne touche pas le fluide, l'axe ne se placera point dans une direction verticale, mais fera avec la surface du fluide l'angle qui, dans un triangle rectangle, dont nous déterminons les deux côtés ci-après, serait opposé au premier de ces côtés.

Celui-ci serait la racine carrée du produit du demi-paramètre par l'excès sur le demi-paramètre du produit des deux tiers de l'axe par l'excès de l'unité sur la racine carrée de la raison de la pesanteur du segment à la pesanteur du fluide; soit, plus clairement, en langage algébrique :
$$\sqrt{p\left[\frac{2}{3}h\left(1 - \sqrt{\frac{p'}{p}}\right) - p\right]}.$$
L'autre côté serait l'excès sur le demi-paramètre du produit des deux tiers de l'axe par l'excès de l'unité sur la racine carrée de la raison de la pesanteur du segment à la pesanteur du fluide, soit :
$$\frac{2}{3}h\left(1 - \sqrt{\frac{p'}{p}}\right) - p.$$
Nous avons coupé en diverses parties ce long énoncé, suite de plusieurs phrases superposées les unes aux autres. Après chaque division, nous avons intercalé la formule algébrique, pour en faciliter l'intelligence. Le lecteur, nous en sommes sûr, conviendra que cette précaution n'était pas inutile.

Cette absence de formules et de signes abréviatifs force Archimède à employer des phrases d'une étendue démesurée, pour présenter, d'une manière nécessairement obscure, ce qui serait si nettement, et avec tant de concision, exprimé par la langue algébrique. Aussi est-il parfois très fatigant de suivre ses raisonnements.

Cela n'enlève rien à la sublimité et à la puissance de son incomparable génie. Il fut un homme vraiment extraordinaire, surtout s'il est arrivé (est-ce admissible?) à des résultats si surprenants par le seul emploi de procédés si peu perfectionnés.

On a tout lieu de croire, cependant, qu'il avait à sa disposition une Algèbre dans laquelle il était très versé. Elle lui servait à découvrir analytiquement les propositions; puis, il les exprimait en langage ordinaire, dans la crainte de n'être pas compris. Très probablement, ce n'est donc pas de la manière dont il présente ses théorèmes qu'il les a trouvés.

Plusieurs choses confondent le lecteur assez courageux pour étudier les ouvrages d'Archimède, et assez instruit pour en pénétrer le sens.

Ce sont, comme nous l'avons déjà insinué, d'innombrables exemples d'une merveilleuse sagacité et d'une habileté sans pareille pour tourner les difficultés, même les plus irréductibles en apparence. Rien ne l'étonne et rien ne l'arrête.

Aussi Leibniz, qui s'entendait à ces matières, a pu écrire de lui cette phrase caractéristique : *Qui Archimedem intelligit, recentiorum summorum virorum inventa parcius mirabitur* [1]; celui qui est en état de comprendre Archimède admirera beaucoup moins les inventions des hommes éminents dans les temps modernes.

Comment en serait-il autrement ? Après vingt siècles de travaux et de perfectionnements apportés par les nouvelles générations à cette Science qu'il posséda à un si haut degré, les esprits les plus profonds rencontrent encore des difficultés réelles dans son *Traité des Hélices*.

Il y établit sur les propriétés des spirales, courbes regar-

---

1. *Leibnitii opera*. Genovæ. Tom. V, p 460.

dées aujourd'hui comme transcendantes, et dont il avait su mesurer les surfaces et mener les tangentes, des propositions d'un ordre fort élevé. C'est à tel point que Boulliau, astronome distingué du xviie siècle, fervent admirateur de Copernic et géomètre de valeur, avouait n'y rien comprendre. Viète, lui-même, le croyait faux; mais en cela il se trompait, car toutes les propositions en ont été démontrées vraies, ensuite, par le Calcul différentiel et le Calcul intégral.

Ce Traité est donc une preuve incontestable de l'extraordinaire génie de son immortel auteur.

On aurait tort, après cela, comme on le fait parfois, de reprocher aux ouvrages d'Archimède de manquer de clarté. Les vérités dont il s'occupe étant très difficiles, sont par elles-mêmes déjà fort obscures. De plus, il semble avoir pris à tâche de résoudre, ou, du moins, d'exposer par la Géométrie pure des théorèmes sur des courbes d'ordre supérieur.

Il n'est donc pas étonnant qu'on ait de la peine à le suivre; mais on ne saurait trop le louer d'avoir traité ces questions ardues avec une telle rigueur et une telle exactitude, que les procédés modernes si puissants de l'Analyse infinitésimale aient pleinement confirmé ses résultats.

Ses sublimes intuitions lui permirent de parsemer ses ouvrages d'une foule de propositions remarquables, vrais traits de lumière. Elles concernent non seulement l'Algèbre ordinaire et la Trigonométrie, mais encore les Mathémathiques transcendantes, la Géométrie analytique et le Calcul infinitésimal.

Toutes ces diverses branches du savoir humain ont leur germe chez lui. Déjà même elles y acquièrent un magnifique épanouissement et une merveilleuse floraison.

Sans aucun doute, il a dû être familier avec des procédés analogues à ceux qui font la gloire et la force de la Science actuelle.

Nous l'avons déjà indiqué pour l'Algèbre et pour la Géométrie analytique; montrons-le, maintenant, quoique avec brièveté, pour le Calcul infinitésimal.

Voici la manière dont il prouve, à propos de la *Quadra-*

ture de la Parabole, dont nous avons parlé plus haut, comment la série indéfinie

$$1 + \frac{1}{4} + \frac{1}{16} + \frac{1}{64} + \frac{1}{256} + \ldots \text{ égale exactement } \frac{4}{3}.$$

Il savait que dans cette progression par quotient, si l'on ajoute à un terme quelconque le tiers de sa valeur, on obtient le tiers du terme précédent.

Soient, par exemple les deux premiers termes, $1 + \frac{1}{4}$; si le second, $\frac{1}{4}$, est augmenté de $\frac{1}{4.3}$, ou de $\frac{1}{12}$, on obtient $\frac{16}{48}$ ou $\frac{1}{3}$ de l'unité, premier terme de la progression.

Si donc au premier terme on ajoute le second ainsi modifié, on trouve $1 + \frac{1}{3} = \frac{4}{3}$.

Archimède tirait de ce principe la proposition suivante : La somme de tous les termes de la série $1 + \frac{1}{4} + \frac{1}{16} + \ldots$ augmentée du tiers du dernier terme égale $\frac{4}{3}$ de l'unité.

Mais si l'on suppose infiniment grand le nombre des termes, le dernier d'entre eux sera nécessairement infiniment petit. Le tiers de celui-ci est donc une quantité négligeable, puisqu'elle est inférieure à toute quantité donnée.

On est donc en droit de poser cette règle : la somme des grandeurs, dont chacune est le quart de la précédente, est rigoureusement égale aux quatre tiers de la plus grande d'entre elles, quand leur nombre est infini.

L'illustre géomètre s'était déjà familiarisé avec cette considération de l'infini mathématique, quand il avait cherché le rapport approché de la circonférence au diamètre.

Il eut le premier, nous l'avons dit, la pensée d'envisager le cercle comme la limite vers laquelle tendent les deux polygones régulièrement inscrits et circonscrits, lorsque le nombre de leurs côtés se multiplie indéfiniment. Il comprit comment la différence entre ces diverses figures pouvant devenir moindre que toute quantité mesurable, les deux périmètres en arriveraient à se confondre, pratiquement et théoriquement, avec la circonférence même du cercle.

C'était déjà mettre en acte les infiniment petits.

Appliquant le même procédé à des cas beaucoup plus difficiles, il eut l'idée féconde de comparer les segments droits ou obliques de l'ellipsoïde ou de l'hyperboloïde, à des segments sphériques déformés, suivant des lois qu'il pouvait déterminer sans trop d'efforts.

Pour le segment de paraboloïde, il tranchait la question avec plus de bonheur encore : il parvenait à assimiler ce segment à celui d'un prisme triangulaire.

Ainsi fut établie cette méthode appelée par les anciens, *méthode d'exhaustion*, vrai germe des Mathématiques transcendantes.

Si l'Algèbre eût été alors une Science indépendante des cas concrets, à la solution desquels Archimède, ou Apollonius dont nous allons parler, l'employaient constamment; si, à cette époque, elle eût trouvé un législateur; en d'autres termes, si ces esprits si pénétrants avaient songé à séparer la Science du raisonnement des objets sur lesquels ils raisonnaient; depuis deux mille ans, sans aucun doute, le Calcul intégral aurait été découvert.

Les inventeurs n'en eussent pas été Leibniz ou Newton, mais Archimède et Apollonius.

Les contemporains ont surtout apprécié le mécanicien dans Archimède. Ils ne tarissaient pas d'éloges au sujet des prodigieuses machines conçues et construites par lui, principalement de celles qu'il avait imaginées pour défendre la ville de Syracuse, assiégée par les Romains.

Meilleur connaisseur, Archimède estimait plus ses découvertes en Géométrie que ses inventions mécaniques. A cet égard encore, la postérité lui a donné raison.

III

Apollonius de Perga.

Cette période devait être vraiment glorieuse dans les fastes de la Géométrie.

Un demi-siècle après la mort d'Archimède, enseveli sous les ruines de Syracuse, Apollonius de Perga acquit à Alexandrie une renommée presque égale. Il compléta la théorie des coniques, et l'appliqua à la solution de problèmes d'une réelle difficulté.

A cause de la beauté de son *Traité des Coniques*, ses contemporains l'avaient appelé *le grand Géomètre*. La postérité a ratifié ce jugement.

Après lui, renonçant à s'adonner à des travaux personnels, ses successeurs, Grecs, Arabes, ou Persans, n'eurent pas d'autre ambition, pendant de longs siècles, que celle de le commenter. Ils désespéraient de mieux faire. Ils ne furent pas cependant eux-mêmes sans un certain mérite : il suffira de nommer Pappus, Hypathia, Sérénus et d'autres, dont nous parlerons dans un des chapitres suivants.

De ce *Traité des Coniques*, si apprécié des anciens, quatre livres seulement nous sont parvenus dans le texte grec. Nous devons les trois autres à un manuscrit arabe. Le huitième a été perdu, mais on a été assez heureux pour réussir à le reconstituer, d'après les indications de ses commentateurs.

Les quatre livres que nous possédons dans le texte original, sont consacrés aux éléments de la théorie.

Le premier contient la génération des trois sections coniques, leurs principales formes et leurs diverses propriétés. Il explique pourquoi elles ont reçu le nom d'ellipse, de parabole et d'hyperbole.

Tout cela était connu avant Apollonius, mais n'avait pas été exposé avec la même ampleur.

Les anciens n'envisageaient qu'une seule section dans chaque cône : la parabole dans le cône rectangle provenant de la révolution d'un triangle isocèle ; l'hyperbole dans le cône obtusangle, et l'ellipse dans le cône acutangle. Les sections étaient toujours supposées faites par un plan perpendiculaire à l'une des arêtes du cône.

Apollonius, au contraire, considéra tous les cônes, soit droits, soit obliques, comme susceptibles d'être coupés dans tous les sens imaginables. C'est cette innovation qui émerveilla tant ses contemporains.

Tout ce qui a rapport aux diamètres, aux axes des sections coniques et à leurs asymptotes rectilignes, se trouve dans le second livre.

Les asymptotes, y est-il dit, sont les diagonales du parallélogramme construit sur deux diamètres conjugués. Il n'y a que deux asymptotes ; mais elles peuvent être construites d'une infinité de manières différentes, car il y a une infinité de tangentes, et le propre des tangentes terminées entre les asymptotes est d'être divisées en deux parties égales par le point de contact.

Dans le troisième livre, sont exposés un grand nombre de théorèmes fort remarquables, tendant plus ou moins à l'établissement de la théorie des foyers. La plupart de ces propositions étaient nouvelles.

Les découvertes personnelles d'Apollonius l'avaient mis à même de formuler des règles générales pour des questions difficiles, dont on n'avait pu, auparavant, examiner que des cas particuliers.

Les intersections des coniques, soit entre elles, soit avec le cercle et les sections opposées, forment l'objet du quatrième livre, dans lequel sont également touchées une foule de questions demeurées inconnues aux géomètres précédents.

La seconde partie du Traité comprenant les quatre derniers livres, contient des considérations d'un ordre encore plus élevé. Dans le cinquième, par exemple, sont envisagés les maximums et les minimums (par ces mots Apollonius entend les normales des coniques;) puis, viennent, dans le sixième, les conditions d'égalité et de similitude des sections coniques; enfin, les deux derniers livres indiquent les moyens de résoudre des problèmes difficiles.

Nous en citerons quelques exemples.

Étant donnée la somme des carrés de deux diamètres conjugués, pour le cas de l'hyperbole, ou la différence de leurs carrés, pour le cas de l'ellipse, trouver la grandeur de ces diamètres et leur position; ou bien, trouver dans une hyperbole, ou dans une ellipse, deux diamètres conjugués comprenant entre eux un certain angle, etc.

Ces questions dépendent toutes de la résolution d'équations du premier et du second degré. Apollonius ne pouvait arriver au résultat sans effectuer plusieurs combinaisons entre les équations qu'il avait à poser. Il est fâcheux que la perte de ce livre nous empêche de savoir comment il s'y était pris.

Il avait aussi composé d'autres ouvrages, en assez grand nombre; mais, pour la plupart, ils ne nous ont pas été conservés.

Les principaux sont: *De Sectione rationis, De Sectione spatii, De Sectione determinatâ, De Tactionibus, De Inclinationibus, De Locis planis, De Cochleâ, De Perturbatis rationibus.* Il avait également des traités sur des matières comme celles-ci : *De la comparaison de l'icosaèdre* et *du dodécaèdre inscrits dans la même sphère, des stations* et *des rétrogradations des planètes*, etc. Le tout se divisait en une quinzaine de livres.

Comme Archimède, il employait des procédés d'une grande analogie avec les méthodes en usage de nos jours dans la Géométrie analytique et dans le Calcul infinitésimal.

Pour fixer le pied des normales menées à une conique par un point extérieur, il se servait, comme on le ferait aujourd'hui encore, de l'intersection de cette conique avec une hyperbole entre ses asymptotes.

De lui nous viennent les mots *abscisses* et *ordonnées*. Il appelle, en effet, *appliquées* ou *ordonnées* (*ordinatim applicatæ*) les moitiés des cordes divisées en parties égales par le diamètre [1]. Pendant longtemps, on le sait, avant et même après Descartes, ces deux mots, *appliquées* et *ordonnées*, furent synonymes. En outre, il donne le nom d'*abscisses* aux segments du diamètre, déterminés à partir d'une de ses extrémités, par ces mêmes demi-cordes, c'est-à dire par les ordonnées [2].

De plus, la considération de l'infini en Géométrie ne l'étonne ou ne l'arrête pas plus qu'elle n'avait étonné ou arrêté Archimède. Il savait apprécier et transformer en quantités saisissables les grandeurs paraissant échapper à toute mesure.

Par exemple, il n'était pas embarrassé pour évaluer un rectangle dont l'un des côtés devient infini, au moment où l'autre devient nul.

Des considérations analogues lui sont familières, à propos des asymptotes et de l'hyperbole. Ces lignes prolongées indéfiniment, dit-il, s'approchent de plus en plus, au point de n'être séparées que par un intervalle inférieur à toute quantité donnée.

La méthode des limites ne lui est pas davantage inconnue. Il montre bien qu'en un certain sens la parabole est la limite de l'hyperbole, comme elle est aussi celle de l'ellipse.

On ne saurait trop admirer cette profondeur de conception, cette sûreté de vue et cette facilité extrême de rattacher les cas particuliers aux lois générales. Elles mettent Apollonius, comme Archimède, au rang des premiers génies dont le monde a le droit d'être fier.

Le siècle illustré par ces deux grands hommes, fut certainement le plus glorieux de tous, pour l'ancienne Géométrie.

---

1. *Traité des Coniques*, livr. I, proposit. 7, 11, et *passim*.
2. Rectam quæ ex diametro *absinditur* inter ordinatim applicatam et verticem sectionis (le sommet de la courbe.) *Traité des Coniques*, livr. I, prop. 11.

§ IV

L'Inventeur de la Trigonométrie.

I

Occasion de la découverte.

Cette branche du savoir humain, si utile pour l'Astronomie et la Navigation, pour la Géodésie et la plupart des Sciences exactes, fut cultivée avec succès par un des plus célèbres astronomes des temps anciens et modernes.

Nous voulons parler d'Hipparque. Né en Bythinie, vers l'an 150 avant Jésus-Christ, il passa une partie de son existence à Alexandrie et à Rhodes, où il fit ses plus célèbres observations.

Ses principaux travaux eurent pour objet l'Astronomie. Il fut vraiment le créateur de cette Science, même de l'Astronomie mathématique. On l'en a appelé le père, non sans motif.

Par lui fut vérifiée l'obliquité de l'écliptique, déterminée déjà par Eratosthènes, un siècle auparavant. Il fixa la longueur de l'année, mais en se trompant toutefois de six minutes en plus. Il reconnut l'inégalité du mouvement du Soleil, après avoir remarqué que l'intervalle entre l'équinoxe de printemps et celui d'automne, surpasse, de sept jours environ, l'intervalle entre l'équinoxe d'automne et celui de printemps.

C'était découvrir l'excentricité de l'orbite terrestre; il en exprima géométriquement la loi, et dressa les premières tables du Soleil.

De cette excentricité procédait l'inégalité des jours. En s'accumulant, ces inégalités constituent ce que les modernes ont désigné sous le nom d'*équation du temps*. Elle fut étudiée par Hipparque avec un soin spécial.

Puis, son attention se porta vers notre satellite. Il fonda la théorie de la Lune, précisa l'inclinaison de son orbite sur l'écliptique, le mouvement des nœuds et de l'apogée, l'équation du centre, et entrevit le phénomène de l'évection.

Il partit de là pour établir la théorie des parallaxes, connaissance si importante pour l'évaluation des distances qui séparent les astres.

Alors, se présenta à lui l'idée heureuse de ramener toutes les observations à celles qui seraient faites par un observateur placé au centre de la Terre. Il s'était aperçu que la Lune parait à divers points du ciel, suivant la position occupée à la surface du globe par celui qui la considère.

Enfin, il entreprit la rédaction de son grand catalogue d'étoiles, resté le modèle des travaux de ce genre.

Comparant ses recherches à ce sujet avec celles de ses devanciers, il fut conduit à découvrir une vérité capitale, *la précession des équinoxes*, dont l'explication devait rester inconnue jusqu'à Newton.

Toute la voûte céleste semble, en effet, se déplacer par un mouvement commun et très lent autour du pôle de l'écliptique. Cela provient, comme on l'a su ensuite, d'une sorte de balancement oblique de l'axe terrestre. Ce balancement est semblable à celui d'une toupie, tournant et s'avançant penchée sur elle-même. L'axe terrestre décrit ainsi un cône de 47 degrés d'ouverture; mais pour achever cette révolution, il ne lui faut pas moins de 25.765 ans.

Ce phénomène mystérieux, alors, fit, du moins, sentir à Hipparque la nécessité de transformer les coordonnées équatoriales des astres en leurs coordonnées écliptiques; mais il ne pouvait y parvenir sans perfectionner en même temps la Science du Calcul.

Le point équinoxial, origine des longitudes célestes n'étant pas fixe, les astronomes sont obligés de faire glisser, en quelque sorte, d'année en année, les divisions géométriques des cartes uranographiques. Le canevas dont ils se servent pour déterminer la position réciproque des étoiles change, parce que le ciel parait tourner, tout d'une pièce, autour d'un axe qui n'est pas celui de la Terre, ni celui du mouvement diurne.

Les étoiles conservent bien entre elles leur situation réciproque, et les constellations ne varient pas sensiblement de forme, mais les cartes ou les globes, dessinés pour une époque, cessent bientôt d'être exacts.

En vingt siècles, la précession des équinoxes a fait varier les longitudes astrales de plus de 30°, car le point vernal, leur origine, se déplace de 50" par an, dans un sens rétrograde, l'équinoxe arrivant toujours un peu trop tôt.

Les effets de la précession, tout à fait simples sur les coordonnées écliptiques, puisque la sphère des étoiles semble tourner lentement en sens direct autour de l'axe de l'écliptique même, sont bien autrement compliqués sur les coordonnées équatoriales.

Pour les premières, ils se résument en une simple augmentation de longitude par la marche en avant des étoiles dans une direction parallèle au plan de l'écliptique. Néanmoins la distance des étoiles au pôle de l'écliptique reste toujours la même.

Au contraire, pour les secondes, non seulement il se produit, peu à peu, une augmentation de longitude, mais on constate aussi une variation dans la distance des étoiles au pôle équatorial. Toutes les étoiles situées près du parallèle du 23° degré par rapport à l'écliptique, défilent successivement devant le pôle de l'équateur, et, pour nous, deviennent polaires, les unes après les autres, dans la série des siècles.

L'étoile polaire est, en ce moment, celle qui est située à l'extrémité de la queue de la Petite Ourse : elle est de seconde grandeur. Au temps d'Hipparque, aucune étoile un peu brillante n'indiquait la place du pôle.

Notons encore, à l'actif du grand astronome, l'invention de l'ingénieux procédé pour évaluer les longitudes terrestres par l'observation des éclipses de Lune qu'il savait calculer à l'avance. Précédemment on avait remarqué, d'une façon grossière cependant, que les éclipses n'arrivaient pas aux mêmes heures dans les pays un peu distants les uns des autres, en Grèce, par exemple, en Égypte, en Syrie, etc.

Hipparque trouva les formules permettant de déterminer à quelle heure exacte l'éclipse devait se produire dans les régions diverses où elle était visible. De l'heure de l'observation, on déduisait ensuite immédiatement la longitude du lieu.

Hipparque avait donc perfectionné, en même temps, la Géographie et l'Astronomie. Il avait fondé celle-ci sur ses véritables bases, l'observation et le calcul.

Ses travaux incessants et les difficultés considérables des nombreux problèmes à résoudre, amenèrent cet homme extraordinaire à créer une nouvelle Science d'une extrême importance et d'une application journalière, en Astronomie, en Géodésie, pour la Navigation et pour l'étude de la Nature : ce fut *la Trigonométrie*.

Dans son Commentaire du poème d'Aratus, sur les *Phénomènes* (une œuvre de jeunesse pourtant,) il aborda divers problèmes astronomiques, du ressort de la Trigonométrie, et dont la solution exige une connaissance claire de la théorie complète. Grâce aux formules dont il était déjà possesseur, il arriva à transformer les coordonnées équatoriales en coordonnées écliptiques et réciproquement.

Puis, il composa en douze livres, un Traité sur la *Construction des Tables des Cordes* sans lesquelles les calculs trigonométriques sont impossibles. Cet ouvrage devint le modèle de nos Tables des Sinus. A ce propos, il exposa longuement et démontra les formules de la *Trigonométrie rectiligne et sphérique*.

Dans son Traité *Des levers et des couchers des Étoiles*, il s'occupe de la résolution des triangles sphériques.

II

Perfectionnement de la Trigonométrie.

Ainsi cette Science était fondée, et, dès le début, elle était constituée dans ses parties essentielles. Il ne lui manquait plus que certains perfectionnements.

A cette œuvre travaillèrent surtout deux hommes dans l'antiquité : Ménélaüs et Ptolémée.

Le premier, géomètre d'Alexandrie, lui aussi, vivait deux siècles environ après Hipparque, car il naquit vers l'an 80 après J.-C. Il est l'auteur d'un ouvrage en six livres sur le *Calcul des Cordes*, et d'un autre, non moins important, intitulé les *Sphériques*, sur les deux Trigonométries.

Ptolémée n'eut pas le génie d'Hipparque ; mais il sut tirer parti des observations de son devancier. Il le copia parfois trop servilement, lui empruntant ses procédés et jusqu'à ses calculs pour éviter la peine d'en faire d'autres. On a des raisons de penser qu'il n'a jamais observé lui-même. Il est donc plutôt un compilateur qu'un homme consignant par écrit ses travaux personnels.

Né un demi-siècle après Ménélaüs, et deux siècles et demi après Hipparque, il passa, lui aussi, une grande partie de son existence à Alexandrie.

Dans son *Almageste*, après l'exposition de son système du monde et une intéressante description, très détaillée, de tous les instruments astronomiques employés de son temps, il inséra un Traité complet de *Trigonométrie rectiligne et sphérique*.

Les formules pour évaluer la corde de la somme de deux arcs, ou la corde de leurs différences, étaient connues et d'un usage fréquent. On s'en servait pour la construction de la *Table des Cordes*.

On savait réduire tous les triangles rectilignes, soit rectangles, soit obliques. Pour ceux-ci toutefois on procédait par une voie indirecte, et l'on se croyait obligé de les décomposer en triangles rectangles.

La Trigonométrie sphérique était, elle aussi, fort avancée. Les Grecs de cette époque possédaient, à ce sujet, des formules analogues à celles dont se sert la Science actuelle; seulement elles étaient plus compliquées, et conduisaient moins rapidement au but. Les opérations étaient même parfois bien longues. Elles le furent jusqu'à l'invention moderne des logarithmes.

Alors, déjà, la circonférence avait été divisée en 360 degrés ; le degré, en soixante minutes ; et la minute, en soixante secondes.

En résumé, Hipparque fut l'inventeur de la Trigonométrie, et Ptolémée y apporta quelques perfectionnements utiles.

III

La Trigonométrie sphéroïdique.

Quant à la résolution des triangles tracés sur un ellipsoïde de révolution, comme l'est, par exemple, le globe terrestre à cause de l'aplatissement des pôles et du renflement équatorial, elle est évidemment beaucoup plus difficile que celle des triangles sphériques.

Les problèmes de ce genre sont d'une haute importance ; de l'exactitude avec laquelle ils sont traités, dépend la détermination plus ou moins rigoureuse des arcs de méridien. Cependant en cela l'erreur commise, dans l'espèce, ne saurait être bien forte. L'influence de l'aplatissement polaire sur les calculs géodésiques est renfermée entre des limites assez étroites, car le globe terrestre peut être envisagé comme sensiblement sphérique.

Les anciens ne prétendaient pas encore à une telle précision. Leurs instruments imparfaits étaient cause de bien d'autres écarts beaucoup plus regrettables. Aussi ne portèrent-ils pas leurs investigations de ce côté.

Les principes de la *Trigonométrie sphéroïdique*, concernant la résolution des triangles formés par deux méridiens elliptiques et un arc de moindre dimension, ne devaient être définitivement arrêtés, que dans ces derniers temps, à la fin du xviii° siècle, par Legendre et Oriani, après les savants travaux de Dionis du Séjour, à ce sujet.

Mais à Ptolémée, ou peut-être à Ménélaüs, revient une autre gloire, celle d'avoir posé les fondements de la *Théorie des Transversales*. On leur doit la découverte de ce théorème important qui en fut comme la base et le point de départ : toute droite menée dans le plan d'un triangle, détermine sur les côtés six segments jouissant de cette propriété remarquable que, si l'on prend trois d'entre eux n'ayant pas d'extrémité commune, et si l'on en fait le produit, on obtient exactement aussi le produit des trois autres côtés.

CHAPITRE TROISIÈME

LES ALGÉBRISTES DE L'ANTIQUITÉ.

§ I

Origine de l'Algèbre et son caractère primitif.

Nous avons eu déjà l'occasion, dans les pages précédentes, de nous demander si les anciens avaient connu l'Algèbre. Il convient maintenant d'étudier plus directement cette question.

L'examen de leurs ouvrages peut seul nous permettre de la trancher. Or, dans ceux-ci l'exposé est tout géométrique, et les démonstrations revêtent la forme de la synthèse. Certains auteurs, après avoir fait cette remarque, en ont profité pour accuser les anciens d'avoir ignoré la Science des abstractions mathématiques.

Ce reproche néanmoins paraît exagéré. L'École de Platon, comme nous l'avons indiqué, avait de bonne heure introduit l'Analyse dans les spéculations sur les grandeurs. Comment, d'ailleurs, sans une véritable Analyse et une Algèbre déjà perfectionnée, l'esprit humain aurait-il été capable d'arriver aux merveilleux résultats consignés dans les écrits d'Archimède et d'Apollonius?

Le sentiment contraire est donc de beaucoup plus probable.

Pour atténuer cette divergence d'opinions, on pourrait dire que leurs procédés analytiques tenaient, plus que les nôtres, de la Géométrie; mais ils n'en constituaient pas moins une Analyse profonde et une Algèbre réelle.

On en découvre les bases dans ces Livres des *Éléments* d'Euclide, appelés plus tard *Arithmétiques*. Ils ne contenaient pas seulement, comme ce nom le laisserait supposer, la théorie des rapports simplement numériques et des fractions ordinaires, mais aussi la doctrine des proportions entre grandeurs concrètes.

Les premières manifestations de l'Algèbre coïncident donc avec les premiers développements de la Géométrie. On voit par là que l'Algèbre consista, d'abord, à peu près uniquement, dans la connaissance des différentes transformations dont une proportion est susceptible.

Malgré l'étroitesse apparente de ces limites, elle n'en avait pas moins une grande puissance et une immense utilité.

Les proportions pouvant se mettre sous forme d'égalités et d'équations, devenaient, entre des mains habiles, un instrument très précieux.

Leurs transformations multipliées faisaient découvrir entre leurs termes et les données des problèmes, une foule de relations frappantes, curieuses et cachées, qu'on n'aurait jamais supposées, si on n'avait eu ce moyen de les mettre en lumière.

Par la connaissance de ces transformations nombreuses et fécondes, les anciens se savaient autorisés à remplacer, dans les égalités, certaines quantités par d'autres plus simples, ou parfois plus complexes, mais aisément décomposables et, par là même, très aptes à conduire au but. A une valeur ils en substituaient une autre, moyenne proportionnelle, troisième, ou même quatrième proportionnelle à plusieurs grandeurs données.

Lorsque, dans la suite de leurs opérations, ils se voyaient en présence de valeurs que nous désignerions maintenant par le symbole $\sqrt{ab}$, ou par $\frac{b^2}{a}$, ou par $\frac{bc}{a}$, ils reconnaissaient très bien une moyenne proportionnelle aux grandeurs a et b, ou une troisième proportionnelle aux mêmes grandeurs, ou, enfin, une quatrième proportionnelle aux trois grandeurs a, b, c.

En outre, la superposition des rapports ou des raisons, dont ils faisaient un si fréquent usage, car ils parlent souvent de raisons composées de deux ou trois autres combinées ensemble, les amenaient à des formes très compliquées.

Dans notre Algèbre moderne, elles se traduiraient en formules surchargées de signes additifs et soustractifs, de radicaux et d'exposants, de crochets et de parenthèses.

Avaient-ils une grandeur quelconque, A, par exemple, à multiplier par une suite de rapports, $\frac{b}{c}, \frac{d}{e}, \frac{f}{g}$, etc., ils s'y prenaient de différentes façons, suivant les cas. Ils n'ignoraient point que le résultat serait le même, soit en multipliant cette quantité successivement par chaque rapport en particulier, soit en la multipliant par le produit de tous les antécédents, pour la diviser ensuite par le produit de tous les conséquents.

Ils en arrivaient donc à désigner ces opérations par des formules analogues à celles-ci :

$$x = A \cdot \frac{b}{c} \cdot \frac{d}{e} \cdot \frac{f}{g}; \quad \text{ou } x = A \cdot \frac{b.d.f}{c.e.g};$$

ou encore,

$$x = \frac{A\,b\,d\,f}{c\,e\,g}.$$

Mais ils savaient également que le produit de deux rapports, $\frac{b}{c}, \frac{d}{e}$, par exemple, s'obtient encore, soit en multipliant l'antécédent de l'un directement par l'autre rapport, soit en multipliant le conséquent de l'un par l'autre rapport renversé.

Ainsi :

$$\frac{b}{c} \cdot \frac{d}{e} = \frac{b\frac{d}{e}}{c} = \frac{b}{c\frac{e}{d}}.$$

Les expressions premières devenaient donc :

$$x = A \left(\frac{b\frac{d}{e}}{c} \right) \cdot \frac{f}{g};$$

ou bien,

$$x = A \left(\frac{b}{c\frac{e}{d}} \right) \cdot \frac{f}{g};$$

ou bien encore,
$$x = A\left(\frac{b\frac{d}{e}}{c\frac{g}{f}}\right).$$

Par une marche identique, ils devenaient capables d'évaluer les moyennes proportionnelles d'un degré quelconque.

En croyant faire seulement de la Géométrie, les anciens faisaient donc aussi de l'Algèbre. De bonne heure même, leurs progrès y furent remarquables.

Au temps d'Euclide, la connaissance des transformations des proportions leur permettait déjà de traiter tous les problèmes du second degré à une inconnue. Ils en ramenaient les cas particuliers, soit à la construction d'une moyenne proportionnelle entre deux grandeurs données, soit à la construction d'un rectangle dont on connaissait la surface représentée par un carré et le demi-périmètre, c'est-à-dire la somme de deux côtés inégaux, ou la surface et la différence des côtés.

C'était, en réalité, s'attaquer à des équations de la forme
$$x^2 = ab\,;\ x^2 - px + q^2 = 0\,;\ x^2 = px - q^2 = 0.$$

L'inspection des figures auxquelles ces problèmes donnaient lieu, leur fournissait les moyens de résoudre ces équations elles-mêmes.

Cela n'est-il pas évident, pour peu que l'on considère les constructions géométriques occasionnées par certaines questions ? Soit, par exemple, à trouver un rectangle dont la surface égale celle d'un carré donné, mais dont la somme ou la différence des côtés soit une quantité déterminée ; si l'on effectue la construction graphique, on arrive à une figure dans laquelle se présente une frappante image des formules concernant les racines des équations du second degré.

Si les anciens avaient voulu songer à ces racines, il leur aurait été impossible de ne pas les y apercevoir. Mais, par leur habitude constante de spéculer toujours sur les grandeurs concrètes et jamais sur les mesures, leur esprit était porté ailleurs. Ils ne s'en occupaient point, n'en voyant ni la nécessité, ni même l'utilité.

Prenons, par exemple, quelques-unes des propositions si remarquables d'Euclide sur les égalités entre des sommes de rectangles et de carrés. Comme il en prouve l'exactitude par la considération des figures et par le déplacement des parties, ce genre de démonstration réagissait sur la manière d'énoncer les théorèmes.

Euclide disait : Le carré construit sur une ligne divisée en deux parties inégales, contient le carré construit sur la plus grande partie, plus le carré construit sur la plus petite, plus deux fois le rectangle ayant ces deux parties pour côtés.

N'est-ce pas l'expression géométrique de l'équation
$$(a+b)^2 = a^2 + 2ab + b^2 ?$$
Il disait encore : Le rectangle ayant pour l'un de ses côtés une ligne droite divisée en deux parties inégales, et pour l'autre côté la différence de ces deux parties, équivaut à l'excès du carré construit avec la plus grande de ces parties sur le carré construit avec la seconde.

C'était encore l'expression géométrique de l'équation
$$(a+b)(a-b) = a^2 - b^2.$$
Nous pourrions multiplier ces exemples, mais c'est inutile pour le but que nous nous proposons. Il aurait suffi d'un tout petit changement pour faire, de ces énoncés d'Euclide, les propositions qui, plus tard, devaient être ainsi formulées par les mathématiciens et les algébristes :

Le carré de la somme de deux nombres se compose du carré du premier, du carré du second et de deux fois le produit du premier par le second.

Et encore : Le produit de la somme de deux nombres par leur différence est égal à la différence de leurs carrés.

Le second Livre des *Éléments* contient plusieurs autres théorèmes de ce genre. Il y en a aussi d'analogues dans le Livre sixième. Par exemple : Si quatre droites sont proportionnelles entre elles, le rectangle ayant pour côté les droites extrêmes égale celui dont les côtés sont les droites moyennes. Si les droites proportionnelles sont seulement au nombre de trois, le rectangle construit avec les droites extrêmes égale le carré ayant pour côté la droite moyenne.

Ce sont encore les expressions géométriques des équations :
$$ad = bc \; ; \; \text{et} \; ac = b^2,$$
tirées des proportions
$$a:b::c:d \; ; \; \text{et} \; a:b::b:c.$$

Euclide n'ignorait pas que ses propositions auraient pu recevoir un énoncé différent. Elles seraient demeurées essentiellement les mêmes et toujours vraies, il le savait, si, au lieu des longueurs concrètes, il avait considéré leurs mesures en stades, en pieds, en palmes ou en doigts, etc.

Il n'aurait donc pas été embarrassé pour y faire, s'il avait voulu, les modifications introduites plus tard par les mathématiciens. Il n'y songea pas, n'en voyant pas la raison, comme nous l'avons déjà observé ; mais l'Algèbre n'en était pas moins implicitement contenue dans ses spéculations. Ses successeurs n'eurent pas besoin de grands efforts pour l'en dégager.

On peut réitérer ici à propos de l'Algèbre, la remarque exprimée plus haut à propos de l'Arithmétique : ce ne fut pas l'Algèbre qui aida la Géométrie, pas plus que l'Arithmétique ne l'avait aidée ; ce fut la Géométrie, au contraire, qui, par ses progrès, favorisa les développements de l'Algèbre, comme elle avait favorisé ceux de l'Arithmétique.

Donc, l'application de l'Algèbre à la Géométrie, inaugurée par Descartes, au XVIIe siècle, avait été précédée, deux mille ans auparavant, par l'application de la Géométrie à l'Algèbre.

§ II

Des signes algébriques.

Les anciens géomètres ont fondé l'Algèbre : c'est incontestable. Dans leurs écrits, se trouvent en germe les deux parties de cette Science des abstractions mathématiques : la théorie des relations de dépendance entre les diverses données d'un problème, et les règles du calcul permettant de substituer les grandeurs, les unes aux autres, grâce aux diverses transformations dont leur expression est susceptible.

Mais pourquoi gardèrent-ils l'habitude fâcheuse de noter leurs formules en langage ordinaire? Pourquoi n'inventèrent-ils pas ces signes abréviatifs qui, pour beaucoup de gens, semblent être maintenant un élément essentiel de l'Algèbre?

L'Algèbre, cette Science des généralisations, et, pour cela, nommée par Newton l'*Arithmétique universelle*, pourrait-elle se passer des x, des y, ou des z, et de ces symboles cabalistiques imaginés depuis longtemps, tels que $+$ et $-$, ou $\sqrt{}$ et $=$, ou $<$ et $>$, et tant d'autres plus bizarres encore?

Oui, sans doute.

Les caractères de ce genre sont très utiles, on ne saurait en disconvenir. Ils facilitent extrêmement la lecture des équations. Ils permettent de suivre, sans peine, toute la série des transformations nombreuses, subies par les diverses valeurs, dans le cours des opérations, parfois bien longues et bien compliquées.

Par eux sont évitées la plupart des erreurs engendrées par des confusions toujours regrettables; ils font naître la clarté désirable et contribuent puissamment au progrès.

Mais, enfin, ils ne sont cependant pour le mathématicien qu'une manière particulière de s'exprimer. Ils constituent une langue, non une doctrine. Or, le langage scientifique, tout parfait qu'on le suppose, n'est pas la Science elle-même. Il n'en forme qu'un appendice, ou, si l'on veut, un complément.

Les anciens géomètres étaient vraiment algébristes, quoiqu'ils n'aient jamais eu l'idée d'inventer des signes spéciaux.

Ils indiquaient, en langage ordinaire ou purement géométrique, les opérations à effectuer sur les valeurs, au lieu de le faire avec des signes abréviatifs. L'énoncé était plus embrouillé, plus diffus et quelquefois incompréhensible à cause de sa longueur; mais il n'en était pas moins exact.

Ils appelaient, par exemple, moyenne proportionnelle entre des longueurs A et B, ou quatrième proportionnelle entre les grandeurs A, B, C, ce que nous appellerions, nous, la racine carrée de leur produit, $\sqrt{A.B}$, ou le produit d'une de ces quantités par le quotient des deux autres, $C\frac{B}{A}$.

La racine cubique des produits de A par B, $\sqrt[3]{A.B}$, était pour eux la première des deux moyennes proportionnelles insérées entre les deux facteurs A et B ; la racine $n^{ième}$ du même produit $\sqrt[n]{A.B}$, était la première des $n-1$ moyennes proportionnelles insérées entre ces deux mêmes grandeurs.

L'Algèbre est pourtant dans leurs ouvrages, plus qu'elle n'y paraît. Elle ne s'y montre qu'à un œil exercé, parce qu'ils n'avaient pas inventé les symboles employés par nous, pour exprimer les relations. De plus, ils ont caché leur méthode à ce sujet, parce que, n'ayant pas de signes abréviatifs, ils hésitaient à exposer ce qui, en langage ordinaire, eût exigé des phrases d'une longueur démesurée. Dans ce cas, ils pouvaient craindre, avec raison, de n'être pas compris.

On rencontre, par exemple, dans Archimède, des propositions dont la démonstration n'occupe pas moins d'une trentaine de pages. Comme tous les anciens, il apportait un soin méticuleux à la rédaction de ses énoncés, au risque de les allonger indéfiniment, et de les rendre obscurs.

L'emploi des signes abréviatifs dont, parfois, chacun tient lieu d'une phrase entière, eût raccourci de beaucoup ces exposés ; la lecture en eût été moins fatigante, et les preuves plus claires.

Peut-être l'invention des signes abréviatifs répugnait-elle au génie grec, toujours un peu prolixe ; peut-être aussi chaque géomètre avait-il les siens pour son usage particulier, mais aucun n'a-t-il réussi à imposer aux autres sa propre notation.

Ils avaient, pour imaginer ces signes, à surmonter un

obstacle qui, pour nous-mêmes, ne s'est pas présenté. Ils ne pouvaient pas, en effet, employer dans ce but, les lettres de leur alphabet, dont chacune avait déjà une valeur individuelle bien déterminée. Ces lettres étaient des chiffres; s'ils s'en étaient servis, leur Algèbre, littérale en apparence, aurait été numérique en réalité.

Quel qu'en ait été le motif, il n'y eut donc pas chez eux de signes conventionnels. Cette absence les mettait dans l'impossibilité de faire connaitre leur méthode analytique, même dans le cas où ils l'eussent voulu. Il était trop difficile de la traduire en langage ordinaire.

Pour cette cause, les procédés algébriques, au moyen desquels ils arrivaient à transformer, si merveilleusement, les relations et les rapports existant entre les grandeurs, ne se produisirent pas au grand jour.

Aussi les lecteurs superficiels ne les ont-ils pas aperçus dans leurs ouvrages, mais les hommes du métier n'ont pas été embarrassés pour les y deviner.

§ III

Causes du long retard apporté au développement de l'Algèbre.

Si les géomètres de cette époque avaient enseigné dans un Traité spécial leur méthode à ce sujet, la Science algébrique eût définitivement été constituée. Elle porterait maintenant un nom grec, au lieu d'un nom arabe.

Mais ils ne travaillèrent qu'incidemment à son élaboration. Ils en usaient seulement autant qu'elle leur était nécessaire. Ils n'ont pas songé à s'occuper d'elle pour elle-même, comme si elle eût été une Science à part, digne de leur attention.

Satisfaits de la beauté de leurs découvertes en Géométrie, ils cherchèrent principalement à en augmenter indéfiniment le nombre, et négligèrent de perfectionner l'instrument par lequel ils arrivaient à les faire.

Ce fut, chez eux, une lacune regrettable. Elle nuisit à leurs successeurs et à eux-mêmes.

Archimède nous donne certainement une grande preuve de son génie, lorsque, malgré l'imperfection de ses moyens d'action, il parvient à des résultats si surprenants ; mais, s'il avait consenti à consacrer une partie de son temps à perfectionner la méthode elle-même, il eût sans doute rendu à la Science un service beaucoup plus signalé.

Les hommes médiocres venus après lui, n'étant pas de taille à créer des procédés logistiques, eussent, du moins, profité de celui qu'il leur aurait légué. Ils eussent apporté, eux aussi, leur pierre à l'édifice commun, en s'engageant, après lui, dans la voie qu'il aurait aplanie sous leurs pas.

Mais, prenant son essor comme l'aigle, il s'inquiétait peu des chemins propres au vulgaire : il planait trop haut pour en sentir la nécessité. Aussi ses successeurs furent-ils incapables de le suivre ; souvent même ils le perdirent de vue, tant son vol puissant l'élevait au-dessus d'eux.

Le mal fut donc que le développement de l'Algèbre, comme Science à part, se produisit, non à l'époque où la Géométrie, cultivée par Euclide, Archimède et Apollonius, était si florissante, mais à l'époque où, délaissée, elle cédait la place aux spéculations stériles des néo-pythagoriciens sur la vaine philosophie des nombres.

Si elle s'était constituée dans la période si glorieuse des anciens géomètres, on aurait eu, dès le principe, la véritable Algèbre ; l'Algèbre littérale ; la Science des grandeurs indéterminées ; la Science des raisonnements mathématiques considérés dans leurs plus fécondes généralités et dans leurs plus sublimes abstractions ; cette Algèbre que, dès son apparition définitive, Viète devait appeler *speciosa*, et que Descartes, par un trait de génie, devait, du premier coup, faire monter si haut.

Mais, vu les circonstances dans lesquelles elle prit naissance, elle fut fatalement destinée à végéter.

Dès ses premiers essais, au lieu d'être littérale, elle fut

numérique, *numerosa*. Employant des chiffres, au lieu de lettres, elle fut condamnée au particularisme, et dut renoncer pour longtemps aux généralités.

Elle s'engagea dans cette voie étroite, et, pendant une quinzaine de siècles, elle s'y sentit resserrée. Les grandeurs furent représentées dans les équations par des nombres fixes; le raisonnement perdit de son ampleur; les résultats furent exprimés, non par des formules faisant connaître les relations entre les données du problème, mais par des nombres ne présentant plus aucune trace des opérations effectuées et du chemin parcouru pour arriver au but.

Les mauvaises compagnies furent toujours funestes pour les individus. Il en est ainsi des Sciences, paraît-il.

Si l'Algèbre, dès sa naissance, avait marché de pair avec la Géométrie si parfaite, presque dès l'origine, elle aurait tout de suite acquis un magnifique développement; mais elle s'appuya sur l'Arithmétique, Science inférieure et moins puissante: aussi pendant longtemps fut-elle réduite à se traîner.

La Géométrie fut si grande, à ses débuts, parce que, se séparant de l'Arithmétique, Science des particularités restreintes, elle s'attacha aux généralités, si riches en applications de toute espèce. L'Algèbre, par sa nature, plus abstraite encore que la Géométrie, et par conséquent ayant plus qu'elle encore à craindre l'influence des particularités inévitables avec les nombres fixes, ne sut pas éviter cet écueil.

Il faut, sans aucun doute, attribuer ce regrettable état de choses à la période de décadence qui allait suivre la période glorieuse dont nous avons esquissé l'histoire.

Les hommes nouveaux et médiocres d'alors, non seulement n'héritèrent pas du génie de leurs prédécesseurs, mais ils n'eurent plus même le courage de lire les beaux ouvrages d'Archimède, d'Apollonius et d'Hipparque. Au lieu de marcher sur leurs traces, ils voulurent prendre une autre voie, et ils s'égarèrent.

Leurs devanciers avaient eu la véritable Algèbre, mais heureux des magnifiques découvertes qu'elle leur permettait de faire, ils n'avaient pas songé à la perfectionner. Les successeurs pensèrent à construire l'édifice, mais ils le bâtirent sur des bases chancelantes, qu'ils assirent sur un terrain peu propre à les soutenir.

Aussi le prétendu progrès fut-il en majeure partie un fâcheux recul. Les beaux commencements de la Science algébrique, ébauchée par les grands géomètres, ne furent pas suivis d'un prompt épanouissement, mais d'une éclipse presque entière.

En résumé, les fondateurs de la Géométrie avaient clairement deviné que l'Arithmétique serait pour eux un obstacle plutôt qu'un secours; ils s'en passèrent, et la Géométrie prit tout d'un coup un merveilleux essor.

Au contraire, les fondateurs de l'Algèbre (en Occident, du moins, car nous ne parlons pas encore des Hindous,) ne comprirent pas cela. Ils établirent les spéculations algébriques sur des considérations arithmétiques. L'Algèbre en fut entravée dans sa marche. Il en fut ainsi tant qu'elle ne revint pas à la méthode primitive et au point de départ fixé par les géomètres anciens.

La profonde révolution opérée par Descartes, aurait donc pu s'effectuer, près de deux mille ans auparavant, presque sans rien changer aux méthodes des Grecs. Il suffisait de laisser éclore les germes déposés par eux.

Cette floraison scientifique paraissait devoir être une conséquence nécessaire de leurs travaux... elle fut retardée de vingt siècles !

§ IV

Décadence de l'Algèbre et de la Géométrie.

En effet, après les trois radieux génies qui, à cinquante ans d'intervalle, brillèrent d'un si vif éclat, et furent les vrais pères des Mathématiques, Euclide, Archimède et

Apollonius, on ne trouve, à l'exception d'Hipparque, pendant une période de trois à quatre cents ans, aucun homme d'une valeur scientifique supérieure.

Il n'y avait déjà plus que des savants de second ou de troisième ordre.

Nommons, parmi eux, Nicomède (né vers 130 avant J.-C.). Il inventa la conchoïde qui porte son nom, et dont il se servait pour l'insertion de deux moyennes proportionnelles entre deux grandeurs données.

Un quart de siècle avant J.-C., vivait Dionysidore. Il résolut par l'intersection de deux coniques un problème proposé jadis par Archimède, et consistant à diviser, par un plan parallèle à la base, un hémisphère en raison donnée à l'avance.

Au commencement de l'ère chrétienne, on rencontre Sérénus. Il démontra contre beaucoup de géomètres, persuadés du contraire, que la section plane d'un cylindre ne diffère pas de l'ellipse provenant d'un cône et que ces deux sections sont de même espèce, si elles sont faites dans certaines conditions.

Longtemps après, dans le IIIe siècle de notre ère, parut Zénodore (né en 290.) Il composa un traité sur les *Isopérimètres*. Ayant prouvé que, parmi les figures à périmètre égal, celle dont la surface l'emporte sur les autres est celle dont les côtés sont égaux et les angles aussi, il en tira cette conséquence que, pour un périmètre donné, le cercle enveloppe la surface la plus étendue.

Ensuite, vinrent les hommes qui, incapables d'un travail vraiment personnel et original, furent impuissants à enrichir, par de nouvelles découvertes, le trésor des connaissances humaines. Ceux-là se contentèrent de nous transmettre les ouvrages des anciens, en les commentant, et y ajoutant des notes plus ou moins utiles.

La période des commentateurs et des annotateurs fut toujours une période de décadence. Alors, abondent les écrivains superficiels, et disparaissent les savants profonds. Les principaux parmi ceux-là furent Eutocius, Pappus et Proclus, dont nous aurons à parler plus loin.

Puis, les beaux ouvrages des anciens ne furent même plus lus. Cette négligence fut cause qu'il ne nous est parvenu des écrits d'Archimède, d'Apollonius et d'Hipparque que des exemplaires tronqués.

Les conquêtes des Romains et leurs guerres incessantes avaient été, en Occident, non moins funestes aux Sciences que ne devaient l'être, pendant les premiers siècles du moyen âge, les invasions des Barbares.

Sous la domination romaine, après la prise de Syracuse, les Sciences tombèrent dans un si grand discrédit, en Sicile, qu'à peine un siècle après la mort d'Archimède, comme nous l'avons rapporté, l'emplacement de son tombeau était complètement ignoré de ses concitoyens.

Ceux-ci, pourtant, auraient dû garder avec soin des cendres si précieuses. Ils l'eussent fait, s'ils avaient cultivé, tant soit peu, la Science si chère à celui qui, si longtemps, avait arrêté sous leurs murs la flotte et les soldats de Marcellus. Mais il fallut tous les efforts de Cicéron pour retrouver le modeste monument caché sous les ronces et les broussailles.

Aux peuples vaincus Rome empruntait seulement ce qui était apte à fortifier son système politique, et à rendre ses armes plus redoutables.

Cicéron lui-même développe des réflexions de ce genre dans ses *Tusculanes*. Il ne prend pas les Mathématiques plus au sérieux que la Musique et la Poésie.

Durant les siècles passés, dit-il, non sans un certain dédain, les Grecs nous surpassaient en toute sorte d'érudition; mais il ne leur fut pas difficile de nous vaincre, car nous ne leur disputions pas cette vaine gloire [1]...

Depuis très longtemps, ils avaient des poètes; chez nous au contraire, les versificateurs n'étaient pas estimés, et nous ne les avons soufferts que très tard. Caton lui-même, dans un de ses discours, n'a-t-il pas reproché à un consul de son temps, comme une chose honteuse, d'avoir mené

---

1. Doctrina Græcia nos et omni litterarum genere superabat; in quo erat facile vincere non repugnantes... *Tusculan.*, libr. I, § 1.

avec lui des poètes dans la province où il commandait ?...

Les Grecs aimaient la Musique. Un homme ne sachant pas jouer du luth était considéré par eux comme mal élevé; chez nos ancêtres, jamais une telle lacune ne fut regardée comme une preuve de mauvaise éducation.

Enfin, les Grecs faisaient un grand cas de la Géométrie; ils ont excellé dans cette Science et dans les Mathématiques; mais, chez nous, on a pensé qu'il serait bien suffisant de savoir compter et mesurer. Tout le reste pouvait être négligé comme inutile [1].

Cicéron n'avait pas l'habitude de pratiquer l'humilité en parlant de lui ou de sa patrie. Fût-il seul à nous révéler l'ignorance des Romains et leur mépris pour les Sciences, nous pourrions l'en croire sur parole. Mais l'Histoire impartiale est là aussi pour témoigner.

Ce qui nous a été conservé des écrits géométriques et scientifiques des Romains, nous montre bien que les fiers descendants de Romulus avaient, à ce sujet, des idées fort incomplètes.

Quoiqu'ils eussent borné leur ambition, sur ce point, à savoir compter et mesurer, ils se trompaient parfois étrangement, même en des choses élémentaires. Dans le partage des terrains et la détermination des limites, leurs jurisconsultes, pour évaluer la surface d'un triangle équilatéral, prenaient la moitié du carré construit sur un des côtés [2].

C'était une grossière erreur. Il n'eût pas été bien difficile de trouver mieux.

---

1. Summam eruditionem Græci sitam censebant in nervorum, vocumque cantibus... In Græcia musici floruerunt : discebantque id omnes; nec, qui nesciebat satis excultus doctrina putabatur... In summo apud illos Geometria fuit : itaque nihil Mathematicis illustrius. At nos, metiendi ratiocinandique utilitate, hujus artis terminavimus modum. *Tuscul.*, libr. I, § 2.

2. *De Agrorum conditionibus et constitutionibus limitum*, p. 147.

CHAPITRE QUATRIÈME

L'ASTRONOMIE DANS L'ANTIQUITÉ.

§ I

La Mesure du temps.

I

Le Gnomon.

Dès le VIIIe siècle avant J.-C., nous l'avons déjà fait remarquer précédemment [1], Thalès de Milet avait appris aux Grecs le moyen de mesurer la hauteur des édifices par la longueur de l'ombre projetée. Cette méthode, base de la théorie des figures semblables, devait être aussi l'occasion des premières découvertes un peu importantes en Astronomie.

Elle donna l'idée du plus ancien instrument d'observation, dont l'Histoire nous ait conservé le souvenir : *le gnomon*. En usage chez les Égyptiens et chez les Chinois, il se répandit chez les Romains ensuite, et on le trouva même chez les Péruviens.

C'était une sorte de pilier quadrangulaire, ou une colonne dressée verticalement sur une surface plane. Son nom γνωμον, dérivé du mot grec γνωμή, *connaissance*, signifie *règle droite, indicateur, style*.

---

[1]. Page 64.

Cet instrument si simple et si primitif, en apparence, servit cependant pendant de longs siècles à trouver la méridienne du lieu, à déterminer l'époque des solstices, l'obliquité de l'écliptique par rapport à l'équateur, et celle de l'équateur par rapport à l'horizon.

Pour cela, on examinait successivement la direction de la plus courte ligne d'ombre dans le même jour; les hauteurs maxima et minima du Soleil dans le cours de l'année; puis, la demi-différence des hauteurs méridiennes du Soleil aux deux solstices; enfin, la hauteur du Soleil à midi, le jour de l'équinoxe.

Les anciens peuples, en effet, remarquèrent assez tôt que les ombres des objets variaient en longueur aux diverses saisons, et même à chaque heure du jour.

S'appuyant sur la théorie de la similitude des figures géométriques dont les angles sont égaux, les premiers géomètres arrivèrent vite à trouver la hauteur du Soleil dans le ciel par la considération des variations de longueur dans l'ombre des objets.

Ce fut la raison d'être des gnomons. A cette fin furent construits la plupart des obélisques d'Égypte dont quelques-uns furent, plus tard, transportés à Rome et à Paris. Ils avaient pour but, à la fois, d'embellir les places publiques des grandes cités, et de servir aux observations astronomiques.

Afin d'obtenir sur le sol une ombre nettement dessinée, on surmontait d'ordinaire le sommet de ces longues aiguilles de pierre, d'une boule portée sur une tige plus mince, ou, plus tard, d'une plaque percée d'un trou, à travers lequel les rayons du Soleil venaient se peindre sur le terrain. Pour l'exactitude des résultats, il importait beaucoup, en effet, que l'ombre projetée ne restât point indécise. Cet instrument primitif fut longtemps en usage. Dans le milieu du XVIIe siècle, Cassini en fit encore élever un à l'Observatoire de Paris.

II

Les Cadrans solaires.

Le gnomon fut également employé, dès la plus haute antiquité, à la détermination des heures et à la construction des cadrans solaires.

L'Écriture-Sainte nous parle de celui du roi Achaz, dans le courant du viiie siècle avant J.-C. Ils étaient déjà répandus, à cette époque, parmi les Juifs. Peut-être ceux-ci les avaient-ils empruntés aux Égyptiens et aux Syriens, comme les Grecs eux-mêmes, suivant le récit d'Hérodote.

Parmi les Grecs cependant, un disciple de Thalès, au vi^e siècle, Anaximène de Milet, en fut regardé comme l'inventeur, probablement parce qu'il ajouta à la ligne de la méridienne indiquée par le gnomon, plusieurs autres lignes pour les diverses heures de la journée.

C'est, du moins, l'opinion de Pline; mais Diogène Laërce fait honneur de cette découverte à Anaximandre, qui précéda d'une cinquantaine d'années Anaximène et Pythagore.

D'autres l'attribuent à Eudoxe de Cnide qui parut un siècle et demi plus tard. Il avait donné au cadran solaire horizontal une forme spéciale, connue depuis sous le nom d'*arachné*, parce que les lignes droites et les arcs de cercle s'y croisaient d'une façon analogue à celle des fils d'une toile d'araignée.

Aristarque de Samos, y apporta de nouvelles modifications. Son cadran fut appelé *scaphé*, parce qu'il se présentait sous la forme d'une calotte hémisphérique.

Chez les Romains, les cadrans solaires ne parurent que plus tard, dans le courant du iiie siècle avant J.-C. Le premier dont ils firent usage, et qu'ils avaient placé sur une colonne tout près de la tribune aux harangues, était un fruit de leurs larcins. Ils l'avaient pris aux habitants de Catane.

Bien mal acquis ne profite pas. Ce cadran, ayant été calculé pour une ville dont la latitude diffère de 4° 5′ environ de celle de Rome, ne pouvait fournir au lieu où on l'avait transporté que des indications peu exactes.

Les fiers vainqueurs, plus habiles à manier les armes qu'à tracer des figures géométriques, n'y regardaient pas de si près; ils s'en contentèrent pendant tout un siècle, jusqu'à l'an 163 avant J.-C. Le censeur P. Marcius Philippus eut soin, alors, de lui en substituer un autre réglé d'après la latitude de Rome.

Depuis cette époque, les cadrans solaires acquirent droit de cité dans la Ville aux sept collines. Ils furent employés à la décoration des édifices et des jardins. On en vit sur les places publiques, sur la façade des temples et des palais, jusque sur les murs du Capitole et du Sénat. Les villas des riches patriciens ne se concevaient pas aussi, sans cet ornement dans lequel se mêlaient l'utile et l'agréable.

Nous apprenons par Vitruve que ces cadrans revêtaient diverses formes. Tantôt, ils étaient dessinés à l'intérieur d'un demi-cylindre, et s'appelaient alors hémicycles; tantôt, ils avaient la forme d'un disque, d'un cône et de figures plus irrégulières encore.

Leur précision toutefois devait laisser encore bien à désirer. Au commencement de l'ère chrétienne, dans une satire composée à l'occasion de la mort de l'empereur Claude, Sénèque fait remarquer avec malice qu'il était plus facile de mettre d'accord les philosophes que les horloges [1].

Le description de Vitruve, assez sommaire d'ailleurs, ne renferme pas l'exposé de la théorie de leur construction. Peut-être était-elle encore assez élémentaire, et n'avait-elle pas trouvé de législateur.

Il fallut attendre près de 600 ans encore, jusqu'au vénérable Bède, pour avoir un Traité régulier sur la matière.

---

[1]. Horam non possum tibi certam dicere. Facilius inter philosophos quam inter horologia conveniet. *L. Annæi Senecæ Apocoloquinthos*, cap. 2.

III

L'Année chez les anciens peuples. Leurs divers Cycles et leurs Calendriers.

Le gnomon dont les anciens se servaient pour marquer les heures, fut employé, en outre, à déterminer la longueur de l'année. Grâce à lui, ils furent à même d'évaluer le temps qui s'écoule entre deux passages consécutifs du Soleil aux points équinoxiaux.

Les équinoxes étaient, en effet, pour la plupart des anciens peuples, l'époque choisie pour le renouvellement de l'année.

Les Egyptiens la commençaient à l'équinoxe d'automne. Il en était de même des Chaldéens, des Syriens, des Phéniciens, des Perses et des Carthaginois. Pour les Juifs, l'année civile commençait aussi à l'équinoxe d'automne; mais l'année ecclésiastique, à l'équinoxe de printemps, en souvenir du passage de l'Ange Exterminateur et de la sortie d'Égypte.

Pour les Grecs, le premier jour de l'an fut d'abord celui du solstice d'hiver (22 décembre,) jusqu'à Méton ; puis, celui du solstice d'été.

La coutume de commencer l'année soit aux solstices, soit aux équinoxes, paraît avoir été presque générale chez les anciens peuples. Elle existait chez ceux du nord de l'Europe, chez les Scandinaves, les Suédois, les Cimbres, les Teutons et autres. On la trouve aussi chez les anciens Chinois et Japonais, chez les Indiens et les Siamois, chez les Péruviens, les Mexicains et beaucoup de peuplades américaines.

L'année des Égyptiens était luni-solaire, et se composait, selon Hérodote, de 365 jours exacts. Elle était divisée en douze mois de trente jours chacun, auxquels on ajoutait, à la fin, cinq jours complémentaires, appelés *épagomènes*, ἐπαγόμενοι. Le partage du jour et de la nuit en douze heures était déjà usité.

Mais l'erreur d'un quart de jour, comportée par l'année égyptienne, produisait une différence de six mois en 730 ans. C'était alors le renversement complet des saisons.

Pour les Hébreux, l'année était lunaire, et se composait de mois comptés d'après les révolutions de la Lune. Cette période étant de 29 jours $\frac{1}{2}$, on donnait aux mois alternativement 29 et 30 jours. Mais l'année lunaire ayant onze jours de moins que l'année solaire, il fallait, chaque trois ans, intercaler un mois de plus. L'année comprenait alors 384 jours.

Les Grecs eurent aussi une année lunaire de 354 jours[1]. Elle était divisée en douze mois de trente jours chacun,

---

[1]. On se demandera, peut-être, pourquoi la base de tous les calendriers primitifs est l'année lunaire, dont l'emploi entraînait tant d'embarras et de complications. C'est que l'observation de la Lune étant beaucoup plus facile et plus simple, du moins pour quelques-uns de ses phénomènes, fut aussi la plus ancienne des observations astronomiques.

Aux époques préhistoriques, lors des grandes migrations grâce auxquelles notre globe fut bientôt habité en entier, les aspects variés de la Lune fournirent aux peuples nomades les premiers éléments de la mesure du temps, après celle du jour et de la nuit résultant de la rotation diurne de la Terre. Aucun astre dans le ciel n'était propre à leur donner, à des intervalles plus réguliers et plus rapprochés, des signaux aisément perceptibles. Les diverses tribus de ces peuplades errantes et leurs familles dispersées dans les steppes, pouvaient se réunir, sans méprise, au jour fixé par une des phases de notre satellite.

Chez les Égyptiens, les Juifs, les Chaldéens, chez tous les Orientaux et la plupart des anciens peuples, les néoménies, ou nouvelles lunes, réglaient les principaux actes de la vie sociale, les assemblées générales et les sacrifices solennels.

Voilà pourquoi les calendriers primitifs étaient lunaires. A l'origine ils se composaient de 12 lunaisons, ou de 354 jours. C'était assez pour des nations nomades; ce ne fut pas assez pour des peuples agriculteurs. Les produits de la végétation dépendent, en effet, de la somme de chaleur reçue par le sol aux diverses saisons. Les exigences de l'agriculture montrèrent qu'il fallait allonger l'année. On la porta jusqu'à 360 jours. Même avec cette correction, l'ordre des saisons était bientôt troublé. Au bout de 18 ans, le printemps arrivait au milieu de l'hiver, car ces cinq jours négligés produisaient un retard d'un mois, tous les 6 ans. A force de tâtonnements, on en vint à attribuer à l'année 365 jours exacts. Cette importante découverte fut faite en Égypte et en Chine, une quinzaine de siècles avant notre ère.

d'abord, jusqu'au vi⁰ ou v⁰ siècle avant J.-C.; puis, alternativement de 29 et de 30.

Il manquait onze jours pour égaler l'année solaire. Afin d'éviter les confusions qui se seraient inévitablement produites, ils résolurent d'intercaler un mois de 30 jours, non pas une fois tous les trois ans, suivant l'usage des Juifs, mais trois fois en huit ans, c'est-à-dire les 3ᵉ, 5ᵉ et 8ᵉ de cette période nommée *octaétéride*.

Huit années de 354 jours, avec leurs trois mois intercalaires, contiennent en effet, 2.922 jours, et équivalent à huit années de 365 jours $\frac{1}{4}$. Les mois intercalaires étaient appelés *embolismiques* (de εμβαλλω, jeter dedans.) L'année à laquelle ce treizième mois était ajouté prenait aussi le nom d'embolismique ou de *triétéride*.

Il n'en restait pas moins une très grande difficulté à résoudre, car l'année, chez les Grecs, comme chez les autres nations, était constituée, dans son ensemble et ses parties, par des éléments basés sur des phénomènes astronomiques irréductibles entre eux.

Le jour était mesuré d'après la durée de la rotation de la Terre sur son axe; le mois, d'après celle de la révolution de la Lune autour de la Terre; et l'année, d'après le temps employé par la Terre à circuler autour du Soleil.

Or, la rotation diurne de notre globe sur lui-même, sa révolution annuelle autour du Soleil, celle de la Lune autour de la Terre, sont des quantités incommensurables entre elles, n'ayant pas de commune mesure.

L'année solaire, en effet, ne comprend pas un nombre exact de jours, 365 par exemple, avec une fraction de jour facilement appréciable, comme le serait un quart. Ainsi l'avaient cru bien des peuples anciens, même les plus cultivés et les plus policés. Mais elle contient 365 jours, 5 heures, 48 minutes, 46 secondes et $\frac{45}{1000}$, ou 365 jours et $\frac{2.422}{10.000}$; encore cette fraction n'est-elle qu'approchée [1]. Il s'en faut

---

1. Les calculs modernes donnent 365 jours et $\frac{242.217}{1.000.000}$ à un millionième près. Il manque donc $\frac{7.783}{1.000.000}$ pour parfaire le quart.

donc de 11'13", c'est-à-dire de $\frac{78}{10.000}$ de jour, que l'année solaire égale 365 jours $\frac{1}{4}$.

Ces 11'13" furent pour les calendriers anciens, et jusqu'au XVIe siècle de notre ère, époque de la réforme grégorienne, la source d'erreurs, qui, s'accumulant sans cesse, finirent par amener une confusion des plus fâcheuses.

Une autre cause de désordre, et non la moindre, provenait de la durée des lunaisons. Notre satellite circule autour de la Terre en 27 jours, 7 heures 43' 11" ou 27 jours et $\frac{320.166}{1.000.000}$. Mais, pendant le même temps, notre globe s'est déplacé sur son orbite. Pour devenir nouvelle, c'est-à-dire en opposition avec le Soleil, la Lune doit parcourir un arc assez notable en plus de sa révolution totale, et continuer sa marche encore pendant 2 jours, 5 heures, 0', 52". Alors, les phases recommencent dans le même ordre. La lunaison, ou le temps qui s'écoule entre deux nouvelles lunes consécutives, est donc de 29 jours, 12 heures, 44', 3", ou 29 jours et $\frac{5.306}{10.000}$.

Il est aisé de voir que cet espace de temps est difficilement commensurable avec la durée d'une année de 365 jours et $\frac{242.217}{1.000.000}$. Le rapport est $\frac{365.242.217}{29.530.600}$.

Les mois étant réglés par la Lune, et les saisons par le Soleil, on ne pouvait, sans des calculs assez précis, mettre d'accord ces éléments disparates. Aussi, chez les anciens, après un petit nombre d'années, régnait-il dans le calendrier une confusion presque absolue.

On voyait arriver, pendant l'hiver, les mois et les fêtes appartenant de droit à l'été, et réciproquement. Quand les éphémérides officielles indiquaient les semailles, il fallait récolter; et quand elles marquaient la moisson, il fallait labourer la terre, ou laisser chômer les travaux des champs.

Ces désordres avaient excité la verve caustique d'Aristophane. Dans sa comédie les *Nuées*, il représente les dieux, eux-mêmes, fort embarrassés et se plaignant de ne plus savoir quel jour ils doivent venir à leurs propres temples, pour profiter des sacrifices qu'on leur offre. Trop souvent, ces pauvres dieux s'étaient dérangés en vain, et avaient dû retourner à jeûn.

Un tel état de choses ne pouvait persister. Il appartenait aux géomètres et aux calculateurs d'y porter remède, pour le plus grand avantage des hommes et des dieux.

On essaya donc d'établir un accord ou un rapport constant entre les mouvements de la Lune et ceux du Soleil. On imagina des périodes renfermant des nombres entiers de révolutions lunaires et solaires, de manière que, après ces intervalles plus ou moins longs, mais désormais connus, les différentes phases se reproduisissent aux mêmes jours du mois.

Il aurait suffi, dès lors, de les observer une fois pour toutes, pendant le cours de la première période. On aurait été certain de les retrouver ensuite tout à fait identiques, dans le cours des périodes suivantes.

On conçoit combien une découverte de ce genre eût été utile et précieuse.

La recherche de ces périodes, ou de ces cycles, tint une large place dans l'Astronomie mathématique de l'antiquité.

Eudoxe pensait que les astres se présentaient sous les mêmes apparences tous les quatre ans. Sa période fut nommée l'*année d'Eudoxe* ou *tétraétéride*.

Nous avons parlé de l'octaétéride, ou cycle de huit ans.

Ces combinaisons n'étaient pas encore parfaites; elles entraînaient de trop fortes erreurs qui bientôt devinrent évidentes. Pour obvier à ces inconvénients regrettables, Méton proposa un cycle de dix-neuf ans, appelé par les Grecs *ennéadécaétéride*.

De ces dix-neuf années lunaires, douze étaient communes, c'est-à-dire avaient douze mois: mais sept étaient *embolismiques*, avec un treizième mois intercalaire. Il y avait donc en tout 235 lunaisons.

Après chacun de ces cycles, le Soleil et la Lune se retrouvaient, par rapport à la Terre, dans les mêmes circonstances, et occupaient dans le ciel, par rapport aux étoiles fixes, à peu près les mêmes positions que dix-neuf ans auparavant. Les nouvelles et pleines lunes devaient donc revenir dans le même ordre, et aux mêmes jours de l'année.

Proposé à la Grèce, assemblée pour les jeux Olympiques à Athènes, cet arrangement fut reçu avec enthousiasme. L'admiration fut telle qu'on décida de graver ce tableau en lettres d'or sur les murs des temples et des édifices publics. De là vint au cycle de Méton le nom de *nombre d'or*.

Dans ce travail, Méton fut aidé par un autre mathématicien, Euctémon, né vers 460 avant J.-C.

Ce cycle était cependant défectueux; il comportait une erreur de $\frac{9}{100}$ de jour environ, ou d'un jour en deux siècles. On ne s'en aperçut pas tout d'abord, et malgré cette imperfection il subsista jusqu'au temps d'Hérodote et d'Hipparque.

Vers la fin du troisième siècle de notre ère, Eusèbe de Césarée (264-338) s'efforça de le faire entrer comme un élément dans le calcul de la Pâque. Son avis fut partagé, et à son intervention est due la conservation du nombre d'or dans le calendrier ecclésiastique. Il s'introduisit ainsi chez les peuples chrétiens, et servit à déterminer les principales fêtes de l'Église.

Toutefois, un siècle environ après la mort de Méton, Calippe, né à Cyzique, vers 430, voulut perfectionner le cycle déjà généralement adopté par toute la Grèce et ses colonies. Il eut l'idée de le quadrupler pour en former une période de soixante-seize ans, à la fin de laquelle on devait retrancher un jour entier. La plupart des astronomes se rangèrent à son opinion.

Le cycle calippique ne présentait pas cependant encore toute la précision désirable. Pour en atténuer les défectuosités, Hipparque, près de deux cents ans plus tard (en 146 avant J.-C.) voulut le quadrupler à son tour. La période eût alors compris 304 ans. Elle eût été assurément plus parfaite, mais elle ne fut pas adoptée.

Tous ces tâtonnements et ces difficultés sans cesse renaissantes provenaient de ce que la rotation diurne de notre globe, sa révolution annuelle autour du Soleil, et le mouvement de la Lune autour de la Terre, s'exécutent en des laps de temps qui n'ont pas entre eux de commune mesure, comme nous l'avons indiqué plus haut.

Cela est assez curieux ; il n'en est pas ainsi des divers rouages d'une horloge construite de main d'homme.

Au xiiie siècle, Alphonse X, roi de Castille et de Léon, astronome et philosophe, protecteur des Sciences, et connu par ses *Tables Alphonsines* sur le mouvement des corps célestes, trouvait encore fort bizarres ces apparentes anomalies. « Si Dieu m'avait consulté au moment de la création, disait-il, j'aurais pu lui donner quelques bons conseils ! »

Malheureusement le docte Alphonse n'avait pas été consulté. Pour cette raison, sans doute, les astronomes grecs restèrent si longtemps dans l'embarras.

Ils étaient cependant moins à plaindre que leurs confrères de Rome.

A la fondation de cette ville destinée à devenir la capitale du monde, il régnait sous ce rapport, en Italie, la plus grande confusion.

Les provinces et même les cités voisines ne s'entendaient pas entre elles. Chez les unes, les mois comptaient une quinzaine de jours à peine ; chez les autres, ils en avaient jusqu'à trente et à quarante.

Romulus fit bien commencer l'année à l'équinoxe de printemps, dans le mois de mars, consacré au dieu de la guerre si cher aux Romains ; mais il donnait à l'année dix mois seulement, ou 304 jours. Il était plus habile à conduire ses hordes belliqueuses sur les territoires convoités, qu'à considérer le cours des astres dans le ciel.

Après lui, Numa Pompilius entreprit de réformer un calendrier si fautif, en ajoutant deux autres mois.

Il choisit pour base l'année lunaire, mais lui donna 355 jours, au lieu de 354, comme partout ailleurs. Le commencement en fut fixé au mois de janvier, ou plus exactement au solstice d'hiver.

Pour la mettre d'accord avec l'année solaire, il constitua une période de quatre ans, en intercalant un mois de vingt-deux jours après la deuxième année, et un mois de vingt-trois, après la quatrième. On appela *mercedonius* ce petit mois placé après celui de février.

Ce cycle renfermait donc 1465 jours, alors que quatre années n'en contiennent que 1461. Il y avait là une cause très grande de désordre. Elle dépassait trois mois en un siècle. Une fois, l'équinoxe de printemps arriva au milieu du mois de mai.

La confusion fut bientôt telle qu'on faisait des intercalations sans règle précise, et d'après les besoins de l'année. Ce droit était réservé au collège des pontifes. Ils en usaient et en abusaient, décidant arbitrairement combien de jours aurait l'année courante.

Tantôt ils l'allongeaient, et tantôt la raccourcissaient, sans motifs sérieux, et souvent pour des intérêts personnels. Ils faisaient varier à leur gré la durée des magistratures; ils vexaient ou favorisaient les débiteurs ou les créanciers, en devançant ou retardant les termes de paiement.

De la même façon, ils déterminaient les jours fastes pendant lesquels il était permis de plaider, et les jours néfastes qui interrompaient la procédure, ou, parfois même, l'annulaient. La réussite d'un procès et le succès d'une affaire dépendaient donc, en grande partie, de leur caprice ou de leur bon vouloir.

La connaissance des jours fastes était de la plus haute importance. Pendant longtemps les patriciens et les prêtres des idoles en gardèrent le secret avec soin. C'était pour eux un puissant moyen de régner, en divisant et en trompant. Ils fermaient le barreau à leurs ennemis, et les mettaient comme dans l'impossibilité de se défendre.

Un autre inconvénient de la réforme opérée par Numa, fut que les noms des mois, pour la plupart, fournissaient de fausses indications, et ne répondaient plus à la réalité.

Dans le calendrier romuléen, les quatre premiers mois étaient consacrés à une divinité spéciale dont ils portaient le nom : *Martius* (Mars,) *Aprilis* (Aphrodite, Vénus,) *Maius* (déesse Maia,) *Junius* (Junon.)

Le cinquième et le sixième (*Quintilis* et *Sextilis*) devinrent plus tard juillet et août (*Julius* et *Augustus*) en l'honneur de Jules César et d'Auguste ; mais le septième, le huitième, le neuvième et le dixième, appelés *septembre, octobre, novembre, décembre*, furent en réalité, les neuvième, dixième, onzième et douzième.

Les deux mois (janvier et février) ajoutés par Numa, auraient dû être placés à la fin, et non au commencement de l'année. Les autres, alors, auraient pu conserver à bon droit leur dénomination d'origine.

Plusieurs empereurs romains, Tibère, Néron, Commode, Antonius, Faustine, sa femme, Domitien et autres, essayèrent de donner leur nom aux mois qui n'étaient pas encore attribués à une divinité ou à un grand homme. Ils ne purent réussir, et la modification introduite par eux ne resta pas longtemps en usage.

Au dernier siècle avant notre ère, le désordre du calendrier romain était extrême ; on ne pouvait plus s'y reconnaitre. Jules César, alors pontife suprême, entreprit de le réformer, et, pour s'entourer de toutes les lumières nécessaires, fit venir d'Égypte le savant Sosigènes.

Celui-ci savait très bien que la durée de l'année avait été trouvée par Hipparque de 365 jours, 5 h. 55' 12". Il crut cependant ne pas commettre une erreur appréciable, en négligeant les 4 minutes et les 48 secondes qui manquaient pour achever les six heures. Il fit donc l'année égale à 365 jours $\frac{1}{4}$.

Tous les quatre ans, il fallait, par suite, ajouter un jour. On le plaçait dans le mois de février entre le 23e et le 24e. Comme celui-ci s'appelait *sexto-calendas*, le jour intercalé fut nommé *bis-sexto calendas*. De là vint le terme de bissextile, employé pour désigner l'année ainsi augmentée. Les mois composés alternativement de 30 et de 31 jours, n'eurent plus, à l'exception du mois de février, aucun rapport avec les lunaisons.

La réforme commença en l'an 44 avant J.-C. Pour mettre les choses au point, on avait dû donner à l'année précédente près de trois mois en plus, et la supposer de

445 jours. Aussi reçut-elle le nom d'*année de la confusion*.

L'erreur commise volontairement par Sosigènes, quoique petite en soi, allait avoir, avec le temps, des conséquences sensibles. Elle atteignait un jour en 128 ans. Il devait en résulter, plus tard, un nouveau désaccord entre le calendrier et le mouvement des corps célestes. Une différence devait se produire, et s'accentuer de plus en plus entre la date des fêtes et les saisons.

Au XVIe siècle, elle se notait déjà par un excédent de dix jours. Le pape Grégoire XIII, justement préoccupé de cet état de choses, voulut y porter remède d'une façon définitive.

Par ses soins une commission de savants se réunit. On commença par enlever au mois d'octobre 1582, les dix jours qu'on avait comptés par erreur ; le 5 octobre fut donc regardé comme le 15 ; on avait choisi ce mois, parce qu'il ne renfermait pas de fête mobile dont la suppression eût été peu commode.

L'équinoxe de printemps était ainsi ramené au 21 mars, dont il s'était écarté. Puis, pour obvier aux erreurs futures, il fut statué que le jour bissextile ajouté régulièrement jusque-là, au mois de février tous les quatre ans, ne le serait plus, à l'avenir, dans les années séculaires dont le millésime ne serait pas divisible par quatre cents.

En d'autres termes, on faisait disparaître trois jours bissextiles tous les quatre cents ans.

Le calendrier grégorien n'est pas, lui aussi, sans défaut absolument ; mais il ne comporte, qu'au bout de 4000 ans, une erreur d'un jour à peine.

Il sera aisé de la corriger quand le moment sera venu. Nos arrière-neveux s'occuperont de cette affaire, et comme on leur a singulièrement facilité la tâche, ils n'en seront pas, sans doute, fort embarrassés.

§ II

Constitution de l'Univers, d'après les anciens.

I

Le Système héliocentrique dans l'Antiquité.

Malgré toute leur peine à inventer un véritable calendrier à peu près sans défaut, les anciens eurent cependant, au sujet du mouvement des astres, des connaissances qui les mirent à même de soupçonner, ou de deviner, le véritable système du monde.

Cela ne laisse pas d'être assez remarquable.

L'École de Pythagore admettait certainement la rotation diurne de la Terre sur son axe.

Telle avait été, dès le commencement, la conviction de son fondateur. Il rejetait, en effet, l'hypothèse de l'immobilité de notre planète.

Quelles raisons avait-il pour le faire? On ne le sait pas au juste. Étaient-ce les bonnes? Il est permis d'en douter; mais, enfin, sous ce rapport, pour le résultat, du moins, il s'est trouvé d'accord avec la Science moderne.

Que telle ait été la doctrine de Pythagore, c'est incontestable Comment, sans cela, ses disciples et leurs successeurs auraient-ils été si unanimes à la professer? Ne continuèrent-ils pas à le faire, même lorsqu'après la dispersion de leur École, ils durent se réfugier en diverses contrées?

Parmi les plus anciens d'entre eux, nommons Hicétas de Syracuse, né vers 510 et mort vers 450 avant J.-C. Cicéron, lui-même, dans son second *Livre des Académiques*, lui attribue ce sentiment. L'orateur romain trouve l'idée un peu étrange, mais cependant il la cite avec respect et bienveillance [1].

Un des contemporains d'Hicétas, Ecphantus, né vers 510, avait embrassé les mêmes opinions. On doit nommer également Philolaüs, né vers 450.

Platon, dans le *Timée*, parle de cette thèse comme ayant appartenu à plusieurs philosophes anciens. D'après Cicéron, il l'aurait lui-même soutenue, quoique en termes obscurs. *Atque hoc etiam Platonem dicere quidam arbitrantur, sed paulo obscurius* [2].

Aristote, dans sa *Physique*, tenta de la combattre, en proposant plusieurs objections dont aucune n'a une vraie valeur. Nous y trouvons, du moins, une preuve de la place occupée par ce système cosmologique dans la Science d'alors, puisque le Stagirite crut nécessaire de s'y arrêter [3].

Quant à la révolution annuelle de la Terre et à son déplacement autour du Soleil, Pythagore ne paraît pas, lui-même, l'avoir admise.

Il supposait, en effet, la Terre mobile sur son axe, mais située au centre du monde, puisqu'il faisait circuler autour d'elle, non seulement la Lune, ce qui est exact, mais encore Mercure, Vénus, le *Soleil*, Mars, Jupiter et Saturne.

Sous ce rapport, ses disciples modifièrent plus tard sa pensée.

Philolaüs reconnaissait à la Terre comme aux autres planètes, non seulement le mouvement de rotation sur son axe, mais encore celui de translation autour du Soleil.

Anaxagore avait déjà dit que la Lune est habitable. Il croyait sa surface, comme celle de la Terre, hérissée de

---

1. Hicetas Syracusius, ut ait Theophrastus, cœlum, solem, lunam, stellas, supera denique omnia, stare censet; neque præter terram rem ullam in mundo moveri : quæ quum circum axem se summa celeritate convertat et torqueat, eadem effici omnia, quæ si, stante terra, cœlum moveretur. (Ciceron. *Academicar. quæstion.*, lib. II, § 39.)
2. Ciceron. *Op. et loc. cit.*
3. *De Cœlo et Mundo*, libr. II, lect. 20 et seq.

montagnes et déprimée par des vallées, arrosée par des fleuves et partagée en vastes continents et en mers profondes.

C'était aussi l'opinion de Xénophane [1].

Les autres planètes également étaient des mondes habités, avec leurs cités et leurs provinces. D'ailleurs, le nombre de ces mondes sur lesquels s'épanouissait la vie, était incalculable. Il y en avait dans toutes les directions, à droite, à gauche, devant, derrière, au-dessus, et au-dessous de notre Terre, bien éloignée elle-même du centre de l'Univers [2].

D'autre part, en essayant de réfuter cette opinion, Aristote assure formellement que les Pythagoriciens assimilaient le globe terrestre à un astre circulant autour d'un foyer de lumière et de chaleur, situé au centre du monde [3].

Dans ses Commentaires sur les livres *De Cœlo et Mundo*, saint Thomas d'Aquin, suivant pas à pas le Stagirite, nous apprend pourquoi les Pythagoriciens mettaient le Soleil au centre, à la place de la Terre contrainte de tourner autour de lui.

---

1. Habitari, ait Xenophanes, in Luna, eamque esse terram multarum urbium et montium. Portenta videntur; sed tamen neque ille qui dixit jurare posset ita se rem habere; neque ego, non ita. (Ciceron. *Acad. quæst.*, lib. II, § 39.)

2. Quum in uno mundo ornatus hic tam sit mirabilis, innumerabiles supra, infra, dextra, sinistra, ante, post, alios ejusdem modi mundos esse putat. Et, ut nos nunc simus ad Baulos, Puteolosque videamus, sic innumerabiles paribus in locis esse eisdem nominibus, honoribus, rebus gestis, ingeniis, formis, ætatibus, eisdem de rebus disputantes. (Ciceron. *op. cit.*, lib. II, § 40.)

3. Quidam Philosophi, qui dicuntur Pythagorici, in partibus Italiæ commorantes, dixerunt quod ignis positus est in medio mundi, terra autem ad modum unius stellarum *moveatur circulariter circa medium mundi*.

Similiter ponebant aliam terram oppositam isti terræ quam ponebant moveri sicut istam quam vocabant antichtona (id est, terram adversam) eo quod est contra posita huic terræ, quæ tamen a nobis videri non potest propter hoc quod sequitur in suo motu terram istam in qua nos habitamus, ita quod per totum corpus terræ interponitur inter visus nostros, et alteram terram...

Terram autem aliam vocabant Lunam.

(*De Cœlo et Mundo*, lib. II, lect. 20.)

Au centre, disaient-ils, doit se trouver le corps qui l'emporte en puissance et en dignité ; *præstabilissimum enim corpus locum occupare præstabilissimum oportere putabant*. Or, ce corps, ajoutaient-ils, est évidemment le feu, c'est-à-dire le Soleil ; *manifestum est autem quod ignis (sol) est præstabilior et honorabilior quam terra* [1].

S'ils avaient accordé la prééminence au Soleil à cause de sa clarté et de sa beauté seulement, *propter claritatem*, ce motif n'eût pas été bien déterminant, sans doute. C'eût été une de ces raisons *a priori*, si fréquemment invoquées dans la vieille Physique, et si peu convaincantes. Mais ils la lui donnaient *propter virtutem activam*, à cause de son activité, de son énergie, de sa force, en un mot, de sa supériorité matérielle.

En cela, ils ne s'écartaient pas de la vérité.

Deux siècles environ après Anaxagore, ces idées furent reprises, développées avec conviction, et plus nettement encore exposées par le célèbre Aristarque de Samos. Il supposa, lui aussi, le Soleil immobile comme les étoiles fixes. Autour de lui il fit circuler, avec les autres planètes, notre Terre, réduite au rôle de satellite, et simple atome se déplaçant dans l'espace.

Ce sentiment d'Aristarque de Samos nous est rapporté par Archimède et Plutarque. Ce sont absolument les idées coperniciennes.

Sous le patronage d'un tel nom, elles durent, sans aucun doute, se répandre beaucoup dans l'antiquité.

Archimède cependant ne les partageait pas. Il ne voyait pas encore de preuves suffisantes pour les regarder comme démontrées. Mais, toutefois, il en parle avec bienveillance, vu son grand respect pour Aristarque.

A côté de ces belles conceptions, qu'il était mesquin le système opposé!

Le ciel était solide et en cristal transparent ; les astres étaient portés par des sphères mobiles emboîtées les unes dans les autres.

---

[1]. S. Thom., *In Aristot.*, op. et loc. cit.

Eudoxe de Cnide avait déjà élevé jusqu'à vingt-sept le nombre de ces sphères. Une d'elles suffisait pour les étoiles fixes ; mais il en fallait trois pour le Soleil, trois pour la Lune, et quatre pour chacune des cinq planètes alors connues.

Ses successeurs furent encore plus exigeants. Calippe en ajouta sept nouvelles ; cela faisait déjà trente-quatre. Aristote mit, lui aussi, la main à l'œuvre pour compléter l'édifice cosmologique. Il avait encore besoin de vingt à vingt-cinq sphères pour rendre compte de divers mouvements des corps célestes : les sphères cristallines furent donc au nombre de cinquante-six.

Combien n'en aurait-il pas demandé, s'il avait connu toutes les variations de mouvements découvertes plus tard !

C'était bien inutilement compliquer la structure du ciel physique.

Il ne faudrait pas supposer, toutefois, que, durant les siècles suivants, l'idée du mouvement de la Terre et de son rôle très secondaire dans le monde, eût été abandonnée.

Comme nous l'avons rapporté, Cicéron lui-même, en faisant allusion à la thèse de la Pluralité des Mondes habités, n'avance pas qu'elle soit absurde. Cela paraît prodigieux, observe-t-il, mais je ne pourrais pas jurer, qu'il n'en est pas ainsi [1].

Au commencement de l'ère chrétienne, Sénèque le Philosophe se posait encore la question, et la trouvait digne d'une étude sérieuse.

Si tous les astres sont des corps terrestres, disait-il dans ses *Questions Naturelles*, les comètes en sont également. Il nous sera donc utile de chercher à savoir, si le monde tourne autour de la Terre immobile, ou si c'est la Terre elle-même qui tourne.

Certains auteurs ont prétendu, en effet, que nous sommes emportés à notre insu ; les levers et les couchers des astres

---

[1]. Portenta videntur ; tamen neque ille qui dixit jurare posset ita se rem habere ; neque ego, non ita. Dicitis etiam... et ista non aspernor. (*Acad. quæst.*, libr. II, § 39.)

seraient causés, non par la rotation de la voûte céleste, mais par la révolution de notre globe.

Voilà, certes, un sujet bien digne de nos méditations : il nous importe d'apprendre dans quelle situation nous sommes. Nous est-il échu en partage une demeure stable, ou notre habitation est-elle animée d'une vitesse excessive? Dieu fait-il rouler le monde autour de nous, ou nous fait-il rouler nous-mêmes au sein de l'Univers [1]?

II

Le Système de Ptolémée. Les Épicycles, les Excentriques et les Cercles déférents.

Il nous faut maintenant dire quelques mots du singulier système, qui, sous le nom de Ptolémée, régna, pendant près de deux mille ans, sur un très grand nombre d'esprits.

Ptolémée n'en fut pas lui-même l'inventeur, mais il le perfectionna, tout en le compliquant outre mesure. Néanmoins, il s'en servit avec beaucoup d'habileté, pour expliquer les diverses positions des astres dans le ciel.

D'après les anciens philosophes, le mouvement circulaire et uniforme était le plus parfait ; aussi l'attribuaient-ils aux corps célestes supposés, sans preuve aucune, d'une nature supérieure à celle des êtres terrestres ou sublunaires.

Des Écoles de Philosophie ces préjugés passèrent dans les observatoires d'alors.

---

1. Itaque si omnia terrena sidera sint, his (cometis) quoque eadem sors erit... Illo quoque pertinebit hoc excussisse, ut sciamus, utrum mundus terra stante circumeat, an mundo stante terra vertetur. Fuerunt enim qui dicerent, nos esse quos rerum natura nescientes ferat, nec cœli motu fieri ortus et occasus, ipsos oriri et occidere. Digna res est contemplatione, ut sciamus in quo rerum statu simus; pigerrimam sortiti, an velocissimam sedem; circa nos Deus omnia, an nos agat. (Senec. *Quæst. natural.*, libr. VII, c. 2.)

Avec l'hypothèse de l'immobilité de la Terre au centre du monde, il n'était pas facile d'expliquer, par le faux principe du mouvement uniforme et circulaire, les phénomènes des stations et des rétrogradations planétaires.

Apollonius de Perga dont nous avons eu l'occasion déjà d'apprécier la haute Science géométrique, imagina, le premier, l'ingénieux mécanisme des épicycles et des cercles déférents.

Les planètes se mouvaient, il est vrai, d'une manière uniforme, mais c'était dans un *épicycle*, ou petit cercle superposé, dont le centre se déplaçait, en même temps, d'une façon également uniforme, et décrivait autour de la Terre un grand cercle, appelé *déférent*.

Cela posé, il n'était pas nécessaire d'être très versé dans les règles de la perspective, pour comprendre quelles apparences résultaient de ces deux mouvements. Tantôt ils s'ajoutaient l'un à l'autre, dans la même direction ; tantôt ils allaient en sens contraire, s'affaiblissaient mutuellement, et, finalement s'annulaient.

Par suite, les planètes paraissaient parcourir leur orbite, d'abord, avec une rapidité relativement considérable ; puis, leur vitesse diminuait progressivement, et elles s'arrêtaient. Alors, elles changeaient de direction, et retournaient en arrière ; puis, de nouveau, suspendaient leur marche, revenaient sur elles-mêmes, et reprenaient leur direction primitive. Ces allées et ces venues recommençaient indéfiniment.

Jusqu'à la découverte par Hipparque de l'excentricité de l'orbite solaire, la théorie proposée par Apollonius fut suffisante. Elle rendait assez bien raison des phénomènes observés. Mais, en présence de cette particularité, on dut admettre que la Terre n'était pas précisément au centre du grand cercle ; dès lors, le déférent prit le nom d'excentrique.

Toutefois, ce stratagème ne fournissait pas encore une explication entièrement satisfaisante des diverses positions occupées par les astres. On dut convenir que le centre de l'excentrique, mobile lui-même, évoluait aussi autour d'un autre point.

Pour la Lune, par exemple, trois cercles, ou si l'on veut, trois rouages étaient absolument requis. Certaines inégalités n'en demeuraient pas moins des mystères. Notre satellite circulait donc sur son épicycle, dans un sens contraire au mouvement diurne; le centre de l'épicycle se déplaçait, en même temps sur l'excentrique, mais dans la direction de la rotation du globe terrestre; enfin, le centre de l'excentrique tournait, lui aussi, autour de la Terre, mais en sens opposé.

Il en était ainsi des autres planètes. Chacune d'elles avait son épicycle circulant sur un excentrique dont le centre tournait, à une distance plus ou moins grande, autour de la Terre, centre des centres, et centre du monde.

Cette théorie était fort ingénieuse, il faut l'avouer; mais elle était aussi d'une complication embarrassante. La nature, on s'en est aperçu peu à peu, à mesure qu'on l'a mieux connue, procède toujours par les moyens les plus simples.

Entre plusieurs hypothèses, la meilleure, toutes choses égales, sera toujours la moins complexe!

Combien est supérieure, sous ce rapport, la théorie de la gravitation universelle! Sous une loi générale, exprimée en deux lignes, viennent se ranger toutes les variations si nombreuses dont la marche des astres est affectée.

Il n'en est aucune, même des plus petites, ou des plus singulières, dont elle ne rende raison parfaitement; elle en a même fait deviner plusieurs qui avaient échappé à de minutieuses observations.

Plus les découvertes se multiplient, plus le principe de l'attraction est justifié.

Au contraire, plus les conquêtes de la Science astronomique s'étendaient loin, plus le système cosmologique de Ptolémée se montrait insuffisant et défectueux. Il fallait, pour le sauver, user d'expédients et de subterfuges. Plus les observations gagnaient en exactitude, plus l'hypothèse se compliquait, et devenait impuissante.

Sans cesse, on était contraint de modifier les épicycles, les déférents et les excentriques, afin de répondre à de nouvelles exigences, et d'expliquer, vaille que vaille, les faits constatés.

Le mécanisme de l'Univers fut alors constitué par une inextricable série d'engrenages et de cercles, empiétant les uns sur les autres. On en compta bientôt soixante-dix-neuf, ainsi enchevêtrés.

Cela n'était rien auprès de tout ce qu'il aurait fallu encore, pour expliquer, de la même façon, la course échevelée des comètes [1].

Tant d'efforts étaient dépensés en pure perte, pour conserver aux planètes et au Soleil leur mouvement uniforme, et à la Terre sa majestueuse immobilité.

Ne disons cependant pas trop de mal des excentriques. Ils mirent, plus tard, Kepler sur la vraie voie, et l'aidèrent (une vingtaine de siècles après !) à découvrir que les planètes, en parcourant leur orbite, décrivent non des cercles, mais des ellipses dont le Soleil occupe l'un des foyers.

---

1. Aux yeux de certains philosophes anciens, les comètes étaient de simples feux transitoires, s'allumant dans le ciel, et s'éteignant ensuite, à peu près comme la foudre. Mais beaucoup d'autres les croyaient de véritables astres, ayant un cours régulier d'une grande étendue, de sorte qu'elles étaient visibles seulement lorsqu'elles se rapprochaient de la Terre. Elles disparaissaient, en s'éloignant, et redevenaient visibles à leur retour, après des intervalles plus ou moins considérables.

Proprium sidus Cometes est, sicut Solis et Lunæ. Talis forma est non in rotundum restricta, sed procerior et in longum producta. Ceterum non est illi palam cursus; altiora mundi secat, et tunc demum apparet, quum in imum cursus sui venit... Quidam aiunt habere cursum suum, et post certa lustra in conspectum mortalium exire... etc. (Senec. *Quæst. natur.*, lib. VII, c. 17-20.)

§ III

Grandeur de l'Univers d'après les anciens.

I

Connaissance de la forme et des dimensions de la Terre.

L'idée de la rondeur de la Terre fut, dit-on, émise la première fois par le philosophe et physicien Parménide d'Élée, né en 519 et mort en 440 avant J.-C.

Auparavant, Anaximandre (610-547) l'avait crue cylindrique comme une colonne, et Anaximène (510-449) plate et mince comme un disque, semblable en cela, d'après lui, au Soleil et à la Lune.

Peu à peu, cependant, la conception de Parménide se répandit et fut assez communément reçue. Au temps d'Aristote, on avait déjà démontré la sphéricité de la Terre par la rondeur de son ombre projetée sur notre satellite au moment des éclipses.

S'appuyant sur ce fait, le célèbre mathématicien Bion d'Abdère (né vers 300) prouvait qu'il y a sur notre globe des contrées peu fortunées, où l'année se compose d'un seul jour et d'une seule nuit, ayant, l'un et l'autre, une égale durée de six mois entiers.

Les anciens admettaient aussi l'existence des antipodes. Par ce mot, ils entendaient des peuples habitant une région de la Terre diamétralement opposée à celle où nous nous trouvons et, par suite, ayant à sa surface une position inverse de la nôtre. Cicéron lui-même se rangea à cette opinion [1].

---

[1]. Dicitis etiam esse e regione nobis, e contraria parte Terræ, qui

Quant aux dimensions du globe terrestre, Aristote avait essayé de les évaluer, mais sans beaucoup de succès. Dans ce problème assez ardu, il s'était grandement trompé et avait obtenu un résultat presque deux fois trop fort.

D'après ses calculs, la Terre aurait eu 400.000 stades de circuit. Le stade olympique, dont il se servit très probablement, étant de 180 mètres, cela faisait 72 millions de mètres, au lieu de 40 millions. L'erreur était énorme.

On s'en étonnera moins, si l'on considère que le moyen employé jusqu'alors pour apprécier les distances, consistait à compter les journées de marche des voyageurs ou des armées.

La question s'était posée après les lointaines expéditions d'Alexandre. Il avait conduit ses soldats jusqu'aux Indes. L'Orient s'était ouvert devant lui. La Grèce, qui auparavant n'était guère sortie de ses étroites frontières, avait traversé l'Asie presque jusqu'à la Chine.

Le conquérant trouvait le monde trop petit pour son ambition. Il voulut, du moins, apprendre de son ancien maître quelle portion il en avait conquise ; mais les documents si peu exacts sur lesquels se basait Aristote furent cause d'une colossale erreur.

Dans le courant du IIIe siècle avant J.-C., Eratosthènes reprit le problème et le résolut d'une façon fort satisfaisante. L'arc de méridien qu'il tenta de mesurer était très grand. Il s'étendait entre les limites extrêmes de l'Égypte, depuis la ville d'Alexandrie jusqu'à celle de Syène.

Ces deux cités furent choisies, parce qu'elles étaient supposées à peu près sur le même méridien, quoique leur différence en longitude atteignît presque trois degrés.

Il s'agissait d'apprécier la différence de latitude. Eratosthènes trouva 7° 12′. L'erreur commise était petite et ne dépassait pas cinq minutes d'arc. La véritable valeur, en effet, est de 7° 7′.

L'arc compris entre Alexandrie et Syène était donc la

---

adversis vestigiis stent contra nostra vestigia, quos *Antipodas* vocatis... ista non aspernor. (*Acad. quæst.*, lib. II, § 39.)

cinquantième partie de la circonférence. D'un autre côté, d'après les documents officiels, la distance entre ces deux villes était de 5.000 stades [1].

Eratosthènes en conclut que le globe terrestre avait environ 250.000 stades de tour.

D'après plusieurs auteurs, le stade égyptien équivalant à peu près à 160 mètres, 250.000 stades donneraient un peu plus de 39.000.000 de mètres. L'écart serait donc presque négligeable.

Cependant, si l'on remarque combien étaient élémentaires les moyens dont les arpenteurs de cette époque se servaient pour leurs évaluations, un résultat d'une telle précision paraîtra bien surprenant.

Cette opération, toutefois, fut conduite avec une réelle habileté. Elle honore grandement celui qui l'avait entreprise et menée à bonne fin. Une œuvre d'une si haute portée scientifique aurait suffi à illustrer un homme.

Grâce à elle, Eratosthènes peut être regardé comme le véritable créateur de la Géographie générale.

Il attribuait au vaste continent européo-asiatique une longueur égale à 180° de longitude environ. Toute une moitié du globe terrestre, il le savait, était donc inconnue de ses contemporains.

Ces idées, plus tard, guidèrent Christophe Colomb dans ses grands voyages d'exploration. Mais, en traversant les longs siècles du moyen âge, les notions de Géographie générale, dues à Eratosthènes, s'étaient un peu affaiblies. Le célèbre navigateur pensait, en effet, qu'il lui suffirait de parcourir sur l'Atlantique une centaine de degrés à l'ouest de l'Europe pour atteindre l'Asie et les Indes orientales.

---

[1]. Depuis très longtemps, à cause des inondations périodiques du Nil, les rois avaient institué en Égypte des corporations d'arpenteurs. Ils étaient chargés officiellement de mesurer toutes les distances, et de faire un relevé exact des propriétés, dont les limites exposées à être sans cesse confondues après ces inondations, donnaient lieu à des litiges toujours renaissants. Ce cadastre régulier et fait avec soin, fournit à Eratosthènes des documents précieux dont il usa pour ses calculs.

II

Dimensions relatives de la Terre et des astres. Proportions de leurs distances.

Sous ce double rapport, les idées des anciens varièrent aussi beaucoup.

D'après Anaximandre, le Soleil était vingt-huit fois plus volumineux que la Terre, et la Lune dix-huit fois seulement.

Plus tard, Anaxagore (500-428) croyait le Soleil un peu plus grand que le Péloponèse. Il eut le malheur de le dire. Cette assertion le fit décréter d'impiété, et il faillit être condamné à mort.

Selon Eudoxe (409-356,) le diamètre du Soleil valait neuf fois celui de la Lune ; et, selon Eratosthènes, vingt-sept fois celui de la Terre.

On mit longtemps à reconnaître, dans l'étoile du matin et dans celle du soir, la même planète. Pythagore et Parménide d'Élée furent les premiers à s'en apercevoir. Ils expliquèrent comment Vénus, passant alternativement devant et derrière le Soleil, paraissait tantôt avant l'aurore et tantôt après le crépuscule.

Les distances entre les astres étaient évaluées par Pythagore au moyen de considérations tirées de la progression des sons musicaux. Il ne pouvait en résulter, évidemment, une bien rigoureuse précision.

Les calculs, à ce sujet, revêtirent une forme plus scientifique avec Aristarque de Samos (né vers 310.) Il composa un livre intitulé : *Traité des grandeurs et des distances du Soleil et de la Lune.*

Pour résoudre ce problème si important en Astronomie, il essaya de déterminer l'angle formé par deux lignes venant se rencontrer au centre de la Terre, en partant du centre du Soleil et de celui de la Lune, quand celle-ci est en quadrature, c'est-à-dire à son premier ou à son dernier quartier.

Les trois centres de ces astres sont alors les trois sommets d'un triangle rectangle, dont l'angle droit a pour sommet le centre de la Lune. Il suffit, alors, de trouver l'angle dont le sommet est sur la Terre. Après cela, il est très facile de construire géométriquement un triangle semblable, dont les côtés seront respectivement proportionnels aux distances cherchées.

Le procédé était bon, mais il aurait fallu posséder des instruments assez délicats pour mesurer, avec une approximation suffisante, des angles dont la petitesse rend l'évaluation peu commode en pratique.

On devait apprécier sous quel angle on voit la distance du Soleil à la Lune, à l'instant précis où notre satellite paraît à moitié éclairé et à moitié obscur. Cet angle est de 89° 51'. Il fut supposé de 87°. En d'autres termes, la différence entre l'angle examiné et le quadrant de la circonférence est de 9' seulement. Aristarque la crut de 3°, c'est-à-dire vingt fois plus grande qu'elle n'est en réalité.

Par suite, il faisait la distance beaucoup trop petite.

Quant au rapport entre les distances des deux astres à la Terre, il le pensait sensiblement égal à 19. En effet, disait-il, la distance entre le Soleil et la Terre est plus de dix-huit fois et moins de vingt fois celle de la Terre à la Lune.

Une erreur ne va jamais sans une autre. De cette première conclusion fausse, Aristarque tira les corollaires suivants : Le diamètre du Soleil est à peu près dix-neuf fois plus grand que celui de la Lune, et le diamètre de celle-ci est compris entre la trentième et la quarantième partie de la distance de notre globe à son satellite.

Le diamètre de la Terre est plus petit que les $\frac{6}{38}$ et plus grand que les $\frac{6}{43}$ de celui du Soleil.

Le diamètre de la Lune est plus petit que les $\frac{43}{108}$ et plus grand que les $\frac{19}{60}$ de celui de la Terre.

Ce n'était pas assez pour Aristarque de connaître les relations entre les distances et les diamètres des astres; il aurait voulu évaluer en nombres ces diamètres et ces distances.

La question était évidemment plus difficile. Il réussit moins encore à la résoudre d'une manière satisfaisante.

A son tour, Hipparque s'en occupa. Il était en possession de méthodes bien supérieures, et l'invention de la Trigonométrie avait décuplé leur puissance pour les recherches théoriques. Malheureusement, les instruments alors en usage ne permettaient pas encore de donner aux observations, base inévitable des calculs, un degré suffisant d'approximation. On savait toutefois que le diamètre terrestre n'est pas une quantité négligeable dans l'étude des phénomènes célestes, car ceux-ci paraissent différents, selon l'endroit d'où on les considère [1].

III

Les Globes célestes et l'Obliquité de l'écliptique.

Les premières ébauches d'une carte du ciel furent esquissées, au VIe siècle de notre ère, par Anaximandre, disciple de Thalès. Il avait imaginé aussi les globes célestes. Mais, selon toute vraisemblance, il ne calcula jamais lui-même aucune latitude ou longitude, quoiqu'il fût l'introducteur du gnomon en Grèce.

Nous ne devons pas trop nous en étonner.

Plus d'un siècle et demi après, un disciple de Platon qui, à l'exemple de son maître, était allé apprendre l'Astronomie en Égypte, Eudoxe de Cnide, à son retour dans sa

---

[1]. On avait déjà soupçonné à cette époque la relation existant entre le mouvement de la Lune et le phénomène des marées. Le marseillais Pythéas en fit le premier la remarque, au IVe siècle avant J.-C.

patrie, avait bâti un observatoire dans sa ville natale ; cependant il n'avait songé, lui aussi, à tracer, ni les coordonnées équatoriales, ni, à plus forte raison, les coordonnées écliptiques.

Il se contentait de rattacher les étoiles à des groupes plus ou moins arbitraires : ce fut l'origine des constellations.

Cette imperfection des cartes uranographiques avait son contre-coup dans la construction des cartes terrestres. Nous l'avons déjà dit, la Géographie générale fut fondée seulement par Ératosthènes.

Quelques années avant celui-ci, avait paru l'astronome Timocharis. Il fut l'un des premiers à rapporter les étoiles à l'écliptique. Il avait travaillé vingt-six ans pour en dresser un catalogue, dont la possession fut ensuite très utile à Hipparque. Ce dernier put ainsi comparer ses propres observations à d'autres faites deux cents ans auparavant. Timocharis savait-il passer des coordonnées équatoriales aux coordonnées écliptiques ? Cela est douteux ; mais, en tout cas, vu son ignorance de la Trigonométrie, inventée près de deux siècles plus tard, il n'avait que des procédés graphiques pour parvenir à ces résultats.

A la question des cartes et des globes célestes s'en rattache une autre fort importante : celle de l'obliquité de l'écliptique sur l'équateur. Elle avait été connue des Égyptiens ; mais les Grecs, à l'époque de Thalès et d'Anaximandre, n'avaient probablement pas su encore l'évaluer exactement.

Vers le milieu du IVe siècle avant J.-C., elle fut estimée à 23° 49' par Pythéas, de Marseille, à l'aide du gnomon.

Ératosthènes nous relate ce fait ; mais il recommença lui-même l'observation. Ayant mesuré avec un très grand soin, à Alexandrie, les hauteurs maxima et minima du Soleil au solstice d'été et au solstice d'hiver, il avait trouvé entre les deux une différence de 47° 42' 40''. La moitié de cette quantité donnait pour l'obliquité de l'écliptique sur l'équateur, 23°, 51' 20''.

Ces chiffres furent acceptés, plus tard, par Hipparque et

par Ptolémée. Ils comportaient une légère erreur de 5' seulement.

A cette époque, en effet, l'obliquité devait être de 23° 46', car elle varie de 1' en 125 ans, ou d'une demi-seconde par année. Elle est présentement de 23° 27' 10".

Cette variation est tellement lente qu'il lui faut 7500 ans pour atteindre un degré. D'ailleurs, son amplitude ne dépassera jamais 1° 21'; mais, si la diminution était constante, l'obliquité serait nulle au bout de 177.000 ans. Alors, l'axe terrestre serait perpendiculaire à l'écliptique, et la différence des saisons n'existerait plus.

A propos de l'écliptique, il ne sera pas déplacé de dire un mot des éclipses.

Leur cause était, dit-on, connue déjà par Thalès de Milet, au VIIe siècle avant J.-C. Mais, alors, on ne savait probablement pas encore les calculer à l'avance.

La chose paraissait tellement difficile et surpassant les forces humaines, que nous voyons, trois cents ans après, vers l'an 401 avant J.-C., Denys, tyran de Syracuse, donner un talent d'or à un disciple de Platon, Hélicon de Cysique, pour le récompenser d'avoir su prédire une éclipse de Soleil.

Un demi-siècle plus tard, Eudème (né à Rhodes vers 350, mort en 290,) disciple d'Aristote, qu'il contredit souvent en matière de Physique, s'était fait une spécialité dans les calculs de ce genre. Il y réussissait fort bien.

IV

Conclusion.

En terminant ces considérations rapides sur l'état de l'Astronomie dans l'antiquité, nous remarquerons sans peine que, sous le rapport du développement et de la perfection, elle n'était pas inférieure à la Géométrie elle-même.

Quoique à un titre différent, Hipparque est aussi grand qu'Archimède.

On aurait donc tort, à l'instar de certains vulgarisateurs modernes, de présenter l'Astronomie ancienne comme un fatras de grossières erreurs. En bien des points, au contraire, elle est admirable et digne vraiment des profonds génies dont l'antique Grèce pouvait justement s'enorgueillir.

L'Astronomie est la plus vieille des Sciences ; c'est vrai, mais plusieurs de ses observations, datant de plus de vingt siècles, nous sont encore très précieuses. Les progrès de la Science contemporaine n'en ont pas diminué l'utilité ; sans ces premiers et si féconds résultats, nous serions beaucoup moins avancés, à cette heure, dans la connaissance de l'Univers.

Plus d'une fois, elle atteignit un degré de précision tel que les grands savants, venus ensuite, en sont restés dans l'étonnement.

N'est-il pas merveilleux, par exemple, de voir Hipparque, ce vrai père de l'Astronomie mathématique, se tromper seulement de 5 minutes dans la mesure de l'obliquité de l'écliptique ?

Dans l'évaluation de la longueur de l'année, l'erreur n'était guère plus forte ; elle atteignait à peine 6 minutes 15 secondes ; elle était bien moindre encore pour la précession des équinoxes. En cela, elle ne dépassait pas 9 secondes d'arc ; car Hipparque attribuait au point vernal un déplacement de 59 secondes par an, au lieu de 50.

L'excentricité de l'orbite terrestre fut calculée par lui avec une approximation aussi remarquable. Il la fit de $\frac{1}{24}$ au lieu de $\frac{1}{30}$. L'écart n'allait pas au delà de $\frac{1}{120}$. En même temps, il découvrait le mouvement de la ligne des apsides, et en précisait la vraie valeur. Il constata, en effet, que l'aphélie était de 24° 30' de longitude en arrière du point solsticial d'été. A son époque ces chiffres étaient exacts.

Il ne fut pas moins heureux dans la détermination de la révolution synodique de la Lune. Il la croyait de 29 jours, 12 heures, 44 minutes, 3 secondes et 20 tierces. C'est bien cela.

On doit en dire autant des chiffres qu'il obtint au sujet de la durée de la révolution de la ligne des nœuds ; de l'inclinaison de l'orbite lunaire sur le plan de l'écliptique ; de la parallaxe horizontale de notre satellite, fixée par lui à 57′ ; et de la révolution synodique des cinq planètes connues de son temps.

Toutes ses assertions sur des points si variés, sont d'une telle exactitude, que la Science contemporaine n'a eu presque aucune modification à y apporter.

Si l'on songe aux calculs immenses que tant de beaux résultats supposent, on reconnaîtra sans peine, dans Hipparque, un des génies les plus extraordinaires de l'humanité.

Il ne sera pas inutile de le remarquer aussi : les quatre plus grands astronomes de l'antiquité, Aristarque de Samos, Eratosthènes (l'un et l'autre contemporains d'Archimède;) puis, un peu plus tard, Hipparque et Ptolémée, illustrèrent, tous les quatre, l'École d'Alexandrie.

CHAPITRE CINQUIÈME

LA MÉCANIQUE DANS L'ANTIQUITÉ.

L'origine de la Mécanique pratique remonte à l'époque la plus reculée. Il suffit, pour s'en convaincre, de considérer les gigantesques pyramides d'Égypte et les grands monuments dont les ruines immenses et majestueuses jonchent le sol de l'Assyrie et des Indes.

Nous ne savons rien, cependant, de l'état de la Mécanique théorique chez ces anciens peuples, leurs écrits, s'il y en eut, n'étant point parvenus jusqu'à nous.

Chez les Grecs, l'invention de la vis et de la poulie est attribuée à un disciple de Philolaüs, Archytas, qui, pendant quelque temps, suivit à Athènes les leçons de Platon.

Aussi bon général que mathématicien, il eut le premier, selon Diogène Laërce, l'idée d'appliquer la Géométrie à la Mécanique.

Quelques-unes de ses découvertes étonnèrent à tel point ses contemporains, que la fable et la légende s'emparèrent de son nom. Il aurait même, si l'on en croit la tradition, construit entre autres merveilleuses machines, des oiseaux de bois capables de voler. Horace, dans une de ses odes, a célébré sa gloire [1].

Vers la même époque, Aristote écrivit un *Traité de Mécanique*. On y trouve l'exposé de plusieurs propositions remarquables, par exemple : le résultat produit par les chocs de deux corps est identique, si ces corps sont en raison inverse de leurs vitesses respectives.

---

[1]. Horatii *Carmina*, lib. I, od. XXVIII.

Mais le véritable créateur de la Mécanique théorique en Occident, fut incontestablement Archimède, dont le génie jeta de si vives lumières sur plusieurs branches du savoir humain.

Il eut la gloire de fonder la théorie des centres de gravité, et de déterminer les conditions d'équilibre du levier sollicité par des forces parallèles. Il montra la vérité de ce principe si fécond en applications, savoir : l'équilibre existe quand les poids sont inversement proportionnels à la longueur des bras auxquels ils sont suspendus.

Ses contemporains admirèrent surtout ses engins terribles, inventés pour défendre la ville de Syracuse, assiégée par les Romains. Les vieux historiens, Polybe, Tite-Live, Plutarque, en parlent avec stupéfaction.

Parmi ces machines prodigieuses, les unes lançaient au loin des traits et des pierres d'un poids énorme ; les autres attiraient les galères ennemies sur des écueils, les soulevaient pour les laisser ensuite retomber brusquement, et les engloutissaient dans les flots entr'ouverts. Le reste était brûlé par les miroirs ardents [1].

Il y a peut-être dans ces récits quelque exagération ; mais tout, sans doute, n'est pas supposé. L'armée assiégeante fut certainement retenue pendant trois ans sous les murs de Syracuse, et le général romain Marcellus attribua bien au seul Archimède ce long échec de ses soldats.

On s'empara de la ville, mais par surprise ; à ce moment même, Archimède s'occupait de la résolution d'un problème de Géométrie. Absorbé complètement par ses recherches scientifiques, il ne s'aperçut pas du danger, et fut tué par mégarde.

Il avait fait, assure-t-on, une cinquantaine d'inventions mécaniques. S'il n'a pas, le premier, conçu la vis et les poulies, il a, du moins, imaginé la vis sans fin et les moufles, ces combinaisons de poulies à l'aide desquelles on peut, sans trop d'efforts, manœuvrer de très grands fardeaux. Il avait aussi fait de la vis une très belle application

---

1. Titi Livii *Historia*, lib. XXIV, cap. 34.

pour dessécher les marais, en élevant l'eau dans un cylindre tournant autour de son axe.

Plus importante encore était sa conception du levier. On connait la parole adressée par lui, un jour, au roi Hiéron, à ce propos : « Donnez-moi un point d'appui, et je soulèverai le monde ! »

Théoriquement la chose était possible ; pratiquement, elle eût été évidemment irréalisable, même avec un point d'appui assez résistant.

La Terre, à elle seule, pèse environ 5.875.000.000.000.000.000.000.000 (5875 sextillions) de kilogrammes. Les longueurs des bras du levier doivent être en raison inverse des forces agissant à leurs extrémités. Évaluons à 20 kilogrammes la masse proportionnée à la force ordinaire d'un homme. Cela posé, si le bras le plus court du levier, supposé inflexible et sans poids, eût été d'un mètre seulement, le bras le plus long aurait dû avoir 360 quintillions de mètres.

Pour soulever la Terre d'un décimètre seulement, l'extrémité du bras le plus long aurait eu à décrire un arc de 36 quintillions de mètres, ou de 36 quatrillions de kilomètres.

En faisant de 50 à 60 kilomètres la course quotidienne d'un homme (et c'est une étape bien suffisante, surtout vu le poids de 20 kilogrammes à traîner ou à porter,) 20.000 kilomètres auraient été parcourus dans un an, et 2.000.000 dans un siècle.

L'opération aurait donc exigé, en nombre rond, *dix-huit milliards de siècles !*...

Elle n'aurait pu être menée à bonne fin qu'à la condition d'être successivement confiée à toutes les générations de géomètres et de mécaniciens.

Pendant tout ce temps-là, en outre, la Terre aurait dû rester complaisamment à l'extrémité du petit bras du levier. Mais, animée d'un mouvement soixante-dix fois plus rapide que celui d'un boulet de canon, elle roule dans son orbite, en dévorant l'espace, avec la fulgurante vitesse de 106.000 kilomètres à l'heure, et de presque un milliard de kilomètres par an.

De plus, avec une vitesse au moins égale, le Soleil se précipite, lui aussi, vers la constellation d'Hercule, emportant avec lui tout son cortège de planètes, et lui faisant parcourir plus de 200.000 lieues par jour.

La marche de notre globe est de forme hélicoïdale : il trace dans l'espace d'immenses spires, et ne passe pas deux fois par le même endroit.

On le voit donc sans peine, pratiquement l'opération eût présenté d'insurmontables difficultés. Après dix-huit milliards de siècles, non seulement Archimède ne se fût plus trouvé à l'extrémité de son levier pour le manœuvrer, mais la Terre, elle-même, eût été fort éloignée de l'autre bout.

Combien l'homme est petit devant ces gigantesques forces de la Nature !

S'il n'était grand par son intelligence et par son âme immortelle, comme il serait peu de chose en présence de l'incompréhensible Univers !

La Terre n'est qu'un atome dans l'immensité ; et, pour soulever cet atome, seulement d'un décimètre, l'homme demande des siècles par milliards.

Néanmoins, la Terre se déplace. Par l'effet de son mouvement propre, elle parcourt, en une seconde, 29 kilomètres, ou 290.000 fois plus que l'homme ne pourrait lui faire parcourir, par un travail ininterrompu de dix-huit milliards de siècles.

Pour la transporter à 29 kilomètres, il faudrait au savant, armé de son levier, 290.000 fois 18 milliards de siècles, c'est-à-dire 5.220 trillions de siècles, ou 522 quatrillions d'années. Il en faudrait 522 milliards à un million d'ouvriers unissant leur efforts.

Dans cette interminable série de siècles, se trouvent plus de dix mille sextillions de secondes.

Le rapport de la force de l'homme à celle dont la Terre est animée est donc de 1 à dix mille sextillions.

C'est inconcevable. Ces chiffres ne disent plus rien à l'imagination.

Mais qui donc, à l'origine, a donné à la Terre cette prodigieuse impulsion ? Qui ? si ce n'est Dieu ?

CHAPITRE SIXIÈME

LA PHYSIQUE ET LA CHIMIE DANS L'ANTIQUITÉ.

Chez les peuples primitifs, la Physique paraît avoir été surtout expérimentale.

Un des phénomènes le plus tôt remarqués est la propriété électrique de l'ambre jaune, connue déjà au viie siècle avant notre ère, par Thalès de Milet.

A la même époque, les vieux Étrusques avaient constaté que le tonnerre semble avoir parfois une origine terrestre, puisqu'on le voit monter de bas en haut.

Peu de temps après, les pythagoriciens firent, sur les vibrations des corps sonores, les plus anciennes expériences de Physique dont le souvenir soit venu jusqu'à nous.

Vers le ive siècle avant J.-C., on avait déjà soupçonné la pesanteur de l'air; on attribuait aussi la production de la rosée au refroidissement de l'atmosphère. Dans son *Traité de Physique*, Aristote nous apprend ce détail et autres semblables.

L'Hydrostatique fut fondée par Archimède. Dès le début, ce grand homme la porta à un haut degré de perfection, car il détermina les conditions d'équilibre des segments de conoïdes paraboliques. Nous l'avons déjà montré en parlant des sections coniques et de la Géométrie transcendante.

La pompe aspirante et foulante est due à Ctésibius, né à Alexandrie vers 180. — Il était probablement le père de Héron l'Ancien, si connu lui-même par le curieux instrument imaginé par lui, et, appelé de son nom, *fontaine de Héron*. Ctésibius aurait aussi, paraît-il, construit des fusils à vent aptes à lancer des traits, et aurait également inventé une espèce de clepsydre.

L'Optique, au sujet de laquelle Euclide et Héliodore de Larisse avaient écrit des *Traités*, doit quelque chose à Archimède.

D'après plusieurs auteurs, il aurait été le premier à remarquer le fait de la réfraction astronomique. Il expliqua pourquoi le Soleil et la Lune semblent plus gros à l'horizon qu'au zénith.

Cela provient, disait-il, non pas de la variation de la distance de ces astres, mais de la plus grande densité des couches atmosphériques plus rapprochées de la Terre, et, par suite, plus chargées d'exhalaisons et de vapeurs. Les rayons alors se réfractent davantage, et arrivent à l'œil en dessinant un angle plus large.

Il en est de ces astres comme des objets plongés dans l'eau, et dont les dimensions paraissent plus considérables, quand ils se trouvent à une plus grande profondeur.

Ces principes furent, dans les siècles suivants, l'objet d'études plus développées, plus régulières et plus méthodiques, principalement de la part de Possidonius et de Cléomède. Celui-ci expliqua comment les astres sont visibles dans le ciel un peu avant leur lever réel. On savait, en effet, depuis quelque temps, que le Soleil, au jour de l'équinoxe, reste au-dessus de l'horizon un peu plus qu'au-dessous.

Ptolémée s'occupa également de cette question dans son ouvrage sur l'*Optique*, dont le texte grec est malheureusement perdu. La traduction latine, faite d'après une traduction arabe, est parvenue jusqu'à nous, mais à l'état de manuscrit.

Dans le dernier livre, il donne, avec une précision remarquable, les tables de réfraction de la lumière, de dix en dix degrés, à son entrée de l'air dans l'eau et dans le verre. Il parle aussi de la réflexion de la lumière, et il esquisse la théorie des miroirs.

Au début du volume, il avait commencé par exposer celle de la vision en général.

Les Grecs concevaient ce phénomène d'une façon très

singulière. D'après eux, le rayon visuel, au lieu de venir de l'objet, partait de l'œil et allait chercher l'objet visible. Si, sur sa route, il rencontrait un obstacle formé par un corps impénétrable, il se réfléchissait en faisant un angle de réflexion égal à l'angle d'incidence.

Dans cette nouvelle direction, trouvait-il un corps diaphane, il le traversait, non toutefois sans dévier du droit chemin, à cause de l'effort nécessaire pour pénétrer l'obstacle. Il se réfractait donc d'après un angle plus ou moins grand, selon la densité du corps, et allait dans cette direction, de nouveau modifiée, saisir d'autres objets [1].

Comme on s'en aperçoit sans peine, malgré le caractère bizarre des explications, il y avait là des observations d'une exactitude déjà remarquable. On n'eut rien de plus complet jusqu'au XVIᵉ siècle, époque où Kepler par ses travaux détermina un progrès dans cette branche des connaissances humaines.

Le précepteur de Néron, le philosophe Sénèque, dans son Encyclopédie intitulée les *Questions naturelles*, nous a conservé une foule de traits témoignant des connaissances optiques des anciens.

Ils se servaient de globes de verre remplis d'eau, pour considérer les petits objets, et les examiner sous des dimensions plus étendues grâce à la réfraction [2].

C'était là leur microscope. On aurait même, paraît-il, trouvé une véritable loupe dans un tombeau romain.

Ils employaient des pierres précieuses, émeraudes et autres, comme *lunettes de conserve*. Les verres colorés en bleu ou en vert clair, étaient à l'usage de personnes ayant la vue fatiguée [3].

---

1. On retrouve ces mêmes idées dans Sénèque, *Natur. quæst.*, libr. I, cap. 3.
2. Litteræ quamvis minutæ et obscuræ per vitream pilam aquâ plenam majores clarioresque cernuntur. Poma formosiora quam sint videntur, si innatant vitro... Quidquid videtur per humorem, longe amplius vero est... quod manifestum fiet, si poculum impleveris aquâ, et in id conjeceris annulum. (*Natur. quæst.*, libr. I, cap. 6.)
3. Nero princeps gladiatorum pugnam spectabat *smaragdo*. (Plinii *Hist. natur.*, libr. XXXVII, cap. 5.)

Sénèque parle aussi du prisme décomposant la lumière : On peut, dit-il, obtenir artificiellement les couleurs de l'arc-en-ciel, par le moyen de baguettes de verre, taillées de manière à présenter diverses facettes et plusieurs angles saillants. Les rayons solaires en les traversant, se dispersent et reproduisent les teintes de l'iris [1].

On avait, à cette époque, une idée plus nette déjà de la pesanteur de l'air, du rafraîchissement causé par l'évaporation, de l'augmentation du froid dans les couches supérieures de l'atmosphère, de la diverse conductibilité des corps pour la chaleur, de l'obstacle apporté à la congélation de l'eau de mer par le sel qu'elle contient en dissolution, de l'efficacité de l'huile pour apaiser l'agitation des flots. On avait remarqué aussi la différence entre la vitesse du son et celle de la lumière, le développement d'une espèce d'attraction électrique par la chaleur et le frottement, et même la variabilité du parfum des fleurs aux diverses heures de la journée [2].

Les philosophes et les physiciens d'alors attribuaient déjà les tremblements de terre au soulèvement de l'écorce terrestre sous la pression d'un feu souterrain. Sous la couche superficielle du globe, ils supposaient l'existence d'immenses cavernes, ou crevasses, dans lesquelles se précipitaient en mugissant des cours d'eau bouillante, s'agitaient des mers intérieures, et circulaient de véritables fleuves de flammes. Quand l'eau faisait irruption dans les endroits où se trouvait le feu, le sol était violemment secoué.

Ainsi expliquaient-ils l'apparition soudaine et la disparition des îles, dans le voisinage des volcans.

En Chimie, ils avaient des connaissances qu'on n'a plus retrouvées. Citons, entre autres, leurs couleurs usitées en peinture. Elles étaient si durables qu'après deux mille ans

---

1. Virgula solet fieri vitrea, striata, vel pluribus angulis tortuosæ: hæc si ex transverso solem accipit, colorem talem qualis in arcu videri solet, reddit. (*Natur. quæst.*, libr. I, cap. 7.)

2. *Natur. quæst.*, libr. III, cap. 24; VII, 22; IV, 10; et *passim*.

elles ont encore conservé leur fraîcheur; citons aussi les enduits propres à embaumer les cadavres, ou à préserver les corps de l'action du feu.

Leur science en Zoologie et en Botanique était assez avancée. Aristote, Théophraste et Dioscoride y acquirent une juste réputation d'observateurs et de classificateurs.

Mais nous n'avons pas à l'examiner ici; ce serait nous écarter de notre but. Nous ne dirons rien, non plus, pour le même motif, de leur Médecine, illustrée par Hippocrate et par Galien.

DEUXIÈME PARTIE

HISTOIRE DES SCIENCES ET DES SAVANTS DU MOYEN AGE.

CHAPITRE PREMIER

CONSIDÉRATIONS GÉNÉRALES SUR L'ACTION DE L'ÉGLISE
AU MOYEN AGE
POUR LA CULTURE DES SCIENCES.

§ I

Les Précurseurs du moyen âge.

I

L'Empire romain et les Martyrs.

Le moyen âge !... Quels souvenirs lugubres ces simples mots évoquent dans certains esprits !... Ce furent, se plait-on à redire, des siècles de barbarie, de superstition et d'ignorance ; siècles de fer et de violences ; siècles de ténèbres et de confusion sans égale ; siècles de la nuit et du chaos !

A ce propos que d'invectives haineuses et passionnées contre l'Église ! On la dépeint comme l'ennemie traditionnelle du progrès ; ennemie irréconciliable, si l'on en croit ses détracteurs. N'est-elle pas d'une intolérance tyrannique ?... n'affiche-t-elle pas la prétention exorbitante, mais bien arrêtée, de régner seule sur les intelligences, de ne souffrir aucun contrôle, de n'admettre aucune discussion ?

Combien de fois ne lui a-t-on pas reproché de n'avoir pas voulu, ou de n'avoir pas su, recueillir le précieux héritage scientifique légué par l'antiquité païenne ; d'avoir négligé de le faire valoir, et de s'être opposée à tous les efforts tentés en ce sens par des cœurs généreux ?

Par suite, on a répété qu'il était urgent d'affranchir la raison humaine des attaches dogmatiques, afin de lui permettre de prendre son véritable essor. Elle sonderait, alors, les secrets de la nature. Complètement émancipée, débarrassée enfin des entraves d'une foi aveugle, elle s'avancerait toujours davantage dans la connaissance du mystérieux inconnu !

Mais combien ces récriminations sont injustes et contraires à l'enseignement de l'impartiale Histoire !..

N'est-ce pas la société païenne qui, dans son ensemble, a refusé de marcher dans la voie glorieuse, où quelques hommes de génie s'étaient engagés ?

N'est-ce pas l'empire romain qui, parvenu au faîte de la puissance et de la fortune, a exercé une influence néfaste sur la culture intellectuelle ?

Il le fit, d'abord, par ses guerres incessantes ; puis, par son despotisme et par sa fiscalité ruineuse ; par ses vices infâmes et sa corruption ; par ses écoles publiques d'immoralité, où se perdaient sans profit les forces vives des générations nouvelles, et où venaient sombrer les espérances de l'avenir.

Partout, il avait étendu sa main rapace ; tout devait entrer dans le rouage administratif ; il fallait détruire dans son germe toute initiative privée.

Ainsi s'effectuerait la centralisation universelle, et le monde entier dépendrait de la volonté d'un seul.

Selon l'énergique expression de Montesquieu, les conquêtes sans nombre des siècles passés n'avaient abouti qu'à assouvir les instincts ignobles de quelques monstres couronnés et revêtus de pourpre, dont les noms furent Tibère, ou Caligula, Héliogabale ou Néron !

Se proclamant de race divine et réclamant l'adoration des peuples, les Césars, du haut du Capitole, dictaient des lois au monde prosterné devant eux. Un seul mot, tombé de leur bouche, portait l'effroi et la consternation, depuis l'Espagne jusqu'aux extrémités de l'Orient.

Mais, impuissants au sein de leur omnipotence, ces maîtres du monde étaient eux-mêmes esclaves. A la merci d'un caprice des soldats ou d'une intrigue de cour, ils étaient, en outre, livrés aux plus viles et aux plus tyranniques passions.

La Rome impériale s'ensevelissait dans la fange. Les descendants des Brutus et des Scipion étaient dégénérés. L'austérité des mœurs antiques avait fait place à une licence sans borne. Ayant appris, par l'expérience, combien la vertu et la science étaient inutiles pour parvenir aux honneurs et à la richesse, ils leur préféraient l'adulation des pouvoirs établis et le servilisme le plus abject.

Des philosophes comme Sénèque et Cicéron n'avaient-ils pas péri de mort violente? et, dans l'art si utile de guérir les maladies, n'avait-on pas vu des charlatans ridicules préférés à Galien?

On estimait les Lettres et les Sciences d'après les bénéfices qu'elles promettaient. Du moment qu'elles n'étaient plus lucratives, on ne trouvait aucun motif de les cultiver.

L'accroissement inexplicable et subit de certaines fortunes scandaleuses avait perverti le sens moral, et détruit la notion de justice. D'autre part, le luxe toujours croissant avait efféminé les caractères.

Plongé dans la mollesse, le peuple ayant perdu le goût de toute étude sérieuse, consacrait son temps uniquement aux frivolités de tout genre, spectacles, jeux du cirque, combats de gladiateurs.

Gangrené par tous les raffinements de la corruption, épuisé par les orgies et les voluptés abominables, l'État, dégradé au delà de ce qu'on peut dire, s'effondrait dans la honte et dans la boue.

Alors, parut l'Église.

Quel travail n'avait-elle pas à faire pour régénérer des êtres tombés si bas?.. La société, couchée sur un lit de roses, bercée aux sons d'une musique sensuelle, souffrait cependant d'un mal horrible : dévorée par un cancer hideux, elle était frappée à mort.

Il fallait non seulement la relever, mais la guérir; et,

pour cela, lui infuser un sang nouveau, source d'énergie renaissantes et germe de vie.

Dans ce but, l'Église prodigua non seulement sa peine et son dévouement, mais aussi le sang de ses fils. Les trois premiers siècles de son histoire furent l'ère héroïque des martyrs.

L'empire romain se débattait dans les convulsions de l'agonie; mais, vrai colosse, il avait encore assez de forces pour écraser, dans une lutte insensée, ceux qui cherchaient à lui porter secours.

Pendant ces trois siècles de persécution, l'Église avait à lutter pour sa propre existence. On ne saurait donc lui faire un crime de n'avoir pas eu, dans son sein, autant de savants qu'elle en produisit à des époques plus prospères. Cependant à ses légions de martyrs, elle ajoutait déjà de glorieuses phalanges de philosophes et de docteurs, d'orateurs et d'apologistes.

Si elle cultiva moins les Sciences naturelles, c'est parce qu'elles étaient moins nécessaires au salut de la société. Celle-ci les avait répudiées depuis longtemps : avant de lui en redonner le goût, il importait de lui rendre la vie.

II

Les Pères de l'Église.

Quand l'œuvre surhumaine de la régénération sociale eut été en partie accomplie, et que la paix eut été conquise par la religion du Christ victorieuse des Césars, alors, commença la période brillante des saints Pères.

Théologiens profonds, philosophes sublimes, orateurs éloquents, les Pères, quoiqu'ils eussent à s'occuper plus directement de Métaphysique, ne négligèrent point cependant l'étude des Sciences naturelles.

Ils furent, sous ce rapport, au courant de toutes les connaissances de leurs contemporains. Plusieurs d'entre eux, comme nous l'avons dit ailleurs, s'essayèrent même, et non sans succès, à l'étude de la Science comparée.

Quand nous parlerons de Bède et de Cassiodore, de saint Isidore de Séville et d'Albert le Grand, de Vincent de Beauvais et de Roger Bacon, nous aurons occasion de montrer combien les successeurs des saints Pères suivirent fidèlement ces traditions.

Sans doute, il ne faut pas exiger d'eux, dans leurs écrits scientifiques, cette précision rigoureuse que les découvertes des derniers siècles ont permis d'obtenir.

Il y a bien, çà et là, des erreurs de fait : prétendre le contraire serait s'exposer à tomber dans d'inutiles exagérations ; mais la lecture assidue de leurs œuvres nous manifeste en eux une grande sagacité, une érudition vaste et solide, jointes à une longue habitude de l'observation attentive, du raisonnement et de la réflexion.

Ces qualités précieuses leur avaient fait acquérir sur l'ensemble des Sciences de larges aperçus et de vives lumières.

Ils auraient pu travailler, eux-mêmes, efficacement aux progrès des Sciences naturelles et les enrichir d'utiles découvertes. Mais leur activité dut se renfermer généralement dans les sèches régions de la Métaphysique, pour y combattre les philosophes païens, qui se transformaient en sophistes, dans le but de présenter comme inacceptables les dogmes révélés par Dieu.

Ils se contentèrent donc d'être les échos de l'enseignement scientifique de leur temps, n'ayant pas, eux-mêmes, le loisir de se consacrer directement à l'étude de la Nature. Ils n'en eurent pas moins, à ce sujet, des connaissances exactes et nombreuses que beaucoup de gens s'imaginent faussement être l'apanage exclusif de la Science moderne, arrivée au degré de perfection où nous la voyons aujourd'hui [1].

---

1. Voir notre ouvrage *Astronomie et Théologie* ou la *Pluralité des Mondes habités et le Dogme de l'Incarnation.* Dans le second chapitre de la pre-

Toutefois, le mouvement était donné. L'Église n'eût pas manqué de produire bientôt des générations de savants, comme elle le fit plus tard ; mais, tout à coup, elle se trouva aux prises avec de nouveaux ennemis.

Ceux-ci allaient, pendant plusieurs siècles, lui créer des difficultés égales, et même supérieures, à celles qu'elle avait rencontrées pendant trois cents ans, de la part du paganisme ancien.

§ 11

Obstacle au développement des Sciences.

I

Les Barbares.

Nous l'avons dit, le gigantesque empire de Rome, affaibli par la mollesse et la volupté, sapé jusque dans ses fondements, s'affaissait sous son propre poids. Se désagrégeant pièce par pièce, il n'aurait pas tardé à tomber de vétusté : les nations barbares ne lui en laissèrent pas le temps.

Se taillant un chemin par la force, à travers les brèches entr'ouvertes, des peuplades innombrables, indomptées et sauvages, pénétraient jusqu'au cœur de ce vaste édifice branlant et aux murailles lézardées. Elles accouraient à la curée, avides de carnage, comme des vautours ou des chacals sur un cadavre en décomposition.

Déjà, un siècle avant l'ère chrétienne, il y avait eu l'invasion des Teutons et des Cimbres, hordes féroces, vomies par le Septentrion. Marius en avait fait un horrible mas-

---

mière partie, nous nous étendons assez longuement sur les connaissances scientifiques des saints Pères.

sacre dans les plaines de Pourrières, près d'Aix-en-Provence. Mais, dans la suite, les empereurs avaient commis la faute de demander à d'autres Barbares, comme les Goths et les Ostrogoths, l'appui de leurs bras et le secours de leurs armes contre les ennemis de Rome.

C'était une grande imprudence : elle révélait, en même temps, aux Barbares et leur force et la faiblesse de l'empire.

Leur arrogance devint bientôt extrême. Au lieu de servir, ils aspirèrent à dominer.

Pourquoi, d'ailleurs, ces peuplades fécondes et vigoureuses seraient-elles restées dans leurs déserts glacés et leurs steppes stériles, alors qu'elles avaient goûté les charmes d'un climat plus doux, et vu, de leurs yeux, les campagnes fertiles de l'Égypte, de l'Espagne et de l'Italie?

Habituées à la vie nomade et rompues aux fatigues des combats, elles n'en étaient pas à redouter les désagréments d'une immigration en masse. Au contraire, tout les y conviait : leur nombre, leur force, les rigueurs de leur ciel, les appas séduisants d'une riche proie facile à saisir.

Ainsi s'expliquent ces invasions gigantesques, qui, à partir du ve siècle, inondèrent à des intervalles rapprochés les provinces de l'empire. Plusieurs fois, la capitale du monde fut, elle-même, submergée, et disparut sous les flots envahissants.

Par là s'écoulait périodiquement le trop-plein des populations vivaces, à l'étroit dans les immenses plaines du nord de l'Europe et de l'Asie centrale. Elles se précipitaient, les unes après les autres, non pas seulement comme les eaux bouillonnantes d'un torrent accidentellement grossi par la fonte des neiges, mais comme les vagues écumantes d'une colossale marée montante à laquelle rien ne résiste, et sous laquelle le sol est englouti. On aurait cru à un océan débordé.

Partis des bords de la Baltique, les Vandales, d'origine germaine, avaient, en 406, traversé la Gaule, puis l'Espagne. Dès 429, sous la conduite de Genséric, leur roi, ils avaient envahi les provinces d'Afrique et s'en étaient emparés.

Afin d'accentuer davantage la séparation d'avec Rome, ils avaient tenté d'implanter l'arianisme dans les contrées récemment soumises à leur domination. Pendant de nombreuses années, les catholiques furent persécutés avec une violence et une cruauté inouïes.

Cette œuvre de destruction fut continuée, plus tard, par les Maures mahométans, qui vinrent après les Vandales s'établir dans ce pays. Ainsi furent détruites ces florissantes églises d'Afrique, où, à l'époque de saint Augustin, l'on ne comptait pas moins de sept cents évêques.

En même temps que les Vandales, mais du nord-est descendaient les Huns appelés alors les *loups du Septentrion*. Ils venaient des vastes plaines de la Scythie, situées au nord de la mer Noire et de la mer Caspienne, peut-être même du fond de la Tartarie.

Attila, leur roi, s'abattit sur l'empire épouvanté avec une armée de sept cent mille soldats, dont plusieurs portaient des casaques de peau humaine; lui-même se faisait passer pour le *Fléau de Dieu*.

Sous cette avalanche plus terrible que les masses de neiges et de rochers précipitées avec fracas du sommet des montagnes, tout était piétiné, écrasé, réduit en cendres. La terre tremblait sous les pieds de cette armée formidable; son passage était marqué par une longue et large traînée de sang, par des monceaux de débris et des ruines fumantes.

Vaincu par Aétius et par Mérovée dans les plaines de Châlon-sur-Saône, Attila n'en ravagea pas moins les Gaules et l'Italie. Arrêté par le pape saint Léon le Grand, aux portes de Rome, il revint sur ses pas et traversa les Alpes. Il s'avançait vers le Danube, quand il mourut en vomissant le sang. A Cologne, il avait fait une véritable boucherie de tous les habitants. Alors, entre autres, furent immolées sainte Ursule et ses onze mille compagnes.

Rome n'avait échappé aux mains d'Attila, que pour tomber, trois ans après, au pouvoir de Genséric. Ayant bien affermi sa domination en Afrique, il avait débarqué en Italie, et s'était emparé de la capitale du monde en 455.

Ses hordes sauvages la ravagèrent pendant quatorze jours.

L'empire d'Occident penchait de plus en plus vers sa ruine. Incapables de porter un sceptre devenu trop lourd pour leurs mains débiles, les empereurs ne faisaient guère plus que s'asseoir sur le trône. Ils se succédaient avec une effrayante rapidité.

Depuis le sac de Rome par Genséric, jusqu'au dernier d'entre eux, Romulus-Augustule, déposé en 476, on en compta une dizaine en vingt ans.

Sortis, eux aussi, des steppes situées aux environs du Caucase, les Hérules, non moins farouches, étaient venus continuer l'œuvre destructive des Vandales et des Huns. Leur chef, Odoacre, après avoir porté de tous côtés la dévastation et la mort, renversa Romulus-Augustule, ce simulacre d'empereur. Il ceignit la couronne à sa place; et, pour abolir jusqu'au nom de l'empire romain, se fit appeler roi d'Italie.

Peu après, les Goths envahissaient le midi de la Gaule; les Visigoths avec Alaric s'avançaient en Aquitaine et en Espagne. Les Saxons se précipitaient sur la Grande-Bretagne, et les Lombards fondaient sur le nord de l'Italie.

Le royaume des Hérules, créé naguère par Odoacre, ne tardait pas à succomber sous les coups de nouveaux arrivants, les Ostrogoths, conduits par Théodoric.

Entre la chute de l'empire d'Occident et son rétablissement par Charlemagne, en 800, il devait s'écouler près de trois siècles, pendant lesquels les Barbares, toujours en guerre les uns contre les autres, n'allaient pas cesser de s'entre-déchirer.

Puis, ce fut le tour des Normands. Ils ne le cédaient en rien à leurs devanciers sous le rapport de la férocité.

Partis des rivages glacés de la Scandinavie, ils commettaient partout des atrocités sans nom. Leur cœur paraissait inexorablement fermé à tout sentiment d'humanité et de compassion. Ils se réjouissaient de verser le sang et d'entendre les gémissements de leurs victimes affreusement torturées.

Habiles navigateurs et terribles pirates, grâce à la quantité innombrable de leurs petites barques, ils remontaient les fleuves, les rivières et jusqu'aux moindres cours d'eau, s'avançant ainsi très loin dans l'intérieur des terres.

La vitesse de leur marche leur permettait de se multiplier, en quelque façon, et de se porter en vingt endroits à la fois, pour piller les villes, dévaster les campagnes et surprendre les châteaux-forts.

Longtemps l'Angleterre, l'Espagne, la France, l'Italie, et jusqu'à la Sicile furent le théâtre de leurs déprédations. Leurs incursions perpétuelles répandaient de tout côté la terreur et l'effroi.

II

Mission civilisatrice de l'Église. La culture de la terre et la culture intellectuelle.

On en conviendra sans peine, dans une société aussi troublée et dont toutes les institutions étaient bouleversées à chaque instant, l'Église avait autre chose à faire qu'à s'occuper des Mathématiques, de la Physique et de la Chimie.

Elle entreprit une œuvre d'une plus haute portée : la civilisation des Barbares.

Vingt peuples sauvages altérés de sang et avides de pillage, se disputaient les lambeaux du vieil empire des Césars. La victoire, en exaltant de plus en plus leur orgueil, les avait rendus plus intraitables. Rien ne les retenait dans les tendances brutales de leur naturel farouche.

Avant de les initier aux secrets de la course des astres, il fallait leur enseigner à marcher eux-mêmes dans les voies de la justice, et à cesser de s'entre-dévorer.

C'était sur l'Europe comme une épouvantable tempête déchaînée. Sous les rafales mugissantes de cette affreuse tourmente, se heurtaient et tourbillonnaient, avec un inexprimable fracas, les éléments indomptés qui devaient servir ensuite à la constitution d'un monde nouveau.

Mais, alors, c'était seulement le chaos obscur, un monstrueux pêle-mêle de principes hétérogènes, la lutte et la confusion.

La Religion seule pouvait y mettre l'ordre et la lumière ; elle seule pouvait conduire à maturité ces germes de régénération sociale ensevelis sous les ruines et dans le sang.

Mais quelle puissance incomparable, quelle invincible persévérance n'allait-il pas falloir à l'Église pour policer ces hordes féroces, les pétrir, les mouler, les mettre en harmonie avec la morale chrétienne si pure et si belle, afin d'en faire la tige des nations futures?

Sans l'Église, l'Europe ensanglantée et cent fois ravagée, fût restée bien plus longtemps encore dans l'anarchie. Des vastes débris de l'empire romain ne seraient pas sorties si tôt ces nationalités vigoureuses qui se constituèrent sur des ruines fumantes, et s'organisèrent si fortement.

Les Barbares avaient attaqué l'empire romain de tous les côtés à la fois, pour le renverser et le piétiner. De tous les côtés à la fois aussi, l'Église, seule debout au milieu de tant de décombres, les attaqua. Ce ne fut point par des armes meurtrières, ni par le fer ou le feu ; mais par l'influence de son esprit ; par les bienfaits de ses institutions ; par l'ascendant de sa vertu ; par le prestige de son caractère divin ; et même par l'efficacité de sa morale austère, dont la beauté les frappait d'étonnement.

Elle adopta ces enfants terribles ; elle les éleva, les éduqua, les façonna ; elle en fit des hommes. Ils avaient renversé les trônes et brisé les sceptres ; elle les courba sous sa houlette pastorale : peu à peu, les loups devinrent agneaux.

Ce fut là une œuvre surhumaine.

A leurs moments de sincérité, les incrédules eux-mêmes l'ont reconnu. Cette régénération sociale était une création véritable, ou, si l'on veut, une résurrection. Or, la résurrection des peuples, comme celle des individus, est un miracle de premier ordre.

Dans cette sublime mission, l'Église fut grandement aidée par la Providence, dont elle était l'instrument ; mais elle employa néanmoins les moyens humains. Agir différemment eût été tenter Dieu.

Elle pensa que, au lieu d'enseigner aux Barbares les Mathématiques et les autres Sciences spéculatives, il valait mieux leur donner des connaissances plus pratiques et plus utiles. Elle en fit des agriculteurs.

En cela, elle fut fort bien inspirée.

Guerriers et chasseurs, ils dédaignaient la culture des Lettres et des Sciences, les regardant comme le partage des nations abâtardies, tombées sous leurs coups.

Pendant longtemps encore, les princes barbares, devenus seigneurs féodaux, devaient préférer l'épée à la plume, et croire indigne d'eux de perdre le temps à lire et à écrire.

Au contraire, la culture des champs avait pour effet naturel de faire disparaître de l'esprit des Barbares le désir de la vie nomade et le besoin de nouvelles conquêtes. Ils allaient s'attacher à ce sol dont la violence les avait rendus maîtres ; eux aussi, auraient une patrie, un foyer.

Après avoir détruit, ils édifieraient à leur tour.

C'est bien par l'agriculture que l'homme s'établit réellement dans une contrée. Le propriétaire seul est vraiment citoyen. On aime le sol où l'on travaille en l'arrosant de sueur.

L'Église prêcha d'exemple. Par ses infatigables légions de moines elle défricha une grande partie de l'Europe. Elle fit apprécier les bienfaits du travail manuel, elle le mit en honneur, et, par là, moralisa les masses.

A cette époque donc les moines, à la suite des saint Benoit, des saint Bernard, des saint Colomban et de tant d'autres, se faisaient agriculteurs par dévouement.

Mais, avec leurs bêches et les lourds instruments de leurs pénibles labeurs, ils étaient plus grands et plus utiles à la société que les conquérants sur les champs de bataille, les astronomes à leurs observatoires, ou les mathématiciens s'adonnant à de hautes spéculations sur les sections coniques, et pâlissant des années entières sur les x et les y.

Ils ne l'ont pas compris ceux qui ont osé reprocher à l'Église de n'avoir produit au moyen âge, ni géomètres, ni calculateurs comparables à Archimède, à Hipparque, ou à Apollonius de Perga.

Ce reproche, sur leurs lèvres, est une injustice violant ouvertement les droits de la vérité méconnue : de plus, c'est une ingratitude.

Sans l'œuvre civilisatrice de l'Église, sans l'abnégation héroïque de ses moines qu'on s'est plu à traiter d'ignorants, et qui, s'ils l'eussent voulu (ils l'ont bien montré plus tard,) n'auraient pas moins réussi dans les spéculations mathématiques et scientifiques que dans les rudes labeurs des champs ; sans l'Église et sans les moines, les générations de savants illustres des siècles suivants, n'auraient pu s'élever à une telle perfection ; peut-être aussi, n'auraient-elles pas même paru dans le monde.

L'anarchie, le chaos, les ténèbres, l'ignorance auraient persisté bien davantage. Tous les germes de civilisation et de culture auraient été, dès leur premier épanouissement, piétinés par la foule, entraînés par le torrent, ou brisés et anéantis par la tempête déchaînée.

C'est un principe bien connu : *prius est vivere quam philosophari;* avant de disserter, il faut être en état de vivre.

Aux moines défricheurs du sol l'Europe, pendant de longs siècles, fut redevable de sa prospérité matérielle. Avant eux, ses fertiles campagnes et ses riantes vallées étaient d'affreux déserts, des lagunes, ou des marais pestilentiels, et surtout des forêts épaisses, habitées par d'innombrables bêtes fauves.

Si tant de villes ou de villages modernes portent le nom d'un saint, c'est parce que des moines en furent les fondateurs. Ils firent alors en Europe comme font, de nos jours, dans les contrées lointaines les vaillants missionnaires, qui placent sous le vocable et sous la protection des habitants du Ciel, les nouvelles chrétientés établies avec tant de peines et quelquefois au péril de leur vie.

Toutefois, aussi activement que des circonstances si peu favorables le lui permettaient, l'Église s'occupa aussi de l'instruction des peuples dont elle avait entrepris la civilisation.

À l'ombre des cathédrales, des simples chapelles paroissiales et des monastères, surgissaient, comme par enchantement, des écoles nombreuses, vivant et se développant grâce à la protection des évêques, des prêtres et des moines. Les maîtres se rencontraient surtout, nous dirions même presque uniquement, parmi les clercs.

Le programme s'étendait à ce que l'on désignait alors sous le titre des sept arts libéraux : la Grammaire, la Rhétorique, la Logique, l'Arithmétique, la Géométrie, la Musique et l'Astronomie.

Ces écoles ne valaient pas, sans doute, les grandes universités fondées ensuite ; mais elles transmettaient aux générations futures, avec les manuscrits anciens, les Sciences qui, sans elles, eussent sombré dans le naufrage, et, pour longtemps, eussent été perdues.

Elles nous conservaient l'étincelle précieuse qui, plus tard, devait se transformer en de si vives lumières. Sans ces écoles, sans les riches bibliothèques des monastères et des églises, rien n'eût survécu.

Grâce à elles, on put, à la Renaissance des Lettres et des Sciences, prendre comme point de départ les connaissances déjà si vastes de l'antiquité grecque portées si loin par Archimède, Hipparque et les autres génies.

Sans les moines, ce point de départ eût été bien autrement reculé : il aurait fallu remonter jusqu'aux origines de l'Histoire, à Pythagore, Anaximandre et Thalès de Milet.

Leibniz lui-même l'a bien confessé : « Sans les monastères, presque tous les manuscrits des anciens auraient péri, et les Sciences avec eux. »

La restauration n'eût pas été possible. Il aurait fallu tout créer.

La Science avait cherché un asile dans le sanctuaire. Chez les princes séculiers elle ne le trouvait pas : du moins, c'était pour peu de temps.

Ainsi, par exemple, après avoir renversé la monarchie des Hérules, fondée naguère par Odoacre, et pour mieux asseoir sa nouvelle conquête, Théodoric, roi des Ostrogoths.

avait eu la pensée d'encourager les Lettres et les Sciences.

A sa cour, on vit alors fleurir les savants chrétiens, Cassiodore, Boëce, et plusieurs autres dont nous aurons à parler ; mais la suite ne répondit pas à de si beaux commencements.

Le naturel sauvage de ces barbares, quelquefois assoupi, avait aussi parfois de terribles réveils. Alors, selon le mot d'Horace, il revenait au galop. La soif du carnage et du sang se faisait encore sentir, affreuse et cruelle ; les passions endormies éclataient de nouveau ; la fureur brutale ne connaissait plus de bornes : c'était partout la proscription, le meurtre et les tortures.

Il en fut ainsi pour Théodoric, un des rares princes d'alors qui eussent protégé les Sciences. Ceux dont il avait recherché l'appui, lui devinrent suspects. Or, dans l'esprit de ces barbares, un homme soupçonné était condamné d'avance.

Le sénateur Symmaque et le savant Boëce périrent dans d'épouvantables supplices. Cassiodore, patrice, préfet du prétoire, consul et sénateur, ministre et conseiller de rois, dut son salut à la résolution qu'il avait prise déjà de se retirer du monde, et de vivre dans la solitude, où il avait bâti deux monastères.

§ III

Autre obstacle au développement des Sciences : Le Mahométisme.

I

Origine du Mahométisme : sa rapide extension.

L'Europe commençait à peine à respirer, peu après les invasions multipliées des Vandales, des Huns, des Hérules, des Goths, des Visigoths, des Ostrogoths, des Lombards, des Suèves, des Normands, et de vingt peuplades sauvages, quand elle se vit exposée à un péril plus formidable encore.

Les Barbares s'étaient convertis; les nations chrétiennes s'étaient constituées; l'Église poursuivait son œuvre bienfaisante et régénératrice de pacification sociale et de civilisation, d'éducation morale et de culture intellectuelle; mais un sombre nuage montait à l'horizon, menaçant d'obscurcir tout le ciel, et de replonger le monde dans les ténèbres de la barbarie.

C'était l'Islamisme.

Vainqueurs des Parthes et des Perses, fanatisés par un faux prophète, nommé justement l'Attila de l'Orient, les Arabes, du vivant même de Mahomet, avaient déjà fondé un des plus puissants empires de l'Asie.

Cela toutefois ne leur suffisait pas. Le Coran leur faisait un devoir de combattre jusqu'à complète extermination de toute autre religion. « Le glaive, y était-il écrit, est la clef du Ciel. Tuer les incroyants est un acte de justice. Une nuit passée sous les armes vaut des années de prières ininterrompues. »

Fidèles à ce mot d'ordre, un quart de siècle à peine après la mort de leur prophète, survenue en 632, les Musulmans s'étaient déjà rendus maîtres de l'Arabie, de la Mésopotamie, de la Perse, de la Syrie, de l'Égypte et d'une grande partie de l'Afrique.

Leur domination s'étendait tous les jours davantage.

D'un côté, ils touchaient aux Indes; de l'autre, ils menaçaient l'Europe. C'était pour elle un ennemi colossal et sans cesse grandissant.

Bientôt ils franchirent la mer, avec une armée innombrable. Ils firent irruption comme un torrent dévastateur. Dès le commencement du viiie siècle, une partie de l'Espagne tombait en leur pouvoir. L'empire des Visigoths succomba sous leurs coups, en 713, trois cents ans après sa fondation.

Pendant sept cents ans, la catholique Espagne dut lutter contre les Maures pour assurer ou reconquérir son indépendance. La vraie religion s'était réfugiée dans les montagnes des Asturies. Un petit royaume s'y constitua. Ses soldats intrépides, toujours les armes à la main, furent, en présence de l'Islam, comme les avant-postes de la Chrétienté.

Plus d'une fois, ils furent culbutés, pourtant. Quoique toujours prêts à se relever, ils ne purent empêcher le torrent débordé de passer sur eux et d'inonder la Gaule.

Un million de Barbares, dans un élan de farouche sauvagerie, se précipitèrent, avides de sang et de carnage.

Les uns remontèrent le Rhône et la Saône, saccageant les villes d'Avignon, de Valence, de Vienne, de Lyon, de Châlon, de Mâcon, et s'avancèrent jusqu'à Besançon, Dijon et Auxerre.

Les autres, sous la conduite de leur généralissime Abdérame, pénétrèrent par l'Aquitaine, en dévastèrent les riches contrées, et pillèrent les villes de Bayonne, d'Auch, de Bordeaux, de Périgueux et de Poitiers.

Partout où ces hordes féroces avaient passé, le sol était couvert de ruines fumantes. C'étaient, de toutes parts, des tas de cadavres défigurés et sanglants, des monceaux de débris informes et calcinés.

Le feu était mis sans distinction aux villes, aux églises et aux monastères. Ces sauvages massacraient sans pitié les vieillards et les orphelins, les prêtres et les moines, les femmes sans défense et les jeunes vierges victimes de leur brutalité.

La Gaule et l'Europe auraient ainsi été ravagées, et auraient dû se courber devant le Croissant, si un homme de génie ne leur eût tenu tête, et ne les eût arrêtés par la puissance de son bras.

Dans un combat gigantesque de sept jours entiers, commencé sous les murs de Tours, et terminé dans les plaines de Poitiers, celui qui devait être la tige de la dynastie carlovingienne, Charles, depuis surnommé Martel, les écrasa, et en fit un massacre épouvantable. Leurs morts sur le champ de bataille se comptaient par centaines de mille.

Quelques années après, ils revinrent encore : Pépin le Bref les contint au delà des Pyrénées ; Charlemagne entreprit contre eux sept expéditions successives, et les rejeta au delà de l'Èbre.

Après la mort du grand empereur, profitant de la faiblesse et de la division de ses successeurs immédiats, ils recommencèrent leurs déprédations.

Corsaires indomptés, montés sur leurs vaisseaux rapides, ils étaient maîtres de la mer.

Au moment où on les attendait le moins, ils descendaient à l'improviste sur le rivage, s'avançaient quelquefois fort loin, brûlant et saccageant tout sur leur passage. Ils repartaient, chargés de butin, et reparaissaient bientôt sur un autre point.

Pendant les IXe, X^e et XIe siècles, ils infestèrent ainsi, non seulement l'Espagne, mais la France, l'Italie, la Grèce et la Macédoine. Ils s'établirent en Corse, en Sardaigne, en Sicile, en Crète et dans toutes les îles de la Méditerranée.

En 906, ils pillèrent Turin, et occupèrent la Provence et le Piémont. Au milieu du Xe siècle, ils exigeaient encore un péage pour le passage des Alpes.

La capitale du monde chrétien ne fut pas à l'abri de leurs incursions. Ils auraient voulu transformer ses basiliques en mosquées, et sur ses coupoles remplacer la croix par le croissant, comme ils l'avaient déjà fait à Jérusalem.

Les Papes, abandonnés par les empereurs d'Orient et d'Occident, durent fortifier Rome et l'entourer de hautes et fortes murailles pour la mettre à l'abri de leurs attaques, car ils avaient failli s'en emparer.

Sans ces sages précautions et sans la vigilance des Pontifes, Rome, tombée au pouvoir des Sarrasins, serait devenue une ville musulmane, comme Jérusalem ou Damas en Asie, et Cordoue en Espagne : c'en était fait de la civilisation. Elle eût disparu de l'Europe, comme elle disparut de l'Afrique, de l'Égypte et de la Syrie.

Ces incursions incessantes et toujours dangereuses pour la tranquillité des peuples, cessèrent seulement lorsque, sur les instances réitérées des Papes, les nations chrétiennes se décidèrent à mettre leurs forces en commun, et à porter la guerre chez les Musulmans eux-mêmes.

Les Croisades, auxquelles les ennemis de l'Église ont si souvent et si faussement reproché de n'avoir point abouti, eurent, du moins, l'immense et très appréciable résultat d'affaiblir le colossal empire de l'Islam, de le forcer à reculer ses frontières, et de l'empêcher pour toujours de faire de nouvelles irruptions en Europe.

Par là furent arrêtées leurs invasions périodiques. Leurs brigandages prirent fin; le péril de la servitude et de la barbarie fut écarté de l'Occident; la cause de la civilisation et de la liberté remporta un éclatant triomphe.

Sans les Croisades, les Turcs d'Asie se seraient, dès lors, emparés de Constantinople dont les provinces étaient déjà si réduites. Puis, marchant sur l'Autriche et l'Allemagne, comme ils ont tenté de le faire si souvent ensuite, ils seraient venus, à travers la France et l'Italie, s'unir aux Sarrasins d'Espagne.

Selon un dessein longtemps caressé, ils auraient été maîtres de l'Europe. Rien ne les aurait empêchés, comme un de leurs sultans en fit plus tard la menace, d'entrer à cheval dans la basilique de Saint-Pierre de Rome, et de faire manger l'avoine à leurs montures sur le tombeau même du Prince des Pasteurs.

II

Opposition radicale entre l'Islamisme et la vraie civilisation.

Un danger si pressant et si souvent renouvelé fut, on le concevra sans peine, un obstacle à la culture intellectuelle. Dans cette œuvre, l'Église fut gênée autant et plus peut-être par les Sarrasins que par les autres Barbares.

Ses adversaires lui ont souvent objecté la prétendue civilisation des Arabes. D'après eux, ces peuplades farouches et sanguinaires auraient été extrêmement policées. Elles auraient apporté à l'Europe le flambeau de la Science et les bienfaits de la civilisation.

L'Église, au contraire, par son intolérance doctrinale, par son ambition démesurée, par son désir toujours ardent de dominer exclusivement les esprits, aurait volontairement entretenu le despotisme, excité les luttes des seigneurs rivaux, repoussé la lumière, et répandu les ténèbres de l'ignorance, sans lesquelles elle n'aurait pu subsister.

De telles insanités ne tiennent pas debout.

L'ennemi-né de toute civilisation, n'est-ce pas l'Islamisme? Si l'expérience ne l'avait clairement montré, il suffirait, pour s'en convaincre, d'examiner sa législation et le code religieux sur lequel il repose.

Entre lui et la Science, ou même la simple honnêteté, il y aura toujours opposition, comme entre la nuit et le jour.

Au point de vue de la doctrine, l'Alcoran est un tissu fastidieux de grossières erreurs, d'inventions grotesques et de maximes contradictoires.

Dans cette rapsodie ridicule, écrite en mauvaise prose rimée, on trouve cousus, sans liaison aucune, des passages de la Bible, volontairement ou inconsciemment altérés, entremêlés de commentaires talmudiques, de contes arabes et de fables indiennes. A ce méli-mélo inintelligible s'ajoutent, avec d'innombrables erreurs, les prétendues visions de Mahomet, rêveries ineptes et burlesques. Entre autres erreurs, il suppose Aman ministre de Pharaon, et il confond la vierge Marie, Mère de Jésus, avec Marie, sœur de Moïse.

Un homme de bon sens n'aurait pas le courage de lire, d'un bout à l'autre, ce livre si étrangement conçu; Mahomet a la naïve impudence de le présenter comme la preuve la plus incontestable de sa mission. Il le donne comme l'œuvre même de Dieu, apportée sur la Terre par l'ange Gabriel.

L'imposteur, pour confondre ses ennemis, les défiait

d'en composer un seul chapitre, égal en mérite littéraire, en profondeur et en sublimité. Mais ce mérite littéraire est fort douteux : Mahomet savait à peine lire; la sublimité est nulle, à moins qu'on ne la confonde avec l'obscurité.

Quant à lui, il forgeait ces versets selon les besoins du moment. Il les faisait descendre du ciel, à point nommé, pour justifier ses infâmes débauches et ses incestes contre nature, ses parjures et ses vengeances, ses atrocités et sa soif du sang.

Sans le moindre prétexte, il faisait assassiner ses ennemis personnels. Pour ceux qui ne voulaient point croire à sa mission, il ordonnait de leur couper la tête. C'était le meilleur moyen de leur fermer la bouche, et de résoudre leurs objections. C'était bref et radical; par suite, très concluant.

Sa morale est immonde. Elle conduit sans détour à la plus dégoûtante dépravation des mœurs. Les passions les plus basses et les plus honteuses sont la seule règle : sa religion est le libertinage organisé.

Avec son principe du fatalisme le plus absolu, il fait de Dieu l'auteur de tous les crimes. Rien ne saurait empêcher la réalisation des arrêts aveugles du destin.

Ce qui est écrit, est écrit, et arrivera nécessairement. Donc, plus de libre arbitre; plus de responsabilité morale. Pourquoi se gêner, et mettre une contrainte aux plus ignobles instincts ?

De là, l'institution de la polygamie; de là, ces troupeaux humains d'eunuques et de courtisanes; de là, ce harem ou sérail, temple infect de toutes les turpitudes et de toutes les abominations.

Le Christianisme avait relevé la femme de l'abaissement sans nom dans lequel elle était tombée; il l'avait purifiée de sa dégradation. Le Mahométisme l'avilit de nouveau; il la fait descendre plus bas qu'elle n'était dans le Paganisme.

Même dans la vie future, elle ne sera pas réhabilitée; car, le paradis promis par Mahomet à ses fidèles, est un lieu de débauche, où ils pourront éternellement se livrer aux plaisirs charnels dans ce qu'ils ont de plus dégoûtant, de plus raffiné et de plus abject.

Et que faut-il pour mériter ces grossières récompenses ?

Aurait-on été mille fois parjure ; se serait-on vautré dans toutes les fanges ; aurait-on commis toutes les iniquités ; si l'on a soin de ne pas omettre les ablutions quotidiennes ; si l'on ne néglige pas d'enterrer les rognures des ongles ; d'aller, une fois dans sa vie, à la Mecque en pèlerinage ; de faire sept fois le tour de la Caaba et d'en baiser la pierre noire ; enfin, de boire de l'eau du puits de Zemzem, celui-là même que l'ange découvrit dans le désert à la pauvre Agar, quand elle fut chassée de la maison d'Abraham, avec Ismaël : alors, on peut s'endormir sans crainte dans les bras de la mort.

On se réveillera dans un jardin de délices, en présence d'une table chargée de fruits magnifiques et de mets délicats. A côté se tiendront quatre-vingt-dix houris aux grands yeux brillants comme des perles, belles comme le jour, fraîches comme la rosée du matin. Séduisantes esclaves, elles seront toujours là pour se prêter complaisamment aux caprices des passions impures et aux enivrements de la volupté.

L'Islamisme n'a pas d'autre horizon. On comprend, dès lors, l'exclamation indignée du principal des philosophes mahométans, Averroès : « Cette religion est une religion de pourceaux ! » Elle est bien, en effet, l'œuvre des esprits immondes.

Elle est aussi une religion de bêtes fauves : elle prêche le meurtre, comme elle prêche l'immoralité.

Nous l'avons dit : pour réfuter ses adversaires, Mahomet leur faisait couper la tête ; il les réduisait ainsi au silence. « Crois, ou meurs, » telle est la loi. Ses disciples l'ont fidèlement pratiquée. Le glaive fut leur moyen de persuasion.

Toute l'histoire de l'Islamisme n'est qu'une longue suite de massacres épouvantables. A toutes les époques, c'est la piraterie, le vol, l'assassinat, les violences continuelles au dehors et au dedans ; car, ce glaive, ils le tournèrent souvent contre eux-mêmes.

Nombreuses et sanglantes furent leurs guerres intestines : elles étaient causées surtout par les dissensions qui éclatèrent au sujet de la succession à la puissance souveraine. Pendant longtemps leurs califes, ou papes, se saisirent de l'autorité par le meurtre et la trahison.

Il en fut ainsi, à peu près, pendant toute la dynastie des Ommiades. Celle des Abbassides venue ensuite continua les mêmes traditions.

De terribles hécatombes humaines paraissaient le prélude ou la conséquence nécessaire de l'avénement au trône des chefs corrompus d'une religion immonde.

Dans toute la série des califes, il est presque impossible d'en trouver un seul honnête et humain. Livrés aux plus infâmes débauches, ils versaient à flots, non seulement le sang de leurs ennemis, mais celui de leurs sujets, de leurs serviteurs, de leurs amis les plus dévoués, de leurs parents les plus proches, dès que le moindre soupçon s'élevait contre eux.

En même temps qu'il enseigne l'immoralité la plus abjecte et la férocité la plus cruelle, le Coran prêche la paresse, mère de tous les vices et cause de la décadence des nations.

Le travail manuel est méprisé; on le confie dédaigneusement aux esclaves. Il serait indigne d'un homme libre de s'adonner au commerce, à l'industrie, ou aux labeurs des champs. Il est fait pour porter les armes, et non pour cultiver la terre. Elle doit produire spontanément ce dont il a besoin.

En temps de guerre, il s'enrichit par le pillage, comme les bandits des grands chemins, et les corsaires, écumeurs des mers ; en temps de paix, il jouit du butin et se repose dans la volupté.

Les Musulmans se sont toujours conformés à cette ligne de conduite tracée par leur faux prophète. Quand la fureur des conquêtes se fut éteinte, surtout quand la vigueur des chevaliers chrétiens eut mis un terme à leurs rapines et à leurs brigandages, ils ont laissé tout périr autour d'eux.

Ces hordes féroces qui avaient fait tant de bruit, se sont

endormies dans l'inertie et le silence. Rien n'a pu les tirer de leur assoupissement. Les provinces désolées de leur vaste empire sont devenues comme une immense nécropole. Toute activité avait disparu.

Ainsi, le code politique dont le Coran est l'expression, empêche tout vrai progrès des peuples. Essentiellement destructeur, quand il ne tue plus les corps par la guerre, il tue les âmes dans la paix. Il obscurcit l'intelligence, il opprime les caractères, il étouffe la liberté.

Fondé uniquement sur le prosélytisme du glaive, l'Islamisme, dès qu'il ne garde plus la première place parmi les puissances militaires, descend nécessairement au dernier rang. Il s'affaisse sur lui-même; graduellement sa déchéance sociale se poursuit : il ne peut éviter de mourir de consomption.

N'en est-il pas ainsi de la Turquie à notre époque?

Il n'est donc pas difficile de deviner ce que serait devenue la civilisation en Europe, si les Mahométans s'en étaient rendus les maîtres, après s'être emparés de la France et de l'Italie, en s'établissant à Rome.

De ces contrées qui, sous l'influence toujours vivifiante de l'Église, ont produit tant d'hommes illustres et de grands savants, il en serait aujourd'hui comme de l'Afrique et de l'Asie, où, depuis plus de mille ans, l'Islamisme domine.

Cette Afrique, autrefois si prospère et si éclairée, a été, depuis, à juste titre appelée la Barbarie, par excellence. Les ténèbres de l'ignorance s'y sont accumulées; elle est devenue le centre du despotisme et de l'esclavage.

Constantinople n'est plus la seconde capitale du monde. C'est une ville morte. Autour des palais du sultan assoupi, la terre est depuis longtemps stérile pour la culture du savoir, comme pour l'épanouissement des vertus.

Au témoignage de Condorcet lui-même, la religion des Turcs les condamne inexorablement à une incurable stupidité. Elle les réduit à l'impuissance et à l'hébètement. Le fatalisme aboutit inévitablement à l'indifférence; et, pour les peuples, l'indifférence, c'est l'inaction et la mort.

III

Exagérations de certains auteurs au sujet de la culture intellectuelle des Arabes.

Si quelques princes musulmans, rompant en cela avec les traditions de leur race, ont protégé les Sciences et les Lettres au moyen âge, ce furent des exceptions, comme celle de Théodoric, parmi les rois barbares.

On cite surtout Haroun-al-Raschild, cinquième calife abbasside.

Contemporain et ami de Charlemagne, dont il était grand admirateur, il lui envoya des ambassades à diverses reprises, avec de magnifiques présents. A l'égard de l'incapable et présomptueux Nicéphore, empereur de Constantinople, ses sentiments n'étaient pas les mêmes. Il lui déclara plusieurs fois la guerre, ravagea ses provinces, le battit, et lui imposa un tribut annuel.

On l'appelait *al Raschild, le juste,* quoiqu'il fût, lui aussi, violent et cruel. Mais il aimait les savants ; il les appelait à sa cour, et récompensait royalement leurs travaux. Il dépensait des sommes énormes, pour se procurer des manuscrits et les faire traduire en arabe.

Son fils, Al-Mamoun, marcha sur ses traces. Son règne, comme celui de son père, fut troublé par d'effroyables guerres civiles et par des atrocités. Il passe cependant pour un grand protecteur des Lettres et des Sciences, car les savants, dont il se plaisait à écouter la conversation, et envers lesquels il fut généreux, fondèrent sous ce rapport sa réputation pour le remercier de ses bienfaits.

Il faut le remarquer ici : l'importance des connaissances scientifiques et littéraires des Arabes a été considérablement exagérée.

A l'époque où l'Islamisme parut, la littérature arabe était

encore dans l'enfance. On le constate bien par l'Alcoran dont le mérite littéraire est nul.

Mahomet, lui-même, apprit seulement à la fin de sa vie à lire et à écrire. Il dictait les versets et les chapitres de son livre, à mesure qu'il les composait. Ses disciples les recueillirent dans leur mémoire; quelques-uns les écrivaient sur des feuillets épars, et même, très souvent, sur des pierres, sur des briques et sur des omoplates de moutons ou de chameaux. Ces différents passages furent réunis ensemble, après la mort du faux prophète.

Dans la période de conquêtes, les Arabes détruisaient tout. Ils se souciaient peu des Lettres et des Sciences, dont ils ne sentaient, ni la nécessité, ni l'avantage. Ils s'emparèrent d'Alexandrie. Dans son immense bibliothèque étaient réunis tous les trésors scientifiques de l'antiquité.

Pendant plus de huit siècles, en effet, nous l'avons vu, l'École d'Alexandrie avait brillé d'un éclat sans égal. Euclide, Hipparque, Archimède, Eratosthènes, Apollonius de Perga, Ptolémée, Diophante, l'avaient illustrée. Ils appartenaient à cette École, et firent tous dans cette ville un séjour plus ou moins long; car, chose curieuse, de tous ces géomètres grecs si célèbres, aucun ne naquit sur le sol de la Grèce proprement dite.

Maîtres de l'Égypte, les Musulmans auraient dû, ce semble, respecter ce vaste arsenal des Sciences humaines. Consulté sur ce qu'on devait en faire, Omar, un des premiers successeurs de Mahomet, répondit par ce sauvage dilemme qui ne laissait aucune issue : « Si ces livres sont conformes au Coran, ils sont inutiles; s'ils lui sont contraires, ils sont impies et dangereux. Dans l'un et l'autre cas, on doit les brûler. »

Ces trésors inestimables furent la proie des flammes. Pendant quatre ou cinq mois, ces innombrables papyrus, parchemins, chartes, *codices*, et manuscrits de tout genre, servirent à alimenter les foyers des établissements de bain; ceux-ci étaient pourtant, dans cette grande ville, au nombre de quatre à cinq mille.

Ainsi, à l'époque où les moines d'Occident transcrivaient

les manuscrits au prix de tant de veilles, les multipliaient à l'envi, et les conservaient avec tant de soin, les disciples de Mahomet les brûlaient en Orient.

Les érudits ne se consoleront jamais de cet effroyable vandalisme, auquel il faut attribuer la perte irréparable d'une foule de livres précieux.

Après la destruction de l'École d'Alexandrie, les savants qu'elle renfermait encore dans son sein, se réfugièrent en Grèce, sous la protection des empereurs chrétiens d'Orient.

Quand, par l'effet du temps et de leur contact continuel avec des nations policées, les Arabes eurent adouci un peu l'âpreté de leurs mœurs, sans toutefois déposer complètement leurs instincts farouches, ils en vinrent à regretter la barbarie de leurs ancêtres.

Quelques califes, surtout ceux de la dynastie des Abbassides, nommés plus haut, firent alors des dépenses folles pour se procurer à grand prix, et coûte que coûte, une partie de ces livres détruits et brûlés avec tant de mépris par leurs prédécesseurs. On les vit même déclarer la guerre aux empereurs grecs, et les battre, pour les forcer à leur envoyer des manuscrits et des maîtres capables de les expliquer.

Au commencement du VIIIe siècle, l'ignorance des Arabes était si profonde, qu'ils étaient obligés d'employer des chrétiens pour la tenue des registres du trésor public. Les livres de comptabilité étaient rédigés en grec.

Le calife Walid voulut abolir cet usage; il le considérait comme déshonorant pour ses États. Il forma donc le dessein de confier cette charge aux Musulmans. Sa volonté de despote ne souffrait pas la résistance; pour arriver à ses fins, il versait le sang à flots et coupait les têtes sans scrupule; mais il vint se heurter à un insurmontable obstacle : l'ignorance des Sarrasins. Il fut impossible de trouver parmi eux des hommes assez instruits dans l'Arithmétique et le Calcul.

On dut continuer à s'adresser aux chrétiens de Damas. Il en était encore ainsi, en 760, sous le calife Al-Mansor.

Un fait curieux, raconté par les anciens historiens, nous montre, sous un jour tout particulier, à quel degré en étaient les études chez les Arabes, après le règne si glorieux d'Haroun-al-Raschild, et sous son fils Al-Mamoun.

Un des courtisans de ce prince avait, parmi ses esclaves, un jeune Grec de Constantinople pris à la guerre. Son maître lui vanta grandement, un jour, l'habileté des géomètres de Bagdad, aux leçons desquels le calife Al Mamoun, lui-même, ne dédaignait pas d'assister. L'esclave témoigna le désir d'entendre, une fois au moins, des professeurs aussi distingués, car, étant dans sa patrie, il avait étudié un peu ces matières.

La permission lui fut donnée. Il vint, et, en présence du calife, après avoir écouté les professeurs, leur posa quelques questions. Ceux-ci furent embarrassés. Après maints efforts, ils furent contraints de confesser leur impuissance et de déclarer ces problèmes insolubles; mais le jeune homme les résolut aussitôt, devant eux, avec une extrême facilité.

Stupéfait de l'étendue de ses connaissances, le calife lui demanda s'il y avait à Constantinople beaucoup de géomètres aussi savants que lui. « Assurément, répondit-il; moi, je n'étais qu'un élève. J'avais à peine étudié les éléments, quand j'ai été exilé. »

Aussitôt, Al-Mamoun écrivit à l'empereur de Constantinople, Théophile, pour le prier de lui céder pendant quelque temps le maître d'un tel disciple. Il lui promettait, en retour, deux mille livres d'or et un traité d'alliance perpétuelle [1].

L'empereur ayant refusé, la guerre continua. Elle dura jusqu'à la mort d'Al-Mamoun et pendant tout le règne de son successeur, le calife Motasem. Ce fut une longue suite d'atrocités. Battu à plusieurs reprises, et voyant ses armées écrasées, Théophile l'Iconoclaste mourut de douleur, en 842.

Ces faits nous montrent combien peu étendues étaient les connaissances scientifiques des Musulmans, dans la

---

1. Cedreni, *Compend. hist.*, Paris, 1647, 2 vol. in-folio. — *Scriptores hist. bizantinæ post Theophanem*, Paris, 1685, in-folio.

seconde moitié du ix⁰ siècle. Même après la protection accordée aux savants par Haroun-al-Raschild et par Al-Mamoun qui, de tous les califes, furent le plus favorables à la culture de l'esprit, les Mahométans étaient de beaucoup distancés par les Chrétiens de Constantinople. C'est incontestable.

Qu'on vienne, après cela, nous vanter le grand savoir des Arabes.

On a paru faire un certain cas de leur talent médical. A vrai dire, ils possédaient assez bien la Thérapeutique, ayant découvert les vertus d'un bon nombre de plantes et les propriétés curatives de plusieurs composés chimiques. Sous ce rapport, l'expérience les avait instruits. Mais, le Coran leur défendant les dissections cadavériques, ils ignoraient presque entièrement l'Anatomie. Par suite, la Médecine ne pouvait être bien avancée.

Nous trouvons une preuve évidente de cette assertion dans le grand crédit dont jouirent longtemps les médecins chrétiens, non seulement dans les provinces soumises à la domination musulmane, mais encore et surtout à Bagdad, capitale de ce vaste empire, et à la cour même des califes.

Pendant longtemps ils furent tout-puissants dans les palais de leurs vainqueurs. On les préférait, à cause de leur science et de leur vertu. On les avait vus refuser de céder le poison qu'on leur demandait, le glaive à la main. Haroun-al-Raschild, lui-même, avait dû recourir à leur ministère pour le salut d'une personne tendrement aimée, que les médecins arabes n'avaient pu guérir, et à laquelle les médecins chrétiens rendirent la santé. Depuis lors, leur réputation fut faite, et alla grandissant.

En Physique, les Arabes ne réalisèrent pas des progrès plus notables. Ils étaient trop esclaves d'Aristote. D'ailleurs, ils voulaient trop faire plier les faits naturels à leurs idées préconçues provenant, soit d'une fausse Métaphysique, soit des rêveries plus fausses encore contenues dans leur Coran.

Leur Chimie consistait surtout dans la recherche de la

pierre philosophale, Changer en or les plus vils métaux était leur rêve. Ils étaient donc plus alchimistes que savants.

Ils étudièrent un peu mieux l'Astronomie, et bâtirent des observatoires à Bagdad et à Cordoue. Mais ils ne paraissent pas, néanmoins, avoir beaucoup observé directement par eux-mêmes. Le plus souvent, ils se contentèrent des observations faites par les anciens ; ils les acceptaient telles quelles, sans en corriger les inexactitudes. Ils ne produisirent donc rien de caractéristique et de personnel.

Des études poursuivies de cette façon n'étaient pas précisément un progrès. Elles devaient nécessairement aboutir à des résultats incomplets et fautifs.

En outre, tous les astronomes arabes, incapables de corriger Aristote, croyaient, comme lui, aux sphères transparentes et solides, enchâssées les unes dans les autres et composant la voûte cristalline des cieux. Enfin, ils étaient tous astrologues plus encore que vraiment astronomes. Ils s'occupaient des astres pour scruter les secrets du destin, et percer les voiles de l'avenir.

Dans les Mathématiques, ils furent plus heureux. L'usage des chiffres, dont ils se servaient au lieu des lettres, et la numération décimale leur furent d'une très grande utilité. Les recherches étaient par là-même simplifiées de beaucoup.

Ils apportèrent un perfectionnement analogue à la Trigonométrie, en substituant les sinus aux moitiés des cordes des arcs doubles. Toutefois, cette modification au système grec fut introduite seulement au xe siècle. Un peu plus tard encore, ils songèrent à employer dans le calcul les tangentes et cotangentes.

Leur Algèbre fut empruntée aux Indiens. Longtemps elle resta chez eux très compliquée : ils ne possédaient pas les méthodes simples et régulières. Pour résoudre des problèmes dont la solution nous est extrêmement facile, ils avaient recours à des artifices de calcul et à des procédés fort détournés.

Quant à leur Philosophie, elle se réduit aussi à peu de

chose. Ils avaient suivi celle d'Aristote. Leur caractère s'accommodait aisément des subtilités de la dialectique grecque. Ils aimaient, eux aussi, à discuter et à ergoter. Cette manie fut pour eux un danger.

La Philosophie aristotélicienne fournit aux théologiens catholiques le moyen d'exprimer le dogme avec plus de clarté et de précision. Elle fut, au contraire, pour les Arabes, une source de divisions nombreuses et de sectes religieuses ennemies, les unes des autres. Le Coran, en effet, est un tissu de faits disparates et de propositions contradictoires. L'unité de doctrine n'y existe pas.

L'étude de la Logique devait manifester nettement, et faire toucher du doigt cette immense lacune. Il en fut ainsi : la Philosophie arabe ne pouvait exister sans cesser d'être croyante. Les esprits qui voulaient rester religieux et admettre toujours aveuglément la doctrine du Coran, devaient renoncer à la Philosophie.

Aussi les Mahométans philosophes furent peu nombreux. On en compte à peine cinq ou six, dont le nom soit parvenu jusqu'à nous.

Avicebron nous est connu seulement par quelques citations faites par Albert le Grand ou saint Thomas d'Aquin. Alfarabi est à peu près également ignoré. Algazel composa des écrits dont le but était de prouver la fausseté de tous les systèmes philosophiques; il fut réfuté par Averroès, surnommé le prince des philosophes musulmans, à cause de sa traduction d'Aristote et des commentaires dont il l'augmenta. Averroès était lui-même déiste, et il avait renoncé au Coran [1].

Une demi-douzaine d'Arabes réussirent donc seuls à se faire un nom dans la Philosophie. Après Averroès, aucun autre n'a laissé de traces. Encore faut-il le remarquer, la première impulsion sous ce rapport leur vint-elle des Chrétiens, entre autres de saint Jean Damascène, sur-

---

1. Le Traité d'Algazel était intitulé *Destruction de la Philosophie*. Averroès donna au sien ce titre bizarre : *Destruction de la Destruction de la Philosophie d'Algazel*. Les loups, dit-on, ne se mangent pas entre eux. Il n'en est pas toujours ainsi des philosophes.

nommé par les Musulmans l'*Al-Mansor* ou l'*Invincible*.

Ces cinq ou six Mahométans philosophes ne s'entendaient pas entre eux, et se réfutaient réciproquement. Tout leur mérite appartient à Aristote. Ils lui empruntèrent sa Logique et sa Métaphysique. Comme nous l'avons dit, ils y apportèrent des subtilités nouvelles, non pour le besoin de la vérité dont ils se souciaient fort peu, n'ayant aucun corps de doctrine bien arrêtée, mais dans le but de faire parade de leur esprit, et d'en montrer la puissance de pénétration.

Il ne faut pas l'oublier; en outre : même en Philosophie, nombreuses furent leurs erreurs. En touchant à Aristote, ils l'ont gâté en très grande partie. S'ils ont, en effet, embrassé sa doctrine en certains points, ils s'en sont écartés cependant pour des thèses d'une importance capitale.

N'ont-ils pas nié la providence divine à l'égard des individus? n'ont-ils pas hésité au sujet de l'immortalité de l'âme, affirmant, par contre, l'éternité de la matière? Le plus illustre d'entre eux, Averroès, n'a-t-il pas admis l'identité numérique de l'intellect pour tous les hommes, et, par suite, rejeté l'existence d'une vie à venir?

Voilà ce que les Arabes ont tiré de leur propre fonds, et ajouté au domaine de la Philosophie. Mais on se passerait volontiers de semblables acquisitions.

Loin d'être utiles aux philosophes chrétiens du moyen âge, ils exercèrent sur eux, au contraire une influence malsaine : ils en séduisirent plusieurs, comme Amaury de Bène et David de Dinan. Ceux-ci en vinrent à enseigner le panthéisme, et furent anathématisés par le concile provincial de Paris, en 1209. Comme les fauteurs de cette hérésie prétendaient trouver les fondements de leur erreur dans les écrits du Stagirite, le même concile proscrivit la lecture des œuvres d'Aristote commenté par les Arabes.

Le fondateur de la doctrine péripatéticienne ne fut accepté complètement dans les Écoles catholiques, qu'après avoir été baptisé, en quelque façon, par les grands docteurs chrétiens du moyen âge, surtout par Albert le Grand et par saint Thomas d'Aquin. Ils remontèrent aux vraies sources. Laissant de côté les versions arabes, ils l'étudièrent, non seulement dans les versions gréco-latines, mais dans le texte original lui-même, l'épurant, le commentant avec une grande perspicacité de vue et une étonnante sûreté de jugement.

On trouve, il est vrai, parfois, sous leur plume, quelques expressions élogieuses au sujet d'Averroès, dont ils reconnaissaient l'intelligence et respectaient la personne. Mais avec quelle véhémence ne l'ont-ils pas combattu? N'est-ce pas contre lui et ses sectateurs, dénoncés comme corrompant les enseignements d'Aristote, que saint Thomas écrivit son Traité *De unitate intellectûs contrà Averroistas?*

Ne les a-t-il pas réfutés encore à différentes reprises, et toujours avec la même vigueur, dans de nombreux passages de ses *Commentaires sur les Sentences;* dans les *Questions disputées;* dans son troisième livre *De Anima;* dans la *Somme Théologique*[1]? N'est-ce pas contre eux, enfin, qu'il a écrit son admirable *Somme contre les Gentils?*

A ceux qui prétendent que les Arabes ont été fort utiles aux Scolastiques, on peut répondre qu'ils le furent, en effet, parce qu'ils provoquèrent des polémiques, et que, corrompant Aristote, ils poussèrent les docteurs chrétiens à l'approfondir davantage et à le mieux étudier.

Les pseudo-péripatéticiens arabes ont été utiles à la Philosophie chrétienne comme l'erreur est profitable à la vérité; comme les hérésies ont servi l'Église, en l'amenant à préciser les dogmes avec plus de netteté par ses travaux et ses définitions; comme les nations vaincues ont coopéré à la gloire de leur vainqueur, en leur fournissant l'occasion de les battre et de remporter des triomphes éclatants.

Cette infériorité des Arabes se montre dans toutes les branches du savoir humain.

Leurs admirateurs enthousiastes ont célébré à l'envi le bonheur dont jouit l'Espagne sous leur domination. La

---

[1]. Surtout p. I, q. 79, art. 4, 5; q. 88, art. 1; et I-II, q. 50, art. 4.

Péninsule, disent-ils, était cultivée d'une manière supérieure : les vergers et les plantations de tout genre couvraient non seulement les plaines, mais les versants des montagnes et les terrains les plus accidentés.

D'autre part, une foule de monuments magnifiques s'élevèrent comme par enchantement : ils furent les créateurs d'une architecture admirable ; l'Occident leur doit, non seulement la connaissance des Lettres et des Sciences, mais encore celle des arts.

Ces insinuations sont absolument opposées à la vérité historique : il nous sera très facile de le montrer.

Bien avant l'invasion musulmane, l'Espagne était merveilleusement cultivée. Des champs si fertiles avaient été habités par des hommes capables d'en tirer le meilleur parti.

Le mérite d'avoir su exploiter ces grandes richesses naturelles ne revient, ni aux Arabes, conquérants de l'Andalousie, ni aux Berbères et aux Maures, leurs féroces auxiliaires dans l'œuvre commune de la dévastation. Il appartient à l'ancien élément indigène, à la population visigothique et hispano-romaine convertie et civilisée par l'Église et par les moines.

Malgré la domination despotique et corruptrice du Coran, malgré les mauvais traitements de tout genre et les persécutions continuelles, ces chrétiens, fortement trempés, furent assez énergiques pour subsister pendant quatre à cinq cents ans, en gardant fidèlement leur caractère propre, et en maintenant les traditions littéraires, scientifiques et artistiques des périodes antérieures.

A cette civilisation déjà si avancée les Arabes n'apportèrent aucun appoint ; ils constituèrent pour elle, au contraire, un obstacle toujours renaissant par leurs discordes incessantes, leurs atrocités inexprimables, leurs débauches infâmes, leur antipathie innée pour le travail et les bonnes mœurs.

Même à l'époque où le royaume maure de Grenade est

considéré comme ayant joui de la plus grande prospérité, la législation de Mahomet y produisit des fruits de mort, car elle y avait déposé en abondance des germes pestilentiels. Les intelligences étaient enchaînées, les volontés avilies, l'esprit asservi à la chair.

Là, comme ailleurs, les Sarrasins ne vécurent que pour le pillage et la volupté.

Nous l'apprenons par le témoignage même de leurs propres historiens. Malgré leur désir naturel de louer leurs coreligionnaires, ils n'ont pu taire entièrement la vérité. Dans leur sincérité, ils ont corrigé, sans y penser peut-être, les exagérations des poètes et des panégyristes à outrance.

D'après les principaux et les plus autorisés de ces écrivains, les cités les plus importantes de cet Eldorado tant vanté, étaient encore, même dans la seconde moitié du xive siècle, de véritables repaires de bandits [1].

Les habitants d'origine arabe étaient, nous disent-ils, d'une extrême rudesse et d'une inconcevable grossièreté. Leur férocité traditionnelle et leur atroce barbarie n'avaient pas diminué.

C'étaient des rixes incessantes et des cruautés inouïes. Les monarques étaient jaloux des émirs, et les grands des sujets.

Toujours soupçonneux, ces ennemis irréductibles se tendaient de perpétuelles embûches. Les rancunes, sourdes d'abord, éclataient bientôt en luttes ouvertes, accompagnées de trahisons, d'escarmouches, de supplices et de massacres.

L'histoire de ces pays, ne se compose, à cette époque, que d'une série ininterrompue de révoltes, de vengeances et d'assassinats.

Ces faits incontestables confondent les auteurs qui ne reculent pas devant le mensonge, pour couvrir du manteau de la civilisation les preuves trop évidentes de la barbarie musulmane.

---

[1]. Ibn Aljathib, *Elogios y vituperios*; Ibn Jaldon de Tunis, *Historia universal.*, etc.

Les discordes civiles si profondes et si persistantes avaient, en outre, déterminé une affreuse misère en ruinant le commerce et en tuant l'industrie.

Rien n'avait été fait en vue de l'assainissement des endroits peu salubres. Les règles les plus élémentaires de l'hygiène étaient négligées dans les grands centres, où les agglomérations de populations présentent une proie si facile aux plus dangereuses épidémies.

Dans les villes les plus célèbres, comme Grenade, Cadix, Malaga, les rues étroites, obscures et sales, formaient une sorte de labyrinthe infect, où les maladies contagieuses élisaient domicile et faisaient d'épouvantables ravages. La propreté laissant beaucoup à désirer, le mal était presque sans remède. Aussi vivait-on peu de temps.

Les édifices tombaient en ruine; nul ne se souciait d'en relever les murs branlants, ou de préserver du naufrage les richesses littéraires, scientifiques et artistiques, dont les précieuses collections étaient, de plus en plus, négligées. La foule se moquait des lettrés, des artistes et des savants.

En Espagne, comme en Orient, les Arabes ne furent donc ni civilisateurs, ni lettrés, ni artistes ; au contraire, ils se montrèrent toujours réfractaires à la culture intellectuelle.

Ne respirant que le pillage et la débauche, ils n'apprécièrent jamais les bienfaits de la vraie civilisation.

A ce propos, leur historien Ibn Jaldon, déjà cité et peu suspect en la matière, s'exprime avec une netteté et une franchise remarquables.

Parmi tous les peuples du monde, dit-il, l'Arabe, passionné pour la vie nomade, altéré d'indépendance, ne se plaisant que dans une licence effrénée, est le plus incapable de supporter la moindre contrainte. Avec ses instincts indomptés, il est le moins apte à constituer un État régulier, car il manque absolument de sens politique, et ne peut se plier à aucune des lois de la société.

Si les Arabes, poursuit le même auteur, ont cultivé parfois les Sciences, les Lettres et les Arts, ils l'ont fait d'une manière très imparfaite, et n'ont pu être amenés, à un résultat, pourtant si petit, que par leur contact de chaque jour avec les peuples vaincus [1].

Comme leur Philosophie et leur Science, leur Architecture manque d'originalité. Elle est un produit hybride et abâtardi, dépourvue de caractère propre : ils l'ont subie, plutôt qu'ils ne l'ont créée.

Nomades et guerriers avant tout, ils n'ont jamais songé à construire, à moins qu'ils n'y fussent impérieusement obligés. La plupart des édifices élevés en Espagne, à l'époque où ils y dominèrent, furent l'œuvre d'ouvriers et d'architectes chrétiens.

Nous avons vu, plus haut, les califes d'Orient imposer parfois aux empereurs grecs, comme condition de paix, l'obligation de leur envoyer des manuscrits et des hommes capables de les interpréter ou de les traduire.

En Espagne, les vainqueurs en agirent, à peu près, de même.

Abderrahman III força, dans un traité, les Chrétiens du nord à lui envoyer douze mille ouvriers et douze architectes, choisis parmi les plus habiles.

Les Musulmans sont donc redevables aux Chrétiens espagnols, ou Mozarabes, de leurs connaissances artistiques et architectoniques. C'est après les avoir acquises dans la Péninsule hispanique, qu'ils les transportèrent dans l'Afrique occidentale et septentrionale.

Les monuments élevés plus tard à Tunis, à Fez, au Maroc et dans les principales villes des États barbaresques, furent bâtis, selon le témoignage des auteurs arabico-africains eux-mêmes, d'après des modèles venus d'Espagne et par des ouvriers espagnols [2].

Quand ils voulurent produire quelque œuvre de ce genre, les Arabes se contentèrent d'imiter, d'une manière trop servile, les monuments de l'architecture hispano-romaine

---

1. Ibn Jaldon, *Historia universal.*, tom. II (Prolégomènes.)
2. Cf. les historiens arabes, Ibn Galib, Ibn Saïd, El Xocundi, et Ibn Jaldon. Voir aussi les écrivains modernes dont le nom fait autorité : M. Juan Facundo Riano, M. Francisco Tubino, etc.

et latino-byzantine. L'imitation, pour être très évidente, ne fut pas toujours heureuse.

Et cependant quel temps ne leur fallut-il point pour en arriver à un si mince résultat! Deux siècles environ leur furent nécessaires, et encore, à l'apogée de leur art, se confinèrent-ils dans la culture de la partie ornementale et décorative. S'occupant presque exclusivement des détails, ils se perdirent dans un inextricable fouillis d'arabesques, sans style propre, sans lignes d'ensemble harmonieuses, indispensables dans un tout régulier.

D'une de leurs principales conceptions, la grande mosquée de Cordoue, convertie aujourd'hui en cathédrale, un auteur compétent a pu dire : « Ce n'est pas l'œuvre d'un architecte, car il n'y a point là d'architecture [1]. »

Dans les Sciences et la Philosophie, ils n'avaient pas su faire mieux que d'annoter les ouvrages anciens, sans y ajouter aucune invention ou aucune idée grande et féconde : ils s'étaient égarés dans les minuties. Toujours semblables à eux-mêmes, ils n'agirent pas différemment en Architecture, et ne surent pas sortir des chemins battus, où ils se traînèrent péniblement à la suite de leurs devanciers.

Tout leur mérite, à ce sujet, revient donc aux Chrétiens, qui, par leurs relations fréquentes avec eux, les initièrent peu à peu aux secrets de cet art [2].

En résumé, toutes les connaissances scientifiques, littéraires et artistiques des Arabes, étaient la propriété des peuples vaincus par eux.

Ils ont reçu la Physique, la Philosophie et l'Astronomie

---

1. Colonel J. Saucery.
2. Pour plus de détails sur cette importante question, consulter les ouvrages si concluants des modernes érudits espagnols : Miguel Lafuente y Alcantara, *Historia de Grenada*; Francisco Fernandez y Gonzalez, *Estado social y politico de los Mudejares de Castilla*, et ceux de M. Amador de los Rios, de D. Francisco Maria Tubino, Pedro de Madrazo, Fernand de Baenza, etc. Voir aussi l'étude consacrée à ce sujet par le savant archéologue allemand Guillaume Lübke.

des Grecs; l'Alchimie de l'Égypte; l'Algèbre des Indiens; l'Architecture des Orientaux et des Espagnols.

A tout cela qu'ont-ils ajouté eux-mêmes? Ont-ils seulement fait éclore ces germes, et tiré des principes les conséquences qui en découlaient naturellement?

Les ennemis de l'Église ont souvent affecté d'emboucher la trompette épique pour exalter les Arabes et les Hindous. Ils espéraient, par là, abaisser les savants chrétiens, en établissant un parallèle de tous points défavorable à ceux-ci.

Mais c'est bien à tort. Il ne nous reste presque rien des Arabes.

Si, dans ce peu d'écrits, se rencontrent quelques vérités et quelques fragments de méthodes scientifiques, il s'y trouve aussi, plus souvent, de bien étranges singularités. Ce sont, en Algèbre, des chinoiseries singeant les vrais procédés mathématiques, comme leur Astrologie, prédisant l'avenir, et leur Alchimie, promettant la pierre philosophale, sont des contrefaçons de l'Astronomie scientifique et de la véritable Chimie.

Leurs panégyristes à outrance nous disent : « Ah! si leurs ouvrages nous étaient parvenus intégralement!... si on n'avait pas détruit la civilisation arabe! etc. etc., ce serait bien autre chose, et vous verriez!... »

— Nous verrions! qu'en savez-vous? Pourquoi tant prôner des livres que personne n'a lus, pas-même vous? Et qui donc a ruiné cette civilisation arabe? N'est-ce pas les Arabes eux-mêmes?

Quand les Maures ont été chassés d'Espagne, n'étaient-ils pas les plus nombreux et les plus riches? Puisqu'ils étaient si savants, pourquoi n'ont ils pas emporté leur science et leur civilisation avec eux? Ils avaient encore d'assez vastes provinces pour s'y mouvoir à l'aise.

Depuis lors, quelles sont leurs découvertes comparables aux progrès scientifiques accomplis, depuis plusieurs siècles, dans les nations chrétiennes de l'Occident?

Chez celles-ci, depuis la Renaissance, c'est un magnifique épanouissement de toutes les Sciences ; c'est un essor merveilleux de toutes les facultés ; ce sont des conquêtes étonnantes, faisant vraiment de l'homme le roi de la Création, et lui soumettant la nature physique avec ses forces secrètes.

Chez eux, c'est toujours l'ignorance, l'inertie, l'indifférence, la nullité presque complète, l'effacement presque absolu.

Oui, les Arabes avaient tout reçu de leurs prédécesseurs ; mais, généralement, pour eux cet héritage scientifique fut stérile ; ils le dilapidèrent, et, de leur propre fonds, ne nous ont rien laissé.

Si les savants et les littérateurs doivent 1 aux Arabes, disait un historien récent, ils doivent bien 100.000 aux Grecs de l'Antiquité.

Mais, répondent les panégyristes démasqués, c'est, du moins, par les Arabes que nous avons connu les Grecs. Le flambeau de la Science passa dans leurs mains, et ils nous l'ont transmis.

Ceci est encore faux : il nous sera facile de le montrer.

§ IV

Les connaissances scientifiques sont-elles venues aux Chrétiens par les Arabes ou aux Arabes par les Chrétiens ?

I

L'étude du grec en Occident avant l'invasion des Sarrasins.

Pour rabaisser les docteurs du moyen âge, et, en particulier, saint Thomas d'Aquin, on les a longtemps accusés de n'avoir étudié Aristote que sur une traduction latine faite sur la traduction arabe d'Averroès.

Une telle proposition ne serait plus aujourd'hui soutenable. C'est une erreur. Saint Thomas et les Scolastiques avaient à leur usage, non seulement des versions latines faites sur le grec, mais le texte original lui-même. Cela ressort évidemment des travaux de l'érudition moderne au sujet des anciens manuscrits.

Dans la première période de leur Histoire, les Arabes, comme nous l'avons raconté, avaient détruit la plupart des livres, constituant les bibliothèques des villes ou des monastères bâtis dans les contrées tombées en leur pouvoir. Ils furent, par suite, obligés plus tard de demander aux empereurs grecs communication de leurs propres manuscrits. Quelquefois même, ils les y forcèrent par la voie des armes.

C'est donc par les Chrétiens que les Arabes ont connu Aristote et les autres auteurs de l'Antiquité. Faire en cela des Chrétiens les débiteurs des Arabes, c'est renverser les rôles.

En outre, beaucoup de ces manuscrits furent apportés directement de l'Orient par les Croisés, après la prise de Constantinople.

Mais fort longtemps avant cette époque, les nations occidentales avaient déjà été en possession des richesses scientifiques de la Grèce.

Il importe, d'abord, de ne pas négliger de faire ici une remarque essentielle.

Dans les siècles de l'antiquité chrétienne, la connaissance de la langue grecque était fort répandue en Occident. Tous ceux dont l'instruction était un peu soignée apprenaient le grec, comme l'on apprend, de nos jours, le latin, ou les langues vivantes, italien, anglais, allemand, etc.

Le grec fut d'un usage courant dans la primitive Église. Non seulement, en effet, il fut le texte original du Nouveau-Testament, dans sa presque totalité, mais beaucoup de lettres officielles des premiers papes, beaucoup d'actes administratifs, les canons et décrets des huit premiers Conciles, furent rédigés en grec.

Voudrait-on attribuer aussi aux Arabes le mérite de les avoir traduits, et de les avoir transmis aux Chrétiens?

La plupart des Pères de l'Église latine savaient le grec.

Nous ne parlerons pas ici de saint Jérôme : il y était très versé, et personne ne l'ignore. Ses nombreux travaux de linguistique en sont une preuve manifeste. Il avait voyagé en Orient, et s'était rendu à Constantinople pour y entendre les leçons de saint Grégoire de Nazianze. Il traduisit lui-même la *Chronique* d'Eusèbe de Césarée, sa *Topographie de la Terre-Sainte*, tout le Nouveau-Testament, et révisa la version des Septante.

Mais nous parlerons, entre autres, de saint Augustin, auquel sans vouloir nier le génie, on a reproché quelquefois de ne pas avoir possédé suffisamment les langues étrangères, et, par suite, de ne pas avoir connu les ouvrages de l'antiquité grecque.

Il suffit cependant de lire superficiellement les écrits du grand évêque d'Hippone, pour se convaincre qu'il s'est fait, en Philosophie naturelle, le disciple de Platon. Nous avons déjà cité à son sujet le mot du savant Thomassin : *Quidquid a Platone dicitur, vivit in Augustino.*

Quoiqu'il eût préféré le fondateur de l'Académie, il n'ignora pas toutefois le philosophe de Stagire. Dans ses œuvres se rencontrent aussi de nombreuses traces de péripatétisme [1].

Pendant longtemps, on lui attribua une traduction des *Catégories* d'Aristote. Il est, du moins, certain qu'il les avait déjà lues, à l'âge de vingt ans, avec l'*Hortensius* de Cicéron.

Un ouvrage publié au vᵉ siècle par l'Africain Martianus Capella nous apprend que l'on enseignait, dès cette époque, à Rome et en Occident, le péripatétisme et les sept arts libéraux [2].

---

1. S. Aug. *Contra Academicos*, libr. III, cap. 19. *De Civitate Dei*, libr. IX, cap. 4, etc.
2. Martiani Capellæ, *Libri novem De Nuptiis inter Philologiam et Mercurium et de Septem artibus liberalibus.* Francofurti ad Mœnum, 1836.

Mais saint Augustin lui-même nous dit formellement qu'il avait étudié Aristote et tous les livres traitant des sept arts libéraux [1]. Par son éducation il avait donc été initié aux lettres grecques, et il s'était occupé, en même temps, de l'Arithmétique, de la Géométrie, de l'Astronomie et de la Musique. Ses connaissances comprenaient donc un vaste ensemble [2].

Sans être un grand helléniste, il possédait le grec suffisamment pour le comprendre et en tirer parti. On le voit, surtout par ses écrits apologétiques, où dans la discussion il en appelle souvent au texte grec [3].

Dès cette époque, d'ailleurs, beaucoup d'auteurs grecs avaient déjà été traduits en latin. Saint Augustin cite très souvent, non seulement Cicéron et Sénèque, Horace et Virgile, Perse et Térence, ou les Pères grecs ses contemporains, mais encore une foule d'auteurs de l'antiquité grecque et païenne, comme par exemple, Anaxagore et Anaximandre, Anaximène et Aristote, Pythagore et Platon, Porphyre et Jamblique, etc., etc.

Un peu plus tard, dès la fin du v° siècle et au commencement du vi°, Boèce entreprit une traduction latine des principaux ouvrages philosophiques et scientifiques de la Grèce. Cette traduction, remarquable à plus d'un titre, se répandit beaucoup en Occident, et fut d'une très grande utilité aux Scolastiques du moyen âge. Saint Thomas d'Aquin, en particulier, en fit usage. Boèce est cité par lui plus d'un millier de fois.

Appartenant à une très riche famille, Boèce avait reçu dès sa jeunesse une éducation très soignée. Pendant dix-huit ans, il avait séjourné dans la ville d'Athènes pour y compléter ses études. Non seulement il était très versé

---

1. *Confessionum*, libr. IV, cap. 16.
2. M. Guizot, *Histoire de la Civilisation en France*, leç. 29°.
3. *De Civitate Dei*, libr. XIX, cap. 23. *In Psalm.*, passim. *Contra Jul.*, libr. I, cap. 6, n. 22, 26, et libr. V, cap. 2, n. 5, 7; *De Nupt. et Concup.*, libr. II, cap. 30, 38. *Oper. imper.*, lib. IV, n. 36, 37; *Epist*, 140, 192, etc.

dans le grec, mais, d'après le témoignage de ses contemporains, il le parlait avec une extrême facilité, et aussi aisément que sa langue maternelle.

Ses traductions avaient donc à un haut degré le mérite de l'exactitude. D'après Cassiodore, bon juge en la matière, elles surpassaient les originaux en perfection, et les premiers auteurs eux-mêmes les eussent préférées à leurs propres livres, s'ils avaient connu le latin comme ils connaissaient le grec [1].

Il traduisit ainsi presque toutes les œuvres d'Aristote : les Livres des Catégories, les Analytiques prieurs et postérieurs, les huit Livres des Topiques, les deux Livres des Sophismes, ou arguments captieux, les Livres de Morale, les huit Livres de Physique, etc., et la plupart des écrits de Platon.

Dans le domaine scientifique, il ne fut pas moins actif. Il traduisit, avec beaucoup d'élégance et une grande précision, l'Arithmétique de Nicomaque, la Géométrie d'Euclide, la Musique de Pythagore, la Mécanique d'Archimède, l'Astronomie de Ptolémée. A ce propos, il s'éleva à des considérations profondes et curieuses sur la *Théorie des nombres*.

Toutes ces traductions, déjà fort remarquables en elles-mêmes, furent enrichies par lui de nombreux commentaires. En outre, il composa de son propre fonds sur des sujets si divers, plusieurs ouvrages très appréciés et fort répandus au moyen âge.

On se demande comment un homme investi des plus hautes dignités du royaume, et, dès lors, extrêmement occupé, a pu suffire à tant de travaux. Il entreprit une œuvre colossale. Seul un géant pouvait la conduire à bonne fin ; mais Boèce était un géant. A un génie presque universel, il joignait une volonté de fer douée d'une indomptable énergie.

C'était, à la fois, un savant et un saint [2]. Son but, en

---

1. Cassiod., lib. I, *Epist.* 45.
2. Les Bollandistes lui donnent ce titre, et plusieurs églises l'honorent comme martyr.

se consacrant à cet immense labeur, n'était pas d'acquérir la gloire humaine, fragile et périssable, mais de coopérer au salut des âmes en moralisant la société.

Les soucis de chaque instant et les graves affaires auxquelles je suis inévitablement mêlé, vu mon titre de consul, disait-il, ne me permettent pas de me livrer tout entier aux études. L'instruction de mes concitoyens m'a paru, néanmoins, faire partie des devoirs de ma charge. Je laisse à mes prédécesseurs l'honneur d'avoir étendu les conquêtes de l'État, et de lui avoir soumis des villes ou donné des provinces. Pour moi, je veux l'enrichir des dépouilles de la Grèce, en lui communiquant la lumière et la sagesse dont elle fut autrefois la dépositaire, pendant de si longues années [1].

Philosophe et savant, Boëce fut le Pascal de son époque.

Cassiodore n'était pas moins instruit. Il était aussi familier avec les auteurs grecs, dont il savait parfaitement la langue. Dans ses ouvrages scientifiques et philosophiques, il met presque toujours, en regard de ses définitions latines, des expressions grecques, ou même assez souvent des phrases entières.

Pour son Traité des Prédicaments il s'inspira largement d'Aristote, comme il se servit de Porphyre pour celui des Universaux. Il écrivit également sur les Mathématiques. Sous ce titre général il rangea ses livres sur l'Arithmétique, la Musique, la Géométrie et l'Astronomie [2].

Un contemporain de ces hommes illustres fut le fameux Denys le Petit, ainsi surnommé à cause de sa taille. Originaire de Scythie, il était abbé d'un monastère à Rome, et se distinguait par l'étendue de sa science. D'après Cassiodore, il savait si parfaitement le grec qu'il pouvait traduire, à livre ouvert, n'importe quel ouvrage écrit en cette langue.

Peu de temps après, et un siècle avant l'invasion des Arabes, on trouve en Espagne saint Isidore de Séville, si

---

[1]. Boetii, *Præfatio in II Librum. In Categoriis Aristotelis.*
[2]. Cassiod., *De Artibus ac Disciplinis Liberalium Litterarum.*

renommé par son immense savoir. Il possédait à fond le grec, le latin et l'hébreu. Son érudition était très vaste. On s'en aperçoit à la lecture des ouvrages qu'il nous a laissés, surtout par ses *Étymologies*, sorte d'Encyclopédie en vingt livres, où sont résumées toutes les connaissances scientifiques de son époque.

Dans ses Traités sur la *Dialectique et la Rhétorique*, il se rapporte, lui aussi, très souvent au texte grec des anciens auteurs. En Philosophie, il suit Aristote et Porphyre, dont il compulsait, selon son propre témoignage, les traductions faites auparavant par Cicéron et Quintilien et, plus récemment, par Boëce qu'il se plaît à citer. Il avait aussi à sa disposition les œuvres de ce dernier sur l'Arithmétique de Nicomaque [1]. Dans le collège fondé à Séville par saint Isidore, l'étude du grec et de l'hébreu était obligatoire.

Trente-six ans après la mort de saint Isidore de Séville, naissait en Angleterre le vénérable Bède (672-735.) Il apprit le grec, lui aussi, et dans ses nombreux ouvrages il cite très souvent Boëce, auquel, comme saint Isidore, il attribue la diffusion en Europe de l'Arithmétique des Grecs [2].

A son époque, plusieurs Anglo-Saxons parlaient le grec comme leur langue maternelle.

Comme hellénistes du moyen âge il faut citer, en outre, en France, l'illustre Alcuin, disciple de Bède, et, en Allemagne, le non moins célèbre Raban Maur, élève d'Alcuin. L'un et l'autre fondèrent de véritables Universités.

La tradition des savants catholiques ne fut donc pas interrompue. Dans le courant du x° siècle, florissaient, en Catalogne, des écoles chrétiennes où les Sciences étaient enseignées avec autant de succès, pour le moins, que dans les écoles musulmanes. Nous pourrions conclure ce fait de la vaste science de saint Isidore d'Espagne, plusieurs siècles auparavant; mais il nous est attesté aussi par le témoignage non suspect des auteurs contemporains.

---

[1]. Sancti Isidori Hispalensis, *Etymologiarum*, lib. II. *De Rhetorica et Dialectica*, etc.

[2]. Ven. Bedæ, *De Arithmeticis numeris*, cap. 1. *De Numeris*.

L'illustre Gerbert, plus tard pape sous le nom de Silvestre II, s'y instruisait à fond. Il y apprit les Mathématiques et ne fut nullement disciple des Arabes, comme quelques historiens l'ont faussement supposé.

C'était le plus savant homme de son siècle ; il savait et professait le grec. Devenu maître à son tour, il commenta toutes les œuvres d'Aristote, les Catégories, les Topiques, etc. Il expliqua les poètes anciens, Horace et Virgile, Térence et Juvénal, Perse et Lucain ; puis, il enseigna, avec un très grand succès, les Mathématiques, la Géométrie et l'Astronomie.

Ces diverses Sciences lui doivent des perfectionnements remarquables et de véritables progrès. Pour faire les observations avec une précision plus rigoureuse, il avait inventé et construit des instruments très ingénieux. Il aurait même eu à sa disposition une sorte de télescope ou de lunette d'approche, dont il se servait pour examiner le ciel. Nous aurons l'occasion, plus bas, de parler de ses découvertes à ce sujet.

Sa chaire était établie à Reims ; mais, pour se ranger autour de lui et entendre sa voix, les disciples accouraient de toutes les parties de la Gaule, de l'Allemagne et de l'Italie.

Il n'épargnait ni la peine, ni la dépense, pour se procurer des ouvrages de toutes sortes, anciens et modernes. Quand il avait le bonheur d'en trouver de nouveaux, il en faisait transcrire de nombreuses copies, afin d'en multiplier les exemplaires. Il les propageait à profusion, soit pour les tirer de l'oubli, soit pour répandre partout la lumière.

Parmi les hellénistes du moyen âge, citons encore, avec le moine Hugues de Saint-Victor du XIIe siècle, le célèbre Roger Bacon, si versé dans les Sciences mathématiques et physiques. Il savait parfaitement le latin, le grec, l'arabe et l'hébreu.

II

A qui faut-il attribuer les traductions dont se servirent les Arabes?

Les Chrétiens d'Occident, nous le répétons, ne doivent donc pas aux Musulmans d'avoir connu les auteurs grecs.

Nous avons déjà dit comment les Arabes furent obligés de s'adresser aux Chrétiens pour avoir ces manuscrits. Ce que l'on ne sait pas assez peut-être, ou, du moins, ce que certains historiens se sont bien gardés de mettre en lumière, c'est une autre dette de ce genre contractée par les Musulmans.

Les ouvrages scientifiques, en effet, furent traduits du grec en arabe, surtout par l'influence des médecins chrétiens tout-puissants à la cour des califes. Ils firent tourner au profit de la Science le grand crédit dont ils jouissaient.

Les auteurs de ces traductions furent presque toujours des moines grecs. Il importe de le rappeler ici.

Pendant longtemps, ces moines avaient exercé une notable influence en Asie. Quelques-uns s'étaient avancés même jusqu'aux Indes et à la Chine [1].

Plusieurs s'établirent en Mésopotamie et en Perse. Ils y acquirent un réel prestige par leurs vertus et leur savoir.

Les Abbassides s'y étaient réfugiés aussi, quand ils furent chassés et persécutés par les Ommiades. Ils eurent des relations avec ces moines, reçurent d'eux le goût de l'étude, et, quand ils furent élevés au pouvoir suprême, ils les amenèrent avec eux à Bagdad, leur capitale.

---

1. Montfaucon, *Collectio nova script. græc.*, tom. II, *Præfat. ad Topog. Cosmæ.*

Par leurs travaux, ces moines furent la cause principale de la gloire littéraire qui signala les règnes d'Haroun-al-Raschild et d'Al-Mamoun. Par eux furent traduits en syriaque et en arabe les écrits des anciens philosophes et savants de la Grèce. Euclide, d'abord ; puis, Archimède, Apollonius, Ptolémée, Aristote et Diophante furent l'objet de leurs incessants labeurs.

Avec leurs services rendus aux Lettres et aux Sciences croissait leur ascendant sur l'esprit des califes. Astronomes et médecins, ils commandaient le respect.

Cette influence bienfaisante des moines grecs sur la culture intellectuelle des Arabes, s'étendit non seulement à l'Orient, mais aussi à l'Espagne.

Au milieu du x° siècle (en 948,) l'empereur de Constantinople, Romain, avait fait parvenir à Naser Abd-Alrahman, les ouvrage de Dioscoride et quelques autres ; mais aucun Musulman n'avait pu les comprendre. Le calife dut s'adresser de nouveau au même empereur, pour lui demander un homme capable de les traduire [1].

Romain lui envoya un moine grec, nommé Nicolas. Celui-ci fut reçu à Cordoue avec de grands honneurs. Il s'occupa, dès lors, avec ardeur de la traduction de ces livres, et de leur diffusion. Il les commenta avec habileté, en exposa clairement la doctrine, et donna le goût de l'étude à ces peuples habitués, jusqu'à ce jour, aux seules émotions violentes des combats.

A lui surtout les Maures d'Espagne durent d'avoir été initiés à la science des Grecs. Non seulement il posa les germes de leurs connaissances scientifiques, mais lui-même fut la cause de leur développement.

Ainsi, jamais les Arabes ne pourront rendre aux Chrétiens ce qu'ils en ont reçu, soit en Orient, soit en Occident.

---

1. E. Renan lui-même a fait cette remarque caractéristique : « Peut-être aucun savant musulman, et certainement aucun Arabe d'Espagne n'a su le grec. » Renan, *Averroès et l'Averroïsme*, p. 49.

Voilà des faits incontestables : L'Église civilisa les Barbares et instruisit les Arabes. Sans elle le flambeau de la Science se serait éteint pour longtemps. Elle le garda seule avec soin ; elle le fit apprécier des hordes sauvages de l'Orient et de l'Occident ; puis, elle ranima cette lumière vacillante, et la répandit à flots.

Pourquoi donc des historiens superficiels ou injustes viennent-ils insinuer le contraire, et présentent-ils l'Église comme l'ennemie du progrès ? Peuvent-ils soutenir une thèse aussi fausse, sans se convaincre eux-mêmes, par là, d'ignorance manifeste ou de mauvaise foi ?

On voit combien sont peu sincères et peu sérieux des écrivains affirmant impudemment, comme Gibbon ou Libri, par exemple, que les invasions des Goths, des Hérules, des Huns, des Vandales et des Sarrasins, furent moins nuisibles aux Lettres et aux Sciences, que l'établissement du Christianisme et la reconstitution par Charlemagne de l'Empire romain [1].

Ce sont là d'inconcevables paradoxes.

Des historiens capables de formuler de pareils jugements, peuvent, à la rigueur, étaler un semblant d'érudition, et intercaler des réflexions piquantes dans leur récit plus ou moins intéressant ; mais, s'ils ont passé de longues heures à la recherche de simples détails, les grandes lignes leur ont assurément échappé.

Leur manque de clairvoyance et d'esprit philosophique se découvre, quand ils se montrent plus touchés de la grandeur matérielle que de la dignité morale. Ils en viennent à préférer les actes barbares de la violence aux magnifiques élans d'une sublime vertu.

D'un côté, ils rabaissent le courage héroïque des martyrs ; ils refusent l'auréole de la Science aux Pères de l'Église ; ils méconnaissent l'incontestable mérite des veilles et des labeurs incessants de quarante à cinquante générations de patients travailleurs.

---

[1]. Gibbon, *The history of the decline and fall of the Roman Empire*, tom. VII, c. 18. — G. Libri, *Introd. passim*.

D'autre part, ils ne perdent pas une occasion de louer sans mesure et d'exalter à tout propos les brigandages des Maures et des Sarrasins, avec les féroces exploits de Tamerlan et des Tartares, de Gengiskan et des Mongols.

C'est un mal de considérer avec une égale indifférence le vice et la vertu. C'est une faute plus grave d'être exclusif et partial, au point de trouver tout bien chez les uns, et tout mal chez les autres. Cette faute est un crime, quand les condamnés *à priori* sont les membres d'une Religion, dont le but est de régénérer l'homme en lui enseignant la vertu et la pratique des devoirs, seule base inébranlable de toute société ; et que les absous sont, au contraire, les ennemis de toute civilisation, les propagateurs du désordre et de la barbarie.

Les préjugés conduisent toujours à l'aveuglement et souvent à l'injustice. Si on ne s'en débarrasse point, on est fatalement incomplet, et l'on s'expose à ne comprendre jamais la vraie raison des choses. En Histoire, on se voit réduit à ramper toujours terre à terre comme le serpent venimeux, et à ne s'élever jamais dans les hautes et sereines régions de la pensée maîtresse d'elle-même.

Sans cette suprême indépendance de tout parti pris, on ne saurait atteindre à la vérité, surtout quand il faut la dégager des actions humaines avec lesquelles elle se trouve mêlée pratiquement. Il sera, dès lors, impossible de la tirer de cette multitude de faits dont le nombre engendre la confusion.

On pourra, si l'on veut, se donner le titre d'historien ; mais, en réalité, on ignorera l'Histoire. L'intelligence ne sondera point le mystère des sociétés. Le regard ne suivra point, à travers les siècles, la marche ascendante de la civilisation ; car, on en méconnaîtra l'origine première ; on n'en discernera pas l'idée mère et directrice ; on n'apercevra pas à l'œuvre les véritables ouvriers.

Il est bon d'avoir du talent ; il est mieux d'avoir des principes. L'habileté à peindre les détails ne compense pas l'absence des vues d'ensemble. Qu'importe d'entasser les faits, si on ne sait pas en faire jaillir la lumière ?

§ V

Appendice.

I

Les Palimpsestes.

Avant de terminer ces considérations générales sur le rôle de l'Église au moyen âge dans la culture des Sciences, et avant de résumer nos conclusions, répondons à une dernière objection formulée contre elle.

Pour donner une apparence de fondement à leurs accusations, ses ennemis avaient prétendu que les bibliothèques des monastères contenaient seulement des livres ascétiques et des sermonnaires. La fausseté d'une telle assertion ayant été surabondamment prouvée, ils cherchèrent alors un autre cheval de bataille.

Ils le trouvèrent grâce aux palimpsestes.

Ces vieux parchemins à double écriture leur fournirent l'occasion de déverser à flots la calomnie contre ces moines, dont l'admirable dévouement et l'héroïque patience, nous ont transmis cependant les ouvrages de l'antiquité. « Plus on copiait de livres, crièrent leurs détracteurs, plus on détruisait de chefs-d'œuvre ! »

Il faut vraiment être bien aveuglé par la passion, pour en arriver à ce degré d'injustice, et oublier aussi effrontément tant de services reçus. Pour certaines âmes, rien ne pèse plus qu'un bienfait. Elles s'empressent de l'oublier, et de le nier même, afin d'être débarrassées du fardeau de la reconnaissance.

Un certain nombre de parchemins, il est vrai, furent grattés et repolis, afin de servir à de nouveaux usages. Ce n'est pas une raison suffisante, pour transformer en barbares destructeurs de livres ceux qui passèrent leur vie à les transcrire pour nous les conserver. Leurs travaux du jour et de la nuit méritaient d'être mieux appréciés.

— Mais les palimpsestes!.. comment absoudre des hommes coupables d'un pareil méfait?..

— D'abord, en connait-on au juste l'étendue? Non, assurément. La première écriture étant le plus souvent indéchiffrable, on ignore, pour la plupart des cas, en quoi consistait le texte ancien. Peut-être des ouvrages remarquables ont-ils ainsi disparu, et sont-ils perdus à jamais; c'est possible. Mais peut-être aussi, la rédaction primitive eût-elle présenté à la postérité des sujets de minime valeur.

Ces moines laborieux, après avoir passé des années à copier des manuscrits, n'ont pas dû les gratter indistinctement, pour anéantir, de gaité de cœur, leur propre travail, ou celui de leurs prédécesseurs dans le cloître. Ils ont dû élaguer, ce qui leur paraissait moins utile, et garder le reste, autant que possible.

Le parchemin était rare, et, par suite, très cher. La pensée devait naturellement venir bien des fois, pour des motifs d'économie, d'effacer l'écriture ancienne, afin de remplacer des documents moins importants par d'autres qui l'étaient davantage.

Cette coutume, légitime et bonne en soi, pouvait, sans doute, être parfois l'occasion d'erreurs regrettables. Elles se multiplièrent probablement, quand la pénurie extrême de papyrus, survenue après la conquête de l'Égypte par les Arabes, rendit ces grattages plus nécessaires.

Entre deux maux, tous deux inévitables, il faut choisir le moindre. Ce principe est généralement admis; les divergences naissent de son application, suivant le point de vue auquel on se place. Une chose parfois capitale pour les uns, est souvent pour les autres un objet de mépris.

Si, comme on l'a répété avec trop d'exagération, les moines, dans leur manque presque absolu de papyrus à certaines époques, ont vraiment préféré conserver aux âges futurs des œuvres utiles au salut, comme, par exemple, des Commentaires sur l'Écriture-Sainte ou les Homélies des saints Pères, faut-il s'en étonner beaucoup?

A leurs yeux, les poésies lascives ou légères d'Ovide ou de Catulle, même quelques traités de Cicéron, étaient loin d'avoir le même prix. Se sont-ils trompés?

Les incrédules de nos jours, s'ils eussent vécu au moyen âge, auraient, nous n'en doutons pas, fait un choix bien différent. Eût-il été meilleur? Ils le croient; mais chacun n'est pas de leur avis.

Néanmoins, tout ce qu'ils possèdent de l'antiquité profane, ils le doivent aux moines. Ils ont donc grandement tort de se montrer ingrats.

Les palimpsestes ne furent pas tous l'œuvre des moines. Cette habitude d'effacer, pour donner double emploi au parchemin ou aux tablettes, existait déjà chez les Romains

Cicéron en faisait, lui-même, la remarque au jurisconsulte Trebatius. « Vous m'avez écrit en palimpseste, lui dit-il, avec une pointe de malice. J'approuve l'économie... à moins, toutefois, que vous ne grattiez mes lettres pour y mettre les vôtres à la place; manqueriez-vous de papier?.. [1] »

D'après le savant Maï, si célèbre par ses travaux en cette matière, plusieurs palimpsestes remonteraient au siècle d'Auguste.

Dans leur dénuement, les pauvres moines imitèrent la Rome opulente. Si leurs détracteurs injustes se fussent trouvés dans de semblables circonstances, n'eussent-ils pas fait pire encore.

Puis, il ne faut pas l'oublier, si cela est un malheur irréparable, les moines n'en sont pas le plus responsables.

---

1. In palimpsesto!... laudo equidem parcimoniam. Sed quid in hac chartula fuerit, quod delere malueris?... Non enim puto te meas epistolas delere, ut reponas tuas. An hoc significas ne chartam quidem tibi suppeditare. (*Ad familiares*, VII, 18.)

Le tort est surtout aux Arabes. Ceux-ci pendant la dynastie des Ommiades, non seulement détruisirent tous les manuscrits de l'Orient, mais voulurent encore forcer les nations occidentales à les détruire dans leurs propres contrées.

Pour cela, ils les prirent comme par la famine, en arrêtant la fabrication du papyrus, ou en défendant de l'importer en Europe, dès qu'ils se furent emparés de l'Égypte. Le papyrus, en effet, nul ne l'ignore, était fait avec les membranes d'une espèce de roseau qui croit en abondance sur les bords du Nil.

Quand, au VII° siècle, par le fanatisme musulman, la fabrication et le commerce des papyrus eurent été suspendus, il en résulta pour l'Europe une privation aussi funeste qu'imprévue : le parchemin avait toujours été cher ; il devint alors d'un prix excessif.

Cette pénurie fâcheuse subsista jusqu'à l'invention du papier de coton. Les palimpsestes se multiplièrent. S'il y eut, par suite, des accidents regrettables, il faut en accuser, non pas les moines, victimes eux-mêmes de ce triste état de choses, mais les farouches sectateurs de l'Islam, principale cause de ce dénuement général.

II

La Féodalité.

L'action éminemment civilisatrice de l'Église au moyen âge se poursuivit donc à travers mille obstacles.

Tout esprit impartial sera certainement saisi d'admiration, en la voyant accomplir de si grandes œuvres avec des éléments si imparfaits, au milieu du trouble et du désordre de la Société remuée de fond en comble.

Pour atteindre cette noble fin, il ne lui suffit pas de

repousser les Sarrasins et de convertir les Barbares; il lui fallut, en outre, lutter contre la Féodalité orgueilleuse, ignorante et despotique.

Les chefs barbares, devenus princes, étaient, quoique vassaux des rois, à peu près indépendants sur leurs terres. Les Carlovingiens affaiblis avaient besoin d'eux pour soutenir leurs guerres incessantes; ils avaient donc intérêt à les ménager.

Les Seigneurs, vrais souverains dans leurs domaines, étaient redoutés même de leurs suzerains. Souvent, pour vider leurs querelles réciproques, ils entreprenaient des guerres pour leur propre compte, attaquant leurs voisins, ravageant les campagnes, rançonnant les paysans et les villageois, puis, se retranchant dans les murs de leurs châteaux-forts, situés au sommet de montagnes escarpées.

Nulle puissance terrestre n'étant là pour les dominer et les contenir, la force primait le droit. C'étaient partout des meurtres, des incendies, le pillage et la désolation. Il n'y avait alors de sécurité nulle part. Rien ne se prêtait moins aux travaux intellectuels.

Seule l'Église fut capable d'apporter un adoucissement à ces maux. Elle le fit par l'institution de la *Trêve de Dieu*.

Nous ne nous étendrons pas sur ce sujet. Il nous suffira de l'indiquer ici, pour montrer combien fut longue cette lutte entre la lumière et les ténèbres accumulées, entre la civilisation chrétienne et la barbarie toujours renaissante.

Les discordes civiles, les luttes sans cesse renouvelées entre les rois et les seigneurs jaloux de leur indépendance, entretenaient le désordre et la confusion.

III

Conclusion.

On est donc mal venu de reprocher à l'Église de n'avoir

pas produit au moyen âge des hommes supérieurs au point de vue scientifique.

A une époque moins troublée, les Boëce et les Cassiodore, les Bède et les Isidore de Séville, les Alcuin et les Raban Maur, les Gerbert et les Albert le Grand, les Roger Bacon, les Vincent de Beauvais et une foule d'autres, eussent été des savants de premier ordre.

Pour être juste, il ne faut pas considérer les résultats séparément des circonstances dans lesquelles ils ont été réalisés. Si l'on tient compte des obstacles surmontés, on reconnaîtra aussitôt dans l'œuvre civilisatrice de l'Église au moyen âge un caractère surhumain.

CHAPITRE SECOND

LES CALCULATEURS AU MOYEN AGE.

§ I

La Notation numérique et la Numération.

I

De qui avons-nous reçu le système actuel si régulier et si parfait?

Pendant toute l'Antiquité, nous l'avons vu dans la première Partie, les Romains, à l'imitation des Grecs et des Hébreux, avaient représenté les nombres par des lettres de leur alphabet. Chacune d'elles avait une valeur absolue; aucune ne possédait une valeur relative ou de position.

Par les neuf premières étaient exprimées les unités; par les suivantes, les dizaines; par les neuf dernières les centaines. Pour les mille on recourait à divers stratagèmes, suivant les cas et les pays.

Au moyen âge seulement, furent introduits en Europe les chiffres indiens et la numération décimale.

Ce fut là un événement d'une grande importance pour le développement de la Science des nombres. Nous avons constaté, en effet, combien avait été funeste aux Grecs et aux Romains l'imperfection de leur système de numération écrite et parlée.

On trouve dans l'Antiquité de profonds géomètres : les calculateurs furent beaucoup moins nombreux. Pour les opérations les plus simples ils venaient souvent se heurter à d'insurmontables difficultés, tant il leur était malaisé de combiner ensemble les valeurs particulières.

Malgré son génie et les améliorations apportées à la numération d'Archimède, Apollonius de Perga avait à peine réussi à ébaucher la théorie des opérations fondamentales de l'Arithmétique élémentaire.

Longtemps après lui, le Calcul resta fort compliqué. Jusqu'au IIIe siècle après J.-C., on n'avait su extraire les racines carrées que par tâtonnements. Théon d'Alexandrie, à cette époque, en avait donné enfin la règle, mais en se basant sur des propositions géométriques contenues dans les livres d'Euclide, au lieu de s'appuyer sur des considérations d'ordre strictement mathématique.

Les travaux des Géomètres et des Mathématiciens étaient demeurés complètement étrangers, les uns aux autres, pendant les dix premiers siècles écoulés depuis les temps historiques. Alors seulement, à l'époque de Théon d'Alexandrie, on commença un peu à soupçonner entre les deux genres de recherches une relation possible.

Dix à douze siècles furent ensuite nécessaires, pour que cette conjecture se transformât en vérité acquise et suffisamment démontrée.

L'imperfection de la numération antique fut pour beaucoup dans cet immense retard.

On doit lui attribuer, d'abord, en très grande partie, cette tendance des Mathématiciens grecs à se vouer de préférence aux spéculations géométriques, à l'exclusion presque absolue de l'Arithmétique et du Calcul.

Cette imperfection du système les empêchait de concevoir comme possibles les formules générales. Ne venait-on pas se heurter, à chaque instant, aux obstacles toujours renaissants des nombres incommensurables ou irrationnels? Comment trouver, dès lors, des formules générales pour des quantités n'ayant d'autre commune mesure qu'une mesure infiniment petite?

On ne le pouvait, sans un système de numération s'étendant aux fractions de tout ordre, et permettant de pousser l'approximation indéfiniment. Sans cet instrument indispensable, on devait renoncer à prétendre exprimer, d'une manière satisfaisante, le rapport de deux ou de plusieurs quantités de ce genre.

La numération décimale combla cette regrettable lacune, et rendit possible l'usage des formules générales dont l'emploi allait être si fécond.

L'Europe doit cette précieuse invention, non aux Romains ou aux Grecs, mais à un peuple de l'Orient peu connu autrefois, les Hindous.

Grâce à leur numération régulièrement constituée, ceux-ci, dès le vi^e siècle de notre ère, étaient en possession d'une Arithmétique et d'une Algèbre bien supérieures à celles des Grecs.

Nous avons reçu d'eux, avec leur système de numération, les caractères numériques, appelés communément et à tort chiffres arabes, car en réalité ils sont indiens.

A l'époque de leur introduction en Europe, personne ne doutait de cette origine indienne de nos chiffres vulgaires.

Les Arabes, eux-mêmes, le reconnaissent. Plusieurs de leurs Traités d'Arithmétique encore manuscrits sont intitulés : *L'Art de calculer selon les Indiens ; Du Calcul indien*, etc.

On rencontre les mêmes témoignages dans les écrivains chrétiens du xiiie siècle. On peut citer, entre autres, le moine grec Planude, auteur d'un Traité d'Arithmétique selon cette méthode ; le Pisan Leonardo Fibonacci, auquel on a parfois attribué l'honneur de les avoir fait connaître le premier en Occident [1] ; le moine anglais Sacro-Bosco, mathématicien et poète.

---

1. *Liber Abbaci compositus a Leonardo Pisano, in anno* 1202. *Caput* 1. *De Cognitione novem figurarum Yndorum et qualiter cum eis omnis numerus scribatur.*

Ce dernier nous a transmis le sentiment de son époque à cet égard, dans les vers suivants extraits de son poëme consacré à l'exposé de la Science des nombres :

Hæc Algorythmus, ars præsens, dicitur in qua
Talibus Indorum fruimur bis quinque figuris [1].

Toutefois, nos chiffres actuels sont loin d'être absolument identiques à ceux des Indiens. Le temps change bien des choses.

Avant l'invention de l'imprimerie, l'écriture variait avec les siècles, non seulement chez les divers peuples, mais encore au sein d'une même nation. Les symboles arithmétiques ont subi des vicissitudes analogues. Pour s'en convaincre, il suffit de jeter un coup d'œil sur des manuscrits de diverses époques.

La forme des chiffres a été profondément altérée. Il y a eu même des substitutions. Notre zéro actuel, par exemple, est le cinq des Arabes ; notre neuf et notre huit ont remplacé respectivement le sept et le quatre des Hindous.

En outre, quelques-uns d'entre eux ressemblent plus à l'ancienne écriture minuscule et cursive de l'Occident qu'aux chiffres primitifs des Indiens. Ils pourraient donc bien être, dans leur configuration, d'origine latine. C'est l'opinion de plusieurs savants [2]. La forme actuelle date à peine du XVIe siècle.

---

1. Il serait curieux de rechercher à quelle époque on a commencé à appeler chiffres arabes des chiffres qui, en réalité, sont indiens, d'après le témoignage des Arabes eux-mêmes. Ceux-ci, pour écrire les nombres, se servirent longtemps de caractères moins commodes encore que ceux des Grecs. (Cf. Theophanes, *Chronicon* et Abul-Pharajii, *Hist. compend. dynast.*).

2. Ce sentiment fut soutenu, il y a plus de six cents ans déjà, par Fibonacci lui-même, dont l'autorité a, dans l'espèce, un poids tout particulier. Son *Liber Abbaci* renferme sur ce point une dissertation, dont la plupart des auteurs modernes qui ont traité cette question intéressante, paraissent ne pas avoir eu connaissance. Léonard cite plusieurs ouvrages latins du XIe siècle, dans lesquels se trouvent déjà les chiffres dits arabes. Il montre combien leur configuration se rapproche des lettres grecques minuscules, usitées dans les manuscrits des siècles précédents. Il en tire

Il n'y a là rien d'étonnant; mais ces remarques ne diminuent en rien la gloire des Hindous. Leur mérite n'est pas d'avoir donné aux chiffres tels ou tels linéaments; cela est accidentel, en somme. Mais ils ont su les grouper; ils en ont diminué le nombre, en leur attribuant, outre leur valeur absolue, une valeur de position grâce à l'invention du zéro. Ils en ont fait ainsi la base d'une numération régulière et facile.

C'est un grand service rendu à la Science. On l'apprécie davantage, en considérant les longs et pénibles calculs nécessités par les exigences croissantes de l'Astronomie et de l'Analyse, dans les temps modernes. Sans cette innovation, aurait-on pu mener à bonne fin ces gigantesques opérations?

II

Époque de l'introduction des chiffres indiens et de la numération décimale en Europe.

Une question se place ici tout naturellement. A quelle époque les chiffres indiens et la numération décimale ont-ils été introduits en Europe?

On ne le sait pas au juste.

Dans la première moitié du xiiie siècle, ils étaient déjà d'un usage courant. Nous en voyons la théorie nettement exposée dans une vaste Encyclopédie, publiée en 1250, par le dominicain Vincent de Beauvais. Il y explique comment les neuf chiffres signifient successivement, et grâce au zéro, les dizaines, les centaines, les mille, etc., suivant leur position respective [1].

---

cette conclusion que ces chiffres ne sont, par leur origine, ni arabes, ni indiens, mais grecs probablement.

1. Inventæ sunt novem figuræ tales : 1, 2, 3, 4, 5, 6, 7, 8, 9. Quælibet

Ils furent alors, presque en même temps, répandus en Italie par Léonard de Pise; en Angleterre, par le moine Sacro-Bosco; en Grèce, par le moine Planude; en Espagne, par Alphonse X, roi de Castille et de Léon, au moyen de ses tables astronomiques. Les astronomes, obligés de calculer les grands nombres, furent les premiers à en sentir les avantages.

Pendant longtemps toutefois, les chiffres romains furent employés simultanément. On faisait un singulier et bizarre mélange de ces caractères divers; ainsi, par exemple, on représentait onze, douze, treize, etc., par X^1, X^2, X^3.

Cette habitude, longtemps persistante, nous fait comprendre comment on est en droit de reporter l'introduction des chiffres indiens, en Europe, à une époque bien plus reculée. Ils y furent connus bien avant de rentrer dans l'usage commun.

On peut, sans crainte d'erreur, remonter jusqu'au début du xie siècle, et probablement jusqu'au xe. On les trouve, en effet, dans un manuscrit de Gui d'Arezzo, moine bénédictin, né en 990; dans un ouvrage de Bernelin, disciple de Gerbert, *De Abaco et de Numeris;* dans les écrits mathématiques de Gerbert lui-même, dont les principaux sont *Regula de Abaco Computi,* le *Libellus de Numerorum divisione;* dans ceux de saint Odon, abbé de Cluny, à la fin du ixe siècle (il naquit en 879,) *Regula Domni Odonis super Abacum;* etc.

Quant aux Arabes, ils n'ont pas connu les chiffres indiens avant le ixe siècle, car sous le calife Walid, comme nous

---

in primo loco posita significat unitatem, vel unitates; in secundo, denarium vel denarios; in tertio, centenarium vel centenarios; in quarto, millenarium vel millenarios; et, ut brevius loquar, quælibet figura posita in secundo loco, significat decies magis quam si esset in primo, et decies magis in tertio quam in secundo, et sic in infinitum.

Inventa est enim decima figura talis, scilicet O. Nihilque repræsentat, sed facit aliam figuram decuplum significare. (*Speculum doctrinale,* libr. XVI.)

Le *Speculum doctrinale* est la seconde partie du grand ouvrage de Vincent de Beauvais, appelé *Speculum majus* et *Bibliotheca mundi.* Il se divise en *Speculum naturale, Speculum doctrinale* et *Speculum historiale.*

l'avons vu plus haut, les registres des trésors publics, tenus par les chrétiens, étaient rédigés en caractères grecs.

Mais il faut, ce semble, reculer à une époque bien plus récente, l'introduction des chiffres indiens parmi eux. Dans le courant du xi° siècle, en effet, un de leurs principaux mathématiciens, qui enseignait à Bagdad, vers 1010, Al-Karkhi, les ignorait absolument, car dans son *Traité d'Arithmétique*, il emploie toujours des lettres pour exprimer les nombres.

Si, en cela, les Arabes ont précédé les nations de l'Occident, c'est donc de bien peu [1]. Le plus grand des savants arabes, Avicenne, au xii° siècle, dut aller apprendre l'Arithmétique, chez un marchand d'huile. Les Universités n'étaient donc pas encore nombreuses ; et la Science n'était pas fort répandue [2].

En outre, plusieurs érudits ont pensé que les Arabes avaient reçu ces caractères numériques des Grecs, comme ils en ont reçu tant d'autres notions utiles [3].

Mais la numération décimale et les chiffres paraissent avoir été connus, en Europe, bien auparavant, et longtemps avant l'invasion des Arabes.

Au v° siècle, Boëce s'en servait déjà. Il avait, sous le nom d'*apices*, des caractères symboliques correspondant à nos neuf chiffres. Pour effectuer une opération quelconque, il les disposait sur un tableau (*abacus*) divisé par des lignes horizontales et verticales.

Dans les cases ainsi formées, il inscrivait les chiffres de manière à ce que les unités de même ordre, unités simples, dizaines, centaines, etc., fussent dans la même colonne. Les neuf chiffres, outre leur valeur absolue, prenaient donc aussi une valeur de position de dix en dix

---

1. Theophanes, *Chronicon*. Paris, 1655, in-folio, p. 314. Abul-Pharajii, *Hist. compend. dynast.*, p. 127.

2. Abul-Pharajii, *op. cit.*, p. 220.

3. Bayeri, *Hist. regni Bactriani*, p. 123, 127. Villoison, *Anecd. græca*, tom. II, p. 152. *Raccolta d'Opuscoli*. Tom. 48, p. 21.

fois plus considérable, de droite à gauche, non pas seulement jusqu'aux mille, mais jusqu'aux millions, milliards, etc. [1].

Lorsque, dans l'énoncé d'un nombre quelconque, les unités d'un certain ordre manquaient, il laissait vide la case correspondante. Ce vide tenait lieu de notre zéro.

Pour celui-ci, du reste, on ne tarda pas à imaginer un signe spécial. Les Arabes l'appelèrent *tsiphron zeron* (chiffre vide,) dont on a fait *zéro*. En Occident, on le nomma d'abord *sipos*, du grec ψῆφος (jeton à compter, rond, cercle.) Il semblerait donc de forme et d'origine grecque.

Le zéro, clef de voûte de tout l'édifice de la numération, est ainsi exprimé par un mot dérivé aussi bien du grec que de l'arabe. On ne pourrait donc, en toute rigueur, en tirer une preuve péremptoire en faveur de l'origine musulmane du système.

Avec son tableau numérique, Boëce effectuait les opérations arithmétiques comme nous les faisons aujourd'hui.

Il y avait donc en Occident, longtemps avant l'arrivée des Arabes, un système de numération écrite, absolument conforme à celui qui est en usage de nos jours [2].

Cela paraîtra moins étonnant, si l'on veut considérer que Boëce, ayant voyagé et vécu de longues années en Orient, avait pu avoir certaines notions de l'Arithmétique des Hindous.

Depuis les victoires d'Alexandre le Grand, en effet, la Grèce avait toujours conservé des relations avec l'Asie centrale, grâce aux royaumes fondés par les généraux du célèbre conquérant, sur les débris de son vaste empire.

Les principaux de ces royaumes, à ce point de vue, furent ceux de la Bactriane et de l'Aryane, appelés aujourd'hui Afghanistan et Caboul. Ils étaient gouvernés par des Grecs, et l'élément grec s'y développa naturellement beaucoup.

---

1. Boetii, *Geometriæ Euclidis Megarensis Interpretatio*, lib. I, in fine : *De Ratione abaci.*
2. Chasles, *Aperçu historique sur l'origine et le développement des méthodes en Géométrie*, p. 474. Ouvrage couronné par l'Académie royale des sciences et belles-lettres de Bruxelles, 1837.

Jusqu'au III⁰ siècle de notre ère, les monnaies portèrent des inscriptions grecques. Cet usage s'y continua jusqu'au V⁰ siècle [1]. On en trouve encore à notre époque de nombreux spécimens. De plus, dans la terminologie astronomique des Hindous, se rencontrent beaucoup de mots grecs, quelquefois conservés tels quels, d'autres fois traduits littéralement.

Il y eut donc entre les Hindous et les Grecs, surtout ceux d'Alexandrie, un échange réciproque de mœurs et d'usages, dont Boëce a pu sans doute profiter.

Si l'introduction du système décimal en Europe, au XII⁰ ou XI⁰ siècle, a paru à certains auteurs comme un événement nouveau, c'est que les connaissances acquises par Boëce, n'avaient pas eu le temps de se répandre. Ce grand homme, en effet, vécut dans une période de calme relatif; mais, après lui, les troubles recommencèrent, et les ténèbres s'étendirent de plus en plus.

Cette opinion est confirmée par le témoignage important d'un auteur appartenant à la première moitié du XII⁰ siècle, Raoul, évêque de Laon. Dans son Traité *De Abaco*, il dit que ce système de numération était tombé dans l'oubli chez les nations occidentales, mais que Gerbert avait eu la gloire de le remettre en pleine lumière, et de le faire adopter de nouveau.

On s'est plu, trop souvent, à donner aux connaissances mathématiques des Indiens une antiquité fabuleuse. Leur numération écrite semble, toutefois, faire exception.

Dans les inscriptions trouvées aux Indes et remontant jusqu'au V⁰ siècle de notre ère, le zéro ne figure pas. Les chiffres y sont hiératiques, c'est-à-dire différents pour les unités de divers ordres. Il y en a donc plus de neuf, et aucun ne possède une valeur de position, outre sa valeur absolue. Les caractères de la numération décimale se montrent seulement dans les inscriptions du VII⁰ siècle.

Tout en admettant qu'elle ait été en usage dans le calcul, avant de laisser des traces dans les inscriptions lapi-

---

[1]. Montfaucon, *Collectio nova script. græcor.*, tom. II, p. XI et 148.

daires, on pourrait cependant conclure de là, non sans raison, qu'elle ne l'a pas été bien longtemps avant l'époque de Boëce. Il en résulterait, alors, pour celui-ci, quelque droit à l'honneur d'avoir découvert, lui-même, un système analogue à celui des Hindous.

III

Des différents genres de numération.

Il ne sera pas inutile, maintenant, de faire ici quelques remarques sur les divers genres de numération.

L'échelle décimale, du moins dans ses grandes lignes, a été adoptée presque universellement par tous les peuples de l'Antiquité. On la retrouve chez tous ceux de race indo-germanique, depuis les Indes jusqu'aux limites occidentales de l'Europe.

D'après Aristote, elle est essentielle à l'homme, vu notre tendance naturelle à compter sur les doigts. Cette habitude permet de transformer aisément le travail mental en une sorte de travail mécanique, dont nous trouvons toujours l'instrument à notre portée [1].

Si cette raison est juste, elle est applicable tout aussi bien, et plus encore, soit à la numération binaire, puisque nous avons deux mains ; soit à la numération duodécimale, dont nous avons aussi en nous les éléments fondamentaux.

Avec les dix doigts de la main, considérés comme signes d'unités, on ne peut, en effet, compter que jusqu'à dix. On ne saurait faire ensuite, pour les dizaines, les centaines ou les mille, ce qui a été fait pour les unités simples, car, seulement pour la première dizaine, les deux mains ont déjà

---

[1]. Pour un motif analogue, les anciens avaient choisi, comme unités de mesures, des quantités prises parmi les dimensions du corps humain : doigt, pouce, palme, pied, coudée, pas, etc., etc.

été employées simultanément. Pour représenter de nouveaux nombres, elles devraient cesser de signifier les premiers.

Au contraire, si l'on se sert du pouce, doigt toujours facilement mobile et opposable aux autres, pour indiquer successivement les douze phalanges des autres doigts, il sera aisé de montrer sur la main gauche les douze premières unités simples, et sur la main droite les douze premières douzaines. Chaque phalange de la main droite représentera des douzaines, et chaque phalange de la main gauche des unités.

Rien n'empêchera donc d'exprimer par ce moyen tous les nombres intermédiaires depuis 1 jusqu'à 156. Ce nombre, par exemple, serait signifié par la position du pouce droit sur la dernière phalange de la main droite, et du pouce gauche sur la dernière phalange de la main gauche.

Autant cette manière de compter est simple, facile et claire, autant est compliquée, confuse, et malaisée, celle où chacun des dix doigts est un symbole d'unités simples. Dans ce dernier cas, en effet, l'indicateur est nécessairement une des deux mains déjà employées ; tandis que, dans l'autre méthode, l'indicateur est le pouce qui peut commodément se promener devant chaque phalange.

Cette numération duodécimale a dû être, sans doute, auparavant en usage, puisque, même après l'introduction, faite depuis longtemps, du système décimal, il nous en reste encore des traces nombreuses. De là vient l'usage, fort commun, de compter diverses sortes d'objets par les puissances de douze ; c'est-à-dire, par douzaines, d'abord ; puis, par grosses, ou douzaines de douzaines ; par masses, ou douzaines de grosses.

Au système duodécimal se rattache la numération sexagésimale, usitée en Astronomie, pour la division des heures et des degrés en soixante minutes, des minutes en soixante secondes, des secondes en soixante tierces, etc.

Ce sont là des fragments des systèmes divers ayant survécu, depuis plusieurs siècles, à l'introduction en Europe de la numération décimale.

On peut en dire autant des fractions un demi, un quart, un huitième, appartenant au système binaire ou quaternaire, et des fractions un tiers, un sixième, un douzième, appartenant à la numération duodécimale. Ces fractions furent longtemps employées à l'exclusion des fractions décimales.

Aristote, en effet, tout en affirmant la numération décimale naturelle à l'homme, à cause du nombre de ses doigts, avait songé seulement à la progression croissante, et nullement à la progression décroissante pour les quantités inférieures à l'unité.

Il avait bien considéré la dizaine comme le décuple de l'unité, la centaine comme le décuple de la dizaine, etc.; mais il ne s'était pas arrêté à la pensée que les unités simples sont, à leur tour, dizaines et centaines par rapport à leurs dixièmes et centièmes parties.

Chez les peuples primitifs, il existait encore quelques autres systèmes de numération employés simultanément, quoique établis sur des bases différentes. Tantôt l'on comptait par les multiples de cinq; tantôt l'on procédait par ceux de quatre, de trois ou de sept.

Il y avait aussi un système de numération par vingt, à laquelle on peut ramener des expressions bizarres, usitées longtemps dans notre langue, et dont quelques autres persistent actuellement encore, comme, par exemple, quatre-vingt, six-vingt, quinze-vingt, etc. Durant une grande partie du moyen âge, on les représentait par les symboles caractéristiques IV^{xx}, VI^{xx}, XV^{xx}.

Cette Arithmétique vigésimale reposerait, non pas sur le nombre des doigts de nos mains, comme le système décimal, d'après Aristote ; mais sur le nombre total des doigts des mains et des pieds. Elle était en vigueur aussi chez plusieurs peuplades anciennes de l'Amérique, entre autres, chez les Atzèques [1].

Notre numération parlée garde encore d'autres vestiges de ces divers systèmes primitifs. Dans l'énoncé des nom-

---

[1]. Humboldt, *Vues des Cordillières*, tom. II.

bres cardinaux, comme dans celui des nombres ordinaux, la plupart des langues d'Europe présentent de singulières anomalies.

Pourquoi, par exemple, dit-on, en français, onze, douze, treize, au lieu de dix-un, dix-deux, dix-trois, puisque l'on dit ensuite, dix-sept, dix-huit, dix-neuf ; puis, vingt-un, vingt-deux... ; trente-un, trente deux, etc. ? Ces mêmes bizarreries se remarquent en italien, en espagnol, en anglais, en allemand.

Nous avons les termes trente, quarante, cinquante, etc., pourquoi n'avons-nous pas aussi, *duante* et *octante*, au lieu de vingt et de quatre-vingt ?

Les expressions soixante-dix, quatre-vingt-dix sont encore plus irrégulières.

Si ces modifications curieuses ne proviennent pas de l'existence simultanée de plusieurs systèmes de numération à l'origine des temps historiques, elles nous montrent, du moins, chez les anciens peuples qui se sont servis généralement de l'échelle décimale, une lacune et une imperfection. Ils ne paraissent pas avoir saisi le véritable esprit du système, ni compris son importance ou son mécanisme.

S'ils en avaient eu vraiment une claire notion, ils l'auraient appliquée aussi à leur numération écrite, restée longtemps plus irrégulière encore que leur numération parlée. Leur habitude d'attribuer aux lettres de leur alphabet, employées comme chiffres, une valeur toujours absolue, en brisait profondément l'unité S'ils leur avaient reconnu, en outre, une valeur de position, le plus grand pas eût été fait.

Le principal, en l'espèce, n'était pas, en effet, la forme même des caractères choisis, mais la manière d'en user. Peu importait cette forme. En réalité, elle a complètement changé, depuis l'introduction des chiffres indiens en Europe, comme nous l'avons observé déjà ; mais le système décimal n'a pas été atteint dans ses parties constitutives par ces inévitables variations.

L'essentiel était la valeur de position accordée aux chiffres, et la prolongation de la progression aux sous-multiples décimaux de l'unité.

Ni Apollonius, ni Archimède, n'avaient imaginé l'emploi si simple et si fécond du zéro, clef de tout le système. Ils n'avaient pas songé davantage à donner à l'échelle numérique une extension illimitée dans les deux sens.

IV

Y aurait-il eu quelque avantage à fonder la numération sur une autre base que le nombre dix[1] ?

Toutes choses considérées, la numération décimale est-elle la meilleure ?

Certains auteurs auraient préféré le système duodécimal. L'avantage serait en ce que douze et ses multiples, étant immédiatement divisibles par 2, 3, 4, 6, et 8, ont plus de diviseurs que les multiples de dix, divisibles seulement par 2 et par 5. Le diviseur cinq est d'un emploi moins fréquent, et son introduction entraîne tout de suite, dans le premier de ses sous-multiples, une fraction difficile à exécuter dans les mesures de longueur.

Les opérations seraient donc de beaucoup plus faciles et plus rapides. Les calculateurs y trouveraient assurément leur profit.

Pour écrire toutes les quantités selon ce système, on aurait eu besoin, il est vrai, de quelques caractères de plus. Il en aurait fallu deux autres, *a* et *b*, par exemple, ajoutés à 1, 2, 3, 4, 5, 6, 7, 8, 9.

Le nombre dix n'aurait pas été représenté par 10, mais par *a* ; le nombre onze, non par 11, mais par *b*. Le sym-

---

[1]. La base d'un système de numération est le nombre d'unités de chaque ordre nécessaire pour former une unité de l'ordre immédiatement supérieur.

bole 10 aurait signifié douze ; le symbole 20, vingt-quatre, etc. L'expression 100 aurait désigné cent quarante-quatre, première puissance de la base duodécimale, comme dans le système actuel elle tient la place de cent, carré de la base dix.

Le système de numération, au lieu d'être constitué par la série $10^0.\ 10^1.\ 10^2.\ 10^3.\ 10^4...$ ou 1. 10. 100. 1000. 10000... l'aurait été par celle-ci : $12^0.\ 12^1.\ 12^2.\ 12^3.\ 12^4...$ ou 1. 12. 144. 1728. 20736...

Si, au contraire, la base du système eût été sept, il aurait suffi de six chiffres et du zéro pour écrire tous les nombres imaginables. La nomenclature eût compris, non pas des unités, des dizaines, des centaines, etc., mais des unités, des septaines, des septaines de septaines, etc... La série eût été $7^0.\ 7^1.\ 7^2.\ 7^3...$ c'est-à-dire 1. 7. 49. 343... Pour écrire un nombre, on aurait dû le diviser par la pensée en septaines, septaines de septaines, etc., et employer pour chacun de ces ordres un chiffre, comme nous le faisons pour les dizaines, les centaines, les mille, etc.

Enfin, dans le système binaire, le plus simple de tous évidemment, il aurait suffi d'un *seul* chiffre avec le zéro pour exprimer toutes les quantités jusqu'à l'infini. On aurait eu, alors, la série $2^0.\ 2^1.\ 2^2.\ 2^3.\ 2^4.\ 2^5...$ ou 1. 2. 4. 8. 16. 32. 64. 128. 256...

Le nombre deux s'exprimerait par 10, quatre, par 100, huit, par 1.000 ; seize, par 10.000 ; trente-deux, par 100.000 ; soixante-quatre, par 1.000.000, etc.

Les nombres intermédiaires s'écriraient d'une façon analogue ; par exemple, trois serait représenté par 11 ; cinq, par 101 ; six, par 110 ; sept, par 111 ; neuf, par 1.001, etc.

Cette numération, si simple en soi, aurait l'immense inconvénient d'exiger une trop fréquente répétition des mêmes chiffres. S'il lui faut déjà sept caractères (1.000.000) pour représenter soixante-quatre, que serait-ce pour les grands nombres usités en Astronomie et dans quelques autres Sciences ?

Leibniz, cependant, avait pour elle un certain attrait.

Il en faisait remarquer avec complaisance l'ordre merveilleux et l'harmonie profonde. Ne découvrait-elle pas, au premier coup d'œil, la série des carrés, des cubes et des autres puissances d'un rang quelconque, avec la suite des nombres triangulaires, pyramidaux, etc.? On aurait pu en dresser la liste, sans prendre la peine de les calculer.

Les opérations, simplifiées à ce point, devenaient d'une facilité extrême. La table de multiplication, dite de Pythagore, était désormais inutile; par suite, on la supprimait. Elle ne conservait plus qu'un intérêt purement historique, comme les vieilles machines du passé, reléguées au musée des antiques pour la distraction des visiteurs.

La pensée de Leibniz n'était pas, toutefois, de faire accepter en pratique la numération binaire, malgré ses avantages. Il ne gardait aucune illusion sur ses incontestables inconvénients, et sur la difficulté, non moins réelle, de changer un système depuis longtemps en usage. Ce n'eût pas été le seul cas dans lequel on eût dû renoncer à des améliorations désirées, à cause de la difficulté de modifier des habitudes depuis longtemps reçues.

Des réflexions précédentes il résulte, d'abord, cette conclusion : De même que les anciens peuples ont eu simultanément différents systèmes de numération, dont il nous est resté plusieurs fragments, malgré l'adoption du système décimal; ainsi, il nous serait peut-être fort utile, vu leurs avantages respectifs, de posséder plusieurs systèmes de numération à base diverse, pour les appliquer suivant les cas.

En effet, d'un côté, le système décimal n'est imposé ni par l'essence des choses ou des nombres, ni par l'essence du langage. L'impossibilité pour toute langue humaine de donner un nom particulier à chaque nombre, implique seulement la nécessité de trouver un système, dans lequel les nombres soient réunis en série régulière, divisée en groupes, dont chacun puisse à volonté être pris pour unité d'un ordre spécial. Le centre de la série doit être partout où le besoin l'exige, et la limite nulle part.

Mais, d'un autre côté, il peut y avoir des raisons de faire ces groupes de deux, de trois, de cinq, de sept, de douze, au lieu de dix, suivant les cas. L'unité du système y perdra sans doute ; mais ce défaut sera peut-être compensé par des avantages dignes d'être achetés à ce prix.

Il y a cependant des motifs bien convaincants, pour se prononcer en faveur de l'adoption unique du système décimal. Tout, alors, se range sous une seule loi, simple et féconde, depuis les nombres infiniment grands, jusqu'aux infiniment petits.

Les fractions décimales ont, sur les fractions à deux termes, le grand avantage de paraitre comme une continuation naturelle des nombres entiers, dont elles ne sont séparées que par une virgule. Toutes les opérations, dont elles sont susceptibles d'être l'objet, se réduisent à des opérations absolument semblables à celles des nombres entiers. La méthode y gagne en unité, en promptitude et en facilité.

D'après certains auteurs, plusieurs siècles se seraient écoulés depuis l'introduction du système décimal en Europe, jusqu'à son application aux fractions. L'honneur de cette découverte reviendrait à Régiomontanus (Jean Muller,) familier de Matthias Corvin, roi de Hongrie, et du pape Sixte IV. Il l'aurait faite au commencement du XVIe siècle [1].

Si cela était exact, les nations occidentales, tout en reconnaissant avoir reçu des Orientaux l'idée première du système, auraient cependant la gloire de l'avoir complété magnifiquement, en l'étendant bien au delà des limites fixées par ceux à qui l'invention en est attribuée. Elles en auraient tiré des conséquences ignorées des Indiens.

Par cette application heureuse du système à l'évaluation des parties inférieures à l'unité, apparut davantage le prin-

---

[1]. On trouve cependant les décimales dans un ouvrage bien antérieur, le traité *De Algorismo* de Jean de Séville (Joannes Hispalensis,) né vers 1130. C'était un ancien rabbin juif, converti au catholicisme. Son livre fournit des exemples de calcul de racines carrées avec parties décimales.

cipe directif, d'après lequel, dans la série indéfinie des quantités divisées en groupes réguliers, on est libre de choisir pour unité fondamentale celle de tel ou tel groupe, suivant le besoin des cas, manifesté par la grandeur ou la petitesse des objets successivement examinés.

L'extension du système, illimitée de part et d'autre, et son aptitude à présenter, comme centre de la série, tel ou tel point arbitraire, font de lui, suivant une expression remarquablement juste et frappante « une chaîne dont il suffit de saisir un anneau pour l'enlever tout entière. »

Ainsi furent renversées les barrières par lesquelles longtemps l'essor de l'esprit humain avait été entravé ; ainsi furent rendus possibles les immenses développements, dans les temps modernes, de ces Sciences admirables, dont aucune ne saurait se passer du Calcul ; ainsi fut mise à la portée de tous, même de la masse du peuple, la Science des nombres, dont auparavant les esprits les plus élevés atteignaient à peine les premiers éléments.

Ces avantages inappréciables se rencontreraient, peut-être, dans tout autre système, binaire, tétractique, septenaire, duodécimal, etc., pourvu qu'il fût basé sur le principe d'ordre et de position ; mais y seraient-ils au même degré ?

Sur cette question, il s'est élevé des doutes, comme nous l'avons exposé dans les pages précédentes. Pourtant, il faut en convenir, si le système décimal, sous certains points, est inférieur à ses rivaux, sous d'autres rapports il leur est préférable, car il n'en présente pas les réels inconvénients. S'il n'est pas absolument parfait, il est néanmoins un des plus merveilleux instruments donnés à l'esprit humain, pour les recherches scientifiques et pour la découverte de la vérité.

Dix et ses multiples, sans doute, ne sont immédiatement divisibles que par deux et par cinq. Ce dernier introduit, tout de suite, un fractionnement difficile à réaliser avec précision dans les mesures de longueur. Toutefois, ces obstacles ne sont pas insurmontables.

L'absence du diviseur trois n'entraine pas de bien graves conséquences. L'emploi des fractions périodiques auxquelles on arrive alors aussitôt, donne de ce cas une solution très satisfaisante. Dès que leur forme se présente, on peut, sans être obligé de prolonger les calculs, en arriver, tout d'un coup, à un degré d'approximation illimité.

Si le système duodécimal était réellement préférable, il aurait, du moins, été adopté, à défaut de la masse, par certaines classes de savants, toujours en quête de nouveaux artifices de calcul et de méthodes perfectionnées ou plus rapides. Les hommes du métier n'auraient pas hésité à se familiariser avec lui, s'ils avaient espéré en retirer une utilité réelle. Aucun d'eux ne l'a fait.

Les astronomes eux-mêmes, malgré la conservation de la division du temps et des heures, du cercle et des degrés en parties sexagésimales et duodécimales, font leurs calculs décimalement, et traduisent ensuite en expression usuelle les résultats de leurs opérations.

L'adoption de ce système exigerait la création d'une nomenclature nouvelle. A la rigueur, cela n'est pas au-dessus des forces humaines, nonobstant des habitudes invétérées. La Chimie est sortie victorieuse d'une épreuve de ce genre. Mais ici, l'affaire se compliquerait d'une difficulté de plus.

La valeur des unités des divers ordres, ou groupes, ne pourrait être saisie de prime abord, comme l'est, dans la numération décimale, celle des dizaines, des centaines, des mille, des millions, etc. Au lieu de la progression si facile à se rappeler 1, 10, 100, 1000, 10.000... on aurait celle-ci : 1, 12, 144, 1728, 20.736...

Une bien longue habitude serait nécessaire pour apprécier exactement, et comme par intuition, la valeur précise des diverses puissances de douze, à mesure que le besoin s'en ferait sentir, et ce serait à chaque instant.

Dans l'expression 3542, par exemple, nous avons, tout de suite, une juste idée de la valeur totale représentée par les trois mille, les cinq centaines, les quatre dizaines, et les deux unités simples. Cette même expression, dans le système duodécimal, équivaudrait à trois fois 1728, plus cinq fois 144, plus quatre fois 12, plus deux unités.

L'esprit n'apprécie point intuitivement la somme de ces divers produits, chacun assez complexe en soi. Il en résulterait une difficulté considérable, même pour la lecture et l'écriture des nombres. L'avantage d'avoir à sa disposition quelques diviseurs de plus, serait bien amoindri, et disparaîtrait presque complètement, devant la nécessité de garder toujours présente à la mémoire la valeur des divers multiples et des diverses puissances de douze.

Mais si les difficultés sont déjà si considérables pour la simple lecture des nombres pris séparément, elles croîtront au delà de toute mesure, quand il s'agira de la combinaison des nombres entre eux, telle qu'elle s'impose dans les opérations les plus élémentaires de l'Arithmétique, comme la multiplication et la division. Que ne faudrait-il pas dire de l'extraction des racines et des autres règles plus compliquées?

Les obstacles s'accumuleraient bientôt à tel point, qu'ils seraient absolument insurmontables à la plupart des intelligences.

La Science des nombres, la simple Arithmétique, deviendrait bientôt le partage exclusif des esprits transcendants, ou des calculateurs de profession. Encore ceux-ci n'arriveraient-ils pas, sans beaucoup de peine et sans un travail opiniâtre, à se rendre maîtres de la méthode.

C'est là, incontestablement, un immense défaut, propre à détruire complètement tous les autres avantages.

Ces remarques s'appliquent évidemment à la numération binaire, septenaire et tétractique.

Il n'y a donc pas de raison bien pressante d'abandonner le système décimal, universellement adopté depuis des siècles.

§ II

Les Opérations arithmétiques.

I

Divers Traités composés au moyen âge.

Apollonius avait à peine ébauché la théorie des opérations fondamentales. Les Chrétiens du moyen âge, après l'introduction de la numération décimale, furent plus heureux. On vit alors les traités de ce genre se multiplier et se compléter peu à peu.

Un des principaux, du moins parmi ceux qui nous ont été conservés à peu près intégralement, est celui de Léonard de Pise, appelé aussi Fibonacci (Filius Bonnacci.) Il avait longtemps voyagé en Orient. A son retour, vers 1202, il fit paraitre son ouvrage *Liber Abbaci.*

Il y montre une conception très claire de la conformité entre les résultats obtenus par la Géométrie et par les procédés numériques. Il est impossible, dit-il, d'exposer convenablement l'Arithmétique, sans recourir à la Géométrie. Ces deux branches du savoir humain ne doivent pas être séparées, car elles se soutiennent mutuellement. *Quia Arithmetica et Geometria scientiæ sunt connexæ et suffragatoriæ sibi ad invicem, non potest de numero plena tradi doctrina, nisi inserantur geometrica quædam, vel ad Geometriam spectantia* [1].

Aussi, ajoute-t-il, les constructions géométriques ont souvent servi à manifester l'exactitude des règles du Calcul. *Juxta modum numeri operantur, qui modus est sumptus*

---

1. *Liber Abbaci compositus a Leonardo filio Bonacci Pisano,* prologus.

ex multis probationibus et demonstrationibus quæ figuris geometricis fiunt[1].

Il était redevable de cette importante découverte, non pas aux Grecs qui ne s'en étaient pas doutés, ou, du moins, n'y avaient fait aucune allusion, mais plutôt aux Indiens chez lesquels la concordance des deux méthodes paraît avoir été connue dans l'antiquité.

Dans son *Abbacus*, après avoir exposé, au premier chapitre, le système de la numération avec une netteté remarquable, il développe, dans les sept chapitres suivants, la théorie de la multiplication, de la division, de l'addition et de la soustraction des nombres entiers et des nombres fractionnaires.

Il parle ensuite de la règle de société, de la conversion des monnaies et des lettres de change; de l'extraction des racines carrées et cubiques; des proportions géométriques. Toutes ces doctrines sont encore expliquées dans son livre assez volumineux intitulé: *Pratique de la Géométrie*[2].

Dans ces deux ouvrages se trouvent également traitées beaucoup de questions d'Algèbre, jusqu'à la résolution des équations du second degré.

La théorie des opérations de l'Arithmétique y est mieux présentée que dans les écrits des auteurs précédents.

L'union féconde de l'Algèbre et de la Géométrie avec l'Arithmétique avait permis à Fibonacci de trouver la somme de la série des nombres naturels et des carrés. Il publia sa méthode à ce sujet dans son Traité *Des nombres carrés*.

Les Hindous avaient su, avant lui, évaluer la somme des progressions par différence et des séries constituées par la suite des nombres naturels, des carrés et des cubes des nombres entiers, depuis l'unité jusqu'à un nombre quelconque.

Dans le Traité d'Arithmétique de Brahma-Gupta, géomètre indien du VIIe siècle, et dans celui d'Aryabhata, mort un demi-siècle avant, se trouvent les formules per-

---

1. *Op. et loc. cit.*
2. *Practica Geometriæ composita a Leonardo Pisano de filiis Bonacci*, anno 1220. Distinct. 2[a] et 5[a].

mettant de trouver le dernier des termes d'une progression arithmétique, la somme de ces termes, ou leur nombre, pourvu que l'on connaisse la raison de la progression et deux des trois autres quantités.

Ces ouvrages indiens exposent aussi les règles d'intérêt simple, et donnent les formules nécessaires pour trouver à volonté le capital, l'intérêt, le temps et le taux, pourvu que trois de ces quatre quantités soient connues.

Un autre auteur avait précédé aussi Léonard de Pise. C'était encore un Italien, Gérard de Crémone, né en 1114, mort en 1187. On a de lui un Traité d'Arithmétique intitulé *Algorismus magistri Gerardi in integris et minutis*. Comme le titre l'indique, l'auteur s'y occupe des nombres entiers et des nombres fractionnaires [1].

Ajoutons à la liste de ces conquêtes en Arithmétique, la règle de la divisibilité des nombres par neuf. Elle fut, dès lors, appliquée à la preuve des quatre opérations fondamentales, l'addition, la soustraction, la multiplication et la division. Cette preuve était appelée *la balance*.

On la voit assez nettement indiquée dans le Traité d'Avicenne intitulé *Exposition des racines du Calcul et de l'Arithmétique*. L'auteur y appelle radical d'un nombre l'excès de ce nombre sur le plus grand multiple de 9 qui y soit contenu. Il signale, en même temps, la méthode pour découvrir ce radical.

Quant aux diverses opérations à faire subir aux fractions à deux termes, elles étaient depuis longtemps connues. L'*Algèbre arithmétique* de Diophante, mort au commencement du ve siècle, en fournissait déjà une théorie assez claire et assez complète.

Presque aussitôt après la mort de son auteur, cet ouvrage fut commenté par la célèbre Hypathia, dont les œuvres ne nous sont point parvenues, puis par les géomètres du moyen âge et de la Renaissance jusqu'à Viète.

---

1. Dans la vaste Encyclopédie de Vincent de Beauvais sont également exposées, tout au long et très clairement, avec la théorie des nombres, les diverses opérations dont ils sont susceptibles, jusqu'à l'extraction des racines inclusivement.

À la fin du moyen âge, un mathématicien dont nous parlerons plus en détail à l'article suivant, Lucas de Burgo, moine franciscain, composa un Traité d'Arithmétique vraiment remarquable. Outre les règles ordinaires et celles de fausse position simple et double, il exposa longuement l'Arithmétique commerciale. Il enseigna, le premier, l'Art de tenir les livres en partie double, usage adopté ensuite dans le grand commerce et pour la comptabilité des caisses publiques dans divers États.

I

Exemples de problèmes arithmétiques tirés des écrits du vénérable Bède.

Pour fixer davantage les idées sur le mouvement scientifique du moyen âge, au point de vue de l'Arithmétique, nous citerons ici quelques-uns des problèmes conservés dans les œuvres du vénérable Bède. Plusieurs sont curieux à divers titres.

Le vénérable Bède qui vivait au VII° siècle, était fort versé dans les Sciences exactes. Parmi celles-ci, il plaçait au premier rang les Mathématiques, considérées par lui comme le point de départ nécessaire et universel [1].

Si vous faites disparaître les nombres, disait-il, tout périt. Sans la connaissance de leurs combinaisons diverses, la véritable Science devient impossible, et l'homme perd sa supériorité sur les êtres sans raison [2].

---

[1]. Quatuor habet Physica divisiones : Arithmeticam, Geometriam, Musicam et Astronomiam. Ex his quatuor divisionibus naturalis scientiæ, Arithmetica procul dubio prima discenda est, quæ principium matrisque quodammodo ad cæteras obtinet portionem. Arithmetica enim cunctis prior est. Ex hac Deus cuncta constituit, hoc est per numeros omnia elementa constituit et ordinavit. (*De Computo dialogus.*)

[2]. Tolle numerum in rebus et omnia pereunt. Adime sæculo compu-

Voici quelques-unes des questions posées dans un Traité dont le but était d'exercer les jeunes gens.

Proposition XVIII. — Deux hommes conduisaient des bœufs sur le chemin. Le premier dit au second : « Donne-moi deux de tes bœufs, et j'en aurai autant que tu en as. » L'autre répondit : « Et toi, donne-m'en deux des tiens : j'en aurai alors deux fois plus que tu en possèdes. » Combien chacun en avait-il [1] ?

Proposition XXVII. — Aux deux extrémités d'un champ long de 150 pieds, se trouvaient un lièvre et un chien. Celui-ci, ayant aperçu le gibier, s'élança à sa poursuite. D'un seul bond il franchissait neuf pieds, tandis que le lièvre d'un saut en parcourait sept seulement. On demande combien de sauts avaient faits le chien et le lièvre quand celui-ci fut pris, et à quelle distance du point de départ la capture eut lieu [2] ?

Proposition XXXVII. — Celle-ci rappelle l'épitaphe que le mathématicien Diophante avait ordonné de graver sur son tombeau. — Un vieillard rencontre un enfant et lui dit : « Vis, mon enfant, autant que tu as vécu, encore autant et trois fois autant. Que le Seigneur t'accorde alors une de mes années de plus, et tu seras centenaire. » Quel est l'âge de l'enfant [3] ?

---

tum et cuncta ignorantiâ cæcâ complectentur, nec differri possint a cœteris animalibus, qui calculi nesciunt rationem. (*De Arithmeticis numeris*, cap. 1, *De Numeris*.)

1. Duo homines ducebant boves per viam, e quibus unus dixit alteri : Da mihi boves duos, et habebo tot boves quot et tu habes. At ille ait : Da mihi (inquit,) et tu boves duos, et habebo duplum quam tu habes. — Dicat qui velit quot boves fuerunt quod unusquisque habuit. (*De Arithmeticis propositionibus ad acuendos juvenes*, proposit. XVIII.)

2. *De campo et cane ac fuga leporis.* Est campus qui habet in longitudine pedes centum quinquaginta. In uno capite stabat canis et in altero lepus : promovit namque canis ille post leporem currere. Ast ubi canis faciebat in uno saltu pedes novem, lepus transmittebat septem. — Dicat qui velit quot pedes, quotve saltus, vel canis persequendo, vel lepus fugiendo, quoadusque comprehensus est, confecerint. (*Op. cit.*, prop. XXVII.)

3. *De salutatione cujusdam senis ad puerum.* Quidam senior salutavit puerum, cui dixit : Vivas, fili, vivas (inquit,) quantum vixisti, et aliud tantum et ter tantum ; addatque tibi Deus unum de annis meis, et impleas annos centum. Solvat qui potest, quot annorum tunc tempore ipse puer erat. (*Op. cit.*, propos. XXXVII.)

Proposition XXXIV. — Il s'agit de distribuer 90 mesures de froment à 90 personnes, de façon à donner trois mesures à chaque homme, deux à chaque femme, et une demi-mesure à chaque enfant. Combien y aurait-il, parmi ces quatre-vingt-dix personnes, d'hommes, de femmes et d'enfants [1]?

Proposition XL. — C'est un problème analogue. — Avec cent pièces d'or, un marchand veut acheter cent animaux de diverses espèces. Avec trois pièces d'or, il peut se procurer un cheval, avec une pièce un bœuf, ou trente-trois brebis. Combien aura-t-il de brebis, de bœufs et de chevaux [2]?

Proposition XLIV. — C'est la recherche de la somme de la progression arithmétique constituée par la suite des cent premiers nombres naturels. — Une échelle se compose de cent degrés : sur le premier degré se trouve une colombe; sur le second, il y en a deux; sur le troisième, trois; sur le quatrième, quatre, etc. Le nombre augmente ainsi proportionnellement jusqu'au centième degré. Combien y a-t-il de colombes en tout [3]?

Ces propositions et autres semblables ne renferment pas évidemment d'insurmontables difficultés; mais elles étaient seulement pour exercer l'intelligence des jeunes gens, *ad acuendos juvenes*.

---

1. *De quodam patrefamilias*. Quidam paterfamilias habuit familias 90, et jussit eis dare de annonā modios 90; sic quoque jussit ut viri acciperent modios ternos, et mulieres binos, et infantes singula semodia. — Dicat qui potest quot viri, quot mulieres, et quot infantes fuerunt. (*Op. cit.*, prop. XXXIV.)

2. *De animalibus emptis*. Voluit aliquis emere animalia promiscua 100 de solidis 100, ita ut equus 3 solidis emeretur, bos vero in solidum 1, et 33 oves in solido 1. — Dicat qui valet, quot caballi, vel quot boves, quotve fuerunt oves. (*Op. cit.*, prop. XL.)

3. *De scalā cum centum gradibus*. Est scala una habens gradus 100; in primo gradu sedebat columba 1, in secundo 2, in tertio 3, in quarto 4, in quinto 5, sic in omni gradu usque ad centesimum. — Dicat qui potest quot columbæ in totum fuerunt? (*Op. cit.*, prop. XLIV.)

L'ouvrage *De Arithmeticis propositionibus ad acuendos juvenes*, n'est peut-être pas de Bède; plusieurs auteurs l'attribuent à son élève Alcuin. Cette opinion n'est pas, cependant, absolument incontestable. Mais, quoi qu'il en soit de la controverse, ce recueil a été certainement composé vers le VIIIe siècle. Cela suffit pour lui accorder, à juste titre, la valeur historique que nous lui reconnaissons ici.

Plus loin, nous aurons occasion de parler des calculs astronomiques de Bède, et nous verrons que, sous ce rapport, ses connaissances étaient réellement étendues.

III

Récréations mathématiques des moines au moyen âge.

Jusque dans leurs délassements les moines portaient l'étude de l'Arithmétique. Il est curieux de retrouver, dans leurs œuvres, plusieurs de ces récréations mathématiques, que l'on croit généralement appartenir à une époque moins reculée.

Nous en citerons quelques-unes empruntées aux ingénieux problèmes fournis par le jeu des traversées en bateau, rendues plus ou moins difficiles par le concours de circonstances particulières.

Proposition XIX. — Un homme arrivé sur le bord d'un fleuve, devait transporter sur la rive opposée un loup, une chèvre et un paquet de choux. Mais le bateau, mis à sa disposition, était trop petit, et ne pouvait contenir, en même temps, que le batelier et l'un des trois objets. Il fallait cependant les passer de manière à ne point laisser seuls sur une rive, la chèvre et les choux, ou le loup et la chèvre, de crainte que le loup ne mangeât la chèvre, ou la chèvre ne mangeât les choux. Comment s'y prendre pour se tirer d'un aussi mauvais pas [1]?

Bède en donne la solution en ces termes : il faut d'abord passer la chèvre et laisser sur la rive le loup et le

---

1. *De lupo et caprâ et fasciculo cauli.* Homo quidam debebat ultra fluvium transire lupum et fasciculum cauli et capram, et non potuit aliam navem invenire nisi quæ duos tantum ex ipsis ferre valebat. Præceptum itaque ei fuerat ut omnia hæc ultra omnino illæsa transiret. Dicat qui potest quomodo eos illæsos ultra transiret. (*De Arithmeticis propositionibus ad acuendos juvenes*, prop. XIX.)

paquet de choux. Puis, on revient ; on passe le loup ; mais, quand celui-ci est débarqué sur l'autre rive, on ramène la chèvre : sans cela, elle serait mangée pendant l'absence du gardien. On la dépose de nouveau sur la première rive ; on prend les choux et on les porte sur la rive où le loup se trouve déjà. Puis, on revient pour reprendre la chèvre et la passer de nouveau. Ainsi le loup ne sera jamais seul avec la chèvre, ni la chèvre avec les choux. Tout danger sera donc évité [1].

Voici un autre cas, plus compliqué encore. Des auteurs plus récents, en le donnant, l'ont appelé *La Traversée des trois ménages*.

Proposition XVIII. — Trois hommes, accompagnant chacun sa propre sœur, se rencontrent au bord d'un fleuve qu'il s'agit de passer. Le bateau, dont ils sont obligés de se servir, ne peut porter plus de deux personnes à la fois, et aucun d'eux ne consent, par bienséance, à laisser sa sœur en compagnie de l'un des deux autres, s'il n'est lui-même présent. On demande comment doit s'effectuer la traversée, pour que cette règle de convenance soit constamment observée [2].

Le problème n'est pas des plus faciles à résoudre : il est même de nature à exercer assez longuement la sagacité des chercheurs. Pour s'en convaincre, il suffit d'essayer, soi-même, avant d'avoir lu la solution.

C'est un cas de stratégie savante. Elle demande le du sa-

---

1. *De lupo et caprâ solutio.* Simili namque tenore ducerem prius capram et dimitterem foris lupum et caulum ; tunc deinde venirem lupumque ultra transirem, lupoque foris misso, rursusque capram nav ceptam ultra reducerem, capramque foras missam caulum trans rem ultra ; atque iterum remigassem, capramque assumptam ultra dux sem. Sicque faciente facta erit remigatio salubris absque voragine lacerat nis. (*Op. cit.*, solutio propositionum.)

2. *De tribus fratribus singulas sorores habentibus.* Tres igitur fra s erant qui singulas sorores habebant et flumen transire debebant. Erat unicuique illorum concupiscentia in sororem proximi sui ; qui veniant ad fluvium non invenerunt nisi parvam naviculam in qua non poterant amplius nisi duo ex illis transire. Dicat qui potest qualiter fluvium transierunt, ut ne una quidem earum ex ipsis maculata sit. (*Op. cit.*, prop. XVIII.)

voir-faire et du coup d'œil. On ne peut réussir à tout conduire à bonne fin, sans trouver, au moment voulu, de ces combinaisons ingénieuses qui échappent quelquefois aux plus habiles.

Les anciens en avaient formulé la solution dans les quatre vers latins suivants :

> *It duplex mulier, redit una, vehitque manentem;*
> *Itque una, utuntur tunc duo puppe viri.*
> *Par vadit, redeunt bini; mulierque sororem*
> *Advehit : ad propriam sive maritus abit.*

Nous donnons en note la solution de Bède. Sauf quelques légères variantes n'altérant en rien le résultat, elle est conforme à la précédente [1].

On trouve dans le même ouvrage *De Arithmeticis propositionibus ad acuendos juvenes*, plusieurs problèmes de ce genre, et divers procédés curieux pour deviner un nombre pensé secrètement par une autre personne.

Ils témoignent, chez leurs inventeurs, d'une réelle habileté dans l'art des combinaisons, et ils ont exigé des connaissances assez étendues sur la Théorie de la génération des nombres.

Sans doute, les méthodes modernes sont de beaucoup plus régulières, plus savantes et, dès lors, plus parfaites. Les premières, cependant, avaient aussi leur mérite. Plu-

---

1. *De sororibus solutio.* Primo omnium ego et soror mea introissemus in navim et transfretassemus ultra, transfretatoque fluvio dimisissem sororem de navi et reduxissem navim ad ripam. Tunc vero introissent sorores duorum virorum, illorum videlicet qui ad littus remanserant; illis itaque feminis navi egressis, soror mea quæ prima transierat, intraret ad me, navimque reduceret; illa egrediente foras, duo in navi fratres intrassent, ultraque venissent. Tunc unus ex illis una cum sorore sua navim ingressus, ad nos transfretasset; ego et ille qui navigaverat, sorore mea remanente foris, ultra venissemus; nosque ad littora vectos, una ex illis duabus quælibet mulieribus, ultra navim reduceret, soror æque mea secum recepta, pariter ad nos ultra venissent; et ille cujus soror ultra remanserat navim ingressus, eam secum ultra reduceret. Tali igitur sicque sollicitante studio, facta est navigatio, nullo fuscante inquinationis contagio. (*Op. cit.*, solutio prop. XVIII.)

sieurs de nos contemporains seraient encore embarrassés par les problèmes qu'elles ont servi à résoudre.

On ne s'étonnera donc pas de voir des moines austères employer une partie de leur temps à de pareils amusements.

D'abord, il n'est pas défendu, même aux moines, de se délasser un peu. Les forces humaines ont des limites, et l'arc toujours tendu finit par se briser. Ensuite, les récréations mathématiques de ce genre, tout en reposant l'esprit, avaient aussi pour effet de l'assouplir, et d'en aiguiser la pointe, suivant l'expression de cette époque (*ad acuendos juvenes.*) Elles le disposaient ainsi aux études sérieuses, en développant en lui la faculté du raisonnement.

Selon un mot de Leibniz, les exercices d'adresse ou de hasard fournissent souvent l'occasion d'acquisitions précieuses dans le domaine des Sciences utiles. De toutes les combinaisons, bizarres parfois, auxquelles ils donnent lieu, se dégagent assez souvent des principes cachés, qu'on aurait cherchés ailleurs longtemps et vainement peut-être.

Dans les jeux de l'enfance, ajoute le même auteur, se rencontrent certains détails propres à arrêter les plus grands mathématiciens, s'ils voulaient en découvrir la raison dernière, et en formuler la règle avec précision.

CHAPITRE TROISIÈME

LES GÉOMÈTRES AU MOYEN AGE.

Peu au courant de la Science des nombres, les anciens, nous l'avons dit, avaient connu beaucoup mieux celle de l'étendue. Ils l'avaient même conduite à un haut degré de perfection.

S'avançant fort au delà des limites de la partie élémentaire, ils avaient réussi à établir une théorie assez complète des sections coniques. Hipparque et Ptolémée avaient constitué sur ses véritables bases la double Trigonométrie rectiligne et sphérique. Avant eux, Archimède et Apollonius avaient eu la gloire immortelle de poser les fondements de l'Analyse transcendante.

Pendant le moyen âge, l'essor de cette Science déjà si florissante fut arrêté, durant de longs siècles, par les multiples causes dont nous avons parlé. Nul génie vraiment original et créateur ne cultiva cette branche du savoir humain, et ne travailla à son développement.

Les ouvrages des auteurs de la belle époque furent seulement traduits avec plus ou moins de fidélité, et commentés avec plus ou moins de profondeur.

§ I

Diffusion de la Géométrie élémentaire.

1

Chez les Grecs.

Le premier en date, parmi ces commentateurs, fut Pappus. Il vécut à Alexandrie, vers la fin du IVe siècle de notre ère. Il annota les écrits d'Euclide, de Diodore et de Ptolémée.

Son travail le plus important, du moins parmi ceux qui nous sont parvenus, consiste en ses *Collections mathématiques*.

Malgré son titre, ce n'est pas là une simple compilation indigeste et mal ordonnée. A son érudition et à ses connaissances étendues sur l'antiquité, Pappus joignait des vues d'ensemble et un talent spécial pour grouper dans un tout harmonieux des éléments nombreux et variés.

De plus, son livre nous est extrêmement utile pour l'Histoire de la Science. En effet, plusieurs des ouvrages anciens, dont il présente l'analyse, ou dont il cite de larges extraits, sont entièrement perdus. Il nous en reste seulement ce que lui-même nous a conservé.

Malheureusement les *Collections mathématiques* de Pappus ont, elles-mêmes, été exposées plusieurs fois au naufrage. Dans la tourmente où elles ont failli sombrer complètement aussi, comme tant d'autres monuments précieux, elles ont souffert beaucoup; elles nous sont arrivées comme des épaves, plus ou moins vermoulues et ébréchées.

Pour comble de malheur, les parties disparues, ou le plus endommagées, paraissent avoir été les plus intéressantes pour nous. Elles nous auraient appris sur l'Histoire des Mathématiques des particularités que la science humaine ignorera probablement toujours.

Quant aux passages conservés, il y manque assez souvent des mots, des lignes, des phrases entières, parfois même des alinéas et des subdivisions. Ces vides rendent, alors, le sens bien difficile à saisir. Ces lacunes sont d'autant plus regrettables que Pappus, écrivant pour ses contemporains qui pouvaient consulter les ouvrages originaux dont il parle, s'est trop souvent contenté d'une analyse trop succincte. Elle était suffisamment claire pour les lecteurs de cette époque; mais elle est trop obscure pour des chercheurs venus quinze cents ans plus tard.

Tel qu'il est cependant, son ouvrage est encore bien utile. A ses commentaires et à ses résumés Pappus a joint des remarques judicieuses, plusieurs propositions remarquables et quelques travaux personnels, qui le mettent en bonne place parmi les géomètres de second ordre.

Considérons, par exemple, le ve Livre de ses *Collections*. S'inspirant du *Traité des isopérimètres*, composé deux siècles auparavant par Zénodore, il y démontre de nouveau que, parmi les figures isopérimétriques d'un même nombre de côtés, la plus grande est le polygone régulier ayant ses côtés égaux et ses angles égaux.

Zénodore avait tiré de ce théorème un corollaire exprimant pour le cercle la propriété d'embrasser une surface maximum dans un périmètre donné.

Pappus s'emparant de ce principe, l'appliqua aux solides. Il refit à ce propos la théorie de la sphère, et la présenta si bien, que, depuis, on n'a pas cru devoir faire mieux, et on l'a adoptée dans l'enseignement moderne.

Il tâcha d'évaluer, d'abord, la surface engendrée par la révolution d'une ligne polygonale régulière, tournant autour d'un diamètre du cercle circonscrit. Il la trouva égale à la circonférence du cercle inscrit à la ligne polygonale, multipliée par la projection de celle-ci sur l'axe de révolution.

La surface de la sphère pouvait très facilement en être déduite; il suffisait de l'envisager comme la limite vers laquelle tend la surface engendrée par la révolution du périmètre d'un demi-polygone régulier, inscrit dans un demi-cercle tournant autour d'un de ses diamètres, quand le nombre des côtés du polygone augmente indéfiniment.

On en concluait aussi facilement la surface d'une zone sphérique.

Pour le volume de la sphère, s'appuyant sur des théorèmes précédemment démontrés, il le prouve équivalent à celui d'un cône dont la base serait un cercle égal à la surface de la sphère, et dont la hauteur serait le rayon de cette même sphère.

Il finit par l'exposition d'un théorème sur les solides analogue à celui de Zénodore sur les surfaces. Comparant, en effet, au rayon de la sphère circonscrite les éléments linéaires des cinq polyèdres réguliers, il montre comment le volume de ceux-ci croit en proportion de l'augmentation du nombre de leurs faces.

Les découvertes appartenant réellement à Pappus ne sont pas très nombreuses. La principale est le théorème, connu plus tard sous le nom de Guldin, et relatif à la détermination des surfaces et des volumes de révolution, au moyen de la considération des centres de gravité. Mais le passage où il l'expose est bien obscur.

On lui doit, en outre, quelques autres théorèmes qui ont servi ensuite à constituer la base de la théorie des transversales et de l'involution.

Nous aurons occasion de reparler de Pappus, quand nous traiterons des Sections coniques et de l'Analyse transcendante au moyen âge. Nous dirons alors combien il a été justement apprécié par les savants des derniers siècles.

Peu de temps après Pappus, presque sa contemporaine, car elle naquit une trentaine d'années après lui, florissait la célèbre Hypathia. Elle était fille de Théon d'Alexandrie. C'était une *doctoresse* de l'époque; elle était fort habile dans les Mathématiques et la Géométrie qu'elle enseignait avec éclat.

Son père lui même l'avait formée à l'étude de l'Astronomie. Elle s'était ensuite rendue à Athènes pour y parfaire son instruction. Au retour dans sa ville natale, elle prit rang parmi les professeurs du Museum d'Alexandrie. Elle y fit des cours publics sur ce qu'on appellerait aujourd'hui les Mathématiques pures et appliquées.

Elle écrivit plusieurs Commentaires sur l'Algèbre de Diophante, sur les Coniques d'Apollonius et sur la Syntaxe de Ptolémée. Aucun ne nous est parvenu.

Dans le milieu du v⁰ siècle, Constantinople produisit un géomètre qui, attiré par la réputation de la vieille École d'Alexandrie, vint y compléter ses connaissances scientifiques. C'était Proclus, né en 412 et mort en 485.

Son éducation achevée, il alla se fixer à Athènes. Il y prit, après la mort de son ami Syrianus, la direction de l'École de Platon, et la garda pendant trente-cinq ans.

Toutefois, ni comme philosophe, ni comme géomètre, il ne s'éleva bien haut. L'Histoire a été sévère pour lui, et à juste titre. Ses ouvrages ne présentent rien de bien utile : ce sont des extraits d'auteurs plus anciens, mais réunis avec beaucoup moins de sagacité que les collections mathématiques de Pappus.

Philosophe et magicien, il ne sut pas, ou ne voulut pas, ouvrir les yeux à la lumière, de plus en plus grandissante, apportée par le Christianisme. Il resta idolâtre, et conserva constamment des croyances superstitieuses, indignes d'un homme éclairé.

Sa doctrine philosophique était une sorte d'éclectisme païen, rempli de contradictions et d'incohérences, entremêlé de récits fantastiques et fabuleux. Il y parle souvent de lui, se montre comme un envoyé des dieux, et raconte à ce sujet les choses les plus incroyables et les plus extravagantes.

Diderot ne se trompait pas, quand il l'appelait le plus fou de tous les éclectiques.

L'École de Platon touchait à sa ruine. La Philosophie

et la Géométrie ne s'y trouvaient plus guère qu'à l'état de souvenir.

Un des derniers successeurs de Proclus, dans la direction de l'École platonicienne expirante, fut Eutocius. Il vivait au vi° siècle.

Ses Commentaires sur Apollonius de Perga et sur Archimède nous ont transmis des fragments d'auteurs beaucoup plus anciens. Nous y lisons également la description d'un instrument inventé par Platon pour l'insertion de deux moyennes proportionnelles entre deux grandeurs données.

L'École grecque jeta une dernière lueur sous Héron le Jeune, né à Constantinople vers la fin du vii° siècle. Il était contemporain de Bède.

Ses ouvrages géométriques ne contiennent rien de bien intéressant, excepté sa *Géodésie*. On l'avait longtemps attribuée à Héron l'Ancien, qui vivait au ii° siècle avant J.-C. C'était bien à tort cependant, car on y trouve la formule de l'aire d'un triangle en fonction de ses côtés, formule inconnue aux vieux géomètres grecs et à Ptolémée lui-même.

II

Chez les Hindous.

Autant les anciens Grecs avaient été faibles en Arithmétique, car ils s'étaient consacrés presque exclusivement à l'étude de la Géométrie, autant les Hindous furent peu avancés dans celle-ci, car ils s'adonnèrent presque exclusivement à l'Arithmétique.

Ils ne soupçonnèrent pas davantage entre ces deux

genres de recherches une conformité possible dans les résultats.

Ce furent, pour eux aussi, deux sortes d'études bien distinctes. Ces deux branches du savoir ne leur paraissaient pas devoir se soutenir réciproquement.

Avec la même lacune, sous ce rapport, ils s'avancèrent toutefois dans des directions bien différentes, vu les tendances naturelles de leur esprit.

Les Grecs avaient été plus géomètres que calculateurs; les Hindous furent plus mathématiciens que géomètres.

La marche suivie en Orient fut donc en sens contraire de celle des savants de l'École d'Alexandrie.

Ceux-ci étaient péniblement arrivés à formuler les règles des opérations fondamentales du Calcul, en s'aidant des diverses figures géométriques.

Ils avaient ainsi compris comment le produit d'une somme par un nombre, se compose de tous les produits partiels obtenus en multipliant les diverses parties de cette somme par le nombre proposé. Le quotient de la division d'une somme par un nombre, leur avait paru également la somme des quotients partiels.

En outre, ils avaient aperçu un rapport entre la multiplication des nombres et la recherche d'une quatrième proportionnelle à trois grandeurs représentées respectivement par l'unité, le multiplicateur et le multiplicande.

La division étant l'inverse de la multiplication revenait, elle aussi, à la recherche d'une quatrième proportionnelle à trois grandeurs représentées par le diviseur, le dividende et l'unité.

L'extraction de la racine carrée d'un nombre entier se réduisait également à l'insertion d'une moyenne proportionnelle, et l'extraction de la racine cubique à l'insertion de deux moyennes proportionnelles entre deux grandeurs représentées respectivement par ce nombre et par l'unité.

Pour formuler cependant la règle de l'extraction de la racine carrée, il avait fallu à Théon d'Alexandrie de nombreuses méditations sur le théorème d'Euclide relatif au carré construit sur une ligne divisée en deux parties inégales.

Chez les Hindous, il en fut tout autrement.

Ils ne paraissent pas avoir connu même les simples *Éléments* d'Euclide ; mais néanmoins ils parvinrent de bonne heure, sans le secours de la Géométrie, et par une marche directe, aux notions exactes de produit et de quotient, de racine carrée et de racine cubique, sans y avoir jamais fait entrer les considérations de moyennes ou de quatrièmes proportionnelles entre grandeurs.

Quand l'union entre ces deux genres de spéculations commença à se réaliser, l'application de la Géométrie des Grecs à leur propre Arithmétique fut très utile à celle-ci ; de même, l'application de l'Arithmétique des Hindous à la Géométrie des Grecs, permit d'introduire en celle-ci les formules générales, dont les savants d'Alexandrie n'avaient connu, ni l'existence, ni peut-être même la possibilité.

Les Hindous, en effet, n'étaient pas, comme les Grecs, arrêtés ou effrayés par la présence des incommensurables. Leur habitude de s'adonner constamment aux spéculations abstraites sur les nombres, les avait conduits, sous ce rapport, à de précieux résultats.

Leurs raisonnements avaient pour objet non pas seulement les grandeurs concrètes, à l'imitation des Grecs, mais les mesures, ou valeurs abstraites, comme le fait la Science moderne.

Ils ne comparaient pas comme les Grecs, auxquels les préoccupations de nombres étaient étrangères, les surfaces entre elles et les volumes entre eux : par exemple, l'aire d'une sphère ou d'une circonférence à celle d'un cylindre ou d'un triangle. Mais ils énonçaient directement la formule de la mesure d'une figure, en fonction des mesures de ses éléments, côtés ou rayons, base ou hauteur.

Ainsi, pour la surface du cercle, Brahma-Gupta donne la formule $R^2\sqrt{10}$; pour le volume de la pyramide $\frac{1}{2}bh$ (au lieu de $\frac{1}{3} b h$;) pour le volume de la sphère $\pi R^3 \sqrt{\pi}$ (au lieu de $\frac{4}{3} \pi R^3$,) c'est-à-dire le produit de la surface d'un grand cercle par la racine carrée de cette mesure, au lieu du produit de la surface de la sphère par le tiers de son rayon.

On trouve là, il faut l'avouer, une erreur vraiment trop forte.

Plusieurs des formules proposées par les Hindous furent inexactes, précisément à cause de leur peu de connaissances en Géométrie. Ils les déduisaient de théorèmes dont ils n'apercevaient pas la fausseté.

On s'est plu trop souvent, en effet, à exagérer leur mérite et leur valeur. Certains écrivains, dans des vues intéressées, ont égaré l'opinion sur ce point. Mais l'Histoire demande qu'il soit rendu à chacun selon ses œuvres. On doit la vérité tout entière aux vivants et aux morts.

En réalité, les ouvrages des Hindous, parvenus jusqu'à nous, sont trop succincts. Prenons, par exemple, un des plus fameux, dont on a le plus parlé : celui d'Aryabhata, mathématicien indien du VI° siècle de notre ère. Il contient quelques pages à peine.

Écrit en strophes versifiées, sans doute pour faciliter au lecteur le travail de la mémoire, il se compose d'énoncés trop laconiques, peu clairs, quelquefois même absolument inintelligibles, et parsemés d'expressions bizarres qui en augmentent encore l'obscurité.

Cette remarque s'applique également au Traité composé par Brahma-Gupta, né en 598, et le plus illustre successeur d'Aryabhata. Très souvent, il est presque impossible de deviner sa pensée. Les termes dont il se sert ont plusieurs fois une double signification, et il ne songe pas à dire dans quel sens il les emploie.

A ces deux ouvrages, néanmoins, se réduit toute la littérature scientifique des Hindous. Leur Arithmétique s'y résume en quelques règles de calcul; leur Géométrie, en quelques énoncés de théorèmes dont plusieurs sont faux;

leur Algèbre, en quelques résultats sans indication de la marche suivie pour les obtenir.

En Géométrie surtout, ils furent d'une surprenante nullité, malgré leur habitude des spéculations abstraites sur les nombres, et l'habileté de leur esprit pour trouver d'ingénieuses combinaisons. Leurs problèmes sont des chinoiseries. Ils se sont occupés presque toujours de questions trop futiles pour qu'on puisse les comparer, même de loin, aux géomètres grecs.

Voici, en quelques lignes, le bilan de leur science et leur unique titre de gloire en Géométrie : le théorème du carré de l'hypoténuse ; la formule de la mesure de l'aire d'un triangle quelconque, ou d'un quadrilatère inscrit, en fonction des mesures de leurs côtés, (formules ignorées des Grecs, il est vrai ;) l'égalité entre les différences des carrés de deux côtés d'un triangle quelconque et la différence des carrés des segments déterminés sur le troisième côté par la hauteur correspondante (théorème dont Ptolémée faisait usage ;) enfin, la surface du cercle exprimée par une formule revenant à la nôtre πR^2.

Ils avaient aussi de π une valeur assez approchée, mais ils semblent l'avoir empruntée aux Grecs, car ils employaient la myriade, élément étranger à leur numération.

C'est tout. Comme on le voit, ce n'est pas lourd.

En résumé, les Hindous de l'antiquité n'ont pas laissé de traces en Géométrie. Quant à ceux des premiers siècles de notre ère et du moyen âge, on les a surfaits.

Ils ont eu sur les Grecs l'avantage de concevoir la possibilité des formules générales ; mais, trop souvent, par ignorance, ils se sont trompés en les énonçant.

Dans l'étude des phénomènes continus, ils se sont trop souvent arrêtés à la considération des points particuliers, et, malgré leur tendance naturelle aux abstractions, ils ne se sont pas élevés jusqu'à la connaissance des lois.

III

Chez les Arabes.

Si le lecteur se rappelle ce que nous avons dit sur la longueur du temps mis par les Arabes, pour s'initier aux Sciences exactes et à la simple Arithmétique, il ne sera pas étonné que l'on doive attendre jusqu'au ix⁰ siècle pour rencontrer des géomètres parmi eux.

Le premier fut Mohammed Ben-Musa-Ben Schaker; il vécut sous le calife Al-Mamoun de 825 à 873. Son *Traité de Géométrie* a été traduit en latin, mais n'a jamais été imprimé, à l'exception de quelques fragments. On y trouvait la démonstration de la surface d'un triangle en fonction des trois côtés.

Un de ses frères, Haçan, ou Hasen Ben-Musa-Ben-Schaker, moins célèbre encore, écrivit deux traités sur le Cylindre et sur la Trisection de l'angle ; mais ils ne paraissent pas avoir eu grande influence sur le mouvement scientifique des esprits.

A la même époque vivait dans la Mésopotamie Thébit Ben-Corrah-Ben-Haroun (835-900.) Il traduisit les *Eléments*, d'Euclide, puis le *Traité de la Sphère et du Cylindre*, par Archimède.

Près d'un siècle plus tard, Alhazen, Hassan-Ben-Haïthem (980-1038) retoucha une partie de la traduction d'Euclide, mais n'ajouta rien de nouveau à la Géométrie des anciens.

On s'est basé sur quelques expressions de cet auteur pour supposer que les Arabes avaient connu la *Géométrie de position;* mais c'est bien à tort.

Il dit bien parfois d'une ligne : elle est connue ou donnée de grandeur et de position. Toutefois ces mots ont, chez lui, le même sens que dans les œuvres de Pappus ou d'Euclide, auxquels on ne saurait attribuer la découverte de cette Géométrie de position, inventée seulement par les grands géomètres de ces derniers siècles. Il était réservé, il y a moins de cent ans, à l'auteur de la *Métaphysique du Calcul infinitésimal*, Carnot, d'écrire un chef-d'œuvre sur ce sujet.

On dut, après Alhazen, attendre jusqu'au XIIIe siècle pour trouver Nassir-Ed-Din (1225-1274.) Lui aussi traduisit Euclide et s'occupa d'Astronomie.

Voilà donc à quoi se réduisent, en définitive, les travaux géométriques des Arabes. C'est bien peu, en vérité: il faut en convenir en toute justice.

Comme nous allons le montrer dans les pages suivantes, les chrétiens du moyen âge n'ont pas à redouter la comparaison.

IV

Chez les Chrétiens.

Nous ne parlerons pas ici de saint Augustin, quoique, dans beaucoup de ses Traités philosophiques [1], il ait confirmé ses arguments par diverses preuves tirées de l'Arithmétique et de la Géométrie.

Mais nous citerons en premier lieu Boëce.

A son actif, il faut compter la traduction d'Euclide et les ouvrages composés par lui sur le même sujet.

D'abord, il commença par éclaircir certains passages de l'auteur grec, trop obscurs, à son avis. Il écrivit ensuite des Traités complets de Planimétrie et de Stéréométrie. Il y exposait en détail les diverses mesures dont se servaient les anciens, depuis les plus petites jusqu'aux plus gran-

---

1. *De Quantitate animæ*, et alibi, *passim*.

des. Il s'étendit également beaucoup sur les proportions.

Puis, il montra combien la Géométrie est utile à tous ceux qui se consacrent à l'industrie ou aux arts mécaniques, même aux médecins et aux philosophes. En effet, disait-il, nulle autre Science ne développe autant la puissance de l'esprit, ou ne l'élève davantage dans la connaissance de la Nature. Fondée sur des principes inébranlables, elle nous manifeste, chaque jour, quelques-unes des innombrables merveilles renfermées par Dieu dans l'immense Univers.

Les divers traités mathématiques de Boëce donnent certainement une haute idée de sa vaste science. Ils ont été un sujet d'admiration pour plusieurs générations de savants.

Nous dirons, plus loin, combien est profonde et juste sa théorie mathématique et géométrique de la Musique. Il a des idées exactes, soit sur l'essence même du son, plus ou moins aigu, produit, comme il l'explique, par les ondulations plus ou moins rapides de l'air; soit sur la constitution des accords qu'il fait reposer, comme l'indique encore la Science moderne, sur la progression régulière du nombre de vibrations appartenant aux sons particuliers.

Ses ouvrages sur l'Arithmétique, la Musique et la Géométrie, ne comprennent pas moins de 500 pages in-folio. Mais il en avait écrit, sur ces sujets, plusieurs autres qui malheureusement ne nous sont point parvenus.

Cassiodore composa également un Traité de Géométrie. Il y expose avec netteté la théorie des proportions.

Au siècle suivant, Bède jeta un éclat plus vif encore. On a de lui plusieurs Traités géométriques, *De Circulis, De Sphærâ et Polo* et quelques autres sur l'Astronomie mathématique, *De Astrolabio, De Horologio*, etc.

Dans son grand ouvrage sur la Nature, (*De Naturâ rerum*,) il expose avec de longs développements des questions astronomiques exigeant des connaissances géométriques

assez vastes. Citons entre autres les chapitres suivants :
De variâ altitudine cœli; De quinque circulis mundi; De Cursu planetarum; De Ordine eorum; De Absidibus eorum; De Zodiaco circulo; De duodecim signis; De Cursu et Magnitudine Solis; De Naturâ et Situ Lunæ; De Eclipsi Solis et Lunæ; De Heliacis giris; etc.

Il explique clairement et avec compétence pourquoi les éclipses de Soleil ou de Lune ne sont pas visibles à tous les points de la Terre; il montre que, dans les contrées où elles sont visibles, elles arrivent à diverses heures, à cause de la différence de longitude.

Il fait preuve encore de connaissances profondes en Géométrie, quand il donne la théorie de l'arc-en-ciel (*De Arcu Cœli;*) celle de la réfraction de la lumière; celle des marées liées au mouvement de la Lune (*De Estu Oceani;*) enfin, celle des Gnomons et cadrans solaires (*De Gnomicâ;*) personne, avant lui, n'avait exposé cette dernière avec tant d'ampleur et de perfection.

Pour être complet, il faudrait citer encore son ouvrage *De Temporibus*, et le chapitre *De Solsticio et Æquinoctio*. Ses connaissances géométriques se font jour aussi dans le second et troisième livre des *Elementorum Philosophiæ*, qu'on lui attribue.

Nous nous arrêterons là cependant pour ne pas trop nous étendre, car il nous reste encore à parler de ses nombreux émules et successeurs, non moins illustres que lui.

Ce que nous en avons dit suffira, pour montrer avec la clarté de l'évidence, que, longtemps avant les invasions des Arabes, et alors que ceux-ci étaient encore plongés dans la plus profonde ignorance, les Sciences et la Géométrie en particulier, florissaient en Occident, dans l'Europe chrétienne et jusque dans la froide Angleterre où le vénérable Bède vécut.

Parmi les nombreux élèves de Bède, l'un surtout se distingua et acquit bientôt une grande renommée. Ce fut le célèbre Alcuin.

Sa réputation était universelle. Charlemagne voulant se l'attacher, l'attira en France et le chargea de fonder des écoles publiques.

Théologien et philosophe, orateur et historien, littérateur et poète, géomètre et mathématicien, il savait à la perfection le latin, le grec et l'hébreu. Néanmoins, il voulut par humilité rester diacre toute sa vie. Plusieurs martyrologes lui donnent le titre de saint ou de bienheureux.

Il avait composé sur l'Arithmétique, la Géométrie et l'Astronomie des ouvrages malheureusement perdus. Mais ils devaient être très remarquables par l'étendue et le mérite, si l'on en juge par ceux qui nous sont restés de lui, et par le témoignage enthousiaste de ses contemporains.

Alcuin eut un élève digne d'avoir été formé par un tel maitre. Ce fut le bienheureux Raban Maur.

Né à Mayence, en 776, il vint étudier à Tours, et s'y forma, sous son habile direction, à toutes les Sciences humaines. Élu, plus tard, abbé de Fulde, il sut grouper autour de sa chaire une foule de disciples, et fit de son abbaye une des écoles les plus célèbres de l'Allemagne.

Dans un ouvrage considérable sur le *Comput*, et dans une vaste Encyclopédie en vingt livres, *De Universo*, il aborde et résout toutes les questions que nous avons déjà vues étudiées par Bède dans son *De Naturâ rerum*.

Voici maintenant la grande figure de Gerbert. Il eut pour élèves, avec des moines comme le célèbre Abbon, abbé de Fleury, des empereurs et des rois, Othon I et Othon II, empereurs d'Allemagne, et le roi de France, Robert, fils de Hugues Capet.

Les ouvrages de Gerbert sur les arts libéraux sont les premiers sortis de sa plume. Il y fait une part très large aux Mathématiques et à la Géométrie.

Nous avons indiqué plus haut ses écrits mathématiques : son *Abacus*, ou *Algorismus*, dans lequel il emploie déjà les chiffres arabes pour faciliter les combinaisons des nombres; puis, le *Libellus multiplicationum* et le *De Numerorum divisione*, où il examine des questions semblables, mais en les compliquant par l'introduction des fractions et des nombres fractionnaires [1].

Dans tous ces ouvrages, malgré leur titre, et selon son propre témoignage, il s'occupe autant et plus peut-être de Géométrie que d'Arithmétique.

Mais il composa sur la Géométrie un Traité spécial fort remarquable et très propre à nous donner une haute idée de son savoir en ces matières. Il se distingue surtout par la méthode et la clarté.

Gerbert commence par des considérations historiques sur l'origine de la Géométrie, et par des réflexions philosophiques sur son but et son utilité.

Ces études, dit-il [2], développent, plus que d'autres, les forces de l'esprit, et en aiguisent la pointe; elles nous manifestent des choses étonnantes et parfois incroyables, *quæ multis miranda et inopinabilia videntur*. Elles nous servent donc à connaître davantage et à vénérer, de plus en plus, la puissance ineffable et la souveraine sagesse de Dieu, dont toutes les œuvres sont faites avec nombre, poids et mesure.

A ce propos, l'auteur rappelle les éloges donnés à cette Science par saint Augustin.

---

1. Mentionnons ici un des plus curieux écrits mathématiques de Gerbert, la *Rhythmomachia*, ou *Combat des Nombres*. A propos des divers agencements numériques susceptibles de se produire, il explique les règles d'un jeu de chiffres, analogue à celui des échecs. Il y cite Boëce, dont il paraît s'être inspiré en cela. Personne n'en sera étonné, si l'on songe que, selon une opinion probable, le jeu des échecs aurait été inventé sous les murs de Troie par les Grecs, désireux de charmer leurs trop longs ennuis.

La *Rhythmomachia* de Gerbert fut imprimée en 1616 à Leipsick, avec quatre livres en allemand sur le jeu des échecs, publiés (sous le pseudonyme de Gustavus Sélénus) par le duc de Brunswick et de Lunebourg.

Claude Boissière, mathématicien français du xive siècle, en donna, lui aussi, une édition. Il dit de la *Rhythmomachia* : *est nobilissimus et antiquissimus ludus in utilitatem et relaxationem studiorum comparatus, ad veram et facilem proprietatem et rationem numerorum assequendam*.

2. *Geometria Gerberti*. Prologus.

Son but étant de mettre son écrit à la portée de tout le monde, même des commençants, il s'excuse auprès des savants de ne pas développer davantage, ou de ne pas approfondir plus complètement certaines questions. Il explique donc avec grande netteté tous les termes, sans oublier les angles curvilignes; mais il s'avance cependant beaucoup plus loin que ce modeste prologue ne le laisserait supposer.

Il s'attache à faire connaître les moyens de mesurer les dimensions d'objets inaccessibles, par exemple, la hauteur d'un arbre, d'une tour, d'une pyramide, la profondeur d'un puits.

Par le simple énoncé de quelques-uns de ses nombreux chapitres sur ce sujet, on jugera de la multiplicité, de l'ingéniosité et de l'exactitude de ses méthodes.

Voici quelques-uns de ces titres : *Ad altitudinem cum astrolabio metiendam* (cap. XVI, XVIII;) *Ad altitudinem inaccessibilem, cum horoscopio metiendam* (cap. XX;) *Ad metiendam cum horoscopio puteum* (cap. XXIII;) *Ad altitudinem cum speculo vel pelvi metiendam* (cap. XXIV;) *Ad æstimandam cujusque rei altitudinem sole lucente* (cap. XXXV.)

Tous ces chapitres sont fort intéressants et les figures employées pour les démonstrations sont très curieuses. On y voit déjà l'usage constant de désigner par des lettres les quantités ou les grandeurs inconnues. Assurément Gerbert était très habile en Géométrie.

Il connaissait la Trigonométrie, et il laisse entendre que la Géométrie supérieure ne lui était pas étrangère. Mais, comme il le dit d'une manière très expresse, il n'a voulu écrire que pour les commençants. Il eût incontestablement pu faire beaucoup mieux encore; mais, considérant avant tout l'utilité des élèves, il ne cherchait pas à faire parade de sa science et de son esprit.

Cette préoccupation se dévoile, même dans les récréations mathématiques dont il parsème ses ouvrages, afin d'éviter trop de tension au lecteur, et de le délasser de temps en temps, tout en ne cessant pas de l'instruire.

Ainsi, par exemple, après avoir enseigné le moyen de

mesurer la hauteur des montagnes ou la largeur des fleuves, *per speculum* (cap. XXXVIII,) au moyen des miroirs et des angles déterminés par les rayons de lumière incidente et réfléchie, on le voit, au chapitre quarantième, prendre un autre style, et traiter d'une façon nouvelle de semblables questions.

L'esprit doit être fatigué, dit-il, par l'attention soutenue accordée aux figures géométriques qui précèdent. Relevons-le par un exercice plus agréable. Comme le corps dégoûté parfois de la nourriture habituelle, s'accommode volontiers d'un aliment moins ordinaire; ainsi l'intelligence, lassée par les études sévères, a besoin de se reposer dans des spéculations moins sérieuses. Dans ce but, nous allons proposer comme récréation une sorte de jeu militaire. Il nous dédommagera un instant de tout le travail causé par les questions abordées jusqu'ici [1].

Ces paroles constituent le préambule du chapitre XL.º intitulé: *Ad altum cum sagittis et filo mensurandum.* Avec un arc, des flèches et du fil, il arrive à construire un triangle dont la résolution fait connaitre la hauteur cherchée.

Au chapitre LXXXV.º, il indique divers moyens pratiques pour trouver la somme de la progression formée par les nombres naturels. Ces moyens sont tous la traduction familière de la formule théorique $S = \frac{(a+l)n}{2}$.

Un peu plus loin, dans le chapitre XCIII.º (*Quot stadia in terris respondeant Zodiaci partibus,*) il donne une valeur très approchée de la longueur du méridien terrestre. Il rappelle, à ce propos, l'opération entreprise par Ératosthènes, pour mesurer l'arc immense compris entre les deux villes extrêmes de l'Égypte, Syène et Alexandrie.

Il finit son Traité en enseignant le moyen de trouver

---

[1]. Cum geometricis figuris intenti philosophorum jam fatigabundi inventionibus inhæremus, ne omnino fatigati deficiamus, militaribus exercitiis animum relevemus. Sicut enim corpus quotidianis sumptibus fastidiens inusitato recreatur cibo, sic mens philosophicis onerata austeritatibus conjecturali poetarum relevatur figmento. Quapropter, ut animum nostrum reficiamus, militare inventum post multa supponamus. (Cap. XL, *initio*.)

la méridienne, et de construire les cadrans solaires dans leurs diverses positions.

Gerbert s'était inspiré beaucoup de Boëce, son auteur favori. De plus, comme il nous l'apprend dans sa correspondance [1], il s'était procuré de nombreuses figures géométriques, très bien construites; elles étaient aptes à rendre sensibles aux yeux et à l'imagination des élèves ses savantes démonstrations.

Le titre de sa Géométrie dans les manuscrits anciens est *Liber Geometriæ artis;* mais sa plume infatigable avait produit plusieurs autres traités scientifiques, sur la composition de l'astrolabe, sur les cadrans solaires, sur la construction des sphères célestes, etc.

Par une de ses lettres adressée à Remi, moine de Trèves, il nous dit que la structure des sphères est un travail pénible et difficile. En effet, on employait le tour pour les façonner, et le cuir de cheval pour les recouvrir.

Après Gerbert, on peut citer au XII° siècle, Hugues de Saint-Victor, successivement moine à Marseille et à Paris. Il écrivit sur l'origine et la différence des arts libéraux, *De origine et divisione Artium.* On a pu dire de lui qu'il était aussi mathématicien, géomètre, astronome et mécanicien.

Un autre Traité de Géométrie remarquable fut composé au commencement du XIII° siècle par Léonard de Pise, dont nous avons déjà parlé à propos des progrès de l'Arithmétique [2].

Dans cet ouvrage très volumineux, on trouve, entre autres théorèmes importants, celui de la mesure de l'aire d'un triangle en fonction des trois côtés. Cette formule remarquable, empruntée peut-être aux Hindous, avait été ignorée des Grecs, jusque vers le VII° siècle.

---

1. *Epistolarum*, Part. I, ep. 8.
2. *Practica Geometriæ composita a Leonardo Pisano de filiis Bonacci,* anno 1202.

À peu près à la même époque, le moine franciscain Roger Bacon (1214 — 1294,) docteur de l'Université de Paris, et professeur à celle d'Oxford, si renommé par ses découvertes surprenantes dans le domaine des Sciences physiques et naturelles, composait également sur la Géométrie des ouvrages étendus.

Citons ici, dans ce genre de travaux ses *Specula mathematica* (*Miroirs des Mathématiques,*) et sa *Perspectiva*, Traité de *Perspective* et d'*Optique*.

On y rencontre une foule de propositions curieuses et intéressantes, très judicieuses et profondes. Après avoir démontré l'excellence de la méthode expérimentale pour l'étude de la Nature, il dit que ces expériences doivent être corroborées par les Mathématiques, sans lesquelles les observations manqueront toujours d'exactitude. Le Calcul, ajoute-t-il, est le meilleur des instruments de précision [1].

Pénétré de cette pensée si profondément vraie, il s'était avancé très loin dans cette voie. Il avait ainsi commencé, quatre cents ans à l'avance, l'œuvre gigantesque à l'édification de laquelle Descartes et Newton devaient concourir plus tard.

Dans son Traité *De Multiplicatione specierum*, auquel, selon son propre témoignage, il travailla dix ans, Roger Bacon avait essayé de réduire à des lois mathématiques toutes les actions réciproques des corps.

Il voulait généraliser en précisant. A cette seule condition, disait-il, la Science de la Nature pourra vraiment se constituer et s'élever au-dessus des faits contingents. Ceux-ci ne sont pas l'objet de la Science. Elle vise plus haut, car elle aspire à saisir l'universel, en d'autres termes les causes et les lois.

Un autre géomètre chrétien du xiii⁰ siècle, est Campanus, né à Novarre en Italie. Il traduisit les *Éléments* d'Euclide, les commenta, et y ajouta plusieurs nouveaux théo-

---

1. *Opus majus*, édition de Jebb. p. 199.

rèmes, comme par exemple la théorie des polygones étoilés[1], et des réflexions intéressantes sur la division d'une droite en moyenne et extrême raison.

En outre, il donna du fameux problème de la trisection de l'angle une solution exacte et remarquable par sa simplicité. Elle lui servit à inscrire dans une circonférence un nonagone régulier.

Cet illustre géomètre, algébriste et astronome, tout à la fois, était chapelain du pape Urbain IV et chanoine de Paris[2].

Un de ses principaux ouvrages géométriques est son *Commentaire sur l'Almageste de Ptolémée*, dont il redresse les erreurs de calcul sur les révolutions de la Lune et du Soleil, comme sur le mouvement des signes du Zodiaque. Notons également un Traité sur la *Quadrature du Cercle*.

Tous ces écrits dénotent la connaissance de la Trigonométrie, et des notions sur l'Analyse transcendante.

Il faut encore citer, en ce siècle, le dominicain Léonard de Pistoie. Vers 1280, il composa un Traité d'Arithmétique et de Géométrie.

Environ un siècle plus tard, florissait Georges Valla, professeur à Venise et à Pavie. Il composa plusieurs ouvrages de Physique, et, en outre, traduisit le quatorzième Livre d'Euclide, la *Sphère* de Proclus, l'*Astrolabe* de Nicéphore, et le Traité d'Aristarque de Samos sur les *Grandeurs et Distances de la Lune et du Soleil*.

Cette série de géomètres chrétiens au moyen âge se termine par Lucas de Burgo, né en Toscane, vers 1440. Il était moine franciscain, et de son nom de famille s'appelait Paccioli.

Après de nombreux voyages en Orient, il enseigna les Mathématiques avec beaucoup de succès dans plusieurs villes d'Italie, à Venise, à Pise, à Naples, à Pérouse, à Rome et à Milan. Il cultivait les Sciences avec ar-

---

1. Boëce en avait parlé déjà, mais Campanus développa ces considérations.
2. Tiraboschi, *Storia della lett. Italiana*.

deur, et eut une large part à leur renaissance en Europe.

Comme beaucoup d'autres avant lui, il se crut obligé de donner une nouvelle traduction d'Euclide. Mais il composa, de son propre fonds, plusieurs ouvrages étendus et d'une réelle valeur.

Quelques-uns sont écrits en italien. Voici les titres des principaux d'entre eux : *Summa de Arithmetica; Geometria ; Proportioni e proportionalità ; De divina proportione ; Libellus in tres partiales tractatus divisus quorumcumque corporum regularium ;* etc.

Dans la *Summa de Arithmetica*, il expose les règles de fausse position simple et double ; il développe également diverses propositions importantes d'Algèbre qu'il appelle *Arte maggiore*. De là vint la dénomination d'*arte magna*, ou *ars magna*, donnée à l'Algèbre par Cardan et plusieurs autres auteurs.

On le voit, dans ses nombreux ouvrages de Géométrie, mener de front les considérations théoriques et les applications pratiques des principes posés. Il dit de son œuvre sur la division en moyenne et extrême raison, qu'elle est *a tutti gl'ingegni perspicaci e curiosi necessaria*.

Son enthousiasme sur les propriétés de cette division semblerait parfois exagéré ; il en détaille treize applications, et l'appelle divine.

Les uns après les autres, tous les polygones et polyèdres réguliers, ou régulièrement irréguliers, deviennent l'objet de ses études, et il en donne la figure en perspective.

Souvent il requiert le secours de l'Algèbre, et s'en sert pour la solution d'un grand nombre de questions d'ordre géométrique.

Dans beaucoup de cas aussi, il emploie la formule de Léonard de Pise sur la mesure de l'aire d'un triangle en fonction de ses trois côtés.

§ II

Sommeil de la Géométrie transcendante.

Pendant presque tout le moyen âge, la Géométrie supérieure parut comme assoupie.

On attribue généralement à Pappus la connaissance d'un principe souvent cité sous le nom de Guldin, parce que celui-ci en donna le premier la démonstration au xvie siècle seulement. Il consiste dans l'usage des centres de gravité, pour l'évaluation des figures décrites par des rotations complètes ou incomplètes.

Le passage dans lequel Pappus énonce cette proposition est extrêmement obscur. Il y manque des mots et des lignes même. On a donc grand'peine à trouver la suite des idées.

Les traducteurs ont toujours été obligés de l'accompagner de commentaires plus ou moins bienveillants, afin de l'éclaircir. Plusieurs, oubliant qu'ils parlaient alors au nom d'un ancien, ont mis sur ses lèvres, ou sous sa plume, des expressions appartenant au langage scientifique des siècles postérieurs.

Du reste, si Pappus a réellement découvert ce théorème, il n'a pas entrepris de le prouver. Cette lacune est singulière ou significative. Maintes fois, en effet, l'occasion de la combler se présentait naturellement, quand il exposait la théorie des surfaces ou des volumes engendrés par des lignes ou des surfaces tournantes.

Le Père Guldin lui-même, tout en conservant la gloire d'en avoir donné le premier la démonstration, ne la présenta pas cependant d'une façon complète, car elle exige l'emploi des infiniment petits.

Pappus avait également essayé la quadrature des surfaces courbes, même des surfaces hélicoïdes, comme celle de la spirale sphérique et de la vis à filet carré. On voit ses théories à ce sujet dans le quatorzième livre de ses *Collections mathématiques* où il a étudié les spirales d'Archimède, la quadratice de Dinostrate et la conchoïde de Nicomède.

Les Sections coniques furent aussi l'objet de ses méditations.

Au commencement du septième livre de ses *Collections*, il donne un extrait de l'ouvrage d'Apollonius. Il y transcrit l'énoncé du célèbre problème du lieu à trois, à quatre, ou à un nombre quelconque de droites.

Ce problème, vainement abordé par Euclide, avait été résolu par Apollonius. Il fut plus tard pour Descartes d'un intérêt capital. Il lui servit de point de départ, en l'aidant à concevoir le système des coordonnées, fondement de la Géométrie analytique.

Dans la théorie des Coniques Pappus précise une proposition importante, aperçue avant lui, mais laissée dans une demi-obscurité par ses prédécesseurs. Elle a trait à la constance du rapport des distances entre les divers points d'une conique et ses foyers ou la droite directrice. Il en donne une ample démonstration.

Il en arrive ainsi à assimiler les coniques aux lieux des points dont les distances à un point fixe, ou foyer, et à une droite directrice, forment un rapport constant.

Apollonius avait établi cette notion pour la parabole seulement; Pappus, dans son livre VIIe, l'étendit également à l'hyperbole et à l'ellipse.

Cela nous explique l'estime qu'ont professée, pour Pappus, Descartes et les géomètres modernes. Par sa théorie des transversales et de l'involution, par sa connaissance du théorème de Guldin sur les surfaces et les volumes de révolution, s'il n'a fait lui-même des découvertes de premier ordre, il a mis, du moins, ses successeurs en mesure d'en faire.

Mais ces successeurs sont venus seulement douze siècles après lui. Il avait posé des jalons et ouvert la voie : pendant longtemps nul ne s'y engagea.

Le moyen âge, comme nous l'avons raconté plus haut, s'occupa de Géométrie plus qu'on ne pense généralement. Toutefois, les circonstances ne permettaient pas encore l'éclosion des germes déposés. On s'en tint presque toujours aux *Éléments* d'Euclide. Rarement on les dépassa.

C'était déjà quelque chose assurément, mais ce n'était pas tout. Il restait à fonder l'Algèbre et la Dynamique; il fallait s'élever à la Géométrie supérieure et transcendante. Comment, sans elles, aborder les grands problèmes de la Mécanique céleste, et discerner, comme le voulait Roger Bacon, les lois universelles dans la multitude des phénomènes naturels ?

Ces grandes choses furent accomplies, mais beaucoup plus tard ; elles le furent par Viète, par Galilée, par Descartes, par Kepler et Newton.

Ceux-là furent les successeurs immédiats de Pappus, quoiqu'ils en fussent séparés par une douzaine de siècles. Ils travaillèrent sur les éléments que Pappus leur avait laissés ; ils n'en eurent pas d'autres ; même ils en eurent moins encore. Pendant cette nuit si longue, plusieurs documents précieux avaient, en effet, été dispersés et détruits.

§ III

Usage de la Trigonométrie.

I

Chez les Hindous.

Si la Géométrie transcendante fut comme assoupie au moyen âge, il n'en fut pas autrement de la Trigonométrie.

Hipparque et Ptolémée avaient jeté les fondements de

l'édifice, et l'avaient élevé déjà à une grande hauteur. Après eux, nul ne travailla efficacement, soit à son développement, soit à sa perfection. Les améliorations produites durant cette série de douze siècles, furent, à peu près, insignifiantes et purement accidentelles.

On trouve dans l'opuscule du géomètre indien Aryabhata, mort vers le milieu du VIe siècle de notre ère, une table de sinus; mais il eut la singulière idée de la calculer pour des arcs de $3° 3/4$ en $3° 3/4$.

Il choisit cet arc de $3° 3/4$ pour point de départ et pour base de sa table, non parce que l'on peut facilement l'obtenir par le calcul (il l'ignorait peut-être,) mais parce que cet arc est de construction aisée par la règle et le compas.

Si l'on partage, en effet, le quadrant, ou arc de 90° en trois parties de 30° chacune; puis, si l'on partage, en outre, ce même quadrant en quatre parties égales de $22° \frac{1}{2}$; on aura, comme différence entre les deux premières divisions de chaque série un arc de $7° \frac{1}{2}$, dont la moitié est $3° 3/4$.

Ainsi la demi-corde de l'arc de $7° \frac{1}{2}$ sera le sinus de l'arc de $3° \frac{3}{4}$.

Tous les sinus calculés par Aryabhata n'avaient qu'une valeur approchée, soit parce qu'il négligeait les décimales, soit parce que la formule dont il se servait manquait d'exactitude.

S'il avait cru posséder une méthode régulière, il aurait sans doute calculé tous les sinus de degré en degré. Il aurait ainsi construit une table complète. Il semble donc, ou bien n'avoir pas encore eu à sa disposition la numération décimale écrite (ce qui ne laisse pas d'être surprenant:) ou bien, n'être arrivé à sa formule d'interpolation que par des tâtonnements et par une voie détournée.

Cette même table des sinus avec ses imperfections et ses anomalies, se retrouve dans l'Algèbre de Brahma-Gupta, qui, venu peu de temps après Aryabhata, se contenta le plus souvent de copier son prédécesseur.

Remarquons, de nouveau, que ces deux auteurs sont les seuls parmi les Hindous dont les ouvrages soient connus.

II

Chez les Arabes.

Il sera facile de le constater, la Trigonométrie ne s'éleva pas à une plus grande hauteur, chez les Arabes.

Au XII⁰ siècle, on voit encore leurs tables de sinus aller de $3° \frac{3}{4}$ en $3° \frac{3}{4}$. Ils semblent donc avoir subi en cela l'influence des Hindous, mais sans perfectionner sensiblement ce qu'ils en avaient reçu.

On constate bien, en effet, chez eux l'amélioration produite par l'usage d'employer les sinus, ou demi-cordes des arcs doubles, au lieu des cordes entières, comme le faisait Ptolémée.

La légitimité du procédé est évidente, puisque les cordes sont au diamètre, comme les demi-cordes sont au rayon. L'avantage n'en est pas moins incontestable, car il devient alors inutile de doubler les arcs pour en chercher les cordes; on peut s'en tenir aux arcs simples, et considérer la demi-corde de l'arc double.

Mais cette amélioration, nous l'avons déjà remarquée chez les Hindous du VI⁰ siècle. Dans l'ouvrage d'Aryabhata, se voit déjà la table des sinus dont nous venons de parler précédemment.

Sous ce rapport, les Arabes n'ont donc rien inventé, ni perfectionné; cette innovation ne leur appartient pas.

On leur doit pourtant, ce semble, l'usage des tangentes. Ils avaient eu la singulière idée de les appeler des *ombres*, quand ils commencèrent à s'en servir dans le courant du X⁰ siècle. Ils considéraient, en effet, l'un des côtés de l'angle droit comme un gnomon; l'autre devait alors tout naturellement être l'ombre projetée par celui-ci.

Lorsque, un peu plus tard, les autres lignes trigonométriques s'introduisirent dans les calculs, elles reçurent des noms analogues. La cotangente fut appelée *ombre droite*, la tangente gardant le nom d'*ombre prime*. La sécante était le *diamètre de l'ombre*.

On eut alors des tables de sinus et de cosinus; la solution de plusieurs problèmes de Trigonométrie rectiligne et sphérique prit une forme un peu plus moderne, quoique bien des erreurs vinssent s'y mêler encore.

Mais voilà à quoi se réduit, en ces matières, la science des Arabes, dont on a tant parlé, surtout parmi les ennemis de l'Église.

L'introduction des sinus dans la Trigonométrie est due aux Hindous. Celle des tangentes et des cotangentes appartient peut-être aux Arabes; mais elle ressort si naturellement de l'usage des sinus, que le mérite n'en est pas grand, surtout si l'on remarque qu'il leur a fallu de six à sept cents ans pour réaliser ce progrès. Est-ce là réellement un trait de génie?

Leurs ardents avocats se gardent bien de dire la vérité tout entière. Ces prétendus savants arabes dont on a tant vanté la largeur de vue, la perspicacité et la sûreté de jugement, étaient tous astrologues et alchimistes.

Ils admettaient les cieux cristallins, composés de sphères transparentes, en nombre plus ou moins grand, enchâssées les unes dans les autres, animées de deux ou trois mouvements chacune, et portant les astres accrochés à leurs parois. Ils tiraient des horoscopes, et croyaient, en outre, à l'influence des étoiles ou des comètes sur la destinée des hommes et des nations.

Dans l'étude des éléments constitutifs des corps, ils n'apportaient guère plus de sagesse ou de bon sens. Ils cherchaient tous l'élixir de longue vie, la panacée universelle, ou la pierre philosophale. Ils espéraient pouvoir, un jour, changer tout en or, guérir toutes les maladies, et se rendre immortels.

Sous ce rapport, ils conservaient des illusions enfantines ; leur imagination les emportait très loin dans les régions du rêve, et ils étaient d'une extrême crédulité.

Certains auteurs cachent avec soin ce côté défectueux, quand ils parlent des Arabes ; mais ils ne cessent de le reprocher sur tous les tons à l'Église, quand ils parlent des Chrétiens.

Il était bon de démasquer cette duplicité dans la manière d'écrire l'Histoire.

Ce qui est dû aux Arabes en Trigonométrie se réduit donc à peu de chose.

III

Chez les Chrétiens d'Occident.

Les Chrétiens du moyen âge peuvent en cela soutenir également la comparaison.

Assurément Gerbert a connu cette Science, quoique des traités de lui, sur ce sujet, ne nous soient point parvenus.

Comment en douter, si l'on considère l'étendue et la profondeur des ouvrages de Géométrie, qu'il composa, néanmoins, selon son propre témoignage, uniquement pour des commençants ? Il s'excuse auprès des savants de rester ainsi dans les limites restreintes de la Science, et montre bien qu'il aurait pu faire incomparablement mieux, s'il l'avait cru nécessaire ou utile.

Nous avons parlé plus haut de Campanus, chapelain du pape Urbain IV, au XIIIe siècle.

Pourrait-on mettre en doute ses vastes connaissances en Trigonométrie rectiligne et sphérique, lorsque, dans son Commentaire sur l'*Almageste*, on le voit critiquer Ptolémée, reprendre à nouveau les immenses calculs d'Hipparque, et redresser les erreurs de ces fondateurs de l'Astronomie mathématique?

Il corrige leurs données sur les révolutions de la Lune et du Soleil, comme sur le mouvement des signes du zodiaque. Aurait-il pu le faire, s'il n'avait été familiarisé avec leurs méthodes, et s'il en avait ignoré les perfectionnements?

Ses écrits sur la quadrature des courbes supposent aussi des notions sur l'Analyse transcendante.

On doit en dire autant du cardinal de Cusa, né en 1401. Prédécesseur de Copernic et de Galilée, il combattit le premier parmi les modernes l'hypothèse de l'immobilité de la Terre au centre du monde. Il travailla efficacement à faire prévaloir le système héliocentrique.

Ses ouvrages de Mathématiques, de Géométrie et d'Astronomie sont une preuve manifeste de l'étendue vraiment remarquable de ses connaissances scientifiques.

La quadrature du cercle fut, pendant assez longtemps, l'objet de ses études. Il composa sur ce sujet des Traités adressés ensuite au pape Nicolas V. D'après Walis et Pascal, il aurait connu la Cycloïde.

Dans le même siècle, fleurit le géomètre Purbach, né en 1423. Il ne vécut malheureusement que 38 ans.

Professeur à Ferrare, à Bologne, à Padoue et à Vienne, il y enseigna successivement, et avec grand succès, l'Astronomie et les Mathématiques.

Un de ses amis les plus dévoués et de ses protecteurs les plus puissants, fut l'illustre cardinal Bessarion. Celui-ci avait apporté de Constantinople un grand nombre de manuscrits grecs d'une haute valeur scientifique, et avait lui-même commencé à traduire la *Syntaxe* ou *Almageste* de Ptolémée, parce qu'il n'était pas content des traductions latines faites jusqu'alors.

D'après ses conseils et avec l'aide de ses lumières, Purbach corrigea les traductions qu'on avait de Ptolémée. Il fit disparaître les inexactitudes trop nombreuses dont elles étaient souillées, et reconstitua la pureté du texte primitif.

Puis, il composa lui-même plusieurs ouvrages traitant des calculs astronomiques, entre autres : *Theoriæ novæ Planetarum; Tabulæ eclipsium; Tractatus super propositiones Ptolemæi de Sinibus et Chordis.* Il y donne une méthode d'interpolation pour la construction des Tables de Sinus, calculées par lui directement de minute en minute.

Il dressa également une *Table des Tangentes.* Dans un quart de cercle, il en calcula jusqu'à 2400, grâce à son carré géométrique, conception très ingénieuse et fort utile pour l'époque où il vivait.

Mort à la fleur de l'âge, Purbach laissa toutefois un autre lui-même : c'était Régiomontanus, de son vrai nom Jean Müller.

Ami, lui aussi, du cardinal Bessarion, il vint professer en Italie. Le pape Sixte IV le protégea; il le nomma à l'évêché de Ratisbonne, et songea à lui confier la réforme du Calendrier.

Régiomontanus acheva la traduction de la Syntaxe mathématique de Ptolémée, commencée par Purbach. Il l'annota en entier, l'enrichit de lumineux commentaires, et dans tous les calculs de l'ancien astronome substitua les sinus aux cordes.

Par lui furent redressées la plupart des erreurs de Ptolémée et de ses successeurs, principalement sur l'obliquité de l'écliptique et sur la longueur exacte de l'année. Les Tables alphonsines également furent révisées, et reçurent de notables améliorations.

Dans un autre ouvrage, tout entier de sa main, et intitulé *Joannis de Monte Regio tabulæ directionum profectionumque,* il publie plusieurs Tables calculées par lui. C'est, d'abord, celle des déclinaisons des astres pour tous les degrés de l'écliptique et pour toutes les latitudes; ensuite, c'est la Table des Tangentes pour tous les degrés du quadrant. Cette dernière Table, fruit de travaux persévérants et de longues veilles reçut de lui le nom de *table féconde*. Il sut en tirer parti, et fut le premier, en Europe, à se servir de ces lignes trigonométriques.

Sa principale œuvre cependant fut un grand *Traité de Trigonométrie rectiligne et sphérique* en cinq livres : *Joannis Regiomontani de Triangulis planis et sphericis Libri quinque, una cum Tabula sinuum.*

C'est un ouvrage complet et le plus ancien de l'Occident. Il fut alors d'une extrême importance, et, même à notre époque, il présente encore de l'intérêt. Il y résolvait, en se servant de l'Algèbre du second degré, combinée avec la Trigonométrie, un grand nombre de problèmes utiles et difficiles.

L'auteur continua ce Traité en y ajoutant un autre volume *in-folio*, intitulé : *Fundamenta operationum quæ fiunt per Tabulam generalem.*

A l'occasion du passage d'une comète, il composa un *Traité* des parallaxes, et exposa le moyen de déterminer les éléments des orbites cométaires : *Problemata* XVI *De Cometæ longitudine, magnitudine et loco vero.* Ses procédés sont théoriquement exacts, et Tycho-Brahé en fit quelquefois usage.

Ces vastes connaissances lui avaient permis de perfectionner les Tables astronomiques de la Lune; il en indiqua dans son *Kalendarium*, et pour l'espace d'un demi-siècle, les phases de chaque mois, les longitudes, celles de son nœud, celles du Soleil, et la figure des éclipses.

Il fut alors en mesure d'écrire des Éphémérides astronomiques pour un temps illimité. Il en publia sous ce titre : *Joannis Regiomontani Ephemerides astronomicæ ab anno* 1475 *ad annum* 1506.

Elles furent le premier ouvrage de ce genre. Leur succès fut immense. Leur grand retentissement les fit considérer comme des modèles; elles furent ainsi le prélude des nombreux *Annuaires* publiés dans la suite par les sociétés savantes et les observatoires des diverses nations.

La liste des ouvrages mathématiques de Régiomontanus ne s'arrête pas là. Dans de nombreuses lettres très intéressantes, recueillies après sa mort par Théophile de Mur, sont résolus beaucoup de problèmes de Trigonométrie pure ou appliquée à l'Astronomie. Il y traite également de la Géométrie et de l'Algèbre.

Il fut assez heureux pour retrouver dans la bibliothèque du Vatican les six premiers Livres de l'Algèbre de Diophante. Il se proposait de les traduire et de les publier, quand il aurait découvert les sept autres.

Malheureusement Régiomontanus, comme son maître Purbach, mourut dans la force de l'âge, avant d'avoir fourni toute la carrière promise par de si beaux débuts. Il avait quarante ans à peine. Son corps fut inhumé à Rome, au Panthéon.

Cette mort imprévue l'empêcha de mettre au jour ses *Commentaires sur Archimède* et son *Recueil de problèmes astronomiques et géométriques*.

L'Europe n'avait pas encore produit un astronome et un mathématicien de ce mérite. S'il eût vécu quelques années encore, il aurait certainement laissé dans la Science des traces ineffaçables.

On peut le considérer comme le trait d'union entre deux époques séparées par douze à quinze siècles : celle d'Hipparque ou de Ptolémée, et celle de Copernic ou de Kepler.

La liste de ses nombreux ouvrages témoigne, à la fois, et de l'étonnante activité de son esprit, et de l'étendue de ses connaissances scientifiques.

Plein d'ardeur au travail et de sagacité dans les recherches, il aurait voulu réformer toutes les Tables astronomiques. Dans ce but, il avait fait tous les préparatifs nécessaires, acheté ou construit les instruments utiles, et commencé une série d'observations.

Ni l'intelligence, ni l'énergie, ne lui faisaient défaut. Il était homme à réaliser cette entreprise, mais le temps lui manqua.

Presque à la même époque, vivait un autre géomètre chrétien, Jean Werner. Né à Nuremberg en 1468, il vint tout jeune en Italie.

Comme tous les astronomes d'alors, il se crut obligé de débuter par des Commentaires sur Ptolémée. Il écrivit ensuite sur les Coniques, et fit un Traité de Trigonométrie en cinq livres.

Ces divers ouvrages furent réunis dans une grande collection imprimée à Nuremberg. Le titre en était : *Opera mathematica*.

On lui attribue l'invention de la prostaphérèse. Cette ingénieuse méthode a joui d'un crédit universel auprès de tous les calculateurs et de tous les astronomes, jusqu'à la découverte des logarithmes. En effet, elle réussissait, dans bien des cas, à simplifier les opérations; par suite, elle les rendait plus rapides, et, le plus souvent, écartait bien des causes d'erreur.

CHAPITRE QUATRIÈME

LES ALGÉBRISTES DU MOYEN AGE.

§ I

Résumé des considérations faites, au sujet de l'Algèbre, dans la première Partie.

Les anciens, nous l'avons démontré plus haut, avaient connu l'Algèbre. Par eux cette Science fut fondée et conduite à une réelle perfection. Elle fut, en outre, dans leurs mains un instrument précieux. Privés de son secours, comment auraient-ils été auteurs des surprenantes découvertes rapportées dans les œuvres d'Archimède et d'Apollonius?

Leur méthode, toutefois, consistait presque uniquement dans l'usage des règles de Calcul relatives aux transformations que l'on peut faire subir aux termes des proportions. Ainsi, en substituant les grandeurs, les unes aux autres, opéraient-ils une foule de combinaisons.

Néanmoins, et comme conséquence naturelle de leur point de départ, leurs procédés analytiques tenaient, plus que les nôtres, de la Géométrie.

De plus, ils gardèrent la fâcheuse habitude de noter leurs formules en langage ordinaire.

Sans doute, il ne faut pas confondre l'Algèbre, Science des généralisations, avec les signes abréviatifs, imaginés, depuis, en si grand nombre.

Mais ces caractères, plus ou moins cabalistiques et bizarres, sont très utiles. La lecture des équations les plus complexes est, grâce à eux, extrêmement facilitée. On suit, dès lors, sans trop de peine, sous les apparences changeantes, la marche des diverses valeurs, au cours des opérations parfois bien longues et bien compliquées.

Les chances d'erreurs, engendrées par les confusions regrettables, sont ainsi écartées pour la plupart. Au chaos succède la clarté.

Pourquoi donc les anciens géomètres, si habiles par ailleurs, n'ont-ils pas créé des symboles analogues aux nôtres? Et s'ils les ont inventés, pourquoi les ont-ils gardés pour eux seuls, en ne les insérant pas dans leurs ouvrages? Leurs raisonnements, d'une étendue presque toujours démesurée, en auraient été moins diffus et moins embrouillés.

Peut-être, l'invention des signes abréviatifs répugnait-elle au génie grec toujours un peu prolixe; peut-être aussi, chaque géomètre avait-il les siens pour son usage personnel; et aucun n'a-t-il réussi à imposer aux autres sa propre notation.

Quoi qu'il en soit, ne possédant pas le langage algébrique, ils avaient néanmoins l'Algèbre véritable, l'Algèbre littérale, celle des grandeurs indéterminées, la Science des raisonnements mathématiques envisagés dans leurs généralités les plus fécondes et dans les plus sublimes abstractions.

Leur tort fut de ne pas recueillir en corps de doctrine les procédés dont ils se servaient. Ils ne crurent pas devoir en faire l'objet d'une Science à part, et n'écrivirent pas sur ce sujet des Traités spéciaux.

Loin de se perfectionner, leur Algèbre disparut donc avec eux. Leurs successeurs ne l'aperçurent pas dans leurs ouvrages, où elle était pourtant implicitement contenue. Incapables de découvrir, eux-mêmes, des procédés analytiques de cette valeur, ils auraient, du moins, profité de ceux de leurs devanciers.

Pendant plusieurs siècles, l'Algèbre resta donc comme assoupie. Quand elle se réveilla, c'était à l'époque où la grande Géométrie, négligée à son tour, avait fait place aux stériles spéculations des néo-platoniciens sur la vaine philosophie des nombres.

Dès son début, elle fut donc *numérique*, au lieu d'être *littérale*. Elle employait des chiffres, et non des lettres. Elle s'engageait dans une funeste voie, et ses progrès devaient y être entravés pour longtemps. L'impulsion reçue dès le principe, la condamnait au particularisme, formellement opposé à sa raison d'être et à sa constitution essentielle.

Combien de siècles lui faudrait-il pour en arriver aux généralisations, puisqu'elle était, pour ainsi dire, mort-née?...

Resserrée dans ces limites étroites, comme dans un étau, combien de temps souffrirait-elle de sa direction initiale, sans pouvoir se mouvoir à l'aise sur son propre terrain?

Les raisonnements perdraient de leur ampleur, et les solutions de leur élégance. Les résultats seraient exprimés, non par des formules en fonction des données du problème, mais par des nombres ne présentant plus aucune trace des opérations accomplies et du chemin parcouru pour arriver au but.

Nous allons voir comment par l'effet des circonstances se réalisèrent ces tristes pressentiments.

Il aurait été cependant si facile de laisser éclore les germes déposés par les premiers semeurs!... Cette floraison scientifique ne devait-elle pas être une conséquence naturelle de leurs travaux?

§ II

Chez les Grecs.

I

L'Algèbre reste dépendante des Sciences inférieures.

Durant tout le moyen âge, pour l'Orient et en particulier pour l'École d'Alexandrie, l'Algèbre consista principalement dans les procédés pour la résolution des équations numériques. Les équations du second degré furent abordées parfois, simultanément avec plusieurs questions d'Analyse indéterminée, mais ce fut toujours par des méthodes indirectes. La marche régulière ne paraît jamais avoir été suivie.

L'Algèbre demeura longtemps encore pleinement soumise à la Géométrie, elle-même dégénérée. Les Grecs se servirent de celle-ci pour fonder leur Algèbre, comme leurs ancêtres en avaient usé pour constituer leur Arithmétique, si chétive et si pauvre.

Ne connaissant pas encore bien le terrain sur lequel ils s'aventuraient, les Algébristes ne voyaient pas clairement la légitimité de leur méthode. Dans la crainte de s'engager imprudemment sur une fausse route, ils avançaient timidement, comme pas à pas, reculant quelquefois, hésitant toujours, et sentant le besoin de s'appuyer sur une Science ayant déjà fait ses preuves.

Pour être plus sûrs d'eux-mêmes, ils demandèrent donc aide et protection à la Géométrie et à l'Arithmétique, en même temps.

Le mieux est, dit-on, l'ennemi du bien, et si l'oiseau n'ose pas se confier à ses ailes, il ne volera jamais. Manquant d'audace, les Algébristes n'allèrent pas loin. Il leur fallut ramper, pendant une quinzaine de siècles, avant que leur Science prit un essor définitif et s'élevât dans un vol puissant.

Leurs propositions étaient, pour la plupart, tirées des théorèmes d'Euclide ; sans cela, ils n'auraient eu le courage, ni de les soutenir, ni même de les formuler. Pour en établir l'exactitude, ils se contentaient de montrer leur conformité avec les vérités géométriques déjà connues. Leurs forces n'allaient pas au delà, et ils ne supposaient pas la possibilité d'un autre système.

Par ailleurs, s'ils essayaient de résoudre par leur embryon d'Algèbre des problèmes de Géométrie, ils ne manquaient jamais de représenter par des nombres entiers les données de la question, afin de pouvoir, au moindre danger, recourir vite et facilement à la contre-épreuve.

Cette préoccupation est constante dans Diophante, le plus ancien des Algébristes, dont les œuvres et le nom nous soient parvenus. Ses successeurs, pendant plusieurs siècles, ne s'écartèrent pas de la voie tracée par lui.

Pour éliminer, par exemple, une inconnue entre deux équations, ils n'employaient jamais un moyen direct. Ils auraient dû, pour cela, faire intervenir un petit calcul algébrique, dont ils auraient été incapables d'expliquer la justesse par des considérations basées sur la Géométrie.

Ils cherchaient donc des inconnues auxiliaires et intermédiaires, en rapport déterminé avec la véritable inconnue. Par les unes, ils arrivaient aux autres : mais la question ne pouvait être résolue sans avoir ainsi été préparée.

Pour bien choisir ces inconnues auxiliaires, il fallait du coup d'œil et parfois de l'habileté. Sur ce point, Diophante excella ; son esprit avait des ressources vraiment remarquables. Plus d'une fois, il se tira très heureusement d'un mauvais pas.

Mais cette qualité de l'auteur était un défaut pour la méthode, car l'habileté ne s'enseigne pas ; on peut seulement la développer par l'exercice, mais non pas la donner.

Ses lecteurs, après l'avoir vu se jouer dans d'inextricables difficultés, n'étaient pas plus avancés, chaque cas réclamant une solution différente. S'ils tombaient ensuite sur une question non prévue par Diophante, ou non traitée par lui, l'ouvrage consulté leur servait peu pour sortir d'embarras.

II

Le plus ancien des Algébristes grecs.

Ce Diophante dont nous venons de parler, appartenait à l'École d'Alexandrie. Il vécut, on ne sait trop à quelle époque, probablement du IV° au V° siècle de notre ère.

Son Algèbre, dont le titre était *Les Arithmétiques*, ne nous a pas été entièrement conservée. Elle se composait de douze livres, dont les six premiers furent, comme nous l'avons dit, découverts par Régiomontanus, au XV° siècle dans la bibliothèque du Vatican.

Le titre indique bien le but et l'esprit de ce travail. C'est, en toute vérité, une Algèbre arithmétique. A cette époque, du reste, l'Algèbre était considérée comme une Arithmétique supérieure. Il en fut ainsi jusqu'au XVI° siècle.

L'auteur y traite quelques problèmes déterminés des deux premiers degrés ; mais il s'y occupe principalement des questions indéterminées, dont il recherche toutes les solutions entières et rationnelles.

Malgré ses imperfections, cet ouvrage servit de manuel aux Grecs, et, plus tard, aux Arabes du moyen âge. A l'époque de la Renaissance, il fut commenté par des géomètres italiens, allemands et français, dont plusieurs de grand mérite.

Nous dirons quelques mots de la manière dont s'exprimait Diophante.

Le carré d'un nombre était appelé *puissance* (δυναμις) et indiqué par l'abréviation δυ. Ce terme est tiré d'Euclide et d'Apollonius, d'après lesquels ce que *peut* une ligne est le carré (τετραγωνος) de cette ligne.

Au lieu de considérer, ensuite, les divers ordres de puissances comme formant une série régulière, il leur donnait à chacune un nom spécial.

La troisième puissance était le cube (κυβος;) la quatrième le carré — carré (δυναμοδυναμις;) la cinquième, le carré — cube (δυναμοκυβος;) la sixième, le cube — cube (κυβοκυβος.)

La cinquième était donc, d'après lui, le produit du carré par le cube; la sixième était le carré du cube.

Sa progression de puissances n'allait pas plus haut.

Les abréviations employées pour les désigner, étaient κυ (de κυβος) pour la troisième; δδυ, pour la quatrième: puis, successivement κδυ, κκυ. L'unité avait pour symbole μο (de μονας, monade.)

Dans le premier livre, il expose la règle des signes, pour l'addition, la soustraction et même la multiplication.

Il est curieux de le voir rapporter, sans commentaire et sans explication, le principe fondamental : *Moins multiplié par moins, donne plus; moins multiplié par plus donne moins.*

Une quantité défaillante (négative,) dit-il, multipliée par une quantité défaillante, produit une quantité abondante (positive.) Au contraire, une quantité défaillante multipliée par une quantité abondante produit une quantité défaillante.

A ce propos, le célèbre Lagrange fait une remarque judicieuse, pour montrer que l'auteur des *Arithmétiques* avait eu des prédécesseurs en Algèbre.

Diophante, en effet, présente la règle des signes pour la multiplication des facteurs négatifs, comme une simple définition. Ce principe n'est pas cependant évident en soi, et les commençants ont parfois bien de la peine à le saisir. On ne peut leur en montrer l'exactitude sans des raisonnements détaillés.

Très probablement, il a existé avant Diophante des Traités d'Algèbre dans lesquels cette règle était suffisamment expliquée et solidement établie.

Diophante ne serait donc pas l'inventeur de cette Science; s'il y a fait des découvertes, elles se rapportent surtout à l'Analyse indéterminée, dont il s'est occupé de préférence.

Son ouvrage devait s'étendre assez loin dans cet ordre. Les six derniers livres, malheureusement perdus, abordaient vraisemblablement des questions assez difficiles, car, dans les six premiers livres, parvenus jusqu'à nous, les problèmes résolus se compliquent graduellement.

Quant à la règle des signes pour la multiplication des facteurs négatifs, Diophante, malgré la connaissance qu'il en avait, ne l'appliquait jamais, car il ne faisait jamais d'opération purement algébrique. Avait-il à former le carré ou le cube de la somme ou de la différence de deux quantités, il en présentait les résultats sans indiquer jamais comment il les avait obtenus.

Pour noter les quantités défaillantes, il usait d'un signe particulier, une sorte de *psi* renversé ψ, équivalent à notre signe *moins*. Il n'en avait aucun pour l'addition; il se contentait d'écrire, les unes à côté des autres, les quantités à ajouter, sans mettre entre elles aucun signe distinctif.

La règle de l'addition algébrique est cependant clairement énoncée. Il faut, dit-il, réunir ensemble toutes les quantités abondantes d'un côté; puis, toutes les quantités défaillantes, et soustraire cette seconde somme de la première.

Les quantités changent de signe en passant d'un membre dans un autre. Il recommande de ne pas l'oublier, car les abondantes deviennent défaillantes et réciproquement.

Ses règles relatives aux exposants des puissances sont exactes et assez étendues. Nous citerons quelques-uns de ses exemples, en posant en face, pour plus de clarté, l'expression moderne correspondante.

$$\mu o \times \frac{1}{\mu o} = 1\,;\ \delta \upsilon \times \frac{1}{\delta \upsilon} = 1.\ \text{C. à-d.}\ \alpha \times \frac{1}{\alpha} = 1\,;\ \alpha^2 \times \frac{1}{\alpha^2} = 1$$

$$\varkappa \upsilon \times \frac{1}{\varkappa \upsilon} = 1\,;\ \frac{1}{\mu o} \times \frac{1}{\mu o} = \frac{1}{\delta \upsilon} \ldots \alpha^3 \times \frac{1}{\alpha^3} = 1\,;\ \frac{1}{\alpha} \times \frac{1}{\alpha} = \frac{1}{\alpha^2}.$$

$$\frac{1}{\delta \upsilon} \times \frac{1}{\mu o} = \frac{1}{\varkappa \upsilon}\,;\ \frac{1}{\mu o} \times \delta \upsilon = \mu o \ldots \frac{1}{\alpha^3} \times \frac{1}{\alpha} = \frac{1}{\alpha^3}\,;\ \frac{1}{\alpha} \times \alpha^2 = \alpha$$

$$\frac{1}{\mu o} \times \varkappa \upsilon = \delta \upsilon\,;\ \frac{1}{\delta \upsilon} \times \mu o = \frac{1}{\mu o} \ldots \frac{1}{\alpha} \times \alpha^3 = \alpha^2\,;\ \frac{1}{\alpha^3} \times \alpha = \frac{1}{\alpha}$$

$$\frac{1}{\delta \upsilon} \times \varkappa \upsilon = \mu o \ldots \frac{1}{\alpha^3} \times \alpha^3 = \alpha\,.$$

Les coefficients portent le nom de *multitudes* ou de *fractions*, suivant qu'ils sont entiers ou fractionnaires.

L'inconnue est appelée *le nombre*; les diverses espèces d'inconnues sont le carré ou le cube du nombre cherché.

Le signe représentant l'inconnue est ordinairement une sorte de *sigma* accentué, Σ; quant aux quantités connues, elles sont toujours indiquées par des nombres déterminés.

Après l'énoncé de ces diverses règles, Diophante en arrive à la solution des problèmes. Il en pose plusieurs centaines, et les difficultés vont toujours en augmentant.

Le premier est très simple : Partager un nombre en deux parties dont la différence est donnée. — Cela revient à chercher deux nombres dont on connait la somme et la différence.

Beaucoup de problèmes ressemblent à celui-ci, avec quelques variations dans les circonstances. Ce qui est connu est, non pas la différence des nombres cherchés, mais leur rapport ou raison, leur produit, la différence de leurs carrés, la raison entre leur somme et la somme de leurs carrés, ou bien la raison entre le carré du plus petit et la somme des deux nombres, la raison entre le produit des deux nombres et leur somme ou leur différence, etc., etc...

Ensuite, les difficultés croissant, il faut chercher, non

pas deux nombres, mais trois ou quatre liés entre eux par certaines relations; ou bien, il s'agit, non seulement des carrés, mais des cubes, des cubes mélangés aux carrés, etc. Ce sont des séries de nombres en progression arithmétique ou géométrique, dont la somme et la différence sont des carrés, etc.

Par la manière dont il résout ces divers problèmes, dont la plupart pourraient l'être à l'aide seulement de deux ou trois principes, on s'aperçoit que Diophante ne voyait pas clairement le but auquel il croyait tendre, et ne se rendait pas bien compte de la puissance de l'instrument dont il essayait de se servir.

Il lui aurait suffi de savoir traiter d'une façon générale les deux cas suivants :

$$ax \pm by = q,$$
$$a'x \pm b'y = q';$$

et

$$ax^2 \pm bx = q.$$

Mais il n'abordait jamais directement des équations de ce genre.

L'Algèbre, même élémentaire, n'a donc pas été constituée par lui, quoiqu'elle lui doive certains perfectionnements.

Sa méthode, en effet, consistait dans le choix d'inconnues auxiliaires et dans l'emploi varié d'artifices de calcul, plutôt que dans une marche régulière.

Un exemple, mieux que des paroles, fera comprendre sa manière de procéder :

Trouver deux nombres dont la somme et le produit soient donnés.

Diophante se gardait bien de poser les équations

$$x + y = p;$$
$$xy = q.$$

En faisant $y = p-x$, il aurait pu facilement éliminer une des deux inconnues et poser

d'où
$$x(p-x)=q;$$
et
$$px-x^2=q;$$
$$x^2-px+q=0.$$

A cette voie directe, il préfère un chemin détourné. Supposons, dit-il, la somme des deux nombres égale à 20 et leur produit égal à 96. Donnons-leur la différence la plus petite qu'on puisse imaginer sans les rendre fractionnaires : cette différence sera 2.

Dans ce cas, le plus grand de ces nombres serait la moitié de leur somme plus la moitié de leur différence, $10+1$; et le plus petit serait $10-1$. Ces deux nombres seraient donc 11 et 9.

Si je les multiplie l'un par l'autre, j'obtiens 99. Je remarque, tout de suite, entre ce produit 99 et le carré de leur demi-somme ($10 \times 10 = 100$) la différence d'une unité.

D'autre part, cette unité de différence n'est pas une unité simple, mais le carré de l'unité. Il suffit, pour s'en convaincre, de considérer les opérations effectuées :

$$\begin{array}{r} 10+1 \\ 10-1 \\ \hline 100+10 \\ -10-1^2 \\ \hline 100-1^2 \end{array}$$

Or, cette différence (1^2) entre le carré de la demi-somme et le produit des deux nombres, est précisément le carré de la moitié de la différence (2) supposée entre les deux nombres.

De ce fait, je tire cette conclusion générale :

Si du carré de la demi-somme on retranche le carré de la demi-différence, on obtient le produit des deux nombres cherchés.

En d'autres termes : *Si du carré de la demi-somme on retranche le produit des deux nombres, on obtient le carré de la demi-différence.*

Il est donc très facile de ramener ce problème, si compliqué en apparence, à celui de la recherche de deux nombres dont on connait la somme et la différence.

Appliquons ce principe au cas proposé.

Du carré de la demi-somme ($10^2 = 100$) retranchons le produit 96, il reste 4 : c'est le carré de la demi-différence. Extrayons la racine de 4, nous avons 2; c'est la demi-différence. La différence entière est donc 4.

Le problème revient maintenant à trouver deux nombres dont la somme est 20, et la différence 4. Ce cas est extrêmement facile, et les deux nombres sont évidemment 12 et 8.

Voilà donc un des artifices imaginés par Diophante. L'auteur est d'une remarquable ingéniosité pour des inventions de ce genre; mais son habileté fait son défaut, car elle l'empêche de s'attacher aux méthodes générales qui seules constituent la véritable Algèbre.

Diophante découvrit fort bien que le cas proposé ne pouvait donner des réponses en nombres entiers et réels, sans la réalisation de deux conditions nécessaires : d'abord, le carré de la demi-somme devait dépasser leur produit; ensuite, la différence entre le carré de la demi-somme et le produit devait être un carré parfait.

Les deux nombres cherchés sont donc obtenus en ajoutant (pour le plus grand) et en retranchant (pour le plus petit) à la moitié de la somme donnée la racine carrée de la différence entre le carré de la demi-somme et le produit connu des deux nombres.

Dans l'exemple choisi, en effet, on a bien

$$x = \frac{20}{2} \pm \sqrt{\left(\frac{20}{2}\right)^2 - 96}.$$

N'est-ce pas la formule moderne, ou

$$x = \frac{p}{2} \pm \sqrt{\left(\frac{p}{2}\right)^2 - q},$$

tirée de l'équation régulière

$$x^2 - px + q = 0?$$

La seule inspection de la formule montre, tout de suite, la condition de possibilité du problème découverte péniblement par Diophante. En effet, la valeur de x ne saurait être réelle, si le carré de la demi-somme ne surpasse pas le produit des deux nombres.

Il faut de toute nécessité l'inégalité

$$\left(\frac{p}{2}\right)^2 > q,$$

à moins de supposer les deux nombres cherchés égaux entre eux. Alors, leur produit égalerait exactement le carré de leur demi-somme, et l'on aurait

$$\left(\frac{p}{2}\right)^2 = q.$$

Mais si l'inégalité devenait

$$\left(\frac{p}{2}\right)^2 < q,$$

le problème serait impossible, ou, du moins, les réponses auraient une valeur purement imaginaire.

Donc, plus la différence entre les deux nombres sera considérable, plus sera grande aussi la différence entre le carré de la demi-somme et leur produit.

En outre, le problème de Diophante est le simple énoncé d'une propriété remarquable de l'équation générale du second degré, savoir : la somme des racines de l'équation égale le coefficient de x, pris en signe contraire (p,) et leur produit égale le terme connu (q.)

Diophante est loin d'avoir usé de ces méthodes générales. On le voit toujours préparer ses questions ou ses solutions, en essayant au hasard des nombres commensurables, pour trouver les divers rapports existant entre leur somme, leur différence, leur produit, leur carré, leur cube, etc.

D'après certains auteurs, il aurait connu le procédé régulier, mais ne s'en serait pas servi ouvertement, afin de ne pas livrer son secret. Il voulait empêcher les autres de devenir aussi habiles que lui, et ne pas se priver du plaisir de multiplier les problèmes, qui, différents en apparence, pouvaient tous se traiter par la même méthode.

On adressa, plus tard, un reproche analogue à Tartaglia et à Cardan pour la solution de l'équation du troisième degré. Nous verrons également Leibniz et Newton, après l'invention du Calcul infinitésimal, se proposer mutuellement des énigmes à ce sujet.

En fait, quand Diophante cherche, par exemple, deux nombres dont la différence ait une raison donnée avec la différence de leurs carrés, il ne songe jamais que cette raison est précisément la somme de ces deux nombres.

Ignorait-il les égalités

$$(a+b)(a-b) = a^2 - b^2,$$

et

$$\frac{a^2 - b^2}{a - b} = a + b?$$

C'est peu probable, car la Géométrie d'Euclide enseignait ces propositions.

De même, s'il parle du rapport réciproque entre la somme de deux nombres et la différence de leurs carrés, il ne fait pas la remarque si simple, que ce rapport est précisément la différence de ces deux nombres suivant la formule élémentaire

$$\frac{a^2 - b^2}{a + b} = a - b.$$

Peut-être aussi, ne savait-il pas démontrer abstraitement ces principes divers. A la façon dont il procède, on le croirait peu familiarisé avec le Calcul algébrique.

Cependant, comme parfois il ne se contente pas de donner la solution du cas étudié, mais discute, en outre, les conditions de possibilité du problème, il semble être plus avancé dans la connaissance des méthodes générales qu'on ne pourrait le croire tout d'abord.

Il aurait donc fait, à part lui, sur des données littérales et indéterminées, les calculs vraiment algébriques, dont il ne présente ailleurs que les résultats numériques.

Du reste, plusieurs de ces formules algébriques ressortent si naturellement des théorèmes d'Euclide parfaitement connus de Diophante, qu'il paraît impossible que celui-ci ne les ait découvertes, dès qu'il a eu tourné son esprit vers les spéculations abstraites, d'ordre purement mathématique.

L'Histoire nous a laissé très peu de détails biographiques sur Diophante.

Le peu qu'on en sait est renfermé dans une sorte d'épigramme versifiée, composée par un poète grec et conservée dans l'Anthologie.

Cette épigramme n'a peut-être pas une valeur historique. Peut-être n'est-elle, comme beaucoup d'autres, que le simple énoncé d'un problème.

Bachet de Méziriac, traducteur de Diophante au XVII° siècle, a traduit aussi cette épigramme en vers latins. Les voici :

> *Hic Diophantus habet tumulum, qui tempora vitæ*
> *Illius mirâ denotat arte tibi.*
> *Egit sextantem juvenis, lanugine malas*
> *Vestire hinc cœpit parte duodecimâ.*
> *Septante uxori post hæc sociatur, et anno*
> *Formosus quinto nascitur inde puer.*
> *Semissem ætatis postquam attigit ille paternæ,*
> *Infelix subitâ morte peremptus obit. .*
> *Quatuor æstates genitor lugere superstes*
> *Cogitur ; hinc annos illius assequere.*

D'après l'inscription écrite sur son tombeau, Diophante aurait donc passé le sixième de sa vie dans l'enfance, et le douzième, dans l'adolescence. Il se serait ensuite marié, et serait demeuré dans cette union le septième de sa vie, plus cinq ans avant d'avoir un fils. Celui-ci, après avoir vécu la moitié de l'âge auquel son père parvint, serait mort, et son père lui aurait survécu quatre ans. Quel était l'âge de Diophante quand il mourut ?

La réponse est fournie par l'équation suivante, facile à poser et à résoudre :

$$\frac{1}{6}x + \frac{1}{12}x + \frac{1}{7}x + 5 + \frac{1}{2}x + 4 = x.$$
$$x = 84.$$

Les Grecs du moyen âge suivirent Diophante pas à pas, et n'allèrent pas plus loin que lui en Algèbre. Nous ne nous attarderons donc pas à en parler.

Il est assez difficile de préciser quel degré d'influence exerça Diophante en Europe. D'un côté, son ouvrage fut découvert par Régiomontanus seulement au XVe siècle, lorsque, depuis deux cent cinquante ans, Fibonacci avait transporté en Italie l'Algèbre empruntée à l'Orient.

D'autre part, Diophante ayant été constamment considéré comme un maître par les Orientaux, a dû par eux influer sur le développement de l'esprit scientifique en Occident.

§ III

Chez les Hindous.

I

Leur méthode.

Très imparfaits en Géométrie, comme nous l'avons dit plus haut, les Hindous furent plus heureux dans les spéculations abstraites sur les nombres.

A l'encontre des Grecs, ils eurent une Algèbre indépendante de la Géométrie, comme l'avait été leur Arithmétique.

Les données des problèmes étaient représentées, non par des chiffres, mais par les initiales des mots servant à les désigner. Diophante avait employé ce système, mais seulement pour exprimer les diverses puissances.

Bien avant lui, cependant, Aristote avait deviné l'avantage des notations générales dans les calculs. Il avait songé à représenter par des lettres les quantités indéterminées. Ces lettres n'étaient pas seulement des abréviations par initiales, mais de véritables symboles. Ainsi, par exemple, $\alpha, \beta, \gamma, \delta$, etc., indiquaient la force, la masse, l'espace, le temps, etc., absolument comme dans les méthodes modernes. Cet usage se retrouve dans Cicéron [1].

Quoique Grec, Diophante n'avait pas en cela imité Aristote.

Les Hindous, au contraire, eurent en Algèbre, sous ce rapport, un système de notations analogue à celui du Stagirite.

Selon toute vraisemblance, néanmoins, ils ne lui empruntèrent rien. Les mêmes idées peuvent germer dans des esprits bien différents, et à des époques très éloignées les unes des autres. Une certaine analogie, dans la manière de concevoir certaines choses, n'est pas toujours une preuve de la communauté d'origine, ou d'une influence réciproque exercée ou reçue.

On ne sait pas, au juste, à quel degré de perfection parvint la science algébrique des Hindous. Ils résolvaient l'équation du second degré, et obtenaient les solutions entières de plusieurs équations indéterminées des deux premiers degrés à deux inconnues. Ils savaient, en effet, éliminer une des inconnues entre les équations.

Cependant, vu la concision de leurs écrits, il est bien difficile, comme nous l'avons déjà fait remarquer, de découvrir par quels moyens ils arrivèrent à ces résultats.

---

1. Ciceronis, *Epist. ad Atticum*, lib. II, ep. 3.

Par exemple, pour la résolution de l'équation générale du second degré, ils n'ont pu s'inspirer, ni de leur propre Géométrie, ni de celle d'Euclide. L'une était trop imparfaite, et l'autre ne leur était pas connue.

Ont-ils fait disparaître le second terme de l'équation comme le fit Viète plus tard, ou bien ont-ils rendu le premier membre carré parfait, suivant la méthode actuelle ?

Ces deux hypothèses sont probables, mais peut-être s'écartent-elles également de la vérité. Vu la bizarrerie de leur manière de penser, dont ils ont donné tant de preuves, les Hindous paraissent avoir suivi une marche moins régulière.

On les voit trop souvent procéder par des artifices de calcul bien singuliers, vraies chinoiseries, casse-tête ou jeux de patience.

Des combinaisons de ce genre, plus ou moins ingénieuses, furent reproduites, plusieurs siècles après, par les Arabes dans leur Algèbre. Or, ceux-ci se sont incontestablement inspirés beaucoup plus des Hindous que des Grecs.

Comment, du reste, les Arabes connaissant Euclide et peu embarrassés pour effectuer le produit de deux binômes, n'auraient-ils pas tiré de ces divers éléments une méthode rationnelle pour la solution de l'équation du second degré, s'ils n'avaient été retenus par la crainte d'aller à l'encontre de traditions vénérables ayant, depuis longtemps, en Algèbre, acquis droit de cité ?

II

A quoi se réduisent les écrits algébriques des Hindous.

Les principaux algébristes indiens dont le nom est resté, sont Aryabhata au vi^e siècle, et Brahma-Gupta, né un demi-siècle après. On trouve dans leurs ouvrages, entre autres formules, celles de la somme des carrés et des cubes de la série des nombres entiers, et quelques autres relatives aux segments des côtés d'un triangle.

Mais tout cela y est bien obscur, et quelquefois inintelligible.

Dans le courant du xiie siècle, vivait un autre mathématicien hindou; c'était Baskara, né en 1114. Quoique postérieur de six cents ans à Aryabhata et à son copiste Brahma-Gupta, il ne possédait pas en Algèbre des connaissances plus étendues.

La seule innovation dont on doive lui faire honneur, est l'introduction de commentaires en prose pour expliquer un peu les sentences apocalyptiques de la science indienne, exprimées jusqu'alors en strophes versifiées.

Malgré leur habileté à transformer les expressions algébriques, les Hindous ont eu le tort dans les problèmes indéterminés de se confiner dans les solutions entières ou rationnelles. Dans l'étude des phénomènes ils considéraient seulement les points particuliers où les variables ont des valeurs commensurables.

Cette préoccupation trop exclusive les empêcha de s'élever jusqu'à la connaissance des lois.

En outre, ils avaient la commune tendance à poser des questions trop futiles; ils les étudiaient de préférence à celles dont l'utilité était plus grande, au double point de vue théorique et pratique.

Toutes choses équitablement pesées, on peut donc les juger comme de beaucoup inférieurs aux Grecs. Leur petite supériorité en Algèbre ne compense pas leur nullité en Géométrie.

§ IV

Chez les Arabes.

I

Origine du mot Algèbre.
Rapport entre cette Science et la Chirurgie.

Le premier Traité d'Algèbre, composé parmi les disciples du Prophète, est celui de Mohammed-Ben-Musa, surnommé Al-Karizmi, du lieu de sa naissance. Ce géomètre vivait dans le courant du IXe siècle, sous le calife Al-Mamoun.

D'après plusieurs auteurs, de son nom se serait formé le mot *algorithme*, écrit auparavant algoritme ou algorisme.

Il eut l'honneur de donner à la Science des généralités mathématiques le nom sous lequel elle est encore désignée.

En arabe, comme en espagnol, en portugais et dans les anciennes langues romanes, un *algébriste* est un *chirurgien*, chargé de raccommoder les membres cassés et de *résoudre les fractures*.

Or, dans l'ancienne Algèbre, la première opération effectuée consistait à *résoudre les fractions*. Les Indiens commençaient, en effet, toujours par chasser les dénominateurs, afin de donner aux équations une forme entière.

Le procédé fut donc appelé *Al-Jébr* (résolution des fractures ou des fractions.)

Cette opinion est confirmée par un ouvrage de Chirurgie composé par Guillaume de Saliceto, de Plaisance, médecin italien du XIIIe siècle. Le troisième livre est ainsi intitulé : *Liber tertius de Algebra, id est, restauratione convenienti circà fracturam et dissolutionem ossium*[1].

Gui de Chauliac, médecin des Papes d'Avignon et surnommé le Père de la Chirurgie française, Lanfranc de Milan et plusieurs autres, donnent au mot algèbre la même signification. Pour eux encore l'équation est une opération chirurgicale.

Le mot *algèbre* indiquait aussi le *rétablissement* d'une quantité qui de négative devenait positive. Les Arabes avaient, en effet, l'habitude de n'écrire les termes que dans les membres où ils étaient positifs; ils n'égalaient jamais à zéro l'un des membres de l'équation.

L'opération par laquelle un terme, passant d'un membre dans l'autre, devenait positif, était donc une véritable restauration ou *rétablissement*. N'appelait-on pas *défaillantes* les quantités négatives? Il n'est donc pas étonnant que le mot algèbre ait été fréquemment employé au moyen âge par les chirurgiens et les médecins.

II

Écrits algébriques des Arabes.

L'ouvrage de Mohammed-Ben-Musa se divise en quatre parties extrêmement disparates. Aussi les érudits se sont-ils demandé si elles sont bien toutes les quatre de lui. C'est assurément fort douteux.

La première renferme les règles concernant la résolution de l'équation du second degré, mais sans démonstration toutefois : c'est un simple énoncé. La découverte de cette théorie, trouvée douze cents ans après Euclide, dans la Géométrie duquel elle est implicitement conte-

---

1. Guglielmi de Saliceto Placentini *Chirurgia*. Venetiis, 1546. *In folio*, p. 341.

nue, n'est pas un trait de génie de la part des Arabes, possesseurs de la Géométrie euclidienne.

Mais voici qui est très curieux. Dans la seconde partie de l'ouvrage de Mohammed, la partie pratique, si l'on peut ainsi dire, les équations du second degré sont résolues par une méthode absolument différente des principes exposés dans la première partie. Elle n'a rien d'algébrique. C'est l'antique méthode indienne, indirecte et très imparfaite, procédant par chemins détournés, par artifices de calcul, par combinaisons imprévues et irrégulières, véritables casse-tête chinois.

La troisième partie donne les moyens de vérifier les résultats par une contre-épreuve, et enseigne à faire la multiplication de binômes ayant la forme $x+a$ et $x-b$. C'est bien peu : les Hindous savaient cela depuis longtemps.

Quant à la quatrième partie, elle est presque aussi bizarre que la seconde. Elle consiste en règles puériles pour obtenir des sommes ou des différences ne présentant aucune difficulté. On y voit aussi ébauchées quelques-unes des règles sur le calcul des radicaux du second degré, et correspondant à nos expressions.

$$a\sqrt{b} = \sqrt{a^2 b} \; ; \; \sqrt{a}\sqrt{b} = \sqrt{ab}.$$

Si Mohammed a bien compris la théorie exposée dans la première partie, pourquoi semble-t-il l'oublier dans la seconde, et ne l'applique-t-il pas? Et si cette solution par casse-tête n'est pas de lui, pourquoi la donne-t-il à l'exclusion de toute autre? Elle est si compliquée, si bizarre!... et le procédé régulier est si simple et si rationnel!

N'est-ce pas une preuve que Mohammed, comme Brahma-Gupta, Aryabhata et les autres Hindous dont il s'est inspiré, ont été moins éclairés qu'on s'est plu à le redire sans preuves suffisantes à l'appui?

Dans un appendice de son ouvrage, Mohammed-Ben-Musa se pose plusieurs problèmes; mais ils sont tous sans grandes difficultés.

Là encore, toujours avide de solutions singulières et ridicules, il paraît, comme Diophante, ignorer les rapports élémentaires.

$$\frac{a^2-b^2}{a-b}=a+b, \quad \text{et} \quad \frac{a^2-b^2}{a+b}=a-b.$$

Il n'y fait jamais la moindre allusion dans les cas nombreux où il aurait naturellement l'occasion de s'en servir. Toujours aussi il ne recherche que des réponses réelles, évitant les racines négatives et imaginaires.

Les Arabes ont tout reçu des Hindous, mais ils ne les ont pas dépassés. L'Algèbre resta chez eux dans le même état, depuis l'époque où ils y furent initiés jusqu'à leurs derniers écrivains en ce genre, au xi° siècle. Elle ne leur est donc redevable d'aucun développement ou perfectionnement. Il en fut ainsi, d'ailleurs, pour les autres Sciences physiques et naturelles. Dans leurs mains aucune ne progressa.

D'après un manuscrit attribué à l'un de leurs astronomes de la fin du xi° siècle, Omar Alkheyamy, on a supposé qu'ils avaient su résoudre les équations du troisième degré.

Mais dans ce manuscrit, les équations ne sont même pas ordonnées suivant les puissances de l'inconnue, et jamais une équation du troisième degré n'y est résolue algébriquement.

On y trouve, il est vrai, parfois, la construction géométrique de ces équations et leur représentation par des courbes, suivant la méthode employée déjà par les Grecs. Mais représenter géométriquement une équation d'un degré supérieur, et savoir algébriquement la résoudre, sont deux choses absolument différentes.

Il fallut attendre encore quatre ou cinq cents ans, jusqu'au xvi° siècle, la découverte du procédé apte à résoudre l'équation du troisième degré. Cette gloire était réservée à Tartaglia et à Cardan.

Quant aux Arabes, probablement ils ne connurent

même pas la formule générale de résolution pour les équations du second degré. Ils y distinguaient plusieurs catégories, suivant la forme sous laquelle se présentaient les équations, vu leur manie de n'écrire les termes que dans les membres où ils sont positifs.

Pour chacune de ces catégories il y avait une méthode spéciale. Ils ne soupçonnèrent donc pas l'existence d'une formule unique, capable, par un simple changement de signe, de s'adapter aux cas les plus divers.

§ V

Chez les Chrétiens.

I

Leurs écrits.

A l'origine du moyen âge, les Chrétiens ne paraissent pas s'être occupés beaucoup d'Algèbre. Nous en avons déjà expliqué la raison, et il n'y a rien là de bien étonnant.

Un des premiers algébristes chrétiens, dont les œuvres nous soient parvenues, est Jean de Séville (Joannes Hispalensis.) Il précéda Léonard de Pise, et vécut au XIIe siècle. C'était un ancien rabbin juif converti au christianisme.

Dans son *Traité d'Algorisme*, il parle assez en détail de l'Algèbre. Après avoir enseigné à calculer les racines carrées, même avec des parties décimales, il résout les divers cas de l'équation complète du second degré.

Cette méthode fut répandue, un peu après, en Italie, par Léonard de Pise (Fibonacci.) Il avait séjourné longtemps en Orient. A son retour, il publia son *Traité d'Algèbre*, dont l'influence en Europe fut très grande, même pendant les siècles suivants.

Non seulement, en effet, les équations du second degré et celles qui s'y ramènent sont franchement abordées, mais elles sont résolues algébriquement, à l'aide de formules générales.

Sous ce rapport, Fibonacci est de beaucoup supérieur aux Arabes, aux Hindous et aux Grecs de l'école de Diophante.

Outre son *Abacus* dans lequel est renfermé son *Traité d'Algèbre*, Fibonacci avait aussi composé sur l'Analyse indéterminée des deux premiers degrés un ouvrage cité par Lucas de Burgo et par Cardan, sous le nom de *Traité des Nombres carrés*. Longtemps on l'avait cru perdu : il a été retrouvé récemment et publié dans le milieu de ce siècle.

Après avoir indiqué le moyen d'évaluer la somme de la série des carrés, il y traite des problèmes difficiles, par exemple : Trouver un carré tel que par l'addition ou la soustraction d'un nombre donné, il égale toujours un carré. Fibonacci résolvait l'équation $x^2 + y^2 = M$; et il arrivait à trouver pour x et y des formules exactes.

Au XIII⁰ siècle, vivait Jordanus Nemorarius. Son *Algèbre*, divisée en quatre livres, donne la solution de 113 problèmes du premier et du second degré. Sa méthode est fort remarquable, et tous ses raisonnements sont faits sur des lettres.

A la même époque, Jean de Muris, chanoine de Paris, s'attirait une grande renommée par ses connaissances mathématiques. Il écrivit, outre divers ouvrages sur l'Astronomie, l'Arithmétique et la Géométrie, un Traité d'Algèbre intitulé *Quadripartitum numerorum*. Régiomontanus en parlait comme d'une œuvre fort remarquable, *opus insigne*.

Planude, moine grec, envoyé à Venise par l'empereur de Constantinople, Andronic II, publiait en même temps un commentaire sur Diophante.

Un émule de Planude, le moine Barlaam, religieux de saint Basile et envoyé à Avignon par l'empereur grec, afin de négocier l'affaire de la réunion des églises, composa sur l'Algèbre un Traité portant le titre de Λογιστική.

Régiomontanus, dont nous avons raconté ailleurs les

immenses travaux sur l'Astronomie et la Trigonométrie, s'occupa également beaucoup de l'Algèbre. Il avait retrouvé, comme nous l'avons dit, les six premiers livres de celle de Diophante dans la bibliothèque du Vatican.

Le moine franciscain, Lucas de Burgo, dans sa *Summa de Arithmetica*, traita fort au long de l'Algèbre : il l'appelait l'*arte maggiore*. Les développements avec lesquels il ne expose les règles et les diverses applications, sont d'une grande importance. Dans ses ouvrages scientifiques, il résout le plus souvent par l'Algèbre les problèmes de Géométrie.

Son Traité d'Algèbre est le premier qui ait été imprimé. C'était pour l'époque un ouvrage complet sur la matière.

Il y montre, comme Fibonacci, une connaissance très nette de la conformité des résultats obtenus par la Géométrie et par l'Algèbre. Cette convergence des deux méthodes, ignorée des anciens Grecs et à peine soupçonnée par Diophante, par les Arabes et les Hindous, se fait jour, de plus en plus, dans les écrits des mathématiciens chrétiens.

Après Lucas de Burgo, dans le courant du xive et du xve siècles, de nombreux *Traités d'Algèbre* furent publiés en Italie, en France, et ailleurs. Il serait trop long de les citer tous. Ils comprenaient la théorie complète des deux premiers degrés, et, comme appendice ou complément, quelques questions de *maxima*.

Les équations du troisième degré et des degrés supérieurs commencent à y être étudiées. La solution véritable de l'équation du troisième degré, devait cependant se faire attendre encore une centaine d'années environ.

II

Notations algébriques en usage au moyen âge.

Nous ne terminerons pas ce rapide aperçu historique, sans dire quelques mots de la notation alors employée.

Dans l'Algèbre de Nicolas Chuquet, médecin et mathématicien de Paris, au xv⁰ siècle, on voit les abréviations *p, m* et R surmonté d'un indice, pour indiquer l'addition, la soustraction et l'extraction des racines. On ne trouve pas encore néanmoins les signes $+$, $-$, $\sqrt{}$. Ils furent d'une invention plus récente.

Les auteurs précédents, Lucas de Burgo, Fibonacci, etc., avaient généralement indiqué l'inconnue par le mot *radix*, racine, ou *res*, chose, *cosa*. Aussi l'Algèbre fut-elle appelée primitivement chez les Italiens l'*arte della cosa*, et chez les Allemands *die coss*.

Le carré de l'inconnue était le *census*.

Avec Fibonacci, les lettres s'introduisent en Algèbre, non seulement pour représenter les inconnues à chercher, mais aussi pour désigner les quantités connues servant de données aux problèmes.

En cela, Fibonacci imitait Gerbert, qui, dans sā Géométrie, désigne les lignes, soit par deux lettres placées aux deux extrémités, soit par une seule placée au milieu. Pacciolo suivit ensuite le même procédé.

On aurait donc tort d'attribuer à Viète l'honneur d'avoir représenté, le premier, par des lettres, les quantités indéterminées. Il a sans doute perfectionné le système, mais d'autres l'avaient précédé dans son application.

A cette époque, les vrais signes algébriques sont encore à créer. On n'y trouve encore ni celui de la multiplication $a \times b$; ni le symbole de la proportion $a : b :: c : d$, imaginé plus tard par Vallis; ni celui de l'égalité $=$, qui fut longtemps exprimée par une sorte de huit renversé ∞, pour *æ*, abréviation de *æqualis;* ni celui des inégalités > <.

Le langage algébrique n'était donc pas encore réellement fondé. Il était ébauché à peine. On était obligé de recourir à des périphrases plus ou moins longues pour faire connaître la série des opérations à effectuer.

Le mot *binôme* y était quelquefois employé; mais celui d'*équation* ne s'y rencontre pas.

CHAPITRE CINQUIÈME

L'ASTRONOMIE AU MOYEN AGE.

Au moyen âge, l'Astronomie ne fit pas de progrès notables.

Les instruments d'observation furent, sans doute, un peu perfectionnés; les méthodes mathématiques devinrent plus exactes par la construction de tables trigonométriques plus complètes.

Toutefois, les corrections apportées aux données des anciens furent presque insignifiantes. En Géométrie, on n'avait pas atteint Archimède; en Astronomie, on n'égala pas, non plus, Hipparque ou Ptolémée.

§ I

La Mesure du temps.

I

Chronologie et Calendriers.

En parlant, dans la Première Partie, des calendriers et des cycles antiques, nous avons indiqué déjà, d'une façon générale, ce qu'ils furent au moyen âge. Il nous suffira d'ajouter ici quelques détails sur cette question, dont cependant l'importance fut toujours capitale.

Par la combinaison du cycle lunaire de Méton comprenant dix-huit années, et du cycle solaire qui en contient vingt-huit, on fit, entre le v⁰ et le vi⁰ siècle, une nouvelle période de 532 ans, appelée dionysiaque. La Lune pascale, croyait-on, devait revenir, après ce laps de temps, aux mêmes mois et aux mêmes jours de la semaine.

Ce nouveau cycle devint lui-même une des bases de la période julienne. En effet, multiplié par 15, nombre des indictions, il donne 7980, nombre des années de la période julienne.

Comme son nom le révèle, la période dionysiaque fut l'œuvre d'un certain Denys. Celui-ci, surnommé le Petit, à cause de l'exiguïté de sa taille, a laissé un nom illustre dans l'Histoire ecclésiastique, autant par sa vertu que par ses vastes connaissances dans la Jurisprudence canonique et dans la Science du Calcul.

Originaire de Scythie, il vint à Rome, où il vécut près de quarante ans, et y fut mis à la tête d'un monastère. Au témoignage de Cassiodore, il parlait avec une égale facilité le latin et le grec. Cela ne doit pas nous surprendre; puisqu'il avait habité de longues années Constantinople et Rome, où ces langues étaient communément en usage.

Entre ces deux capitales du monde les communications étaient fréquentes. Ce fait nous prouve, une fois de plus, que les Latins n'ont pas eu besoin des Arabes pour connaitre les richesses scientifiques des Grecs.

Formé, dès sa jeunesse, à l'étude des Mathématiques, Denys entreprit des travaux de longue haleine pour fixer diverses dates et fonder avec précision la Chronologie.

La première idée de la période dionysiaque serait due, parait-il, à l'astronome Victorin d'Aquitaine. Le pape Hilaire avait recouru à lui, quelques années auparavant, vers 465, pour apporter diverses modifications au calendrier, et déterminer avec plus d'exactitude le jour de la fête de Pâques.

Mais, du moins, Denys le Petit, perfectionna ce nouveau cycle, en démontra l'utilité, et le répandit. Ses services, à cet égard, furent assez importants pour que l'on crût juste de donner son nom à la période elle-même.

Il eut une gloire plus grande encore : celle de fonder l'ère chrétienne. Il établit dans son ensemble le système de Chronologie dont l'Europe entière se sert depuis une dizaine de siècles, et dont le monde, avec elle, se servira très vraisemblablement longtemps encore.

Depuis l'origine du Christianisme, les diverses circonstances de la vie terrestre du Sauveur des hommes réglaient la succession des solennités religieuses. Néanmoins, on n'avait pas songé à rattacher à cette vie du Dieu incarné tous les événements de l'Histoire. On les rapportait, soit à l'ère romaine, soit aux olympiades, soit aux cycles des Égyptiens, etc.

Pour plus de simplicité, Denys voulut unifier toutes ces chronologies partielles. En même temps, dans une pensée grandiose, il groupait et faisait converger vers un centre attractif les faits mémorables des siècles passés et des siècles futurs.

L'antiquité, comme la postérité la plus reculée, marchait à la lumière du Christ : l'une, soupirant après le soleil levant, dont elle n'apercevait qu'une aurore indécise et vague ; l'autre, inondée de clartés radieuses, réchauffée et vivifiée par l'astre éblouissant, brillant enfin au sommet des cieux.

C'était fixer par la Chronologie ce que saint Augustin avait déjà si bien décrit dans ses magnifiques livres de la *Cité de Dieu*, et ce que, plus de onze siècles après, dans son sublime *Discours sur l'Histoire Universelle*, le génie de Bossuet devait exposer si magistralement.

Par une longue suite de calculs pénibles et difficiles, l'humble et savant moine chercha donc à préciser exactement la date de la naissance de Jésus-Christ. Il suffit de se rappeler ce que nous avons dit sur la confusion régnant entre les divers calendriers, ou cycles grecs et romains, pour se convaincre que la tâche était fort ardue.

Denys ne recula point devant les obstacles de tout genre. A force de travail et de patience, il arriva à se faire une conviction très arrêtée, et il fixa la date de la naissance de Notre-Seigneur à l'année 754 de la fondation de Rome, ou 4004 de la création du Monde.

D'après plusieurs critiques modernes, il aurait commis une légère erreur dans le résultat final. Le Messie serait né trois ou quatre ans plus tôt.

Néanmoins, le système chronologique imaginé par Denys, entra peu à peu dans les usages. Au siècle suivant, il s'introduisait en Angleterre, grâce aux efforts du vénérable Bède. Bientôt après, il se répandit en France et dans tout l'empire d'Occident, grâce à Charlemagne, inspiré en cela par Alcuin. Il fut, dès lors, universellement adopté.

Plus tard, après la découverte de la petite erreur dont nous venons de signaler l'existence, on n'en continua pas moins à l'employer tel qu'il avait été proposé à l'origine.

En pratique, l'erreur n'entraînant aucune conséquence appréciable, on pouvait bien la négliger. Le double but visé par Denys était suffisamment atteint. D'autre part, si on avait voulu absolument obtenir une trop grande exactitude, toujours un peu problématique, et fort inutile dans l'espèce, on se serait exposé à mettre dans le système de chronologie, alors universellement reçu, un élément regrettable de confusion.

Dans le plan de Denys le Petit, l'année devait commencer le jour de l'Annonciation, 25 mars. C'était logique, l'Incarnation ayant eu lieu, non pas précisément le 25 décembre, jour de la naissance du Sauveur, mais le jour de sa conception, après le message de l'Archange, neuf mois auparavant.

Ce projet avait l'avantage de concilier le sentiment religieux avec les habitudes anciennes, d'après lesquelles l'année commençait à l'équinoxe de printemps.

Plusieurs peuples chrétiens adoptèrent cet usage et le conservèrent longtemps. A Pise, par exemple, il fut en vigueur jusque vers le milieu du dernier siècle, car il fut aboli seulement en 1745.

En France, il n'en fut pas ainsi. Sous les Carlovingiens, l'année commençait à Noël ; puis, vers le x° siècle, sous les rois de de la troisième dynastie, s'introduisit la coutume de la faire commencer à Pâques.

Il y avait, là, un inconvénient grave : celui d'admettre des années de longueur inégale, et dont les unes pouvaient compter jusqu'à 33 jours de plus que les autres.

Cet abus fut détruit par un édit de Charles IX fixant, en 1563, le premier jour de l'année au premier janvier.

Chose étrange ! le parlement de Paris refusa d'enregistrer l'édit, protesta contre une ordonnance si sage, et s'opposa à son exécution.

La lutte entre le parlement et le roi, sur ce sujet, persista jusqu'en 1567. L'autorité souveraine finit par l'emporter, mais le combat avait duré quatre ans.

Il sera toujours malaisé, en effet, de heurter de front les usages depuis longtemps suivis. Parfois, il serait plus facile de détourner un fleuve de son cours (quoique l'ancienne mythologie ait rangé ce haut fait parmi les douze travaux d'Hercule) que d'enlever à un peuple ses coutumes, et de le soumettre brusquement à un régime social différent de celui auquel depuis longtemps il est habitué.

Ces réflexions ne sont pas de nature à diminuer le mérite de Denys le Petit. Du fond de sa cellule, et sans secours étranger, il opéra une transformation autrement importante que celle dont Charles IX, avec toute sa puissance royale, eut tant de peine à faire accepter les avantages.

Denys le Petit ne fut pas le seul moine à s'occuper de Calcul et de Chronologie.

Soit parce que, selon le mot du Psalmiste, les cieux racontent la gloire du Seigneur, *cœli enarrant gloriam Dei;* soit parce que la connaissance des mouvements des corps célestes lui était nécessaire pour déterminer avec une exactitude suffisante la fête de Pâques, l'Église a toujours favorisé l'étude de la Science des astres, autant que les circonstances le lui permettaient.

Pour tous les motifs indiqués plus haut, les circonstances, au moyen âge, étaient peu favorables; le nombre des moines astronomes est néanmoins étonnant. Ils eussent été plus nombreux encore, et ils eussent parcouru une plus brillante carrière, s'ils eussent vécu dans des temps plus propices.

Au viiie siècle, le vénérable Bède publiait sous le titre d'*Éphémérides* une sorte d'*Annuaire du Bureau des longitudes* de l'époque [1].

C'est un immense travail contenant près de deux cents pages in-folio. On y voit de nombreuses espèces de tables curieuses et fort intéressantes, sur les mouvements de la Lune, du Soleil, des planètes et des signes du Zodiaque, sur les divers cycles et les calendriers alors en usage, sur l'année solaire, etc.

Un ouvrage de ce genre, non moins étendu, parut dans le courant du ixe siècle. L'auteur se cacha sous le voile de l'anonyme ; mais il était religieux, et possédait incontestablement de vastes connaissances.

Le bienheureux Alcuin avait composé, lui aussi, un volume assez considérable sur la course, en apparence, irrégulière de notre satellite : *De Cursu et saltu Lunæ ac Bissexto*.

Les corrections cependant n'avaient pas été suffisantes, et les erreurs n'avaient pas cessé de s'accumuler.

Roger Bacon, au xiiie siècle, s'en plaignait, avec une respectueuse franchise, dans un écrit adressé au Souverain-Pontife, Clément IV, en 1270.

Jules César, disait-il, a commis une grave imprudence en voulant suivre de trop près les traditions astronomiques de l'ancienne Égypte, et en supposant l'année égale à 365 jours et un quart.

Si telle était la longueur de l'année, il aurait eu raison d'intercaler un jour de plus tous les quatre ans. Mais la longueur de l'année n'est pas de 365 jours, 6 heures ; elle est seulement de 365 jours, 5 heures et 49 minutes.

Qu'importent, dira-t-on, ces onze minutes de plus? Qui donc s'en aperçoit?

Qui minima spernit, paulatim decidet, répondait Bacon. Les petites négligences engendrent les grands écarts.

---

[1]. *De Argumentis Lunæ Libellus* ; *Ephemeris de Luna et his quæ ad Lunam pertinent* ; *De Temporum ratione* ; *De ratione computi*, etc.

Après cent vingt-huit ans, ces onze minutes produisent un jour de trop; elles en produisent dix, après une douzaine de siècles.

Ce n'est pas la seule cause d'erreur, malheureusement.

Tous les cent vingt-quatre ans aussi, l'équinoxe de printemps avance d'un jour. On l'avait fixé, d'abord, au 25 mars ; puis, au 21; mais il n'arrive plus à cette date ; il a maintenant lieu le 13, dix jours plus tôt.

Même remarque pour le solstice d'hiver. On le suppose tomber le 25 décembre, jour de la naissance du Sauveur, mais c'est à tort.

Donc (première conclusion,) les équinoxes ne sont pas fixes, et ils n'arrivent pas aux jours indiqués par les computistes.

L'implacable Roger se plaint également du manque d'exactitude suffisante dans l'évaluation de la durée des lunaisons. La période callipique de soixante-seize ans est défectueuse.

La différence entre les indications du calendrier et la marche de la Lune est, sous ce rapport, de six heures quarante minutes (mieux 6 h. 8'.) Au bout de trois siècles et demi, l'erreur atteindra un jour entier, et après 4000 ans, le calendrier indiquera la nouvelle Lune au moment où celle-ci sera pleine.

Roger trouve encore une douzaine d'erreurs se ramifiant à l'infini. Il demande donc la réforme du calendrier.

Il n'eut pas la joie de la voir de ses yeux s'accomplir ; car elle se fit attendre trois cents ans encore. Du moins, on ne saurait lui refuser la gloire d'avoir éloquemment plaidé cette cause, en apportant des preuves solides à l'appui.

La valeur attribuée par lui à l'année tropique était singulièrement approchée. Il la faisait de 365 jours, 5 heures 49 minutes. En notre siècle, les calculs de Le Verrier lui donnaient 365 jours, 5 heures, 48 minutes et 46 secondes. La différence serait donc seulement de 14 secondes.

On sait, du reste, que la valeur de l'année tropique n'est pas absolument constante, la précession des équinoxes n'étant pas elle-même tout à fait uniforme. Par suite de perturbations diverses, la durée de l'année tropique subit de légères fluctuations, dont les limites ne dépassent pas, toutefois, 50 secondes, en plus ou en moins, dans l'espace de dix mille ans environ.

Les erreurs provenant de ce chef ne s'accumulent donc pas avec le cours des siècles, mais se neutralisent mutuellement, car elles passent successivement du positif au négatif. Au commencement de l'ère chrétienne, l'année tropique était de dix secondes plus longue qu'elle ne l'est actuellement.

Au xive siècle, un autre moine travailla à la réforme du calendrier : c'était Argyrus, moine grec. Il écrivit sur le canon pascal et sur les calculs astronomiques de Ptolémée. Il aurait voulu faire concorder entre eux les divers cycles égyptiens, grecs et romains, et, pour cela, il tenait compte de la différence de méridiens entre Constantinople et Alexandrie.

Au Concile de Bâle, tenu en 1431, le cardinal de Cusa proposa un projet pour la réforme du calendrier, dont il voyait, plus que tout autre, les erreurs toujours grandissantes. Occupé de remédier aux graves maux dont souffrait alors l'Église, le Concile ne put porter son attention sur ce point important.

Un peu plus tard, Régiomontanus, après avoir donné dans son *Kalendarium*, depuis l'an 1475 jusqu'à 1513, les phases de la Lune pour chaque mois, ses longitudes et celles du Soleil, réclamait aussi une réforme du calendrier.

Touché de ses raisons, le pape Sixte IV lui confia ce travail. Mais Régiomontanus mourut inopinément, peu après. La réforme, si désirée et si nécessaire, eut lieu seulement cent ans après lui.

II

Cadrans solaires et Horloges.

A la question de la mesure de l'année se rattache celle de la mesure du jour.

Le moyen âge, sous ce rapport, marcha dans la voie tracée depuis longtemps par l'antiquité. On continua à tracer des cadrans solaires sous toutes les formes ; ils devinrent plus exacts, et la théorie elle-même se perfectionna.

Le célèbre Boëce, surtout, excellait dans cet art. Il en avait construit pour tous les aspects du Soleil.

Le premier, Bède réunit les principes laissés par les anciens sur ce sujet, les groupa avec ordre, et en constitua un corps de doctrine. C'était rendre un grand service à ses contemporains et aux générations futures.

L'Occident ne doit donc rien aux Arabes en ce genre. On a répété que ceux-ci, au XIII° siècle, en fabriquèrent de toutes formes : sur des cylindres, sur des sphères, sur des cônes, etc. ; ils auraient donné au style toutes les directions possibles. Mais tout cela était déjà connu dans l'antiquité, et, cinq cents ans avant eux, le vénérable Bède avait formulé la théorie de ces appareils avec précision et avec de remarquables développements.

Quoiqu'ils eussent donné au style du cadran toutes les directions imaginables, les Arabes oublièrent cependant la principale, la seule vraiment utile, car ils ne songèrent jamais à le mettre parallèle à l'axe du monde. Ils se contentèrent donc en cela, comme en bien d'autres choses, de copier servilement les anciens, sans apporter aucune modification avantageuse aux découvertes faites par leurs devanciers.

On a prétendu, parfois, qu'ils avaient appliqué le pendule à la mesure du temps ; mais, devant l'absence totale de preuves, on a dû renoncer à soutenir cette proposition affirmée gratuitement.

Notons, ici, un ingénieux et gigantesque gnomon, installé par Toscanelli, à peu de frais, au commencement du xv° siècle.

Conservateur de la bibliothèque de Florence, il résolut de tirer parti du dôme de la cathédrale de cette ville pour les observations astronomiques. Il fit donc tracer sur le pavé de l'église une méridienne, et pratiquer, vers le sommet de la coupole, une petite ouverture circulaire, à travers laquelle passeraient les rayons du Soleil. Chaque jour, à midi, le Soleil peignait son image sur la méridienne.

La distance du sol à l'ouverture étant de 90 mètres environ, le gnomon, établi si facilement par Toscanelli, dépassait donc en hauteur les plus grands élevés avec tant de peine par l'antiquité.

On y fit de nombreuses observations relatées plus tard par le Père Ximenès, mathématicien du grand-duc de Toscane, dans un ouvrage intitulé *Del vecchio e nuovo gnomone fiorentino*. Elles permirent de démontrer que l'obliquité de l'écliptique diminuait de 30" par siècle.

Mais les horloges ne tardèrent pas à être employées dans les observations astronomiques pour la mesure du temps.

Cette innovation est due à Walther, né à Nuremberg, en 1430. Ses travaux servirent aux savants modernes, surtout à Lacaille et à Delambre, pour constater la variation de l'obliquité de l'écliptique, et vérifier la durée de l'année.

§ II

Constitution de l'Univers, d'après les écrivains du moyen âge.

II

La Connaissance de la Terre.

La division de la Terre en cinq zones est clairement et parfaitement exposée par le vénérable Bède dans son Traité *De Circulis Sphæræ et Polo.* Il y décrit exactement les deux zones glaciales, les deux zones tempérées et la zone torride.

Il explique bien ce que sont les tropiques, et pourquoi on les appelle de ce nom. Il fait de même pour les deux cercles polaires arctique et antarctique.

Quant à la dimension du méridien terrestre, il s'en tient, à très peu près, au résultat obtenu par Ératosthènes, résultat singulièrement exact, comme nous l'avons fait remarquer en son lieu. Il donne donc à notre sphéroïde deux cent cinquante-deux mille stades de tour. *Ambitus totius terræ*, dit-il, *ducentorum quinquaginta duorum millium stadiorum absolvitur.*

Dans le chapitre quatre-vingt-treizième de sa Géométrie, Gerbert revint au chiffre donné par Ératosthènes. Il fait de celui-ci le plus grand éloge, et lui décerne le titre de philosophe et de géomètre d'une incomparable habileté. (*Eratosthenes philosophus, idemque geometra subtilissimus.*)

Il raconte l'opération mémorable entreprise avec le concours des arpenteurs officiels du roi Ptolémée. On trouva, dit-il, un peu moins de 700 stades par degré ; cela portait à 250,000 stades le méridien entier. *Ergo 250,000 stadiorum circuitum universi terreni orbis esse pronuntiavit*[1].

---

1. Gerberti (Silvestri II, Papæ.) *De Disciplinis mathematicis. Geometriæ,* capite 93.

Avec toute leur prétendue science, les Arabes ne furent pas plus avancés que les géomètres chrétiens, quoiqu'ils soient venus longtemps après eux.

Deux cents ans après le vénérable Bède, en effet, le calife Al-Mamoun, successeur d'Haroun-al-Raschild, chargea une commission de savants de son royaume de vérifier la longueur attribuée par Ptolémée à un degré du méridien.

Les astronomes arabes, parmi lesquels était Mohammed-Ben-Musa-Ben-Schaker, recommencèrent, par deux fois, leurs opérations dans la plaine de Sindjar. Le résultat de leur travail ne différait pas de celui de Ptolémée.

Les Arabes ne firent donc pas progresser la Science sous ce rapport. Ils ne surent pas même tirer parti de ces données fournies par les anciens.

Chez les chrétiens, il n'en fut pas de même. Ces vérités naturelles étaient un germe déposé dans un sol fécond, et, au temps marqué, elles produisirent leur fruit.

Après avoir mesuré la Terre, ils conçurent le projet d'en faire le tour. Ils étaient poussés en cela, autant par des préoccupations scientifiques, que par la force d'expansion inhérente au Christianisme.

Toscanelli lui-même eut une part, généralement ignorée, mais assez importante, dans la découverte du Nouveau-Monde. Il croyait, comme plusieurs de ses contemporains, les Indes beaucoup plus à l'Orient de l'Europe qu'elles ne le sont en réalité.

Se diriger vers l'Occident lui parut donc le moyen le plus simple d'y arriver. La route en serait plus courte, et, dès lors, vraisemblablement moins dangereuse.

Il communiqua cette idée à son compatriote, Christophe Colomb, qui la goûta beaucoup. Après de nombreuses péripéties et d'interminables délais, dont il serait trop long de raconter ici l'histoire, le navigateur génois fut assez heureux pour faire adopter ce projet par les souverains d'Espagne, le roi Ferdinand et la reine Isabelle.

Trois caravelles furent mises à sa disposition. Après deux mois et demi d'une traversée aventureuse, il fut en vue d'un archipel inconnu, et aborda l'île de San-Salvador.

Christophe Colomb, sans le savoir, avait découvert l'Amérique, car il cherchait les Indes, et se croyait près du Japon.

La Trigonométrie fut, dès lors, appliquée à la navigation. Alors aussi, on commença à déterminer les longitudes géographiques, à l'aide des distances angulaires de la Lune et des différentes étoiles. On avait, pour se diriger sur la vaste mer et vers des rivages inexplorés, deux moyens efficaces : la boussole et les astres du firmament.

II

La Connaissance du Ciel physique.

Les moines ont étudié, plus qu'on ne le pense généralement, les divers phénomènes dont la voûte du ciel est le théâtre.

Une description assez étendue de plusieurs faits astronomiques de ce genre, se trouve, mêlée parfois à des considérations un peu mystiques, dans la grande Encyclopédie, composée par Raban Maur, au IXe siècle, sous ce titre : *De Universo libri XX*. Il nous suffira de citer ici quelques chapitres du livre neuvième : *De Cœlo ; De Sole ; De Luna ; De Sideribus ; De Pleiadibus ; De Arcturo ; De Orione ; De Hyadibus ; De Lucifero* ; etc., etc.

Un autre moine anglais, Sacro-Bosco (Jean de Holywood,) né en 1190, publia un ouvrage d'Astronomie, *De Sphæra Mundi* qui, plusieurs fois commenté dans la suite, demeura longtemps classique. Dans son écrit, *De Compositione quadrantis simplicis et compositi, et utilitatibus utriusque*, il exposa une méthode pour la détermination de l'heure, d'après les observations du Soleil.

Saint Odon de Cluny écrivit aussi sur les étoiles un Traité intéressant.

Bacon ne borna pas au calendrier ses désirs de réforme. Le système de Ptolémée dans son ensemble lui paraissait fort défectueux. Il le trouvait trop artificiel et trop compliqué pour être l'expression de la vérité.

La Nature, disait-il, ne réalise-t-elle pas toujours les effets les plus grandioses, par les moyens les plus simples? A quoi servent ces enchevêtrements inextricables d'excentriques, d'épicycles et de cercles déférents? Est-il besoin de sphères solides pour soutenir les astres, ou d'anneaux pour les diriger dans leur course?

Cette hypothèse, d'ailleurs, malgré ses inconvénients et ses difficultés intrinsèques, ne rendait pas compte de toutes les apparences. A chaque nouvelle découverte, il fallait la corriger et la modifier.

Frappé de toutes ces raisons, Bacon chercha donc un autre système. Il fut, en cela, le prédécesseur de Copernic et de Galilée.

Au sujet des mouvements des corps célestes, il dressa des tables astronomiques, car il n'était pas moins bon mathématicien que patient observateur.

Contre Aristote et les Scolastiques de son époque, il soutint que la propagation de la lumière n'est pas instantanée, mais successive. Quoique très rapide, elle est, dès lors, mesurable.

D'après lui, les étoiles ne reflètent pas simplement l'éclat du Soleil, mais brillent d'une lumière propre. Il s'occupa également de leur scintillation et essaya de l'expliquer.

Quant aux étoiles filantes, il se gardait bien de les confondre avec les véritables étoiles. Ce sont, disait-il, des *corpora parvæ quantitatis*. Obscures par elles-mêmes, elles s'enflamment en traversant notre atmosphère. Vu la vitesse de leur course, leur frottement rapide contre les couches supérieures de l'air, suffit pour les échauffer jusqu'à l'incandescence.

Bacon n'ignorait pas, comme on le voit, le principe de la transformation du mouvement en chaleur.

Cet humble moine avait donc sur les vérités astronomiques des intuitions surprenantes. Il eut même, sur d'autres objets des Sciences de la Nature, comme nous le dirons plus bas, des pressentiments de génie : ils parurent folie à ses contemporains, mais les progrès de la Science moderne devaient les justifier.

Plusieurs autres astronomes chrétiens florissaient au xiii° siècle. Nommons, entre autres, Gérard de Sabbionetta, près de Crémone, connu par son *Traité sur la Théorie des planètes*, dont les éditions se multiplièrent dans la suite ; Gui Bonatti, qui se fit moine, après avoir publié un Traité d'Astronomie apprécié ; Jordanus, auteur d'un *Traité sur la Nature et le mouvement des astres*.

Ce dernier ouvrage est le plus ancien où soit exposé, sous une forme générale, l'énoncé du théorème fondamental des projections stéréographiques, d'après lequel tout cercle de la sphère se projette suivant un cercle.

Seulement Jordanus ne projetait pas la sphère sur l'équateur, mais sur le plan tangent au pôle boréal, en gardant le pôle austral comme point de vue. Cette disposition ne changeait pas les résultats, le point de vue restant identique, et les plans de projection étant parallèles.

Les travaux les plus importants accomplis à cette époque, furent incontestablement les Tables alphonsines. Les anciennes dressées par Ptolémée, et, plus tard, par le plus illustre des astronomes arabes, Al-Bategni, ne concordaient plus avec les observations.

Pour obvier à cet inconvénient, Alphonse X, roi de Castille, ayant assemblé les astronomes les plus célèbres de ses états, les chargea de construire de nouvelles Tables. Elles furent achevées en 1253.

Pendant longtemps elles jouirent d'une grande réputation. Deux siècles plus tard, elles furent imprimées à Venise pour la première fois, sous ce titre un peu prolixe: *Alphonsi regis Castellæ cœlestium motuum Tabulæ, nec non stellarum fixarum longitudines ac latitudines Alphonsi tempore ad motûs veritatem reductæ, præmissis Joannis Saxoniensis in has tabulas canonibus.*

Leurs éditions se succédèrent ensuite, en assez grand nombre, jusque vers le milieu du xvi° siècle.

Purbach (1423-1461) dont nous avons déjà raconté les travaux en Astronomie mathématique, en parlant de la Trigonométrie, corrigea les nombreuses erreurs dont fourmillaient les précédentes versions de Ptolémée. Il publia aussi une *Théorie nouvelle des Planètes*, et une *Table des Éclipses*.

Régiomontanus, élève de Purbach, acheva l'œuvre de celui-ci, traduisit l'Almageste de Ptolémée, et entreprit d'améliorer les Tables alphonsines.

Ses connaissances en Trigonométrie lui permirent de pousser loin ses calculs astronomiques; d'autre part, la perfection de ses instruments le mit en mesure de faire de fort bonnes observations. Nous avons parlé ailleurs de ses *Éphémérides*.

§ III

Comparaison entre la science astronomique des Chrétiens et celle des Arabes.

I

Conclusions d'Al-Bategni.

Voilà rapidement exposé un résumé des connaissances astronomiques des Chrétiens au moyen âge. Ils n'ont rien à redouter de la comparaison qu'on pourrait établir entre eux et les Arabes. Ceux-ci n'ont pas été plus avancés.

Nous le constaterons en citant ici les conclusions d'un ouvrage composé par le plus illustre d'entre eux, Al-Bategni. Il donne sur les dimensions des astres et sur leurs distances respectives, des chiffres ne reposant sur aucune observation sérieuse. Ses calculs l'ont poussé à des résultats absolument erronés.

Pour le diamètre de la Lune, il avait trouvé une valeur angulaire variant entre 29'30" et 38'30". La parallaxe du Soleil était fixée à 3'. Un siècle plus tard, Ebn Jounis la ramenait à deux minutes. La distance moyenne entre le Soleil et la Terre lui paraissait être de 554 diamètres terrestres. Le diamètre du Soleil était un peu plus de cinq fois celui de la Terre.

Al-Bategni ne s'écartait donc pas beaucoup des valeurs assignées par Ptolémée.

Il présenta pour les autres planètes des nombres encore moins exacts. La distance moyenne de Mercure à la Terre égalait 58 diamètres terrestres; celle de Vénus, 309; celle de Mars, 2299; celle de Jupiter, 5210; celle de Saturne, 6154. Les étoiles de première grandeur, au nombre de douze, seraient à une distance de 9500 diamètres terrestres. Saturne n'en serait donc pas très éloigné.

Quant aux volumes des planètes, voici l'opinion d'Al-Bategni. Celui de Mercure serait seulement $\frac{1}{19.000}$ de celui de la Terre; celui de Vénus en serait les $\frac{17}{100}$; celui de Mars $\frac{1}{720}$. Jupiter vaudrait en volume 81 Terres, et Saturne 75 environ. Les étoiles de première grandeur seraient un peu plus de cent fois supérieures en volume au globe terrestre.

Ces données semblent bien arbitraires; Al-Bategni ne dit pas comment il les a obtenues.

Pour l'obliquité de l'écliptique, Ptolémée avait trouvé 23° 51' 20". Au ixe siècle, sous Al-Mamoun, les Arabes essayèrent de corriger ces chiffres, et ils la firent de 23° 33'. Un peu plus, Al-Bategni la fixait à 23° 35'. Il se trompait peu.

Il attribuait la différence entre ses observations et celles de Ptolémée au perfectionnement de ses instruments; mais elle avait une autre cause beaucoup plus générale : la variation de l'obliquité même de l'écliptique.

Quoique sur la voie de la découverte, Al-Bategni ne se douta point de cette curieuse particularité.

Les instruments dont il faisait usage ne présentaient,

d'ailleurs, rien d'extraordinaire. Un de ses coreligionnaires du xiiie siècle, Nassir-Ed-Din, a laissé la description de ceux dont les observatoires de Bagdad, les plus richement dotés, étaient fournis. Ils ne diffèrent pas beaucoup de ceux d'Hipparque et de Ptolémée.

Au xe siècle, ceux de Gerbert étaient, pour le moins, aussi parfaits. Encore simple moine et professeur, il avait construit des globes terrestres et des sphères célestes de grandes dimensions, afin d'en montrer mieux les détails, et de rendre sensibles les divers mouvements des astres dans l'espace. Il expliquait ainsi la marche du Soleil dans le Zodiaque, la position respective des constellations, et la course irrégulière des étoiles errantes ou comètes.

Ses contemporains parlent avec admiration des instruments imaginés ou construits par lui. Il avait inventé une sorte de télescope ou lunette astronomique, car, d'après leur témoignage, il considérait les astres à travers un long tube. Il avait également confectionné une horloge à roues, dont il réglait le mouvement sur la rotation apparente des constellations autour de l'étoile polaire.

II

Les Arabes furent-ils astronomes ou astrologues ?

Il nous reste ici une remarque très importante à faire. Les Arabes, paraît-il, n'auraient presque jamais directement observé par eux-mêmes. C'est le sentiment de la plupart des historiens, et ce jugement se confirme de plus en plus. Leurs avocats les plus ardents sont obligés d'en convenir. On peut donc le dire sans manquer à la vérité : tout le travail des Arabes consista généralement à tirer les conséquences des observations faites, bien longtemps avant, par Hipparque, que Ptolémée, lui aussi, se contenta le plus souvent de copier.

Ils admirent donc, de bonne foi, des erreurs assez fortes, au sujet desquelles ils ne conçurent aucun doute.

Cela ne les empêcha pas de prendre, dans leurs ouvrages, un ton solennel, comme s'ils avaient été les interprètes autorisés du Dieu Créateur des mondes. A ce ton pédantesque de rendeurs d'oracles, s'ajoutait l'obscurité provenant du manque absolu d'ordre dans la disposition des matériaux et dans l'enchaînement des parties.

Leur langage était une sorte de jargon scientifique, avec une exubérance ridicule de mots, savants en apparence, mais dont le sens n'était jamais clairement défini.

Moyennant des artifices de ce genre, ils en imposaient au vulgaire, en lui jetant de la poudre aux yeux. Ils trouvèrent aussi dans la postérité des admirateurs trop bénévoles, qui les élevèrent jusqu'aux nues, quoique n'ayant pas compris leur pensée, et peut-être même pour cette unique raison.

Mais la saine critique a su faire la part de tout. Elle a établi leur bilan ; elle y a trouvé quelques lambeaux de vérités qu'ils n'avaient pas découvertes eux-mêmes ; dans tout le reste, elle n'a vu que d'innombrables erreurs.

Astrologues avant tout, les Arabes ne cultivaient pas l'Astronomie pour elle-même. Les pages réservées à la description des astres, de leurs mouvements ou de leurs dimensions absolues et relatives, sont dans leurs ouvrages, une minime exception.

Ils visaient à un but plus pratique : celui de tirer des horoscopes, de lire dans les profondeurs des cieux les arrêts mystérieux du destin, et de prédire ainsi les secrets de l'avenir.

D'après le fatalisme musulman, tout ce qui arrive, n'est-il pas écrit à l'avance ? Et ce livre fatidique, où est-il, si ce n'est au ciel ? Bien plus, n'est-ce pas le ciel lui-même ?

Savoir lire ce livre, c'est posséder une science sacrée. L'astrologie est donc comme une sorte de religion naturelle.

Elle met en communication avec Dieu, en transmettant la révélation faite par le Créateur. Elle apprend à interpréter et à commenter le langage divin des astres, comme les augures et les aruspices interprétaient le vol des oiseaux, ou les cris des victimes immolées sur l'autel du sacrifice; comme les prêtres anciens commentaient les paroles des Sibylles, ou les oracles de Delphes; comme les fils du Prophète exposent les versets du Coran.

En faisant de la science des astres une religion occulte, les Arabes imitaient les Hindous, les Chinois, les Romains, les Égyptiens et les Chaldéens, chez lesquels les astronomes étaient appelés des *mages*, comme si l'Astronomie et la Magie étaient deux sciences inséparables, ou deux parties d'une même science.

Ce ciel dans lequel les Arabes prétendaient lire les sentences inéluctables de la fatalité, était un ciel solide. Ils croyaient, en effet, avec la même assurance aux sphères de cristal, emboîtées les unes dans les autres, et sans lesquelles, pensaient-ils, les astres n'auraient pu se soutenir et se mouvoir.

Cette erreur leur venait, non de Ptolémée ou d'Hipparque, qui jamais ne l'enseignèrent, mais de leur Maître, Aristote, dont ils se firent les trop serviles admirateurs.

On a trop souvent reproché aux Chrétiens du moyen âge d'avoir embrassé ces opinions ridicules. On ne devrait pas l'oublier pourtant, elles furent également celles des astronomes arabes si vantés, Al-Bategni (850-929,) Thébit ou Thabet-Ben-Corrah-Ben-Haroun (835-900,) Ebn Jounis (950-1008,) Al-Pétrage, etc.

L'un d'eux, Thabet-Ben-Corrah, avait même travaillé à compliquer encore plus le système déjà assez encombrant néanmoins. Il avait inventé et ajouté une autre sphère, celle de la *trépidation*, pour expliquer à sa façon le mouvement des points équinoxiaux. L'idée n'était pas heureuse. Elle fut pour les tables astronomiques une cause perpétuelle d'erreurs, jusqu'à Tycho-Brahé.

III

La découverte du système héliocentrique est due uniquement aux Chrétiens.

Les Arabes ne paraissent pas avoir jamais songé à la véritable constitution de l'Univers. On ne voit dans leurs ouvrages aucun soupçon du système héliocentrique.

La gloire de l'avoir découvert est due entièrement aux Chrétiens. Le premier à formuler cette théorie fut Nicolas de Cusa, d'abord archidiacre de Liège, puis cardinal. Très versé dans les Sciences exactes, Mathématiques et Géométrie, il fut en Astronomie le prédécesseur de Copernic qui, lui-même, était chanoine.

A l'origine du moyen âge, dès le v° siècle, Martianus Capella, né à Carthage, avait bien écrit, il est vrai, dans son Traité d'Astronomie, un chapitre ainsi intitulé : *Quod Tellus non sit centrum omnibus planetis*. Il y renouvelait une partie de la thèse pythagoricienne, en affirmant que Vénus et Mercure ne circulaient pas autour de la Terre, mais autour du Soleil.

Pendant tout le moyen âge, son ouvrage ne fit pas, sous ce rapport, grande impression. Mais lorsque, plus tard, Copernic écrivit son fameux livre *Sur les Révolutions des globes célestes*, contre le système géocentrique de Ptolémée, il ne craignit pas, afin de montrer que ces idées n'étaient pas absolument nouvelles, de rappeler le sentiment de Capella et celui des Pythagoriciens.

CHAPITRE SIXIÈME

LA MÉCANIQUE AU MOYEN AGE.

Le VIII° Livre des *Collections mathématiques* de Pappus est consacré spécialement à cette Science.

Malheureusement la partie théorique en est, le plus souvent, presque tout à fait inintelligible.

Au point de vue pratique, l'ouvrage est moins imparfait.

Les applications nombreuses du levier d'Archimède, constituaient des machines de plus en plus puissantes et commodes.

L'auteur y examine des systèmes de plusieurs roues dentées, engrenant les unes avec les autres, ou avec des pignons concentriques. La vitesse de rotation de chaque roue, dit-il, est en raison inverse du nombre des dents, et celui-ci doit être proportionné au diamètre ou à la circonférence des roues. Mais, au sujet de la figure la plus utile à donner à ces dents, il garde le silence.

Puis viennent les descriptions assez détaillées des machines employées de son temps pour élever les poids avec une dépense de forces limitée. Il indique le cric, βαροῦλκος; le treuil, ἐπίτροχιον; les divers systèmes de moufles, πολύσπαστοι; le cabestan, ἐργάτη; une vis engrenant avec une roue à dents obliques, κοχλίας: c'est la *cochlea* des Latins; et d'autres machines plus compliquées, chariots, tortues, chèvres, grues, etc.

En Occident, dès l'origine du moyen âge, la Mécanique pratique était assez développée.

Bien avant l'inva[...] les Arabes, on y connaissait les horloges à roues. C'[est] ressort de la correspondance de Cassiodore [1]. Boëce surtout en avait construit de fort remarquables : elles firent l'admiration de ses contemporains.

On a souvent parlé de celle envoyée à Charlemagne par le calife Haroun-al-Raschild. Si elle étonna les Francs, ce ne fut pas précisément à cause de sa nouveauté, mais par ses dimensions considérables et par la perfection de certains détails.

Les horloges de ce genre se répandirent bien vite en Occident. Au XIIIe siècle, on en trouvait de monumentales dans les monastères, aux façades des églises, dans les clochers des cathédrales, ou dans les beffrois des cités.

Souvent, elles déplaçaient, à l'aide de poids et d'engrenages variés et très ingénieux, une foule de personnages, empruntés à l'Histoire, à la Religion et à la Mythologie.

Ces statues, de temps en temps, perdaient leur rigidité, et venaient, à l'instant voulu, sonner les heures du jour et de la nuit. Elles marquaient aussi les phénomènes astronomiques, comme les phases de la Lune, la marche des planètes, les jours et les mois, les équinoxes et les solstices, etc.

Leurs constructeurs avaient fait preuve d'une inépuisable fécondité d'imagination, et d'une réelle habileté pour la production des effets mécaniques fort compliqués et parfois très nombreux.

Les majestueux édifices bâtis à cette époque, basiliques et cathédrales, avec leurs voûtes immenses et leurs flèches élancées, témoignent de la puissance des machines employées alors. Comment aurait-on pu, sans elles, élever de telles masses à de semblables hauteurs ? Ces flèches étaient, en effet, généralement surmontées de globes énormes en métal, ou de statues colossales.

De nos jours, on parle beaucoup des merveilles opérées

---

1. Cassiod. *Epist.* libr. I, ep. 45.

en Amérique, où l'on a réussi, grâce aux machines à vapeur, à transporter sans encombre, dans un site plus favorable, des maisons particulières ou de luxueux hôtels aux vastes dimensions.

Mais des prodiges de ce genre ont été accomplis, en Europe, bien auparavant, et dès le commencement du xv° siècle. Les moyens étaient moins perfectionnés, mais le mérite n'en est pas moins grand, car un pareil tour de force est, dans ces conditions défavorables, plus surprenant encore.

On transporta, par exemple, à Bologne, une tour qui, avec ses fondements, n'avait pas moins de 80 pieds de hauteur. C'était évidemment une masse respectable. L'opération fut achevée sans accident.

Un clocher, qui s'était incliné de plus de cinq pieds au delà de la verticale, fut aussi redressé et remis en place.

D'après les narrateurs, les travaux de cette sorte n'étaient pas des exceptions, et le prix n'en était pas exorbitant.

Un des hommes les plus versés en ce genre d'ouvrages aurait été un certain Fioravanti, dont plusieurs historiens d'Italie ont raconté la vie [1].

---

1. Muratori, *Scriptores rer. ital.* Tom. XVIII et XXIII. Tiraboschi, *Storia della lett. ital.* Tom. VI.

CHAPITRE SEPTIÈME

LA PHYSIQUE AU MOYEN AGE.

§ I

Les Gaz, les Liquides et la Pesanteur.

De bonne heure, on eut des notions sur la force élastique des gaz comprimés.

Une des premières expériences à ce sujet semble avoir été faite, dans le courant du vi^e siècle, par Anthémius, architecte de l'église de Sainte-Sophie à Constantinople.

Presque à la même époque, Boëce, se basant sur des principes d'Hydrostatique et sur des connaissances géologiques qu'on ne lui supposerait pas, préludait à nos découvertes modernes, en ébauchant la théorie des puits artésiens.

Ces notions sur la pesanteur et sur la loi d'écoulement des liquides, lui servirent aussi à construire des horloges hydrauliques. C'étaient des espèces de clepsydres, sans poids et sans ressorts. Elles marquaient cependant, avec une rigoureuse exactitude, les heures du jour et de la nuit, la marche du Soleil, de la Lune et des planètes, etc.

Le moteur consistait en une certaine quantité d'eau renfermée dans une boule métallique, et la faisant tourner par l'effet même de la pesanteur.

Gondebaud, roi des Bourguignons, en ayant entendu parler, fut très désireux de posséder quelques-unes de ces merveilles, et il pria le roi Théodoric de vouloir bien lui en envoyer. Celui-ci s'adressa à Boëce, et, par une lettre très flatteuse, le chargea du soin de satisfaire son royal ami.

Quand ces horloges arrivèrent en Bourgogne, et qu'on les eut vues fonctionner, elles excitèrent au plus haut point l'admiration des habitants. Ils ne pouvaient comprendre comment elles indiquaient, avec tant de précision, les heures et la marche des astres, sans qu'on vint, de temps en temps, les régler et avancer les styles.

Longtemps ils montèrent la garde autour d'elles, sans les perdre de vue, pour s'assurer que personne ne les touchait. En ayant acquis la certitude, mais n'en saisissant pas mieux le mécanisme, ils s'imaginèrent qu'une divinité les animait, et leur imprimait leurs mouvements si réguliers et si justes. La lumière de la foi n'avait pas encore, en effet, brillé sur eux.

Ils écrivirent plusieurs fois à Boëce pour s'instruire; Boëce, savant et apôtre, leur communiqua, en même temps, la Science et la connaissance de la vraie Religion.

D'une façon analogue, ou, du moins, en s'appuyant sur des principes semblables, Gerbert, au xe siècle, fabriqua des orgues hydrauliques.

Plusieurs passages de ses ouvrages nous autorisent aussi à conclure qu'il avait inventé et construit des machines mues par la vapeur.

Saint Thomas d'Aquin avait écrit sur les aqueducs et sur les machines hydrauliques, un traité, malheureusement perdu maintenant, mais dont plusieurs auteurs ont fait mention.

§ 11

L'Optique.

Anthémius, dont nous avons déjà dit un mot, à propos de ses expériences sur l'élasticité des gaz, s'occupa également d'Optique. Il avait façonné un réflecteur ellipsoïdal, en utilisant les propriétés des tangentes à l'ellipse par rapport aux rayons vecteurs, menés sur le point de contact à partir des foyers.

Au VIIe siècle, le savant saint Isidore de Séville, dans sa vaste Encyclopédie intitulée *Des Étymologies*, parle des lunettes de conserve. Elles étaient constituées par des lames minces d'émeraude. La couleur verte, disait-il, est excellente pour reposer les yeux fatigués [1]. La Science moderne est encore de l'avis du saint docteur.

Il signale ensuite les loupes ou lentilles de cristal, au moyen desquelles, si elles sont convenablement taillées, on peut concentrer sur un même point les rayons du Soleil, et, malgré la distance, enflammer les objets [2].

Toutes ces notions se retrouvent, mais beaucoup plus développées, dans les œuvres de Roger Bacon.

On a eu des raisons sérieuses de lui attribuer l'invention du microscope et du télescope, tant sont justes ses idées sur la réflexion et la réfraction de la lumière.

Il a certainement en cela, comme en bien des choses, devancé son siècle, et, selon le mot d'un spirituel critique, il s'est fait, par un miracle d'intelligence, le contemporain des hommes de génie à venir.

Après avoir indiqué la forme d'une loupe de cristal, il en marque l'utilité pour la lecture des lettres très petites, ou pour l'examen des objets que leur exiguïté cache à notre vue. Ces verres, dit-il, sont de nature à servir au vieillard dont les yeux sont affaiblis, et au savant qui se livre à de minutieuses observations.

Il montre ensuite comment, en taillant convenablement ces verres, et en les disposant d'après certaines lois, on peut distinguer, avec une clarté surprenante, les objets très éloignés. Ainsi, ajoute-t-il, nous serions capables de

---

[1]. *Etymologiarum*, libr. XVI, cap. VII. *De viridioribus gemmis*, n° 1.
[2]. *Etymolog.* libr. XVI, cap. IV. *De Crystallis*, n° 1. Oppositus radiis solis (crystallus iste) adeo rapit flammam ut aridis fungis vel foliis ignem præbeat.

lire à d'incroyables distances des caractères minuscules; nous apercevrions des objets que, sans instruments, nous ne verrions pas, même si nous en étions très rapprochés.

Engagé dans cette voie, Bacon n'a garde de s'arrêter. S'il sait, par des verres convexes, agrandir en apparence les petits objets, il n'ignore pas le moyen de rapetisser les grands, en usant de verres différemment taillés.

A ce propos, il décrit, avec une merveilleuse précision, le mécanisme si délicat et si complexe de l'œil. Il en parcourt les diverses parties et détermine le rôle de chacune d'elles; celui de la rétine ne lui échappe pas. Il était cependant plus mystérieux encore que celui du cristallin, ou de l'humeur aqueuse et du corps vitré.

Notons aussi son explication sur les couleurs de l'arc-en-ciel, et ses recherches sur la loi de déviation des rayons lumineux traversant, dans l'atmosphère, des couches de différente densité.

A partir de cette époque, on voit les bésicles entrer de plus en plus en usage. Il en est fait mention, plusieurs fois, dans des ouvrages d'alors sur l'Ascétisme et sur la Médecine.

Un physicien polonais du xiiie siècle, Vitellio, laissa aussi un Traité d'Optique en dix livres, imprimé longtemps après sa mort. Il s'y occupe en détail de la réfraction de la lumière.

Ses tables de déviation pour le passage des rayons lumineux dans l'air et dans le verre, selon les différents angles d'incidence, l'emportent de beaucoup en exactitude sur celles de Ptolémée.

§ III

L'Acoustique.

Dans cette partie de la Physique, les Chrétiens du moyen âge ne furent pas moins avancés.

La théorie mathématique de la Musique exposée dans les ouvrages de Boëce, est vraiment remarquable et fort intéressante.

Il avait étudié les phénomènes avec sagacité, par le double moyen d'observations attentives et de calculs sérieux.

On s'étonne de le voir connaître si parfaitement des vérités scientifiques dont la découverte est généralement ramenée à des siècles plus récents.

Ses idées sur la nature du son ne diffèrent pas de celles de la Science moderne. D'après lui, le son est causé par le mouvement imprimé à l'air. Les ondulations aériennes par lesquelles il est propagé, sont comparées aux cercles concentriques formés à la surface des eaux, quand une pierre ou tout autre objet y est jeté.

La gravité et l'acuité du son dépendent de la lenteur ou de la rapidité de ce mouvement.

Plusieurs sons entendus simultanément donnent l'unisson, si le nombre de leurs vibrations est égal chez l'un et chez l'autre. Ils engendrent un accord parfait, ou agréable à l'oreille, si les nombres de vibrations, étant différents, constituent une proportion simple. Dans le cas contraire, il y a dissonance ou désaccord.

Pour asseoir un jugement sûr, touchant les accords si variés qui peuvent se présenter, il ne faut pas, dit Boëce, s'en tenir uniquement à l'oreille. Le sens de l'ouïe est sujet à se tromper, comme celui de la vue, et comme tous les autres. Il vaut mieux laisser l'intelligence prononcer en dernier ressort, au moyen de la Science des nombres, et par la considération de leurs rapports ou proportions.

N'est-il pas curieux de rencontrer des réflexions si justes dans un ouvrage remontant au v° siècle? Ces idées si vraies sont, non seulement énoncées par Boëce, mais développées largement.

Il marque les rapports les plus propres à la composition des accords. Ce sont toujours, en général, les plus simples.

Pour l'octave, c'est celui de 1 à 2; pour la double octave, celui de 1 à 4. Entre ces deux termes, il range l'accord de la tonique avec la quarte, la double quinte, etc.

C'est pour lui l'occasion d'intercaler quelques récits sur l'histoire de la théorie musicale. A Pythagore reviendrait l'honneur d'avoir inventé l'instrument à quatre cordes, donnant la tonique, la quarte, la quinte et l'octave.

Cette découverte, comme bien d'autres, même des plus mémorables, serait en partie l'effet du hasard. Pythagore avait cherché longuement si la nature des accords dépendait de la quantité des sons ou de leur qualité. Après de vains efforts, il sortit, l'esprit fatigué de ces absorbantes études poursuivies sans succès.

Sa promenade sans but déterminé, l'amena devant la boutique d'un forgeron. Pythagore s'arrêta surpris : les marteaux des ouvriers, tombant en cadence sur l'enclume, produisaient un accord harmonieux. Le philosophe les fit peser. Ces poids étaient dans le rapport simple 6, 8, 9, 12. Le principe des consonnances se manifestait de lui-même : la nature des accords reposait sur la quantité [1].

Après Boëce, le vénérable Bède traita les mêmes questions dans sa *Musica theorica*. Il n'y est pas inférieur à son devancier, quoique plus concis.

---

[1]. Boetii, *De Musica*, libr. I, cap. 7, 8, 9, 16 et seq. Cet ouvrage de Boëce sur la Musique est divisé en cinq livres. Il est très important, même sous le rapport de l'étendue, car il comprend près de 150 pages in-folio.

La théorie physique et mathématique de la Musique fut l'objet des études d'un autre moine bénédictin du xi⁰ siècle, Obdoramne, du diocèse de Sens, ami du roi Robert le Pieux.

Historien et chroniqueur, comme beaucoup d'anciens moines, il fut, en outre, habile orfèvre, comme saint Éloi, et, de plus, physicien et mathématicien.

Ses œuvres, excepté ses chroniques, étaient demeurées inconnues jusqu'à nos jours. Mais le savant cardinal Maï les ayant trouvées manuscrites, en publia une édition vers 1843.

On y remarque, exposée avec intelligence, une théorie musicale analogue à celle de Boëce. Il explique en détail ce qui concerne les tons, les demi-tons et leurs combinaisons diverses en accords consonnants ou dissonants.

Passant ensuite à la pratique, il indique le moyen de fabriquer les instruments à cordes, conformément à ces principes, et la manière de s'en servir.

§ IV

Le Magnétisme. Découverte de la Boussole.

Les anciens avaient connu l'aimant et sa propriété d'attirer le fer. Leur science, à ce sujet, ne paraît pas cependant s'être étendue au delà de ces notions fort élémentaires.

On a voulu parfois, il est vrai, faire honneur aux Phéniciens, aux Carthaginois et aux Grecs, de l'invention d'un instrument similaire à la boussole. Rien n'est moins prouvé. Comment Plutarque, Lucrèce et Pline n'auraient-ils rien dit de cette merveilleuse découverte, si elle avait eu réellement lieu ? Elle méritait cependant d'être signalée, beaucoup plus qu'une foule d'autres de moindre importance.

Les récits de ces historiens et naturalistes nous contraignent de conclure tout le contraire.

Les anciens navigateurs, en effet, n'osaient pas trop, par prudence, s'éloigner des côtes. Ils craignaient que des nuages ou la tempête, obscurcissant le ciel, ne vinssent dérober les astres à leur vue.

Selon Pline, les plus hardis emmenaient dans leur navire des oiseaux, et leur donnaient la liberté, quand, à l'horizon la mer se confondant de toutes parts avec le ciel, ils ne savaient plus dans quelle direction était la terre. Le vol des oiseaux la leur désignait.

Les moyens de ce genre ne pouvaient être d'une bien grande efficacité. A moins d'embarquer une immense quantité d'oiseaux, et d'en remplir le navire, il fallait évidemment renoncer à s'élancer dans le vaste Océan pour en pénétrer les mystères.

Les Chinois ont-ils été, sous ce rapport, plus instruits que les Phéniciens, les Carthaginois ou les Grecs? Qui le sait? Ils ont prétendu avoir possédé la boussole plus de mille ans avant l'ère chrétienne; mais personne n'a pu le démontrer d'une façon convaincante, vu l'absence totale de documents authentiques.

De nos jours, on accueille avec plus de réserve les assertions gratuites sur la haute antiquité de la civilisation scientifique dans le Céleste Empire.

Y eût-il dans ces affirmations sans preuve quelque chose de vrai, on ne serait pas en droit d'en conclure que, pour la boussole, comme pour les vers-à-soie, l'Europe est tributaire de l'Orient.

Quel serait, en effet, l'intermédiaire par lequel nous aurait été transmise cette précieuse invention ? L'Histoire n'en nomme aucun, vraisemblablement parce qu'il n'y en a jamais eu.

Certains ont cru le trouver dans le vénitien Marco-Polo. Mais cet illustre voyageur retourna de la Chine seulement à la fin du XIII° siècle, en 1295. Or, plus d'un siècle auparavant, il est fait mention de la boussole, en 1180, dans les œuvres d'un poète troubadour, Guyot de Provins.

Il y parle d'une aiguille qui se tourne toujours vers l'étoile immobile du nord, quand, après avoir été aimantée, par le contact d'une pierre noirâtre, elle flotte librement à la surface de l'eau, sur laquelle la soutiennent quelques brins de paille légère :

> . . . .
> Toutes les autres (étoiles) se removent,
> Et rechangent lor lieux, et tornent,
> Mais cette estoile ne se meut.
>   Un art font qui mentir ne peut,
> Par la vertu de la *marinière*.
> *Une pierre laide et brunière,*
> *Où li fers voluntiers se joint,*
> Ont ; si esgardent le droit point,
> Puisqu'une aiguille ont touchié,
> Et en un festu l'ont couchié.
> En l'ève (l'eau) le mettent sans plus
> Et li festus la tiennent dessus.
> Puis, se torne la pointe toute
> Contre l'estoile, si sans doute
> Que jà nus homme n'en doutera
> Ne ja por rien ne faussera.
>   Quand la mer est obscure et brune,
> Quand ne voit estoile ne lune,
> Donc font à l'aiguille allumer;
> Puis, n'ont-ils garde d'esgarer :
> *Contre l'estoile va la pointe !...* [1]

D'après le passage cité, l'usage de la boussole en Europe est antérieur au XII° siècle.

Une découverte de ce genre ne pouvait être chantée par un poète tel que Guyot de Provins, sans être à peu près généralement connue à l'époque où il écrivait. Or, si les inventions scientifiques se répandent vite, de nos jours, il n'en était pas ainsi au moyen âge, vu la difficulté des communications. Pour tomber dans le domaine public et entrer dans la pratique chez des nations séparées de tant de manières, il fallait de nombreuses années, et quelquefois même des siècles.

On ne s'écarterait donc pas de la vérité en faisant re-

---

[1]. Barbazan. *Fabliaux et contes français*, Paris, 1808, 4 vol. in-8°, tome II.

monter au commencement du xii° siècle, vers 1100, date de la première croisade, nous ne dirons pas l'idée première de la boussole, mais sa connaissance et son emploi presque général pour les longues traversées.

A cette époque les marines d'Europe et d'Italie se développèrent beaucoup. Or, l'expérience de l'Histoire l'enseigne : les découvertes les plus utiles ont souvent eu lieu à l'occasion des grands déplacements de peuples et des besoins plus impérieux des sociétés.

L'inventeur de la boussole est inconnu. Ceux pour lesquels on a revendiqué cette gloire, comme Flavio Gioia et autres, ayant vécu, à la fin du xiii° siècle, ou au commencement du xiv°, n'ont eu, sans doute, que le mérite de la perfectionner.

Sait-on, du moins, à quelle nation appartenait l'inventeur ? Chardin, Renaudot et d'Azuni, ont démontré, avec beaucoup d'érudition, qu'il n'y avait aucune preuve suffisante pour concéder cet honneur aux Arabes, comme avaient essayé de le faire plusieurs auteurs.

La boussole semble plutôt d'origine française. Dans toutes les nations où elle devint en usage, le nord fut toujours indiqué par une fleur de lis. D'autre part, les premiers écrivains qui l'ont signalée furent français, ou vécurent longtemps en France, comme Guyot de Provins, Albert le Grand, Brunet-Latin, le cardinal de Vitry, etc.

Les Italiens l'ont cependant réclamée pour eux, en se fondant sur l'étymologie. Le mot boussole ne dérive-t-il pas de leur mot *bossolo*, petite boîte de buis ? Mais les Anglais ont apporté dans le débat, en leur faveur, une raison du même genre. La racine du mot boussole ne serait-elle pas leur expression *box*, qui également signifie boîte ?

Ces arguments n'ont donc aucune force. D'ailleurs, la boussole n'avait pas, dans le principe, sa forme actuelle. Elle consistait simplement en une aiguille aimantée, flottant à la surface de l'eau, et soutenue par un morceau de liège ou deux fétus de paille.

Guyot de Provins nous l'a clairement dit dans son curieux langage :

Avec la pierre laide et brune à laquelle le fer volontiers se joint

> ... Une aiguille ils ont touchié,
> Et en un festu l'ont couchié.
> En l'ève le mettent sans plus
> Et li festus la tiennent dessus.
> Puis, se torne la pointe toute
> Contre l'estoile...

Le petit instrument ainsi constitué s'appelait *marinière, marinette, calamite* ou *grenouille*, du mot grec καλαμίς, espèce de grenouille à laquelle l'aiguille, avec les deux brins de paille, paraissait ressembler en flottant sur l'eau.

Plus tard, quand l'appareil eut été perfectionné par la suspension de l'aiguille sur un pivot, on songea à le renfermer dans une boîte, et on lui donna son nom définitif.

L'usage en fut, dès lors, beaucoup plus commode. L'aiguille aimantée devint un instrument précieux pour diverses observations.

Non seulement on s'en servait pour diriger les navires loin des côtes, à travers l'immensité des mers, malgré les tempêtes et l'obscurité ; mais on l'employait à des expériences délicates qui mirent sur la voie d'une série de découvertes très importantes, touchant le Magnétisme terrestre et la Physique générale du globe.

Christophe Colomb, en parcourant l'Atlantique, fut le premier à constater, non sans un vif étonnement, que la boussole ne marquait pas exactement le nord. Dans le siècle suivant, on découvrit la diversité des indications fournies par l'aiguille aimantée selon les lieux, les années, les saisons et même les heures du jour.

On fut ainsi amené à supposer l'existence d'un pôle et d'un méridien magnétiques différents du pôle et du méridien astronomiques.

L'angle compris entre ces deux méridiens fut appelé *déclinaison* ; elle est orientale ou occidentale, suivant que la pointe nord de l'aiguille tend à l'est ou à l'ouest.

CHAPITRE HUITIÈME

LA CHIMIE AU MOYEN AGE.

§ I

Chez les Arabes.

I

Les Origines.

Le fondateur de l'École des alchimistes arabes fut Geber (Abou-Moussah-Diaphar-Al-Sofi,) né à la fin du viiie siècle.

Nous lui devons le plus vieil ouvrage de Chimie parvenu jusqu'à nous. A toutes les connaissances des Mahométans, exposées dans son livre, il avait ajouté ses propres découvertes.

Malheureusement la pensée directrice est inspirée plus encore par l'Alchimie que par la Chimie véritable : c'est celle de la transmutation des métaux.

Ses devanciers la lui avaient léguée ; il la fit passer à ses successeurs. Pendant bien longtemps, elle domina la Science dont l'objet est de connaître la constitution intime des corps.

Ces rêveries eurent également une influence défavorable sur la Médecine des Arabes.

Comme panacée universelle et remède souverain à tous les maux, comme moyen assuré de rajeunir les vieillards et de prolonger indéfiniment la vie sur la Terre, Geber propose sérieusement son merveilleux *Élixir rouge*.

Ne soyons pas cependant trop sévères pour lui. N'a-t-on pas, tout récemment, recueilli des paroles semblables sur les lèvres de chimistes, distingués d'ailleurs, mais trop enthousiastes de leur savoir, et trop oublieux des conditions inéluctables dans lesquelles évolue la vie ici-bas ?

Ce fameux *Élixir* rouge de Geber était tout simplement une dissolution d'or. Le composé pouvait être précieux et coûter fort cher; mais il n'en était pas, pour cela, doué d'une plus grande efficacité.

Pour rendre raison de sa croyance à la transmutation des métaux, Geber se basait sur ce fait erroné, mais pour lui incontestable, que tous les métaux, sans exception, sont formés de mercure et de soufre, plus ou moins purs.

Le problème consiste donc uniquement à trouver la proportion de chaque métal. On se procurera ainsi de l'argent et de l'or à volonté; mais cette proportion, comment la deviner, hélas ! *hic opus; hic labor !*

Les moyens employés étaient la calcination, la sublimation, la distillation; ou bien, la décantation, la coagulation, la fixation et la procréation.

Pour les agents, on disposait du feu, du vinaigre concentré et du vitriol; du verre et du borax; des aluns et des sels.

Telle est la matière du principal des ouvrages de Geber, *Tractatus de inveniendâ arte auri et argenti*.

La méthode ne manquait pas de valeur; il y a également de bonnes descriptions de l'eau régale et de l'acide nitrique; du sel alcali, du sel ammoniac et du sel d'urine; de la litharge et du crocus de fer; de la pierre infernale et du sublimé corrosif.

II

Les successeurs de Geber.

L'École alchimique des Arabes fondée par Geber, produisit quelques hommes dont le nom est resté dans l'histoire de la Médecine et de la Pharmacologie.

Le principal fut Rhazès (840-923.) Il distilla le sulfate de fer, et serait parvenu par ce moyen, dit-on, à séparer l'acide sulfurique. Il aurait donné aussi une recette pour la fabrication de l'eau-de-vie.

Mais la plupart des autres perdirent leur temps à la recherche de la pierre philosophale.

§ II

La Chimie chez les Chrétiens.

I

Avant le XIIIe siècle.

Un auteur du ive siècle, Jules l'Africain, nous a transmis la composition du feu grégeois, usité à cette époque.

Il y entrait du soufre, du salpêtre et de l'antimoine. A ce mélange broyé dans un mortier, on ajoutait de la térébenthine et de l'asphalte liquide. On obtenait ainsi une masse visqueuse, dans laquelle on jetait ensuite un peu de chaux vive.

Le tout devait être conservé dans des boîtes métalliques à l'abri des rayons du Soleil.

Quelques centaines d'années plus tard, un autre chimiste, Marcus Græcus, au xe siècle, donnait du feu grégeois une formule à peu près analogue dans un écrit intitulé: *Liber ignium ad comburendos hostes.*

Au soufre et au salpêtre il recommandait d'adjoindre de la poix, de l'huile de pétrole et de l'huile de gomme. Ce feu d'après lui, ne pouvait être éteint que par le vinaigre, par l'urine ou le sable.

Que manquait-il pour trouver la recette de la poudre à canon? Bien peu, ce semble. En effet, Marcus Græcus l'indique en ces termes: Mélangez une partie de soufre, deux de charbon de bois et six de salpêtre; broyez très finement le tout, et vous aurez un explosif d'une extrême puissance.

Il savait également obtenir l'eau-de-vie. Pour cela il distillait du vin dans lequel il avait auparavant versé du tartre, du soufre en poudre et du sel.

II

Albert le Grand.

Le XIIIe siècle fut l'époque des grands chimistes du moyen âge.

Nommons, d'abord, Albert de Bollstadt, plus connu sous le nom d'Albert le Grand. Dominicain et, plus tard, évêque de Ratisbonne, il ne fut pas moins bon chimiste que philosophe et théologien. Ses nombreuses découvertes et les merveilleux effets qu'elles lui permirent d'opérer, le firent passer pour magicien, sans toutefois lui enlever sa réputation d'orthodoxie.

On disait de lui: *In Magiâ magnus; in Philosophiâ major; in Theologiâ maximus.*

L'étendue de ses connaissances si variées, n'avait point nui à leur profondeur. Cela paraîtra surprenant, si l'on songe que ses ouvrages, imprimés pour la première fois à Lyon en 1651, ne forment pas moins de 21 volumes in-folio.

Le principal de ses écrits en Chimie est le *Tractatus de Mineralibus et de Rebus metallicis*. Il n'est point déparé par ce méli-mélo d'idées bizarres dont fourmillent les livres des Arabes. C'est un exposé savant et précis de la science de ses devanciers et de celle de ses contemporains à ce sujet. Il y ajoute, en outre, ses propres recherches souvent couronnées de succès.

L'auteur y déploie les qualités sérieuses d'un écrivain exercé. Il s'y montre critique judicieux pour les opinions des anciens, et observateur attentif pour les phénomènes nouveaux.

La facilité et les nombreuses occasions qu'il avait eues d'observer les mines et les exploitations métallurgiques, l'avaient mis à même de faire une foule de remarques importantes sur la nature des métaux, sur les propriétés chimiques des pierres, des liquides et des sels, comme sur les conditions présidant à leurs combinaisons réciproques.

Plusieurs de ses découvertes ont une réelle valeur, surtout celles concernant le soufre, la potasse, l'acide nitrique et le cinabre dont il indique les éléments constitutifs, le mercure et le soufre.

Son habileté vraiment extraordinaire pour cette époque, établit presque universellement sa réputation de sorcellerie. On le crut un enchanteur redoutable, le maître de la vie et de la mort.

L'imagination populaire en était vivement frappée. Sur des récits de plus en plus exagérés de quelques séances de fantasmagorie, on lui attribua le pouvoir magique de faire germer les fleurs et mûrir les fruits subitement, comme par un coup de baguette, en plein hiver, au milieu de la glace et des frimas.

Il aurait même construit une tête d'airain, et lui aurait donné la faculté de se mouvoir, de penser et de parler.

On racontait aussi de lui cent autres merveilles plus étonnantes les unes que les autres.

Nous ne nous étendrons pas davantage sur ces exagérations du vulgaire. Le public éclairé jugeait mieux Albert le Grand; il voyait en lui un professeur distingué, entendu successivement à Cologne et à Paris; un pontife zélé; un moine accompli. L'Église lui a décerné le titre de Bienheureux.

Une partie des faux bruits qui circulèrent au sujet d'Albert le Grand eurent pour fondement plusieurs ouvrages publiés sous son nom, mais écrits par des auteurs plus magiciens que chimistes. Les principaux sont : *Les secrets* du *Petit Albert*, et le *Traité des secrets du Grand Albert*.

Les livres vraiment de lui, sont d'une tout autre façon. Le style, la méthode et le sujet sont bien différents. On y admire une grande réserve, beaucoup de sagacité, des vues profondes, des observations scrupuleuses de faits précis et bien constatés.

La lecture de ces volumes est de nature à donner assurément une haute idée de la vaste science et du génie d'Albert le Grand.

III

Roger Bacon.

Un autre moine, Roger Bacon, dont nous avons déjà rapporté les remarquables connaissances en Physique, en Optique, en Astronomie et en Mathématiques, ne s'illustra pas moins en Chimie.

Parmi ses ouvrages en ce genre, il convient de citer surtout : *Speculum Alchimiæ; De secretis operibus Artis et Naturæ, et de nullitate Magiæ; De retardandis senectutis accidentibus et sensibus conservandis*, et de nombreux passages de son volumineux *Opus majus*.

Dans ces écrits se trouve la formule de la poudre à canon. Après en avoir indiqué la composition essentielle, il en signale les effets.

Une poignée de cette poudre, dit-il, suffit à produire instantanément une vive lumière semblable à celle de la foudre, et une détonation aussi bruyante que celle d'un coup de tonnerre. Celui qui, sachant bien s'en servir, en garderait le secret, serait bientôt le maître du monde.

Son ouvrage *De mirabili potestate Artis et Naturæ* renferme ses vues ingénieuses sur la possibilité de construire diverses machines, par lesquelles l'homme pourrait s'élever et se diriger dans l'atmosphère, naviguer sous la mer, faire mouvoir par la vapeur, avec une incroyable vitesse, des chariots pesamment chargés, ou d'immenses vaisseaux, etc.

La Science moderne devait réaliser une partie des merveilles pressenties par Roger Bacon.

Ses découvertes furent celles du manganèse, du phosphore et du bismuth.

Comme tous les chimistes d'alors, Roger eut la réputation de magicien.

Ses intuitions profondes sur l'avenir réservé à l'humanité, grâce aux progrès scientifiques des siècles futurs, nous frappent d'admiration, aujourd'hui encore. Pour ses contemporains, il en fut, en général, autrement.

Elles leur paraissaient, parfois, les rêveries d'une imagination exaltée. Mais comme ils ne pouvaient nier cependant certains effets prodigieux et inexplicables, dont il était l'auteur, on n'était pas éloigné de le supposer en communication fréquente avec les âmes des trépassés et avec les esprits infernaux.

Les paysans de la campagne ne regardaient pas sans épouvante la tour isolée du monastère, où le frère Roger, le *doctor mirabilis*, passait presque toutes ses journées et une longue partie de ses nuits.

Souvent on y avait entendu, tout d'un coup, des bruits menaçants, comme si le sol tremblait, et allait s'entr'ouvrir, pour engloutir le couvent et les alentours; souvent aussi, par ses étroites fenêtres, comme par des soupiraux d'enfer, se dégageaient, dans l'obscurité de la nuit, des lueurs étranges, ou des nuages d'épaisses et fétides fumées.

A ces moments lugubres, le diable, sans doute, venait rendre visite au mystérieux Roger.

Y venait-il en ami ou en ennemi?... Grandes étaient les perplexités à ce sujet. Cette question d'une exceptionnelle gravité, se posait d'elle-même; mais comment la résoudre?

Si Roger était magicien (et cela paraissait incontestable,) n'était-il pas aussi, pourtant, un moine revêtu de bure et disciple du séraphique François?...

Située dans un faubourg d'Oxford, cette fameuse tour, à

la fois, laboratoire de Chimie et observatoire astronomique du terrible cordelier, était appelée encore, au siècle dernier, le lieu d'études du frère Bacon, *friar Bacon's study*.

Les voyageurs et les touristes ne manquaient pas d'aller la contempler. Suivant une tradition plusieurs fois séculaire, cette tour devait s'écrouler, quand un plus grand homme que Bacon y pénétrerait.

Pendant de longues années, les alchimistes en renom, certains ministres d'État, superstitieux malgré leur diplomatie, des professeurs, toujours un peu crédules malgré leur science ou leur scepticisme, jugèrent prudent de ne pas trop s'en approcher.

Leur modestie ne leur cachait pas leur propre mérite, au point de leur persuader qu'ils pourraient impunément franchir le seuil de cette tour maudite, où Roger, avec quelques autres nécromanciens de son acabit, comme le père Thomas Bungey, par exemple, personnage non moins suspect, avait fait parler des têtes d'airain et consulté les morts.

> The nigromancie thair saw i eckanone,
> Of Benytas, Bengo and friar Bacone [1].

Voilà comment l'imagination des peuples et les bizarreries de la légende transforment, parfois, un homme de génie en magicien et en sorcier.

Non! Roger Bacon n'était ni possédé, ni magnétiseur, ni nécromancien; mais il avait reçu dans une large mesure ces intuitions du génie, qui permettent de pénétrer les secrets de la Nature, et de deviner, en quelque façon, les mystères de l'avenir.

Dieu, en créant l'homme, l'a établi roi du Monde, lui disait la Foi! — Oui, reprenait la Raison commentant l'Écriture, oui! mais l'homme ne saurait être roi dans l'Univers, sans asservir à sa volonté les forces indomptées de la Nature. Or, pour les asservir, il faut les connaître; et pour les connaître, il faut les étudier directement en elles-mêmes, saisir

---

1. Douglas, poète écossais du XVe siècle, *Le Miroir enchanté*.

leur essence et comprendre les lois auxquelles elles obéissent.

Il vécut donc en communication fréquente avec la Nature; et, dans ce commerce quotidien et familier, il surprit quelques-uns de ses secrets.

Ses ouvrages étonnants pour son époque, en sont la preuve irrécusable. On ne sait s'il faut le plus admirer la netteté de ses connaissances ou leur universalité.

Cette supériorité remarquable lui venait de son habileté incomparable dans l'art d'expérimenter. Il expose sa méthode en termes très clairs dans son *Opus majus*. L'expérience était pour lui le principal et souvent l'unique moyen employé pour la découverte des lois, ou pour la constatation des phénomènes.

L'*Opus majus* en traite longuement, en révèle les avantages, et en indique les résultats. Mais dans cet ouvrage si complet, on ne rencontre rien pour justifier l'accusation de magie lancée contre Bacon. Nulle part, il n'y est fait allusion à la tête d'airain, construite par lui, et dans laquelle habitait le démon infernal qu'il consultait, selon les occurrences; on n'y voit rien, non plus, sur les Sciences occultes, Spiritisme, Magnétisme et Nécromancie.

Il reste donc parmi les hommes de mérite au moyen âge l'un des plus éminents. Son intelligence était vaste et hardie; son caractère noble et fier, assez indépendant pour s'écarter des sentiers battus, quand il les jugeait peu aptes à conduire à la vérité.

Cette indépendance le forçait à mettre souvent en pratique le principe énoncé par Aristote, quand il se sépara de son maître : *Amicus Plato, magis amica veritas*. Elle lui causa bien des inquiétudes; elle lui attira bien des désagréments et même des persécutions.

Il ne fut pas toujours compris par ses contemporains, ni par ses frères en religion, ni même par ses supérieurs. Les tracasseries éprouvées, de ce chef, furent parfois un obstacle à la continuation de ses chères études. On ne pouvait lui infliger un supplice plus affreux.

Mais à tous ses autres dons naturels, Bacon joignait une

force indomptable de volonté. Son héroïque énergie n'eût pas reculé devant le martyre. Il eût trouvé beau de mourir pour la vérité. N'était-ce pas succomber pour une noble cause ?

Or, pourquoi voulait-il mieux connaître la Nature, si ce n'est pour mieux connaître le Créateur et en faire admirer la puissance ? N'était-ce pas aussi pour améliorer la situation matérielle des hommes ses frères, en les aidant à défricher l'immense champ de l'Univers ?

Le Seigneur, en les créant, le leur a donné à travailler ; ils ont reçu la mission de s'en rendre maîtres. Rois dépossédés, ils doivent conquérir leur royaume, en le disputant aux éléments. Ceux-ci sont trop souvent une source d'obstacles et une cause de périls ! Il faut les réduire en esclavage, en faire des serviteurs, et les transformer en auxiliaires sûrs.

Telles étaient les pensées de Bacon. Il eut enfin la joie de les voir partagées par la plus haute autorité qui soit ici-bas. Le Souverain-Pontife Clément IV, français d'origine, et ancien secrétaire du roi saint Louis, le prit sous sa protection.

Il en coûte toujours de devancer son siècle et de vivre par la pensée plutôt avec les hommes de l'avenir qu'avec ceux du présent. Contredire les préjugés de son époque, c'est souvent s'exposer à perdre son repos, et quelquefois même sa propre liberté.

Bacon a senti l'amertume de ces luttes ; mais la postérité lui a rendu justice. Son mérite est reconnu. Plus on étudie ses œuvres à la lumière de la Science moderne, plus on y découvre nombreuses les intuitions du génie.

S'il eût vécu trois cents ans plus tard, il aurait eu sa place marquée parmi les savants illustres qui présidèrent à la Renaissance des Lettres et des Sciences. Sa grande et austère figure aurait certainement rayonné d'un immortel éclat, à côté de celles de Kepler, de Copernic et de Galilée.

IV

Arnaud de Villeneuve.

La France ne laissa point à l'Allemagne et à l'Angleterre la gloire d'avoir produit des hommes comme Albert le Grand et Roger Bacon. Elle put bientôt se flatter de posséder un savant d'une valeur presque égale : c'était Arnaud de Villeneuve, né dans le village de ce nom, près de Montpellier.

Professeur de Chimie et de Médecine à Paris, puis à Montpellier, dont l'École médicale jetait alors un vif éclat, il parcourut également l'Espagne et l'Italie.

Il inventa des procédés spéciaux pour la fabrication de l'esprit-de-vin, qu'il appelait de l'eau-de-vin, ou de l'eau ardente, et dont il préconisait l'usage contre la paralysie. Il avait perfectionné l'alambic.

On lui doit la connaissance de l'huile de térébenthine (*oleum mirabile,*) des acides sulfurique, chlorhydrique et azotique.

Il avait constaté la propriété de l'alcool de retenir les principes odorants des végétaux qu'on y fait macérer. Il en tira diverses formules pour les eaux spiritueuses employées dans la Médecine et dans la Parfumerie.

Le premier, il composa des ratafias. Il fut donc aussi liquoriste, tout en étant parfumeur et médecin.

Il recommanda les bains sulfureux, et donna une méthode utile pour le traitement des fièvres.

Ses ouvrages sont fort nombreux ; mais tous peut-être ne sont pas de lui. C'était, en effet, l'habitude, à cette époque, de publier, sous le nom d'un homme illustre, certains écrits d'auteurs moins en vue ; on espérait ainsi leur procurer un plus grand débit.

Mais les traités qui sont certainement de lui, présentent

pour la Médecine, la Pharmacologie et la Chimie un très grand intérêt. Les idées y sont généralement justes. On y trouve dans un style clair et correct le récit d'une foule d'observations curieuses et, pour la plupart, importantes.

Les maladies y sont décrites avec exactitude; les remèdes y sont sagement indiqués.

Il fut le médecin attitré du pape Clément V et de plusieurs princes et rois de son temps. Ses découvertes et les cures opérées par lui avaient entouré son nom d'une auréole de gloire. Son crédit était grand auprès des hauts personnages d'alors, car il rehaussait l'éclat de son mérite et de sa science par la vivacité et l'élévation de son esprit.

Ces qualités brillantes paraissent peu toutefois dans ses ouvrages. La plupart sont relativement beaucoup trop concis. Nous n'avons probablement que des résumés et des notes prises par les disciples assistant à ses cours.

Parmi ses principaux traités, nommons celui sur l'École de Salerne, *Scholæ Salernitanæ Opusculum*, et un autre sur l'Art de conserver la jeunesse en évitant les infirmités des vieillards, *Tractatus de conservanda juventute et de retardanda senectute*. Ce dernier est dédié au roi de Naples, Robert, son bienfaiteur.

Ses œuvres furent imprimées pour la première fois à Lyon en 1504; elles forment deux volumes in-folio.

V

Raymond Lulle.

L'Allemagne, l'Angleterre et la France avaient vu sortir de leur sein des savants réellement distingués pour l'époque, fondateurs d'École, esprits pénétrants et observateurs sérieux.

L'Espagne ne resta pas en retard. Elle produisit un chimiste dont le nom a traversé les siècles, et dont la longue vie de quatre-vingts ans, féconde en aventures de tout genre, semble presque fabuleuse, par son étrangeté.

Nous voulons parler de Raymond Lulle. Né à Palma, dans l'île de Majorque en 1235, il était fils d'un grand seigneur. Comme la plupart des enfants des familles nobles et riches de ce siècle, il passa sa jeunesse dans les divertissements mondains et les fêtes bruyantes.

Son caractère ardent et passionné lui aurait fait, paraît-il, commettre de véritables folies; mais, un jour, touché par la grâce, et, si l'on en croit la légende, ému plus qu'on ne saurait dire, par une apparition du Sauveur crucifié, il se convertit à l'âge de trente ans.

Renonçant au monde et à tous les avantages terrestres, il fit deux parts de son immense fortune. Il donna l'une à sa jeune femme, déjà mère de trois enfants, et l'autre aux pauvres. Puis, se séparant de ces personnes tendrement chéries, il s'enferma dans un monastère, ou, selon d'autres auteurs, vécut en ermite au fond d'une forêt.

Esprit à la fois actif et mystique, il se livra, dès ce moment, à la prière et à l'étude avec la même ardeur apportée naguère à ses folies de jeune homme. La Philosophie et la Théologie, les Sciences physiques et chimiques, les langues anciennes ou étrangères, surtout l'arabe, l'occupèrent tour à tour.

Bientôt, il eut dévoré tous les ouvrages qu'il put avoir à sa disposition. Alors, n'ayant plus rien à faire dans sa solitude, il en sortit pour prêcher la vérité aux philosophes, convertir les Musulmans infidèles, et rendre aux esclaves la liberté.

Son but était de provoquer une nouvelle croisade, non par les armes meurtrières, mais par le glaive de la parole qu'il maniait admirablement. Il voulait enrôler, non des chevaliers bardés de fer, mais des légions d'apôtres revêtus, comme d'une cuirasse invincible, des emblèmes du Crucifié.

Pour assurer plus de puissance à ses soldats, il les désirait aussi instruits dans les Sciences naturelles que dans la

Religion. Ils devaient se présenter aux Mahométans, comme savants autant que missionnaires; disputer avec leurs faux docteurs, même sur les places publiques; les convaincre d'erreur ou de mensonge, et les convertir à la vraie foi.

Pour un esprit ardent comme Raymond Lulle, il n'y avait jamais loin entre une pensée et sa réalisation. Concevoir un projet, et travailler énergiquement à le faire réussir, c'était, chez lui, une seule et même chose.

Une cinquantaine de voyages à Rome, à Paris et à Londres, furent les premiers moyens employés. Il essaya d'amener le pape et les principaux princes à partager ses idées; à cette fin aussi, il se mit en relation avec les hommes les plus célèbres de son temps.

Ses démarches multipliées n'ayant pas obtenu le succès qu'il se croyait en droit d'en attendre, il ne se découragea pas, et entreprit seul cette œuvre colossale pour laquelle il avait, en vain, cherché des collaborateurs.

A peine arrivé à Tunis, il est poignardé par un esclave mahométan qu'il avait pris à son service, afin de mieux se familiariser avec la langue arabe. Malgré sa gravité, la blessure heureusement ne fut pas mortelle.

L'apôtre en fut quitte pour quelques mois de repos forcé: mais cette inaction constituait pour lui un grand supplice. Être là, tout près du champ de bataille, en face de l'ennemi, et devoir rester immobile! Quelle torture pour un homme comme Raymond!...

Revenu des portes du tombeau, il profite de ses premières forces pour se lancer dans l'arène. Le fer homicide en traversant sa poitrine, loin d'éteindre le zèle apostolique dont son cœur était embrasé, y avait, au contraire, allumé de plus vives flammes.

Le missionnaire parcourt les montagnes et les vallées; il prêche dans les villes et les campagnes; on le voit, dans les rues et dans les places, arrêter les passants, entrer en conversation avec eux, et proposer aux marabouts et aux docteurs mahométans des disputes publiques sur la Religion.

Ce zèle intempestif n'était pas de nature à plaire aux enfants du Prophète. Raymond est bientôt poursuivi de toutes parts ; on l'injurie, on le frappe, on le met en prison ; puis, on l'embarque, malgré lui, sur un navire, et on le renvoie en Italie.

C'est pour lui une occasion de raconter au Souverain-Pontife et aux princes les premiers résultats de sa mission dangereuse et méritoire. Comment s'arrêter, après de si beaux débuts? Il revient donc dans les États barbaresques, et recommence ses prédications. Il discute, il ergote. Pour lui fermer la bouche, on le condamne à mort. Ses ennemis le saisissent ; mais il est assez heureux pour s'échapper de leurs mains.

Sa vie se continue ainsi jusqu'à quatre-vingts ans. Très souvent résidant en Afrique, il la quitte, de temps en temps, pour parcourir l'Italie, l'Espagne et la France. C'est une vie d'aventures et de mouvement ininterrompu.

Enfin, parvenu dans un âge avancé, toujours aussi ardent que dans sa bouillonnante jeunesse, il tombe, près de la ville actuelle de Bougie, les armes à la main, et en prêchant toujours la foi du Christ. Le peuple, ameuté contre lui, veut se débarrasser de cet étranger trop gênant ; on s'en empare, on le lie, et on le lapide.

Les Musulmans l'abandonnent sur le rivage, quand ils le croient mort.

Le soir, une lueur mystérieuse entoure, comme d'une auréole, ce corps meurtri, sanglant et tuméfié. Cette lumière inexplicable attire l'attention des marins d'un navire génois ancré non loin de la grève.

Descendus à terre, au milieu de la nuit, ils examinent le cadavre, et reconnaissent Raymond. Ils l'emportent sur leur vaisseau, et mettent à la voile pour l'Espagne. Le martyr revient à lui ; il ouvre les yeux ; mais, deux jours après, il meurt, avant d'avoir atteint le sol de la patrie.

A Majorque, on lui construit un tombeau magnifique encore existant. Plusieurs miracles s'accomplissent à son intercession, et il y est honoré comme saint.

Voilà, certes, une vie bien extraordinaire. Faut-il, avec quelques critiques trop exclusifs, regarder Raymond Lulle, comme un personnage extravagant, exalté et un peu fou? Loin de là! Ce fut l'homme d'une idée grandiose, pour la réalisation de laquelle il ne négligea ni travaux, ni fatigues, et ne craignit pas de s'exposer à toutes sortes de dangers, plusieurs fois même à une cruelle mort.

Cette générosité mérite le respect, même au point de vue purement naturel. Elle fut, en effet, éminemment philanthropique: elle avait pour objet la civilisation des infidèles et l'abolition de l'esclavage, œuvre humanitaire, s'il en fut.

De nos jours, cette œuvre a été reprise par les nations modernes, particulièrement par la France en Algérie, en Tunisie et dans le Sahara.

Les circonstances défavorables dans lesquelles il se débattait, ne permirent pas à Raymond Lulle de réussir dans l'exécution de ce gigantesque projet, enfanté par son génie. Il n'en eut pas moins la gloire de l'avoir conçu, et d'en avoir tenté la réalisation malgré d'insurmontables difficultés.

Mais comme savant, Raymond Lulle n'a pas moins droit à notre admiration.

Ses nombreux voyages le mirent, plusieurs fois, en relation avec Arnaud de Villeneuve. Il se constitua son élève. Pris d'enthousiasme pour la Chimie, il l'étudia avec cette ardeur qu'il apportait à toute chose, et voulut en pénétrer les secrets.

Après tant de péripéties de tout genre, comment a-t-il pu se réserver des loisirs suffisants, et posséder la tranquillité d'esprit nécessaire, pour des études aussi sérieuses et pour des expériences quelquefois bien longues et fort compliquées?

Surtout, comment a-t-il pu composer sur la Chimie tant d'ouvrages si remarquables par l'abondance des faits observés et par la sûreté de la méthode?

Cependant la chose est indéniable. Non seulement Raymond Lulle put s'initier à la Chimie, mais il y devint bientôt un maître. Ses écrits firent époque, et déterminèrent un mouvement décisif dans cette Science.

Ces ouvrages sont surprenants par la variété et la profondeur des connaissances dont l'auteur y fait preuve. Ils forment une sorte d'encyclopédie traitant, à la fois, de la Théologie, de la Chimie, de la Physique et de la Médecine.

Cette multiplicité d'objets a fait croire parfois à l'existence de deux Raymond Lulle. L'un serait le théologien, l'apôtre et le martyr; l'autre, l'original, le passionné, le chimiste et le magicien.

Toutefois, cette opinion n'est pas probable. L'Histoire nous a montré assez souvent l'exemple d'hommes capables de s'adonner simultanément, ou successivement, à diverses Sciences, et d'y exceller.

Le cas n'est pas inouï; il est même moins rare qu'on ne serait porté à le supposer, tout d'abord. Il nous suffira de citer Aristote et Platon, parmi les anciens; Roger Bacon et Albert le Grand au moyen âge; Priestley et Kepler, Newton et Pascal dans les temps modernes.

Ces auteurs et beaucoup d'autres ont écrit avec une extrême fécondité sur les sujets les plus divers.

Sans doute, plusieurs ouvrages attribués à Raymond Lulle ne sont peut-être pas de lui; nous en avons donné la raison à propos d'Arnaud de Villeneuve. Mais aussi, beaucoup d'autres ayant trait à la Théologie, à la Chimie, à la Physique et à la Médecine, lui appartiennent manifestement.

Malgré la variété des matières, on y rencontre le même style, les mêmes images, les mêmes symboles, en un mot, tous les caractères intrinsèques d'authenticité et de communauté d'origine.

Raymond Lulle a donc été pour la Chimie un chef d'école. Il a formé une foule de disciples. L'impulsion qu'ils ont reçue de lui a été forte et féconde; elle a été pour les travaux de ses successeurs une utile direction.

Pour lui, comme pour beaucoup de ses imitateurs, la recherche de la pierre philosophale a été l'occasion de découvertes précieuses et capitales.

Un phénomène analogue ne se présente-t-il pas, d'ailleurs, dans l'histoire des autres Sciences? Les investigations persévérantes obtiennent rarement le résultat précis pour lequel elles avaient été poursuivies avec tant de constance. Les pionniers du savoir, quelquefois, n'ont pas trouvé ce qu'ils cherchaient; mais, très souvent aussi, ils ont rencontré ce qu'ils ne cherchaient pas. Dans bien des cas on n'a rien perdu au change, et ceci valait mieux que cela.

Ainsi la Providence récompense les efforts généreux d'une âme à la recherche de la vérité, comme aussi Dieu exauce la prière de ses enfants; mais ce n'est pas toujours, cependant, de la manière dont l'auraient voulu ceux qui l'ont supplié.

En espérant produire la pierre philosophale [1] par la voie humide, Raymond Lulle s'occupa beaucoup de la distillation, en perfectionna les moyens, et attira l'attention des penseurs sur les produits volatils de la décomposition des corps.

Sa méthode nous a été transmise. Elle est curieuse à plus d'un titre; elle serait presque inintelligible, tant les expressions en sont bizarres, si les progrès de la Chimie moderne n'avaient permis de trouver la clef de ce langage énigmatique.

On a pu, alors, constater, non sans une vive surprise, combien il connaissait parfaitement déjà certains corps, certains acides et plusieurs de leurs combinaisons complexes, dont la découverte paraissait avoir été faite beaucoup plus récemment.

Pour trouver cette fameuse pierre philosophale, cet élixir des sages, si longtemps et si vainement cherché, il commençait par calciner du plomb et le transformer en oxyde, ou massicot, puis en suroxyde, ou minium.

Il décrivait cette première partie de la recette en disant: Prenez du *mercure des philosophes*, ou de l'*azoque* (du plomb;) calcinez-le, au point de le changer, d'abord, en lion vert (massicot) et, ensuite, en *lion rouge* (minium.)

---

1. Dans le langage des alchimistes du moyen âge, le mot *pierre* ne signifiait pas nécessairement un composé solide et pierreux; il indiquait un corps quelconque, liquide ou visqueux, possédant la propriété de multiplier l'or. On lui attribuait pourtant, presque toujours, une consistance gommeuse et une couleur rouge brun, comme celle du sang humain.

Après cela vient une autre série d'opérations. L'oxyde de plomb doit être plongé, dans le vinaigre, ou acide acétique, dans lequel il se dissout. L'évaporation du mélange laisse au fond du vase une matière un peu consistante, comme de la gomme : c'est de l'acétate de plomb.

On le met dans une cornue : on distille avec lenteur, et on recueille des liquides de diverse nature : de l'eau chargée d'acide acétique et pyroacétique, et une sorte d'huile rouge ou brune.

Le fond de la cornue est couvert par du plomb très divisé, d'un gris sombre. Ce résidu de la distillation prend facilement feu, et, s'oxydant une seconde fois par la combustion, redevient massicot ; mais, celui-ci, mêlé avec le liquide renfermé encore dans le récipient, s'y dissout, peu à peu, en se combinant avec l'acide contenu dans ce liquide.

Raymond Lulle décrit cette phase des opérations dans un style digne des oracles de Delphes. Après la distillation, affirme-t-il gravement, on découvre au fond de la cucurbite *un dragon noir* (le plomb gris.) Plongé dans le feu, ce dragon noir reproduit le lion vert, lequel se retournant contre lui-même, avale sa propre queue. C'est le massicot se dissolvant, peu à peu, comme nous venons de le dire.

Une dernière distillation de ce qui reste du lion vert, *quand il a avalé sa queue*, donne *l'eau ardente* et le *sang humain*, l'*élixir des sages*, enfin obtenu.

Cette eau ardente, c'est l'esprit pyroacétique ; ce sang humain, c'est l'huile rouge brun partageant, avec beaucoup d'autres huiles, le privilège, si apprécié par les anciens alchimistes, de réduire l'or de ses dissolutions, et de le précipiter à l'état métallique.

Le style de Raymond Lulle, dans l'énoncé de cette recette souveraine, est fort bizarre, on n'en disconviendra pas. Il suivait, en cela, les coutumes du temps pour les ouvrages de ce genre.

Cette obscurité affectée et mystérieuse, habituelle aux chimistes d'alors, ne contribuait pas peu à frapper l'imagination du vulgaire, et à les faire passer généralement pour des sorciers et des magiciens.

Toutefois, ces opérations chimiques ne témoignent pas moins, chez leur auteur, de connaissances surprenantes sur les propriétés de divers corps, et sur les produits auxquels leurs combinaisons donnent lieu. Elles sont une preuve aussi de sa grande habileté dans l'art d'expérimenter, de son attention soutenue, de sa fidélité à n'accorder rien aux théories préconçues, se réservant de tout demander aux seuls faits dûment constatés.

Il savait donc observer sagement les phénomènes chimiques et en tirer parti ; il les coordonnait, et passait de l'un à l'autre, pour les faire servir à un but fixé d'avance.

Interrogeant la Nature avec persévérance, il en recevait parfois des réponses importantes, et les résumait avec précision.

La formule de la pierre philosophale nous montre combien parfaitement on avait étudié, au moyen âge, les phénomènes accompagnant la distillation de l'acétate de plomb. A cette époque reculée, on connaissait donc assez nettement déjà cet esprit pyroacétique, dont on attribue la découverte à des auteurs beaucoup plus récents.

VI

Les chimistes chrétiens après le XIIIe siècle.

Peu à peu, la Chimie étendit les frontières de son domaine déjà relativement si vaste. La formule de Raymond Lulle se développant dans les mains de ses disciples, fut l'occasion de nouveaux progrès. Les faits découverts, constatés, étudiés dans leurs multiples ramifications, devinrent de plus en plus nombreux.

Alors furent observés avec la même précision, la même persévérance, et, on peut le dire, avec le même succès, les composés du salpêtre ; les divers vitriols ; le sulfate de mercure ; l'acide nitrique, employé pour les dissolutions de l'argent, du mercure et de l'or ; l'acide sulfurique ; le carbonate de potasse ; plusieurs explosifs et d'autres corps dont la nature insuffisamment désignée reste encore inconnue pour nous.

A l'exemple de son illustre maître, Albert le Grand, l'Angélique Docteur, saint Thomas d'Aquin, fut, lui aussi, un peu alchimiste, et il en eut la réputation. La chose ne laissera pas de surprendre certains esprits, mais elle est indéniable.

Passa-t-il de longues heures dans les laboratoires ? c'est douteux ; mais il écrivit sur la Chimie un livre intitulé *Traité de l'Essence des minéraux*.

Il y expose la manière d'imiter artificiellement les pierres précieuses, et de leur donner la couleur de l'émeraude ou du rubis, de l'hyacinthe ou du saphir. On y arrive, dit-il, en projetant dans la matière en fusion, et, selon les cas, diverses substances métalliques pulvérisées : fer, cuivre, vert-de-gris, etc. Ainsi également s'obtiennent les vitraux coloriés.

Les Chimistes modernes ignorent, pour la plupart, peut-être, que le mot *amalgame* est dû à l'Ange de l'École. Il est employé, en effet, pour la première fois, dans son *Traité sur les Minéraux*.

Après la période florissante durant laquelle avaient brillé des hommes de haute valeur, comme Raymond Lulle et Arnaud de Villeneuve, Roger Bacon et Albert le Grand, la lignée des chimistes chrétiens ne s'éteignit point, quoiqu'elle n'eût pas toujours le même éclat.

Les découvertes furent moins nombreuses, mais on sut mieux profiter des précédentes, en les appliquant à la Médecine, à l'Industrie et aux Arts.

A la fin du xive siècle, un nom s'éleva au-dessus des autres : c'est celui de Basile Valentin. Il était moine dans un couvent d'Allemagne, et vivait dans la petite ville d'Erfurth.

Ses ouvrages de Chimie sont remarquables à plus d'un titre. Les principaux sont : *Le Char triomphal de l'Antimoine;* l'*Haliographie*, ou *Traité des Sels;* la *Révélation des Artifices secrets;* le *Traité des Minéraux.*

Dans le *Char triomphal*, il indique la manière d'obtenir l'antimoine et ses différents oxydes. Dès lors, grâce à lui, ce métal fut étudié avec un soin particulier, et il acquit une grande importance dans les préparations médicinales.

Avant Basile Valentin, l'antimoine avait constamment été rejeté de la Thérapeutique. On le supposait un poison toujours dangereux : si l'on s'en servait, c'était exclusivement sur les animaux.

Le moine Valentin eut l'honneur de l'introduire définitivement dans la Pharmaceutique, dont il devait bientôt devenir l'un des éléments les plus précieux, par son action permanente et énergique, dans les médicaments dans la composition desquels on l'a fait entrer : vin stibié, émétique, etc.

Basile Valentin propagea, en outre, l'usage des bains minéraux contre les maladies du derme et de l'épiderme.

Ses grandes connaissances en Chimie l'avaient mis sur la voie de découvertes capitales. Ayant produit l'acide chlorhydrique par l'action de l'acide sulfurique, ou vitriol, sur le sel marin, il l'appela *esprit* de sel; les gaz, en effet, étaient alors appelés *esprits.*

Par le moyen du feu, il sépara l'*esprit de mercure* de l'oxyde rouge de ce métal : c'était l'*oxygène;* il n'en donna pas cependant une définition et une description assez complètes.

Transformant la pyrite en *vitroleum*, ou sulfate de cuivre, il en extrayait ensuite ce dernier métal. Il faisait une opération semblable au sujet de l'or, en traitant sa dissolution dans l'eau régale, par l'huile de tartre, solution de carbonate de potasse.

On lui attribue la découverte du bismuth, auquel fut donné, d'abord, le nom de *wismuth.*

Peu de temps après, Eck de Sulzbach, dans un ouvrage

intitulé *Clavis philosophorum*, montra que, par la calcination, les métaux augmentent de poids. Il décrivit les cristaux appelés ensuite l'*arbre de Diane*.

A la même époque florissait un autre chimiste non moins célèbre, Ripley (né vers 1450, mort en 1490.) Il était de la bonne École de Raymond Lulle, et, quoique un peu alchimiste, fit, lui aussi, de l'excellente Chimie.

D'abord chanoine de Bridlington, dans le diocèse d'York, il abandonna sa dignité et sa prébende pour entrer dans un couvent de Carmes.

Là, dans une laborieuse retraite, il se livra à l'étude de sa Science de prédilection, et composa, sur ce sujet, de nombreux ouvrages.

Voici les principaux : *Medulla philosophiæ chimicæ* ; *Liber de mercurio philosophorum* ; *Pupilla alchemiæ* ; *Philonium alchemistarum* ; *Concordantia Raymondi et Guidonis* ; *Clavis portæ aureæ* ; etc.

Dans l'un d'entre eux, il rapporte la recette de Raymond Lulle pour trouver la pierre philosophale. Nous en avons parlé plus haut.

CHAPITRE NEUVIÈME

LA MÉTHODE EXPÉRIMENTALE AU MOYEN AGE.

§ I

Le Chancelier Bacon de Vérulam.

I

Témoignages en sa faveur.

Depuis plusieurs siècles, il s'est formé comme une sorte de coalition pour accuser les Chrétiens du moyen âge, d'avoir totalement ignoré l'un des procédés de raisonnement le plus utiles dans les recherches scientifiques : l'induction, basée sur l'expérience.

Dans ce cas, on serait redevable de cette méthode féconde à François Bacon, lord de Vérulam, né à Londres à la fin du XVI° siècle. Son *Novum Organum*, publié en 1620, aurait déterminé une véritable révolution dans le monde. Il aurait été la cause du grand essor de l'esprit humain.

Hooke avait écrit : Personne, excepté l'incomparable Vérulam, n'a eu le moindre soupçon de l'art pour la direction de l'esprit dans les recherches de la Science.

Voltaire reproduisait la même pensée avec des commentaires de sa façon : Personne, avant le chancelier Bacon, disait-il, n'a connu la Philosophie expérimentale. De toutes les expériences qu'on a faites depuis, il n'y en a presque pas une qui ne soit indiquée dans son livre. Peu de temps après, la Physique expérimentale commença, tout d'un coup, à être cultivée à la fois dans presque toutes les parties de l'Europe. C'était un trésor caché dont Bacon s'était douté, et que tous les philosophes, encouragés par sa promesse, s'efforcèrent de déterrer [1].

D'Alembert n'est pas moins affirmatif : A considérer, dit-il, les vues saines et étendues de Bacon,... on serait tenté de le regarder comme le plus grand et le plus universel des philosophes. Né dans le sein de la nuit la plus profonde, il sentit que la Philosophie n'était pas encore, quoique bien des gens, sans doute, se flattassent d'y exceller... Dans son *Novum Organum*, il fit donc connaître la nécessité de la Physique expérimentale à laquelle on ne pensait point encore. Ennemi des systèmes, il n'envisage la Philosophie que comme cette partie de nos connaissances qui doit contribuer à nous rendre meilleurs ou plus heureux ; il semble la borner à la science des choses utiles, et recommande partout l'étude de la Nature. Ses autres écrits sont formés sur le même plan... Il y recueille des faits, il y compare des expériences, il en indique un grand nombre à faire ; il invite les savants à étudier et à perfectionner les arts qu'il regarde comme la partie la plus relevée et la plus essentielle de la science humaine ; etc [2].

Reid avait résumé toutes ces appréciations en disant : Depuis deux mille ans les hommes travaillaient à la recherche de la vérité avec l'aide du syllogisme, lorsque lord Bacon proposa la méthode de l'induction comme un instrument plus puissant. Son *Novum Organum* peut être considéré comme une seconde grande ère dans le progrès de la raison humaine.

---

1. Voltaire, *Lettre sur les Anglais*.
2. D'Alembert, *Discours préliminaire de l'Encyclopédie*.

II

Sentiments opposés.

Toutefois, les jugements sur le lord de Vérulam ne furent pas toujours aussi enthousiastes, même quand ils émanaient d'hommes peu favorables à l'Église en principe.

Le chancelier Bacon, disait Laplace, a donné, pour la recherche de la vérité, le précepte et non l'exemple.

Sir W. Stanley Jevons, l'un des plus savants professeurs de l'Angleterre, était encore plus explicite : Considérer la Science moderne comme un fruit de la Philosophie baconienne, c'est fortement se méprendre. Bacon de Vérulam n'a pas connu la véritable manière d'expérimenter. En essayant d'appliquer sa méthode, il a échoué ridiculement. Galilée et Newton, Descartes et Leibniz, Huygens et une foule d'autres, ne sont parvenus à leurs découvertes merveilleuses, qu'en suivant une méthode absolument opposée à celle dont François Bacon avait voulu se faire le propagateur [1].

J. W. Draper lui-même n'est pas moins catégorique : On se trompe en attribuant à Lord Bacon la renaissance de la Science. Il ignorait les Mathématiques, et en regardait l'application dans les Sciences naturelles, comme absolument inutile. Il méprisait le système de Copernic, en se basant sur des objections absurdes. Il niait l'importance des instruments perfectionnés pour les recherches scientifiques. Selon lui, un télescope ne servirait jamais de rien. La méthode inductive n'est pas de lui : lui en faire honneur, c'est ne pas savoir l'Histoire. Les règles qu'il trace, sont des fantaisies de son imagination. Pratiquement, elles n'aboutiraient à rien. Aussi personne n'a-t-il été assez simple

---

1. W. Stanley Jevons, *Principes de la Science.*

pour s'y conformer. Le meilleur de ses ouvrages, celui dont on a le plus parlé, le *Novum Organum*, est le moins lu. En dehors de l'Angleterre, on en connaît à peine le titre!...

§ II

La Méthode expérimentale avant le chancelier Bacon.

I

Son apparition dès le Xe siècle.

Voilà, certes, sur le lord de Vérulam des jugements fort sévères. Nous sommes heureux de les recueillir sur de telles lèvres; mais ils sont la conclusion logique des faits que nous avons relatés dans les pages précédentes.

Oui, l'Histoire impartiale et véridique en fournit la preuve mille fois répétée : aux catholiques du moyen âge revient la gloire d'avoir introduit, les premiers, la vraie méthode propre à l'étude de la Nature, celle de l'observation attentive et de l'expérience, appelée depuis méthode inductive.

Nous l'avons vue employée par eux, plusieurs siècles avant son prétendu inventeur, le lord de Vérulam.

Ne la trouve-t-on pas, dès le xe siècle, dirigeant dans ses investigations l'illustre Gerbert, plus tard pape sous le nom de Sylvestre II, et l'homme le plus instruit de son temps?

N'a-t-elle pas été celle des grands chimistes chrétiens du xiiie siècle, Albert le Grand, Roger Bacon, Arnaud de Villeneuve et Raymond Lulle? N'est-ce pas dans leurs mains qu'elle a montré, tout d'abord, son incomparable puissance et son inépuisable fécondité?

Mais, peut-être, en ont-ils usé d'une manière routinière, comme machinalement, et sans se rendre bien compte de sa valeur pour le présent et pour l'avenir.

Le supposer serait faire injure à ces grands génies, et cette injure serait sans fondement aucun. Pour s'en convaincre, il suffit de les écouter eux-mêmes parler de la méthode expérimentale. Leurs expressions montrent qu'ils ont su l'apprécier à sa juste valeur.

Tout ce que je rapporterai, disait Albert le Grand, est le résultat de ma propre expérience; et si je cite des auteurs, c'est uniquement ceux que je sais capables de ne rien avancer, sans l'avoir contrôlé sérieusement par leur expérience personnelle. En ces choses, en effet, l'expérience seule peut donner la certitude de posséder la vérité [1].

II

Exposé complet de la méthode expérimentale.

Roger Bacon, en cela surtout, a devancé son siècle. On le prendrait pour un auteur tout récent, quand on l'entend affirmer et développer longuement des assertions comme celles-ci :

Non seulement l'expérience est une des sources de la connaissance, mais elle en est une des plus importantes. Par ses seules forces, en effet, elle est apte à sonder les secrets de la Nature; d'autre part, elle est comme une pierre de touche, montrant si les conclusions des Sciences spéculatives sont, oui ou non, conformes à la réalité.

Donc : Au lieu d'étudier la Nature et de contempler directement l'œuvre de Dieu, pourquoi perdre des années entières à lire les longs et inutiles raisonnements des an-

---

1. Harum autem quas ponemus, quasdam ipsi nos experimento probavimus, quasdam autem referimus, ex dictis eorum, quos comperimus non de facile aliqua dicere nisi probata per experimentum. Experimentum enim solum certificat de talibus... (Alberti Magni, *Opera*, tom. V. p. 340.)

ciens? Pourquoi vouloir ériger ceux-ci en maîtres souverains de la pensée et en juges sans appel?

Pourquoi se consumer en subtilités déplacées et en vaines disputes, pour découvrir au juste ce qu'ils ont dit, ou voulu dire? Pourquoi ergoter sans cesse, et chicaner sur des mots?

Pourquoi invoquer toujours comme argument capital le sentiment de nos devanciers et le poids de leur autorité? Étaient-ils donc d'une race supérieure à la nôtre? Leur intelligence était-elle plus pénétrante, et sommes-nous dégénérés?

L'autorité n'a pas de poids, si on n'en donne la raison; *non sapit auctoritas, nisi detur ejus ratio.*

Les anciens, continue le terrible Roger, ont su bien des choses, soit; mais ils ne sont pas arrivés aux limites du savoir.

Respectons-les : ils furent les premiers pionniers de la Science. Ils ont le mérite de nous avoir frayé la route; mais ils ne l'ont pas achevée, et, partant, ne l'ont pas toute parcourue. De quel droit nous défendrait-on d'aller plus loin, et de faire mieux?

Eux aussi, ont pu se tromper, étant hommes comme nous. Ne les suivons pas dans leurs écarts, et n'épousons pas leurs erreurs. Ils ont dû même en commettre d'autant plus qu'ils étaient plus anciens. Les premiers à s'avancer dans des régions inexplorées encore, ne sont-ils pas les plus sujets à s'égarer?

En réalité, les derniers venus sont ici les plus vieux. Ils héritent du fruit des travaux accomplis par les générations précédentes, et profitent des leçons de l'Histoire.

La vraie Science est fille du temps.

Roger Bacon a donc formulé, bien avant son homonyme François Bacon, cette pensée si admirée dans les œuvres du lord de Vérulam : *Antiquitas sæculi, juventus mundi,* l'antiquité, c'est la jeunesse du monde. Ceux qui ont vécu aux siècles passés, ont dû avoir, plus que nous, les ignorances et les illusions des jeunes ans [1].

---

1. *De Dignitate et Augmentis scientiarum*, libr. I, § 38.

Le profond Pascal imitait, lui aussi, le chimiste franciscain du xiiie siècle, quand il comparait le genre humain à un homme grandissant, destiné à faire sans cesse de nouveaux progrès dans la Science, par son travail et ses efforts ininterrompus.

Oui, reprend Bacon, tous les arguments du monde ne prouveront jamais rien contre un fait bien constaté. Le fait se passe des syllogismes; il s'affirme sans eux, et, malgré eux, il s'impose.

On ne pourrait en dire autant des raisonnements spéculatifs, qui, pouvant être captieux, cachent parfois l'erreur sous les apparences de la vérité. Ils ne sont pas absolument convaincants, tant que l'expérience n'a pas vérifié leurs conclusions. Sans cette contre-épreuve il est toujours difficile, et souvent même impossible, de distinguer le sophisme d'une vraie démonstration.

La Science expérimentale domine donc les autres Sciences : elle en est la reine, le terme et le soutien [1].

Après avoir exalté à ce point les avantages de la méthode expérimentale, Roger a bien soin d'en définir l'essence, et de fixer nettement les conditions dans lesquelles elle doit se développer.

Il y a, d'abord, une expérience naturelle et imparfaite, passive et vulgaire, instinctive plutôt que raisonnée, inconsciente de sa puissance, et ne se rendant pas bien compte de la marche suivie : celle-ci est à l'usage du peuple et des artisans.

Au-dessus d'elle, il y en a une autre plus subtile, plus perspicace, plus éclairée. Par l'application des Mathématiques, elle acquiert une précision extrême, une certitude inébranlable, une généralité s'étendant à tout. Celle-là est à l'usage des savants; elle dépasse le domaine des phénomènes fugitifs et variables, pour s'élever jusqu'à la découverte des lois.

Roger prend de là occasion, pour renouveler ses critiques contre le genre d'études opposé. Il n'admet pas que

---

1. *Opus majus*, part. VI, cap. 1.

pour connaître l'Univers et l'homme lui-même, on spécule d'une manière abstraite, en inventant à plaisir des *entités*, des *quiddités*, des *hæcccités*, des *espèces intentionnelles*, etc., etc.

Tout cela est, d'après lui, un monde peuplé de fantômes insaisissables ; ce sont des trompe-l'œil, de simples apparences ne contenant aucune réalité.

A poursuivre ces chimères, l'esprit se fatigue inutilement, et s'épuise en vains combats.

A ce propos, Roger se plaint amèrement de l'autorité exclusive accordée par beaucoup de ses contemporains aux livres d'Aristote sur la Physique.

On l'érige en oracle, s'écrie-t-il. Pour moi, si je pouvais réunir tous ces livres, et en disposer à mon gré, je les jetterais tous au feu. Une étude poursuivie dans ces conditions aboutit nécessairement à l'erreur, et propage l'ignorance. La perte du temps est son moindre défaut.

D'ailleurs, la prétendue science des Arabes ne trouvait pas davantage grâce devant lui. A son avis, Avicenne fourmille d'erreurs ; Averroès est un plagiaire : il s'est trompé mille fois. Tout ce qu'il a mis de bon dans ses œuvres, a été emprunté à d'autres ; mais, de son propre fonds, il n'a tiré que des faussetés.

Non, non, s'écrie Roger Bacon en concluant, il y a quelque chose de mieux à faire : c'est de laisser ces vaines chicanes, et d'étudier le livre de la Nature, lui-même. Ce livre seul contient la vérité. Le Créateur, après l'avoir écrit de sa main divine, l'a mis sous nos yeux, pour nous exciter à le lire et à le comprendre.

En trouvant dans l'édition récemment publiée de son *Opus majus*, cette doctrine si clairement exposée, plusieurs auteurs de notre époque ne revenaient pas de leur étonnement. Si les preuves historiques n'avaient été si abondantes, ils auraient eu de la peine à croire que Roger Bacon appartînt au xiiie siècle.

Nous avons un peu insisté sur cette question, et nous

en avons fait le sujet d'un chapitre particulier. Nous ne le regrettons pas.

Il était bon de montrer que les savants chrétiens du moyen âge, non seulement furent des chercheurs habiles et des observateurs persévérants, mais qu'ils ont, les premiers, introduit dans l'étude de la Nature la méthode expérimentale universellement employée aujourd'hui.

Cette innovation, si féconde en résultats nombreux, est due aux moines du moyen âge. C'est pour eux un titre de gloire : on ne saurait, sans injustice, le leur ravir, pour l'attribuer aux siècles suivants.

Lord Bacon de Vérulam et les autres auteurs de la Renaissance n'en furent donc pas les promoteurs. Leurs devanciers du xiiie siècle en eurent le mérite. Grâce à eux, cette méthode eut droit de cité dans les grandes écoles catholiques, bien longtemps avant Galilée, Descartes ou Newton.

Ces considérations, dont il serait difficile de méconnaître la justesse, sont de nature à modifier les jugements défavorables portés trop généralement sur le moyen âge, appelé âge de ténèbres et d'ignorance.

Le xiiie siècle, en particulier, ne fut pas seulement un grand siècle de foi : il fut aussi un siècle dont l'influence, dans les recherches scientifiques, s'est fait longtemps sentir encore.

Il a imprimé aux esprits une direction salutaire. Si d'autres ont recueilli les fruits, il a, du moins, déposé le germe.

Sans lui, les hommes de la Renaissance n'auraient pu réussir dans leur œuvre; les savants modernes seraient, eux-mêmes, beaucoup moins avancés, non seulement dans la connaissance spéculative des vérités naturelles, mais aussi dans leurs applications pratiques, car beaucoup d'inventions remarquables n'auraient pas eu lieu.

§ III

Conséquences du paragraphe précédent.

Ces réflexions nous permettent de tirer une conclusion d'une grande importance.

La Chimie, comme toutes les Sciences, du reste, mais à un titre spécial, est une Science vraiment catholique. Ses origines et ses principaux développements sont dus à des chrétiens, dont la plupart furent prêtres et religieux. Ils ont fondé la Chimie, parce qu'ils ont compris la puissance de la méthode expérimentale, et qu'ils ont su l'employer.

On vient de le voir par le rapide exposé que nous avons fait dans le chapitre précédent. Il suffit de citer Marcus Græcus et Arnaud de Villeneuve, les moines Albert le Grand, Roger Bacon, Raymond Lulle, saint Thomas d'Aquin, Basile Valentin et le chanoine Ripley.

A ces hommes célèbres appartiennent les découvertes primordiales ayant un caractère vraiment scientifique et d'une portée générale. La chose est hors de doute pour tout esprit impartial et au courant de l'Histoire des Sciences.

Véritables pionniers de la Chimie, ces chrétiens, ces prêtres et ces moines, eurent d'autant plus de mérite qu'ils marchaient sur un terrain absolument inconnu avant eux. Ils devaient, eux-mêmes, s'ouvrir les voies.

Serait-on en droit de s'étonner outre mesure et de leur faire un crime de s'être parfois égarés, en prenant une fausse direction ?

Il en est ainsi de tous les explorateurs ; mais cela ne diminue pas leur gloire. Ils n'en tracent pas moins les routes sur lesquelles avancent ensuite leurs successeurs.

Quant à ces fondateurs de la Chimie, à ces premiers partisans de la méthode expérimentale, malgré quelques erreurs inévitables, ils virent leurs efforts couronnés d'heureux succès. On leur doit, nous l'avons déjà dit, une foule de découvertes et la possession de nombreux procédés fort utiles, encore en usage dans nos laboratoires d'aujourd'hui.

CHAPITRE DIXIÈME

LES ENCYCLOPÉDISTES DU MOYEN AGE.

§ I

Considérations générales sur les Encyclopédies.

I

Nature et Avantages.

Pour achever de donner une idée suffisante du mouvement scientifique des esprits au moyen âge, nous signalerons quelques-unes des grandes Encyclopédies composées à cette époque. C'est là un point d'Histoire généralement ignoré de nos contemporains.

Le terme Encyclopédie, d'après l'étymologie grecque, εν κυκλῷ παιδεία, signifie une instruction complète ou circulaire, c'est-à-dire embrassant le cercle des connaissances humaines.

Une Encyclopédie, vraiment digne de ce nom, n'est donc pas seulement un travail de vulgarisation, mettant à la portée de chacun les conclusions de la Science ; c'est surtout un édifice majestueux, renfermant dans son enceinte la totalité des doctrines connues et démontrées.

Les diverses Sciences sont unies par des liens réciproques et naturels permettant de les grouper comme les parties d'un seul tout. Pourquoi n'essaierait-on pas d'en faire l'objet d'un ouvrage unique, où l'on trouverait à volonté les renseignements utiles, au moment même où l'on éprouverait le besoin de les posséder?

Personne n'a l'intelligence assez vaste pour tout étudier et tout savoir. Les affaires, les tendances d'esprit, la position même occupée dans le monde, sont souvent un obstacle à l'acquisition des connaissances universelles, même pour ceux dont l'esprit est le plus pénétrant.

Il importe cependant, parfois, d'avoir à sa disposition des notions claires sur des faits, ou des vérités, dont l'étude parfaite exigerait des années de labeur. On pourrait, sans doute, les puiser, dans des livres spéciaux; mais on ne les a pas toujours sous la main. Les eût-on, il serait bien long et bien difficile de les consulter. Il faudrait feuilleter de nombreuses pages, avant de rencontrer la réponse désirée.

Ne serait-on pas, ensuite, exposé parfois à l'ennui désagréable de ne la point comprendre, après de si pénibles investigations ? car, très souvent les auteurs, dans le cours d'un ouvrage scientifique, développent leurs thèses en s'appuyant sur des principes ou des vérités premières prouvées dans les chapitres précédents.

Ces inconvénients disparaissent avec une Encyclopédie. A elle seule, elle équivaut à une bibliothèque entière, dans laquelle règne une admirable unité.

Ce n'est pas, en effet, une collection indigeste de traités spéciaux et complets, mais disparates ; c'est un tout, dont les parties s'illuminent les unes les autres, et dans lequel la multitude des détails ne nuit point à l'unité de l'ensemble. Les recherches y sont rendues aisées par l'ordre régulier établi du commencement à la fin.

Si l'Encyclopédie, comme nous venons de le dire, n'est pas précisément un manuel de vulgarisation, ce n'est pas davantage une série de volumes ayant pour but direct de former des savants, dans le sens strict du mot. Elle vise seulement à fournir à chacun, selon les circonstances, des idées nettes sur des questions, au sujet desquelles il désire être éclairé promptement, de manière à se faire une opinion sérieuse et motivée.

Un ouvrage de ce genre est toujours extrêmement utile

pour les diverses classes de la société. Il est consulté avec fruit par l'homme du monde dont le vœu est de s'initier rapidement à certains secrets des Sciences humaines, des Arts, ou de l'Industrie; il ne sert pas moins au savant dont la mémoire se trouve parfois en défaut, et qui, sans lui, chercherait en vain, peut-être, une notion exacte, dont il a besoin à l'instant même.

Tous, en effet, quels que soient leur rang, leur profession, leur culture intellectuelle, aperçoivent, bien des fois, dans l'ensemble de leurs idées, des incertitudes, des lacunes et des vides, qui les gênent à chaque pas, dès qu'ils veulent s'avancer un peu en dehors de la sphère ordinaire de leur activité.

Les Encyclopédies bien rédigées obvient à ces inconvénients, en partie du moins. En présence des progrès ininterrompus accomplis dans l'ordre scientifique et dans l'ordre industriel, elles viennent en aide à ceux qui, dans l'impossibilité de tout approfondir, aspirent à prendre part au mouvement général, et à être renseignés sur l'état des conquêtes pacifiques de l'esprit humain, à leur époque, dans le domaine de la vérité.

Le but visé par les auteurs de ces recueils montre bien qu'ils seront toujours fatalement inachevés.

Serait-il Aristote ou Varron, Pline ou Cuvier, un encyclopédiste tomberait dans une étrange illusion, s'il pensait être capable de donner le dernier mot de la Science, et de révéler tous les secrets de la Nature.

Il n'appartient à aucune intelligence créée de fixer les limites du possible. Prétendre y atteindre serait être bien sot. On verrait à juste titre, dans cet acte absurde et ridicule, le résultat d'un orgueil insensé.

Jamais un homme de bon sens n'en viendra à de si prodigieux écarts. Il comprendra que le rôle d'un encyclopédiste, pour être moins téméraire, n'en est cependant, ni moins utile, ni moins beau.

Relater les victoires du savoir sur l'ignorance; raconter ses triomphes sur la nature aveugle et indomptée; noter les acquisitions importantes faites successivement par les hommes de génie, et les conserver précieusement, afin que nulle parcelle ne s'en perde, n'est-ce pas rendre un service éminent à la postérité ?

N'est-ce pas lui assurer l'héritage de ses ancêtres, en la mettant à même de jouir, à son tour, des biens accumulés par la sagacité, les peines, les souffrances, l'héroïsme même de nombreuses générations de travailleurs et de savants?

Ainsi sont redressées des erreurs plusieurs fois séculaires; ainsi est imprimée à l'esprit une direction plus féconde et plus vive; ainsi est établi le bilan de ses richesses intellectuelles.

Pour obtenir le degré de perfection dont elle est susceptible, cette œuvre essentiellement sociale doit, à l'exposition juste des choses connues, ajouter des indications sur celles qu'il reste à découvrir. Elle conduit ainsi sur la voie des travaux fructueux.

Faite dans ces conditions, une Encyclopédie devient, pour ainsi dire, comme le livre de compte de l'humanité. Elle lui montre où en sont ses affaires, en lui présentant dans un parallèle instructif ses profits et ses pertes, son avoir et son passif. Elle signale ce que l'on sait, et ce qu'il faut apprendre.

On aperçoit ainsi de quel côté doivent être dirigées les recherches. Les progrès déjà réalisés sont un stimulant pour de nouveaux efforts : la route est ouverte, et l'on devine déjà les surprises agréables réservées aux vaillants assez courageux pour s'y engager.

II

Aperçu historique sur les Encyclopédies anciennes.

1° Chez les Grecs.

Les ouvrages encyclopédiques sont donc comme une nécessité pour les sociétés. C'est pour elles un devoir et un honneur de dresser l'inventaire de leurs richesses et de les classer. La plupart l'ont compris aux diverses époques, et se sont efforcées d'y réussir dans la mesure du possible.

Dans la vieille Grèce, nous trouvons, en ce genre, les œuvres de Galien et d'Hérode, surtout celles de Stobée, et un peu plus tard de Suidas.

Mais le plus illustre des encyclopédistes grecs fut Aristote. Il était supérieurement doué pour une telle entreprise. Infatigable travailleur, assez habile pour disposer les parties entre elles avec une admirable logique, et pour concevoir en même temps les détails avec une incomparable précision, il joignait à la passion pour l'étude la perspicacité du génie.

L'immense étendue de ses connaissances n'enlevait rien à la netteté de ses vues et à la sûreté de ses jugements. Il avait, en outre, la précieuse qualité de savoir formuler ses pensées avec une concision presque mathématique. Aussi l'ensemble de ses écrits forme-t-il une encyclopédie véritable, embrassant toute la science de son époque.

Son goût pour les divisions et les subdivisions méthodiques était trop prononcé, pour qu'il adoptât un ordre alphabétique. Jamais il n'eût songé à faire un simple dictionnaire, quelque volumineux qu'on le supposât. Son ouvrage devait être un monument élevé à la Science : il y voulait de l'unité dans la variété, et de l'harmonie dans les proportions.

D'ailleurs, il n'écrivait pas dans un but de vulgarisation. De telles idées étaient trop éloignées de l'esprit des anciens, accoutumés à voir un petit nombre de privilégiés dominer, sous tous les rapports, la foule du bas peuple.

La Philosophie, comme la Science, n'étaient pas pour les esclaves : on abandonnait à ceux-ci les arts manuels et mécaniques, ou même parfois la sculpture; mais on se serait bien gardé de les admettre à la culture intellectuelle : les esclaves étaient des choses, et non des êtres pensants.

Aristote écrivit donc seulement pour les adeptes; mais pour eux, il composa une œuvre magistrale. D'autres, après lui, ont pu s'étendre davantage, grâce à des circonstances plus favorables : aucun d'eux n'apporta plus de lucidité, de profondeur et de sagacité.

Stobée est plus récent. On ne sait pas, au juste, à quelle époque il a existé ; ce fut probablement vers le iv° siècle de notre ère. Sa vie nous est à peu près totalement inconnue. Le lieu de sa naissance fut Stobi, ville de Macédoine, d'où vraisemblablement lui est venu son nom.

Aucun de ses ouvrages personnels ne nous est resté ; mais nous avons de lui une immense compilation, sorte d'encyclopédie, à laquelle il fit collaborer, inconsciemment, tous les écrivains de l'ancienne Grèce.

Dans cette vaste collection se trouvent, en effet, des extraits nombreux d'une foule d'auteurs, depuis le iv° siècle après J.-C. jusqu'à Homère, Hésiode, et à leurs prédécesseurs, Hermès, Orphée, Linus, etc.

C'est un précieux répertoire de toutes les connaissances de ces vieux penseurs sur la Philosophie, la Morale, la Physique et les Sciences naturelles. Ce grand corps de doctrine, composé de beaucoup de fragments disposés avec méthode, se divise et se subdivise en sections, en parties et en chapitres. Le nombre de ceux-ci dépasse deux cents. Ils sont formés avec des citations empruntées à plus de cinq cents écrivains, choisis parmi les plus célèbres, dans tous les genres, Poésie, Éloquence, Philosophie, Histoire, etc.

La plupart de ces morceaux auraient été irrévocablement perdus sans la collection de Stobée. Sous ce rapport, elle est un riche trésor pour les érudits. Elle leur a été d'une extrême utilité, non seulement pour sauver du naufrage des ouvrages précieux, qui sans elle seraient à jamais détruits, mais encore pour compléter d'autres manuscrits mutilés, dont on n'avait pu remplir les lacunes, ou corriger les passages défectueux,

Cette encyclopédie de Stobée portait pour titre général : Ἀνθολόγιον ἐκλογῶν, ἀποφθεγμάτων, ὑποθηκῶν, *Recueil d'extraits choisis, de sentences et de préceptes.* Elle a souffert, elle aussi, des ravages du temps, et n'est pas entièrement parvenue jusqu'à nous. Les quatre parties qui subsistent, ont été plusieurs fois imprimées, depuis le xvi⁰ siècle, à Anvers, à Venise, à Zurich, à Bâle, à Francfort, à Lyon, à Genève, à Leipzick, à Oxford, etc. Elles furent aussi traduites du grec en latin, soit en prose, soit en vers.

Suidas est moins ancien. Son Lexique, rédigé en grec, est aussi d'une importance capitale, vu les nombreux auteurs dont il nous a conservé de larges fragments. Sa compilation, toutefois, est faite avec moins de discernement que celle de Stobée.

Elle n'en est pas moins un trésor d'érudition; et, à cause de sa valeur intrinsèque, elle a été, elle aussi, imprimée plusieurs fois, dans la plupart des villes citées plus haut.

2° Chez les Romains.

Les Romains eurent également leurs encyclopédistes. Il se trouva, parmi eux, des hommes désireux de rendre à leur époque le service rendu à la Science par Aristote, en réunissant dans un vaste corps de doctrine toutes les connaissances possédées alors par la société, et éparpillées dans une multitude d'ouvrages séparés.

Parmi ceux dont le courage ne recula point devant les difficultés et les fatigues d'une telle entreprise, il convient de signaler principalement Varron et Pline l'Ancien.

Surnommé Πολυγραφώτατος (*Polygraphissime,*) à cause de la collection considérable et de l'extrême variété des sujets qu'il voulut traiter, Varron, à l'âge de quatre-vingts ans, si l'on en croit Aulu-Gelle, avait composé quatre cent quatre-vingt-dix volumes. Jusqu'à sa mort, survenue dix ans plus tard, en l'an 27 avant J.-C., il continua d'écrire.

Ses ouvrages, à eux seuls, eussent constitué une bibliothèque; malheureusement la plupart ont péri. Mais ils ont exercé une réelle influence durant les premiers siècles de l'ère chrétienne. D'après Arnobe et Lactance, il aurait été le plus savant des Latins, et même des Grecs; saint Augustin exprime le même avis.

Par ces témoignages (et ce ne sont pas les seuls en sa faveur,) il parait démontré que dans les innombrables volumes de Varron étaient contenues presque toutes les connaissances de ses contemporains. En les lisant, on pouvait s'y instruire sur la Grammaire, la Poésie, et l'Éloquence, sur l'Histoire et la Philosophie, sur les Arts et les Sciences, sur la Politique, l'Agriculture, la Navigation, etc.; c'était donc bien une encyclopédie.

Un successeur et un rival de Varron fut Pline l'Ancien. Né sous Tibère, au commencement de la décadence romaine, il se fit, de bonne heure, distinguer par son ardeur à l'étude, et par sa curiosité pour toutes les particularités concernant les phénomènes naturels.

Admis, jeune encore, à la cour de Caligula, il fixa son attention, en vue de s'instruire, sur les pierres précieuses portées par les dames du palais. Il les décrivit en détail, et, à ce propos, se livra à des recherches sur les minéraux.

S'il allait à l'amphithéâtre, c'était moins pour assister aux péripéties du combat, que pour y examiner les animaux rares donnés en spectacle par les empereurs dans les jeux publics.

Plus tard, élevé aux dignités dans les armées romaines toujours en mouvement, il parcourut l'Europe entière, moins en guerrier qu'en savant. On le vit successivement, en Germanie, en Bretagne, en Gaule, en Égypte, en Espagne et en Grèce.

Partout, il recueillit des renseignements, examina les faits curieux, écouta les voyageurs, et consacra ainsi la meilleure partie de son temps à réunir les matériaux du grand travail dont il avait conçu le projet.

Son *Histoire naturelle*, le dernier et le plus étendu de ses ouvrages, est aussi le seul parvenu jusqu'à nous. Elle est dédiée à l'empereur Titus, ami de Pline, et se compose de trente-sept livres.

L'auteur avait cinquante-six ans, quand il la termina. Il mourut l'année suivante, victime de son imprudence et de sa passion de savoir, ayant voulu contempler de trop près une éruption du Vésuve. Trop occupé à noter sur ses tablettes les diverses phases de cette imposante scène, il ne s'était pas aperçu du péril grandissant.

Ses qualités et ses défauts se retrouvent dans son œuvre. Malgré sa haute intelligence, il n'aurait pu réussir, durant une vie relativement courte et presque toute remplie par la guerre et les affaires, à composer des ouvrages si nombreux et supposant une immense érudition, s'il n'avait su mettre à profit tous les moments de son existence.

Il travaillait une grande partie des nuits ; pendant ses repas, ses promenades et ses voyages, il avait toujours à côté de lui un lecteur et un copiste, prêt à transcrire des extraits de ce qu'on lui lisait. Jamais il n'allait à pied, mais toujours en litière, de peur de perdre le temps. Aussi à sa mort, ses écrits formaient-ils plus de cent soixante volumes très compactes.

Son œuvre est donc, par sa masse du moins, un des monuments les plus marquants de l'antiquité.

Il ne faudrait pas, d'après son titre, la supposer une simple Histoire naturelle dans le sens restreint attribué aujourd'hui à ces mots. Elle ne s'attachait pas seulement aux trois règnes minéral, végétal ou animal. Elle renferme, en outre, la Géographie, la Physique et l'Astronomie ; l'Agriculture et le Commerce ; les Arts, la Médecine, l'Industrie : l'Histoire des peuples et la description de leurs mœurs.

Ce fut donc une véritable Encyclopédie pour l'époque.

Les deux premiers livres traitent du monde en général, des éléments, des astres et des météores ; puis, viennent quatre livres exposant en détail la géographie de l'Europe, de l'Asie et du nord de l'Afrique, les trois parties du monde alors connues.

Dans le septième livre sont examinées les différentes races d'hommes avec les caractères distinctifs de l'espèce humaine. Ce livre est comme un préambule aux quatre suivants consacrés aux animaux terrestres, aquatiques et aériens. Il y peint les habitudes des quadrupèdes et des reptiles, des poissons, des oiseaux et des insectes. Il enseigne les remèdes qu'on peut tirer de ces êtres pour la guérison des maladies.

La Botanique occupe une large place dans l'Encyclopédie de Pline ; il n'y emploie pas moins de quinze livres.

On y lit la monographie détaillée des plantes, avec de nombreuses prescriptions sur la manière de les cultiver et de s'en servir, soit dans la Thérapeutique, soit dans l'Économie domestique, dans les Arts et dans l'Industrie.

L'ouvrage se termine par cinq livres sur les minéraux. L'auteur expose la manière d'exploiter les carrières et de travailler les métaux ou les pierres précieuses. Il indique leurs usages pour les besoins quotidiens de la vie, pour les parures et les aménagements luxueux.

A ce sujet, il s'engage dans des digressions à propos des plus célèbres chefs-d'œuvre de l'esprit humain, parlant de tableaux à l'occasion des couleurs; de statues ou de miniatures à l'occasion des marbres et des pierres susceptibles d'être taillées en divers sens, ou d'acquérir un grand poli.

Cette simple nomenclature laisse deviner combien était vaste le plan conçu par Pline l'Ancien. Il était réellement universel et embrassait tout.

L'auteur n'avait rien négligé pour le remplir. Voyages, recherches, lectures, travail ininterrompu, rien n'avait été épargné. Il mit à contribution, selon son propre aveu, plus de deux mille volumes dus à des hommes recommandables et s'étant occupés spécialement de certaines branches du savoir.

Il leur fit de larges emprunts.

C'étaient des philosophes, des médecins, des historiens, des géographes, des voyageurs, des géomètres, etc... La plupart, sans lui, nous seraient totalement inconnus. Il les a sauvés de l'oubli en les citant.

Aussi, malgré ses défauts, l'Encyclopédie de Pline est-elle restée en grande estime. Depuis la découverte de l'imprimerie, elle n'a pas eu moins de cent éditions; elle fut traduite, à diverses reprises, à peu près dans toutes les langues de l'Europe : en italien, en allemand, en anglais, en français et en espagnol.

Mais si l'*Histoire naturelle* témoigne d'une grande érudition chez son auteur, elle n'est pas cependant une œuvre de sage critique. Les parties n'en sont pas toujours bien ordonnées : c'est un répertoire confus, et, bien des fois, les détails n'ont pas la précision désirable.

Pline est inférieur à Aristote comme philosophe, car il ne possède pas au même degré l'esprit généralisateur, et comme observateur, car ses connaissances manquent de netteté. Il ne saisit pas les grandes lois de la Nature, ou les rapports des phénomènes entre eux.

Pour les apprécier, il se contente d'un examen superficiel.

Il était aussi beaucoup moins judicieux. Acceptant avec trop peu de discernement les récits les plus hasardés, les anecdotes peu sûres, et même les fables, il mêle très souvent le faux au vrai.

Ce fut donc un simple compilateur. Il employa trop de temps à ramasser les éléments de son ouvrage. Il aurait mieux fait d'en mettre davantage à les coordonner entre eux, ou à distinguer les bons matériaux de ceux qu'il aurait dû impitoyablement rejeter.

L'édifice qu'il se proposait d'élever à la gloire de la Science et pour le bien de la postérité, en eût certainement été plus beau.

Non seulement il avait ce défaut de jugement, déjà si regrettable chez l'auteur d'une telle entreprise, mais une tendance fâcheuse de son tempérament le portait à s'attacher de préférence aux choses singulières. Il aimait à poursuivre des chimères, et à s'égarer, à leur suite, dans le mystérieux inconnu.

Les récits merveilleux, frappant son imagination, lui plaisaient souverainement. Il les écoutait avec avidité, profitant de toutes les occasions pour les intercaler dans ses descriptions des phénomènes et dans les réflexions philosophiques qu'ils lui suggéraient.

Après de longues énumérations parfois trop sèches, ou d'envolées métaphysiques pleines de hardiesse et d'emphase, il s'amuse, trop souvent, à raconter avec bienveillance les croyances les plus superstitieuses et les moins fondées. Des contes puérils tiennent trop de place dans son *Histoire*.

Tour à tour, il nous entretient des hommes acéphales, sans yeux et sans bouche; d'autres, n'auraient qu'un seul œil, comme les Cyclopes, ou en auraient plusieurs, mais sur la poitrine. Certains peuples auraient des oreilles si longues et si larges, qu'ils pourraient se servir de l'une comme de couverture et de l'autre comme de matelas. Il parle aussi des hommes à un seul pied.

Puis, ce sont les monstres à tête humaine et à queue de scorpion; les chevaux ailés comme Pégase; ceux dont le seul aspect fait périr, à peu-près comme Méduse pétrifiait les imprudents assez osés pour la regarder en face.

On s'étonne de voir un philosophe sceptique et presque athée comme Pline, en venir à de telles exagérations, et, par amour du merveilleux, admettre de pareilles fables, sans se donner la peine d'en contrôler l'exactitude.

Le doute philosophique l'a conduit, lui aussi, à une surprenante crédulité; et ses déclamations orgueilleuses contre la Providence, dont il méconnaissait trop souvent la suprême sagesse, l'ont fait tomber dans de ridicules superstitions.

3º Chez les Hindous.

Ce besoin de centraliser les Sciences et de les réunir en un seul tout pour l'utilité de la société, ne s'est pas fait sentir seulement en Europe. Il s'est manifesté également ailleurs, en Asie, par exemple.

Depuis une série de siècles, les Hindous et les Chinois possèdent des Encyclopédies.

Chez eux, cependant, elles ont pris un cachet religieux. Le vrai s'y mêle au faux, mais aussi à des rêveries pseudo-mystiques.

Des morceaux parfois sublimes précèdent, ou suivent, des passages extrêmement bizarres; des recettes industrielles, des aperçus sur les Arts et les Sciences accompagnent les interminables récits d'inconcevables mythes.

Les livres sacrés des Indiens, les *Védas*, au nombre de quatre, composés dans le plus ancien dialecte de la vieille langue sanscrite, et leurs Commentaires autorisés, les *Pouranas*, au nombre de dix-huit, constituent une immense Encyclopédie religieuse.

Les premiers livres contiennent des prières, soit en vers, soit en prose, avec l'exposé de la morale à pratiquer. Ensuite se succèdent de longues dissertations sur les sujets les plus variés : la Chirurgie et la Médecine, la Musique et la Danse, la Guerre et l'Architecture, les Arts mécaniques et l'Industrie.

Une autre partie des Livres sacrés traite de la Grammaire et de l'Éloquence, de la Prosodie, de la Poésie et de la Linguistique, etc. Puis, sont décrits en détail les systèmes astronomiques et cosmogoniques de l'Orient, la création des êtres, l'origine des dieux, les nombreuses métamorphoses de Brahma et de Wishnou. Chacune d'elles fait le sujet d'un grand poème.

Les Pouranas, à eux seuls, n'ont pas moins de cinq cent mille stances. Ils renferment tout ce que les Indiens, depuis l'antiquité la plus reculée, ont imaginé ou observé. Leur esprit ardent, méditatif, rêveur et mystique s'y est donné libre carrière. Ils y ont tout réuni, mais la synthèse, poussée à outrance, y dégénère très souvent en absurdité.

4° Chez les Chinois.

Les Encyclopédies chinoises ne ressemblent pas à celles des Hindous. Ceux-ci, nous venons de le constater, généralisent trop et en arrivent ainsi à tout confondre.

Les Chinois, au contraire, ont l'esprit minutieux ; ils éparpillent leurs connaissances et les débitent par fragments, souvent sans aucune liaison.

On en rencontre un exemple frappant dans leur alphabet si curieux. Au lieu de se servir, à la manière des Occidentaux, d'une vingtaine de signes, suffisant à exprimer tous les sons et toutes leurs nuances, ils considèrent les objets et les représentent par des images distinctes, comme seraient des hiéroglyphes ou des rébus.

Chez nous, un enfant de sept ans apprend rapidement à lire, et sans trop de peine. Chez eux, cet art est réservé aux savants, car leur alphabet se compose de quarante à cinquante mille caractères différents.

Cette tendance de leur esprit observateur, mais ennemi des vues d'ensemble, s'est nettement accusée dans leurs Encyclopédies. Ils ont noté avec soin les inventions utiles et les résultats obtenus par ceux d'entre eux qui s'adonnaient aux Sciences et aux Arts; mais ils n'ont rien généralisé.

Ce défaut les a comme immobilisés dans leur propre science. Ils prétendent avoir fait, bien des siècles avant les Occidentaux, les découvertes mémorables dont l'Europe se glorifie à juste titre. Bien des fois, on pourrait leur contester cette priorité; mais, si on consentait à la leur accorder, quoique presque jamais ils n'en fournissent des preuves, on serait, du moins, toujours en droit de leur reprocher de n'avoir pas su en tirer parti.

III

De la meilleure forme pour une Encyclopédie.

Nous avons, à grands traits, esquissé la physionomie générale des Encyclopédies anciennes d'Europe et d'Asie. Avant d'entrer dans l'examen détaillé de celles du moyen âge, nous devons nous demander, afin d'être en mesure de les juger, s'il est mieux pour une œuvre de cette importance et de cette étendue d'être fondée sur la synthèse ou sur l'analyse.

En principe, il est préférable évidemment de renfermer toutes les Sciences dans un tout harmonieux, afin d'en mettre en plus claire lumière les rapports et les différences. Toutes les connaissances convergent, alors, vers un même point, ou semblent émaner d'un même centre, comme les rayons de la circonférence. On a bien une véritable Encyclopédie, c'est-à-dire le cercle des Sciences, enchaînées entre elles par une loi à laquelle aucune ne se soustrait.

Il suffit, ensuite, d'être doué d'un esprit assez perspicace, pour saisir d'un seul coup d'œil l'ensemble et les détails. L'arrangement synthétique, combinant et disposant toutes choses dans un ordre régulier, donne, même aux intelligences moins vives, une facilité notable pour atteindre la vérité. L'ordre et l'harmonie sont utiles à tous, aux petits et aux grands.

Cependant, vu le nombre immense de connaissances à classer, il sera toujours extrêmement ardu de choisir un plan systématique, excluant toute apparence d'arbitraire et satisfaisant toutes les exigences.

L'ordre dans les Sciences existe, mais quel est-il? N'est-on pas exposé à ne pas l'apercevoir, en partant d'un point de vue trop personnel?

Un spécialiste est toujours enclin à concéder plus d'importance à la branche du savoir à laquelle il a consacré son travail et son temps. Sa tendance l'amènera naturellement à faire converger tout le reste vers ce point qui, peut-être, n'est qu'accessoire. Cela ne ressort-il pas des essais de classification des Sciences, tentés avec plus ou moins de bonheur, en ces derniers temps.

Le plan systématique, choisi entre tous les autres, serait encore plus désastreux et contraire aux intérêts de la vérité, si on l'avait préféré dans le dessein de le transformer en machine de guerre pour le triomphe d'un parti.

Un encyclopédiste, digne de ce nom, ne devrait pas entrer dans les controverses engagées entre ses contemporains. Il doit être l'écho de la Science de son époque, mais ne pas se mêler aux débats.

Surtout, il ne doit pas coopérer au développement des passions et à l'établissement de ces systèmes de philosophie malsaine, dont le but est de saper dans leur base la religion naturelle ou positive et l'ordre social.

Sous ce rapport, la volumineuse Encyclopédie publiée en France, au siècle dernier, par Diderot, d'Alembert et les pseudo-philosophes d'alors, recélait dans son sein des germes mortels qui bientôt portèrent leurs fruits.

Les collaborateurs ne s'entendaient pas entre eux : les uns voulaient surtout faire prévaloir le grand principe de l'émancipation de la raison humaine, et montrer aux yeux les moins clairvoyants sa complète indépendance du joug de toute autorité. D'autres, allant plus loin sur cette pente glissante, s'attachaient de préférence au sensualisme, et, par voie de déduction rigoureuse, en arrivaient fatalement au matérialisme le plus absolu.

Matérialistes et idéalistes sont très souvent en désaccord. Ces dissensions entre les ouvriers devaient avoir leur contre-coup dans l'œuvre. En effet, de l'avis d'un de ses principaux fondateurs, de Diderot lui-même, elle fourmille d'incohérences. A côté d'articles savants, il y en a d'autres à peine ébauchés; plus d'une fois, ils contredisent les précédents, et sont, à leur tour, contredits par d'autres composés ensuite.

L'anarchie régnait dans cette armée d'écrivains. Divisés entre eux, ils s'unissaient seulement dans leur haine commune contre l'Église. Ils se pardonnaient leurs torts mutuels, et consentaient à travailler ensemble, pourvu que chacun d'eux s'efforçât d'arracher une pierre à l'immuable édifice du Christianisme.

Mais dans cet immense recueil auquel tant d'hommes, si bien outillés d'ailleurs, ont coopéré, on chercherait en vain l'unité de plan. Elle fait totalement défaut. Partout perce le doute, et domine l'ironie. Les parties se heurtent entre elles, quoique souvent remaniées. Toujours retouchées, elles étaient toujours imparfaites, et juraient les unes à côté des autres.

Ce fut donc un ouvrage dangereux par ses tendances, erroné dans ses principes et dans ses conséquences, incomplet dès son apparition. Maintenant surtout ces défauts se sont accentués. Dans cet arsenal, présenté autrefois comme formidable, on ne trouve plus que des armes rouillées, vieillies et hors d'usage. Depuis un siècle, en effet, les Sciences ont accompli des progrès extraordinaires. A peine nées, les unes ont déjà avancé à pas de géants.

Ces armes anciennes, forgées contre la société et contre l'Église, ont été employées avec un incroyable acharnement et une extrême hardiesse. Parfois aussi elles le furent avec habileté et prudence. La ruse et les embûches cachées alternaient avec les assauts violents. Par exemple, l'Introduction, due à la plume exercée de d'Alembert, et remarquable comme travail d'analyse, est relativement réservée. La Raison y est, plus d'une fois, montrée comme impuissante dans certains cas, et réclamant alors le secours d'une Révélation. Mais cette modération disparait bientôt, et, dès les premières pages, la guerre est déclarée.

Si la synthèse a pour une Encyclopédie de réels avantages, elle a donc aussi, nous venons de le voir, de véritables inconvénients, et, parfois, de redoutables périls.

Dans les Encyclopédies modernes, l'ordre habituellement suivi pour la distribution des matières, est l'ordre alphabétique. Par rapport à l'enchaînement des idées, il laisse à désirer beaucoup, parce qu'il est de pure convention ; mais il facilite extrêmement les recherches.

Les courses inutiles à travers de nombreux chapitres sont évitées : il en résulte une grande économie de temps. Cette qualité est appréciable, surtout à une époque, comme la nôtre, où il y a tant de choses à étudier.

Sous cette forme, les Encyclopédies ne sont plus des Traités avec des vues générales, ce sont des Dictionnaires. Pendant ce siècle et durant les précédents, beaucoup ont été publiées. Il serait trop long de les nommer et de les juger ici. Ce serait même fastidieux.

Quelques-unes sont d'énormes compilations, confuses et trop étendues ; d'autres sont trop succinctes, trop sèches et trop superficielles.

Leurs défauts, malgré les ressources de tout genre dont disposaient leurs auteurs, doivent rendre indulgents pour les Encyclopédies composées au moyen âge, dans des siècles où des projets de cette sorte venaient se heurter à une foule d'obstacles presque insurmontables.

A l'ordre alphabétique les écrivains du moyen âge préféraient toujours l'ordre synthétique. Ils ne songeaient pas à faire de simples répertoires; ils voulaient élever un édifice. Or, comment auraient-ils réalisé leur dessein, sans prendre soin d'arranger les parties d'après leurs affinités naturelles?

Dans leurs *Sommes* l'ensemble des connaissances de leur époque était réuni, et convergeait vers un même point. Un seul foyer éclairait tout.

On ne saurait leur faire un crime de s'être prononcés pour cette disposition. Elle a le mérite de satisfaire davantage l'intelligence, et d'aider la mémoire. Les forces humaines s'affaiblissent, en effet, et s'épuisent, en s'éparpillant dans la multiplicité des détails, quand ceux-ci ne sont pas rattachés à des lignes générales et groupés logiquement entre eux.

Il est bon, sans doute, de placer les diverses connaissances dans un ordre de pure convention, mais rendu familier par l'usage quotidien, comme l'est l'ordre alphabétique. Pour la pratique, rien de mieux, car on met la main, presque à l'instant, sur les fragments de vérité dont on a besoin, selon les circonstances.

Mais, pour la théorie, l'ordre logique et plus régulier sera toujours préférable : il correspond à la réalité des choses; il reproduit plus fidèlement l'Univers dont il est l'image, et dont il porte avec lui l'harmonie et la majesté.

On aurait tort également de reprocher aux Encyclopédies du moyen âge d'être incomplètes. Ce n'est pas là un défaut de leurs auteurs, mais de l'époque à laquelle ils ont vécu.

Ce reproche, d'ailleurs, les modernes comme les anciennes, les présentes comme les futures, l'ont tour à tour mérité, le méritent, et le mériteront. Une Encyclopédie, quelle qu'en soit la valeur, est toujours destinée à devenir bientôt fatalement incomplète.

Comment en serait-il autrement ? L'œuvre, malgré quelques corrections de détail, restera stationnaire, tandis que la Science ne cessera de progresser.

On a dit, sans trop d'exagération, de nos gigantesques vaisseaux cuirassés, qu'à peine lancés ils sont déjà d'un type démodé. Il faut, en effet, plusieurs années, pour mettre en chantier, construire et achever ces formidables engins de guerre, dont le prix monte à des vingtaines ou à des trentaines de millions.

Pendant le temps nécessaire à leur construction, de nouvelles découvertes ont été faites ; et il n'est pas rare que les ingénieurs soient obligés de modifier leur plan, avant même d'avoir pu l'exécuter.

Ces inconvénients sont encore plus sensibles avec les Encyclopédies. Pour les conduire à bonne fin, il est besoin quelquefois de la vie d'un homme. Aussi, même pour les plus parfaites, il arrive qu'elles sont vieilles avant d'être nées.

Quand elles ont vu le jour, on doit sans cesse leur ajouter de nouveaux suppléments. Souvent les derniers volumes contredisent les premiers, et ils ont, non seulement à combler les lacunes de leurs aînés, mais encore à rectiver un bon nombre de leurs propositions.

L'œuvre est toujours à refaire : sans cesse remaniée, elle demande bientôt une refonte absolue.

§ II

Saint Isidore de Séville.

I

Sa vie, ses vertus et ses œuvres.

Un des plus anciens et des plus illustres encyclopédistes chrétiens est saint Isidore de Séville. Son nom occupe une place des plus distinguées parmi les plus glorieux de l'Espagne.

Né à la fin du vi^e siècle, en 570, il appartenait à la plus haute noblesse. Son père, gouverneur de Carthagène, maria sa fille aînée au roi des Visigoths, Leuvigilde. Isidore compta ainsi parmi ses neveux deux fils de rois : Herménégilde et Récarède.

Mais ce qui valait bien mieux, la sainteté fut comme contagieuse dans cette famille prédestinée, dont les membres étaient encore plus riches des dons du ciel que de ceux de la terre. Deux de ses frères et une de ses sœurs méritèrent les honneurs de la canonisation.

Ses deux frères étaient saint Léandre, archevêque de Séville avant lui, et saint Fulgence, évêque d'Astigite. Sa sœur fut sainte Florentine. Sœur et tante de rois, elle renonça au monde pour s'enfermer dans le cloître. Devenue abbesse, elle eut sous sa direction jusqu'à quarante couvents et mille religieuses. Elle se fit également remarquer par sa science et ses vertus.

Un des deux neveux de saint Isidore est aussi honoré sur les autels : c'est saint Herménégilde, roi et martyr.

Parmi ses élèves se rencontrent encore des saints : les principaux furent l'illustre saint Ildefonse, archevêque de

Tolède, et saint Braulio, évêque de Saragosse. Il était, en outre, ami du pape saint Grégoire le Grand, qui souvent le consultait, et recevait volontiers ses avis et ses conseils.

Dès sa plus tendre jeunesse, il s'était adonné à l'étude, afin d'être plus à même de se consacrer au service des âmes et de Dieu. De concert avec son frère aîné, saint Léandre, il travailla avec beaucoup de succès à la conversion des Visigoths tombés malheureusement dans l'hérésie arienne.

Après la mort de son frère, il continua la lutte; sa persévérance, sa science et sa sainteté lui firent remporter d'éclatantes victoires. Monté en 601, sur le siège archiépiscopal de Séville, laissé vacant par la mort de saint Léandre, il avait à peine trente ans, alors ; mais, déjà mûr pour une si haute dignité, il la conserva, à la satisfaction de tous, trente-six ans, jusqu'à son bienheureux trépas survenu en 637.

Son épiscopat fut des plus fructueux. Non seulement son diocèse, mais l'Espagne entière en éprouva la salutaire influence. Partout, il allait porter la parole de Dieu, et combattre par des raisonnements invincibles les ennemis de la foi.

Cette influence continua, pendant près de six cents ans, à se faire sentir, après sa mort. A lui est due, en effet, la collection des anciens canons suivant lesquels les églises d'Espagne furent gouvernées jusque vers la fin du XII siècle [1].

Encore très estimé ce recueil est un des plus étendus et des mieux ordonnés de l'Orient et de l'Occident. On doit se garder de le confondre avec la collection des fausses décrétales d'Isidore Mercator. Dans celle de l'archevêque de Séville ne se rencontrent que des documents d'une incontestable authenticité. Cela ne l'empêche pas de confesser, maintes fois, la suprématie de l'Église de Rome, mère et maîtresse de toutes les autres.

Les conciles de Tolède, auxquels saint Isidore présida,

---

1. *Collectio canon. Eccles. Hispanæ.*

et dont il fut l'âme, s'occupèrent, non seulement des canons disciplinaires, mais encore des lois de l'État. A eux, et, par suite, à saint Isidore est due en majeure partie cette législation des Visigoths, qui, épurée au contact de l'Évangile, fut, de tous points, si remarquable.

La Science moderne, quand elle a voulu être impartiale, l'a noblement vengée d'attaques injustifiées, en la plaçant au premier rang parmi les législations anciennes, sous le triple rapport de la hardiesse des conceptions, de la profondeur des vues et de l'équité des jugements [1].

Saint Isidore est aussi le principal auteur de la célèbre liturgie mozarabique, ou mixtarabe (mixta arabibus) [2]. Ainsi fut désignée la liturgie des peuples tombés plus tard sous le joug des Maures, et, dès lors, connus sous le nom de Mozarabes.

Cette liturgie espagnole, si frappante par son côté poétique et son caractère d'imposante grandeur, fut ressuscitée ensuite par le fameux cardinal Ximénès. Le Missel et le Bréviaire furent imprimés à Tolède, au commencement du XVIe siècle.

Par ces travaux si considérables, saint Isidore mérita d'être appelé le restaurateur de la discipline en Espagne. Quoiqu'il ne fût point primat de cette contrée, ce titre appartenant, de droit, à l'archevêque de Tolède, les évêques de la Péninsule ne tinrent jamais un concile ou une réunion importante, sans que saint Isidore en fût le président et l'oracle.

Ces honneurs à lui conférés unanimement par ses collègues dans l'épiscopat, prouvent quelle estime ils avaient conçue pour lui. Le VIIIe concile de Tolède (650,) treize ans après sa mort, lui décerna les titres les plus magnifiques. Il l'appela le docteur excellent ; la gloire de l'Église catholique ; le plus savant homme paru pour éclairer les der-

---

1. Guizot, *Hist. de la Civilisation.* Tome I. *Hist. des Origines du gouvernement représentatif*, leçon XXV, et *Revue Française*, nov. 1828.

2. *Liturg. Mozarabica secundum regulam Beati Isidori. De Ecclesiasticis officiis, libri duo.*

niers siècles ; celui dont le nom ne doit être prononcé qu'avec respect, etc.

De prime abord, ces éloges paraîtraient exagérés, mais saint Isidore les avait mérités pourtant. La postérité les confirma dans la suite ; l'Espagne se mit, de bonne heure, sous le patronage de celui qu'elle a toujours regardé comme le plus illustre et le plus saint de ses docteurs.

A une éminente sainteté il joignait, en effet, un savoir immense. Si nous ne craignions de sortir de notre sujet, nous raconterions ses miracles, et ils donneraient lieu à de touchants récits. Mais, ici, nous devons surtout considérer le savant.

Écrivain infatigable, il était un de ces hommes rares dont la vaste intelligence embrasse toutes les connaissances de leur époque, et dont l'indomptable énergie ne recule pas devant les fatigues, sans cesse renouvelées, d'un labeur héroïque de tous les jours et de tous les instants.

Nous venons d'indiquer rapidement l'étendue et la profondeur de sa science en matière de jurisprudence ecclésiastique et civile. Il rendit ainsi d'incomparables services à l'Église et à l'État. Mais, ailleurs, il était aussi brillant.

En Histoire, par exemple, il fit preuve d'une érudition non moins étonante.

Il composa successivement une *Chronique* depuis la création du monde jusqu'à l'an 626, après J.-C. A ce premier ouvrage il faut ajouter une *Histoire des rois Goths, Vandales et Suèves;* puis, un *Catalogue des Écrivains ecclésiastiques*, continué, plus tard, par saint Ildefonse, qui eut soin d'y consacrer un article spécial à saint Isidore lui-même ; enfin, un Livre *De la vie et de la mort des saints de l'un et l'autre Testament* [1].

Théologien, il est l'auteur de plusieurs *Traités de Morale*, remarquables par l'onction et la piété qui les caractérisent. On ne peut les lire sans se sentir ému. Ses trois *Livres de Sen-*

---

[1]. Sancti Isidori Hispalensis Episcopi *Chronicon*. — *Historia de Regibus Gothorum, Wandalorum et Suevorum.*
De ortu et obitu Patrum; De Viris illustribus.

tences ou Opinions [1], font connaître les sentiments théologiques des docteurs anciens jusqu'aux contemporains de saint Grégoire le Grand.

Exégète, il entreprit la publication sur l'Écriture Sainte de Commentaires fort étendus et émaillés de digressions allégoriques. Les maux dont souffrait la société avaient pour cause, d'après lui, l'oubli trop général de la parole révélée. S'efforçant de la faire connaître, il imposa à tous ses disciples l'étude approfondie du grec et de l'hébreu, afin qu'il possédassent à fond la langue scripturaire.

De cette pensée naquirent ses nombreux ouvrages exégétiques, dont l'ensemble forme un véritable Cours d'Écriture-Sainte [2]. Il y suit la méthode synthétique, s'écartant en cela des usages adoptés presque unanimement par les anciens Pères et Docteurs, qui avaient préféré l'exposition homiliaire.

Ses ouvrages ne sont pas conçus en vue de la prédication, mais de l'enseignement. C'est un texte substantiel, condensé, que les élèves devront étudier, et que le professeur sera chargé de développer par des explications orales.

En cela, saint Isidore fut en Occident, comme saint Jean Damascène en Orient, le prédécesseur des grands scolastiques du moyen âge. Il n'en eut pas toutefois la sécheresse et la froideur inséparables d'une dialectique trop serrée; mais, dans ses Traités, l'onction, la grâce et les charmes de la diction sont largement répandus.

Trait-d'union entre les anciens Pères et les futurs Docteurs de l'École, il tient des uns et des autres, présentant un harmonieux mélange de leurs qualités opposées.

Saint Isidore s'adonna aussi aux études purement grammaticales et littéraires. Là encore, il se montra supérieur. Son ouvrage *Sur les Différences et les Propriétés des Termes* [3] ressemble à un Dictionnaire des Synonymes.

---

1. *Sententiarum libri tres.*
2. *Proemia in libros Veteris et Novi Testamenti. — Quæstiones de Veteri et Novo Testamento. Liber Numerorum in Sanctis Scripturis occurrentium. — Allegoriæ quædam Scripturæ Sacræ. — Quæstiones in Vetus Testamentum.*
3. *Differentiarum libri duo.*

Après avoir rendu obligatoire, dans la puissante Université de Séville fondée par lui, l'enseignement du grec et de l'hébreu, il appliqua cette prescription, dans le IV° Concile de Tolède, à toutes les écoles d'Espagne. Il familiarisa ainsi ses compatriotes avec les œuvres d'Aristote, bien avant que les Arabes eussent commencé leurs traductions plus ou moins fidèles.

II

Son Encyclopédie : Les Étymologies ou Origines.

Tant de travaux auraient suffi à remplir, deux ou trois fois, la vie d'un homme. Saint Isidore ne s'en tint pas là.

Outre son ouvrage *Sur la Nature des choses*, Traité de Cosmographie et d'Astronomie adressé à Sisebut, roi des Goths, il en composa un autre d'une importance bien plus considérable. C'est celui des *Étymologies*, ou des *Origines*, divisé en vingt Livres. Nous devons lui accorder, ici, une attention spéciale, car il mérite notre admiration.

Cette œuvre de longue haleine n'est pas arrivée en entier jusqu'à nous. Les manuscrits en ont été malheureusement mutilés; néanmoins, ce qui nous en reste est propre à nous faire concevoir une haute idée de la science du saint Docteur.

Les *Étymologies* sont une sorte d'Encyclopédie, renfermant en substance, d'une façon succincte, mais très nette, tout ce qui constituait le domaine du savoir au VII° siècle.

Saint Isidore accomplit donc en Espagne ce que Boëce et Cassiodore avaient exécuté en Italie. Son but était d'initier les nations occidentales aux richesses littéraires et scientifiques laissées par l'antiquité, ou amassées par les précédentes générations.

Ce recueil, imprimé dès le milieu du XV° siècle, en 1472,

à Augsbourg, eut, depuis lors, de nombreuses éditions.

Pendant tout le moyen âge, il fut, avec l'ouvrage similaire de Cassiodore, le manuel des étudiants.

Dans la pensée de l'auteur, le titre d'*Étymologies* ne devait pas être pris dans le sens restreint que ce mot acquit dans la suite. Les Étymologies sont les origines grammaticales; de celles-ci on peut facilement remonter aux origines réelles, comme d'un mot on passe naturellement à l'objet représenté.

Les *Étymologies* sont donc comme un *Dictionnaire universel*; seulement les articles, au lieu d'être détachés et placés les uns après les autres, un peu au hasard, selon l'ordre purement conventionnel de l'alphabet, s'enchaînent d'après un plan synthétique et régulier.

Voici ce plan :

Livre I. — Grammaire, avec un appendice sur la Poésie, la Mythologie et l'Histoire.
Livre II — Rhétorique et Dialectique.
Livre III. — Sciences mathématiques : Arithmétique, Géométrie, Musique et Astronomie.
Livre IV. — Médecine.
Livre V. — Législation et Chronologie.
Livre VI. — Bibliographie.
Livre VII. — Théodicée et Monde surnaturel. (Dieu, les Anges et les hommes.)
Livre VIII. — L'Église et les sectes hérétiques.
Livre IX. — Linguistique et Ethnologie.
Livre X. — Lexicologie.
Livre XI. — Histoire naturelle. Anthropologie.
Livre XII. — Histoire naturelle (suite.) Les Animaux.
Livre XIII. — Météorologie.
Livre XIV. — Géographie.
Livre XV. — Architecture et Arpentage.
Livre XVI. — Minéralogie et Métallurgie.
Livre XVII. — Agriculture. Les Végétaux.
Livre XVIII. — De la Guerre et des Jeux.

Livre XIX. — Arts et Métiers. Industries diverses : Architecture navale, Peinture, etc., etc.
Livre XX. — Économie domestique.

Ce plan, on le voit, a été largement conçu. Il embrasse toute la Science. Il suppose, de la part de son auteur, des recherches sans nombre, une érudition très étendue, une ampleur de vue peu commune. L'immortel naturaliste Cuvier en était lui-même dans la stupéfaction.

Le plan tracé, il s'agit ensuite de le réaliser. Saint Isidore y a réussi à merveille. A toutes ces questions d'ordre si différent il répond toujours avec sobriété, mais avec justesse. Les définitions sont exactes, et les divisions bien ordonnées.

Ces substantielles notions ainsi réunies font des Étymologies une mine inépuisable, dans laquelle on est assuré de trouver une quintessence du savoir, de la littérature et de l'art antiques.

Ce gigantesque travail a un autre mérite : c'est celui de nous avoir conservé une foule de passages d'ouvrages classiques, qu'on chercherait vainement ailleurs, et qui, sans lui, eussent irrévocablement péri.

Nous n'en finirions pas si nous voulions entrer dans les détails de cette œuvre immense. Nous en dirons cependant quelques mots pour montrer avec quelle ampleur l'auteur l'a traitée.

Dès le Chapitre troisième du Livre premier (*De Litteris communibus,*) il s'engage dans une étude profonde et savante sur l'origine des lettres de l'alphabet. Les caractères latins lui semblent dériver des alphabets grec et hébreu. A ce propos, il parle en connaisseur de l'écriture des Chaldéens et des Syriens, des Égyptiens et des Phéniciens, au sujet desquels il cite ces vers de Lucain :

> Phœnices primi (famæ si creditur) ausi
> Mansuram rudibus vocem signare figuris.

Toute cette dissertation est certainement d'un maître, et

ferait honneur à nos plus célèbres érudits contemporains.

Le saint Docteur examine ensuite avec la même habileté les dix parties du discours : le nom, le pronom, le verbe, l'adverbe, le participe, etc.; puis, la métrique et les pieds variés, usités en poésie; les accents, les abréviations, les signes conventionnels employés dans les manuscrits, pour noter la valeur des divers passages; l'orthographe, l'analogie, les barbarismes et solécismes, etc., etc...

Partout se rencontrent en abondance des rapprochements ingénieux et frappants, des vues originales dues à une grande sagacité de jugement et à une étonnante pénétration d'esprit.

Toutes ces notions si claires, si substantielles, sont le résumé, on le sent, d'une science très vaste et le résultat d'un travail continu. L'auteur se joue dans les difficultés : pour les résoudre, il trouve toujours le mot juste et l'expression désirée.

Possédant les auteurs latins et grecs à la perfection, il les cite à chaque instant.

Des historiens superficiels ou mal intentionnés ont osé attribuer aux Arabes la diffusion du grec en Espagne et en Occident. S'ils parcouraient ce premier Livre des *Étymologies* et les suivants, ils seraient vite convaincus du contraire et obligés de se rendre à l'évidence, tant les citations y sont nombreuses, naturelles et admirablement enchaînées.

Ce Livre ne contient pas moins de quarante-quatre Chapitres.

Le second, *De Rhetoricâ et Dialecticâ*, nous montre combien assidûment saint Isidore méditait, non seulement Quintilien et Cicéron, mais Aristote et Porphyre.

Après avoir exposé, avec beaucoup de lucidité, la doctrine des dix prédicaments, selon le Stagirite, il termine le Chapitre xxvi° par cette recommandation : *Hoc opus Aristotelis intente legendum est, quoniam, sicut dictum est, quidquid homo loquitur, inter decem prædicamenta habetur. Proficiet* etiam ad libros intelligendos, qui sive rhetoribus, sive dialecticis applicantur.

Sur le Περὶ Ἑρμηνείας, après avoir dit que c'est un ouvrage très subtil, *liber perihermenias subtilissimus nimis, et per varias formas iterationesque cautissimus* (cap. XXVII, n° 1,) il rapporte, en l'approuvant, cette appréciation d'un ancien : *Aristoteles, quando perihermenias scriptitabat, calamum in mente tingebat*. On pourrait traduire : Aristote écrivait son perihermenias avec une plume imbibée ou saturée d'esprit [1].

Il ne tarit pas d'éloges sur Aristote, et l'appelle *vir in rerum expressione et faciendis sermonibus peritissimus* (cap. XXVII, n° 3.)

Bien des fois, le latin lui paraissant insuffisant, il se sert du mot grec pour y suppléer. Nous en avons un exemple dans les diverses espèces de définitions.

La première espèce, dit-il, est celle que les Grecs nomment οὐσιώδην, c'est-à-dire substantielle...; la seconde est nommée par eux ἐννοηματική (notionnelle)...; la troisième, ποιώδης (qualitative)...; la quatrième, ὑπογραφική (descriptive, suivant la traduction de Cicéron)...; la cinquième, κατ' ἀντίλεξιν (par synonyme)...; la cinquième, κατὰ διαφορὰν (par différence)...; la septième, κατὰ μεταφορὰν (métaphorique)...; la huitième κατ' ἀφαίρεσιν τοῦ ἐναντίου (par la privation du contraire)...; la neuvième, καθ' ὑποτύπωσιν (par supposition)...; la dixième, ὡς τύπος (par exemple)...; la onzième, κατ' ἐλλειπὲς πλήρους ὁμοίου γένους (par le manque de plénitude dans le même genre)...; la douzième, κατ' ἐπαίνου (par la louange)...; la treizième, κατ' ἀναλογίαν (par analogie)..., la quatorzième κατὰ τὸ πρός τι (par relation)...; la quinzième κατ' αἰτιολόγιαν (selon la raison des choses)... etc.

C'est là un exemple de la manière de saint Isidore. Très souvent il applique la même méthode.

Dans le Livre suivant *De quatuor disciplinis mathemati-*

---

1. Ἀριστοτέλης... τὸν κάλαμον ἀποβρέχων εἰς νοῦν.

cis, on ne saurait trop admirer comment, à la suite de Boëce, il rattache la Musique aux Mathématiques. *Musica*, dit-il dans sa Préface, *est disciplina quæ de numeris loquitur qui inveniuntur in sonis.*

Il explique, d'abord, comment la plupart des noms de nombre en latin, ont une origine grecque. *Unum* vient de ἕνα ; *sex* de ἕξ ; septem de ἑπτά, l'esprit dur ou aspiration ayant fait place à *s* dans la dérivation : *in multis enim nominibus, quæ in Græco aspirationem habent, nos pro aspiratione sponimus.* (Libr. III, cap. III; n° 3.)

Il se laisse ensuite entraîner à de grandes considérations sur les nombres pairs et impairs, simples et composés, sur les proportions arithmétiques et géométriques, ou par différence et par quotient.

Il raconte (Chapitre X) comment la Géométrie, née sur les bords du Nil, et n'ayant d'autre but, primitivement, que celui de mesurer la Terre et les propriétés des riverains, fut, plus tard, employée à jauger le Ciel par l'évaluation des distances astrales. En passant, il donne l'étymologie du mot pyramide, qu'il dit venir du grec, πῦρ, feu.

En parlant de la Musique, il décrit tous les instruments à vent et à cordes en usage dans l'antiquité. Il en signale les inventeurs.

Dès le début de son Traité sur l'Astronomie, il caractérise nettement la distinction entre cette Science et l'Astrologie. Après avoir exposé bien des notions sur les astres, il prouve que le volume du Soleil l'emporte sur celui de la Terre. (Chapitre XLVII, *De magnitudine Solis.*)

Puis, il raisonne sur l'étymologie grecque du nom des constellations et des principales étoiles. (Chapitre LXXI, *De nominibus stellarum, quibus ex causis nomina acceperunt.*) Il intercale aussi une foule de faits importants sur l'Histoire de l'Astronomie.

Le Livre quatrième est consacré à la Médecine. On y trouve la description d'un grand nombre de maladies chroniques ou aiguës, l'indication de leurs symptômes et la façon de les soigner. Les Chapitres sur les remèdes, sur les opérations chirurgicales, sur les régimes variés à fixer aux diverses constitutions, sont très intéressants.

Il donne le conseil de ne pas mépriser les prescriptions de la Science pour la conservation de la santé. *Medicinæ curatio*, dit-il, *spernenda non est*; et il présente comme confirmation de son sentiment les exemples de saint Paul et d'Isaïe. (Libr. IV, cap. ix, n° 1.)

Il s'étend assez longuement sur les onguents, les parfums, les ventouses et les instruments dont est fournie la trousse du médecin ou du chirurgien.

La Médecine lui paraît devoir occuper une place au-dessus de celle des Arts libéraux. Ne les comprend-elle pas tous ? Ne sont-ils pas, tous, ses serviteurs ?

Un médecin, en effet, doit savoir la Grammaire, pour s'exprimer clairement et saisir ce qu'on lui dit. Il doit, en outre, posséder la Rhétorique et la Dialectique, pour discuter les cas soumis à son appréciation, et discerner les circonstances multiples dont la considération est indispensable, s'il veut donner une solution motivée.

Pourrait-il ignorer l'Arithmétique, sans s'exposer à manquer de combiner dans la proportion déterminée les éléments dont les médicaments se composent ? L'Astronomie et la Météorologie lui sont également nécessaires, pour avoir égard aux changements de temps auxquels les malades et les personnes souffrantes sont si sensibles.

De là vient, conclut le saint Docteur, que la Médecine n'est pas simplement un art, mais les contient tous en elle et les dépasse tous. Elle est comme une sorte de *seconde philosophie*, dont le but est de guérir le corps, comme le but de la première est de fortifier l'esprit. *Hinc est quod medicina secunda philosophia dicitur. Utraque enim disciplina totum sibi hominem vindicat. Nam sicut per illam anima, ita per hanc corpus curatur.* (Libr. IV, cap. xiii, n° 5.)

Le Livre cinquième, *De Legibus et Temporibus*, constitue un Traité de Droit naturel, civil, social, religieux et militaire. L'auteur y passe en revue toutes les lois, si nombreuses, alors comme aujourd'hui ; les obligations, les contrats de tout genre : donations, testaments, etc. ; leurs conditions ; les jugements, les peines et les supplices, etc., etc.

Il expose ensuite sur les diverses chronologies bibliques et profanes, chronologies comparées, synchronismes, etc., la manière de mesurer le temps chez les divers peuples, les cycles, les olympiades, les siècles, les jubilés, etc., etc.

Dans le Livre sixième, *De Libris*, se trouvent des études bibliographiques. Ce sont, d'abord, des notions sur le Livre des Livres, la Bible, sur les écrivains sacrés et le canon des Saintes Écritures, sur leurs interprètes et leurs traducteurs.

Les livres profanes ne sont pas oubliés. Toute une série de chapitres est consacrée à des notices historiques fort précieuses sur les grandes bibliothèques d'Athènes et d'Alexandrie, de Rome, des églises et des monastères. Il indique leurs auteurs et leurs bienfaiteurs, dresse le bilan de leurs trésors intellectuels. Nous apprenons, par exemple, que celle d'Alexandrie, dès le temps de Ptolémée Philadelphe, comptait déjà 70.000 volumes. Celle du martyr saint Pamphile était d'une richesse royale, n'ayant pas moins de 30.000 volumes à elle seule.

Parmi les écrivains dont la plume fut le plus féconde, il cite Varron chez les Latins ; puis, dans l'antiquité chrétienne, Origène chez les Grecs, saint Jérôme et saint Augustin, en Occident.

Au sujet de l'évêque d'Hippone, il fait une remarque frappante. Nul, dit-il, n'a plus écrit que lui. Un homme, en travaillant jour et nuit, aurait de la peine, non seulement à transcrire, mais seulement à lire les ouvrages sortis de sa plume [1].

Saint Isidore continue ce Livre en parlant des instruments

---

[1]. Horum tamen omnium studia Augustinus ingenio vel scientiâ suâ vicit. Nam tanta scripsit, ut diebus ac noctibus non solum scribere libros ejus quisquam, sed nec legere quidem occurrat. (Libr. VI, cap. VII, n° 3.)

ou des outils nécessaires à l'écrivain et au libraire : cire, papiers de diverses qualités, stylets, parchemins, etc., etc.

Dans le Livre septième, l'archevêque de Séville disserte sur Dieu, les anges et les hommes. C'est de la Théologie : nous ne nous arrêterons pas à le résumer : nul ne s'étonnera qu'il ait traité en maître de semblables questions : c'était précisément ce qu'on appellerait, de nos jours, sa science à lui, celle dont par état il devait principalement s'occuper.

Disons seulement qu'il montre, là encore, par de nouvelles preuves, combien profonde et sûre était sa connaissance du grec et de l'hébreu. Il explique le sens des dix noms que la langue hébraïque applique à Dieu.

Le premier, dit-il, est אל, *el*, en grec ἰσχυρόν, c'est-à-dire fort, car Dieu n'est soumis à aucune infirmité, et peut faire tout ce qu'il veut, *nulla infirmitate opprimitur, sed fortis est et sufficiens ad omnia perpetranda*.

Le second nom est אלהים *Eloïm*...; le troisième ארחי, *Eloe*. Les Grecs traduisent l'un et l'autre par Θεός, Dieu, comme s'ils disaient δέος, crainte, car Dieu est redoutable.

Le quatrième nom attribué à Dieu est צבאיה, *Sabaoth*, pluriel du mot vertu ou armée ; Dieu, en effet, est le Dieu des armées.

Le cinquième est עליון, Elion, en latin, *excelsus*, Très-Haut... Le sixième, אהיה, *Eie*, *celui qui est*...; le septième אדוני, *Adonaï*, ou *Seigneur*...; le huitième יה, *Ia*...; que l'on retrouve dans *alleluia;* le neuvième est celui *des quatre lettres* יהוה, la répétition du précédent *ia, ia* ou Jéhovah, c'est le nom ineffable...; le dixième, שדי, *Saddaï*, ou Tout-Puissant. (Lib. VII, cap. I, n° 1 ad 17.)

L'Église, la Synagogue et les sectes hérétiques sont l'objet de son Livre huitième. Son exposition est très variée ; il parle ensuite des pseudo-philosophes, des devins et des magiciens, des sibylles et des enchanteurs, des idoles dont il dresse un catalogue complet, etc. Son érudition surprenante éclate là comme ailleurs.

Dans le Livre neuvième, il s'occupe de Linguistique. Il commence par dire combien est importante pour l'intelligence des Écritures l'étude du grec et de l'hébreu : *propter obscuritatem sanctarum scripturarum harum linguarum cognitio necessaria est, ut ad alteram recurratur, si quam dubitationem nominis vel interpretationis sermo unius linguæ attulerit.* (Libr. IX, cap. i, n° 3.)

Le grec lui paraît plus clair et plus harmonieux que le latin : *græca autem lingua inter cæteras gentium clarior habetur ; est enim et latinis et omnibus linguis sonantior* (loc. cit. n° 4.) Il parle ensuite, en détail, des nombreux dialectes grecs et latins. Les langues orientales, dit-il, sont pleines de sons gutturaux, comme celles des Hébreux et des Syriens. Les nations habitant les bords de la Méditerranée prononcent du palais; celles de l'Occident, avec les dents, de préférence, comme les Italiens et les Espagnols (*loc. cit.* n° 9.)

A ce propos se succèdent une foule de rapprochements ingénieux et de remarques curieuses.

Des idiomes il passe tout naturellement aux peuples qui s'en servent. Il n'est pas sans intérêt d'entendre saint Isidore juger les peuplades encore demi-barbares, tiges des nations futures,

Les Lombards sont ainsi nommés, dit-il, de leur *longue barbe* qui jamais ne tomba sous le rasoir ou les ciseaux. *Longobardos vulgo ferunt nominatos a prolixâ barbâ et nunquam tonsâ.* (Libr. IX, cap. ii, n° 95.) Les Germains, grands de taille et endurcis par les froids rigoureux de leurs climats, sont des hordes encore sauvages, indomptées, vivant de chasse et de rapine (*loc. cit.* n° 97.)

Les Francs, ainsi appelés du nom d'un de leurs chefs, sont cruels et féroces (n° 101); les Bretons sont au-dessous de la race humaine, et de là vient le nom sous lequel ils sont connus. *Britones quidam latine nominatos suspicantur, eo quod bruti sint.*

Les Gaulois sont ainsi appelés à cause de la blancheur de leur peau; *Galli a candore corporis nuncupati sunt,* γάλα *enim græce lac dicitur*; etc., etc.

Puis, viennent des considérations au sujet de l'influence

du climat sur le teint, le caractère, les habitudes, etc... Saint Isidore répond ainsi, douze cents ans à l'avance, aux objections de l'impiété moderne contre la thèse de l'unité de l'espèce humaine.

Il expose ensuite tout le système administratif, militaire et civil des Romains (cap. III.) Nous devons noter une singulière étymologie du mot soldat, *miles dictus, quia unus ex mille electus (loc. cit.* n° 32.)

La parenté naturelle et légale, les arbres généalogiques de diverses sortes, pour découvrir les degrés de consanguinité ou d'affinité, les divers genres d'alliances, occupent la fin de ce Livre fort considérable.

Le suivant est un dictionnaire; on ne saurait le résumer. Il est émaillé d'un grand nombre de remarques piquantes et curieuses.

Avec le onzième Livre, commence l'Histoire naturelle; *De Homine et Portentis.* On y lit, d'abord, l'anatomie du corps humain, fort exacte et très détaillée; des réflexions étendues sur les divers âges et les conditions de la vie, etc.

L'auteur traite ensuite des monstres, mais avec plus de sagesse et de discernement que Pline le Naturaliste. Il en cite plusieurs espèces, par exemple: les cynocéphales, hommes à tête de chien (Libr. XI, cap. III, n° 15;) les acéphales dont les yeux et la bouche sont au milieu de la poitrine; ceux qui n'ont pas de nez; ceux dont la lèvre inférieure est tellement proéminente qu'elle leur sert d'ombrelle contre les ardeurs du Soleil; ceux dont les oreilles sont tellement développées qu'elles peuvent tenir lieu de matelas et de couverture; les hippopodes, hommes à pieds de cheval, les Pygmées, etc., etc.

Mais il ajoute aussitôt: ces récits et autres semblables sont des fables auxquelles il ne faut apporter aucune créance: *dicuntur autem et alia hominum fabulosa portenta, quæ non sunt, sed ficta (loc. cit.* n° 28.)

Il explique comment de pareilles légendes ont pu s'introduire. Il nous apprend ce qu'étaient, en vérité, les trois Gorgones, les Sirènes, Charybde et Scylla, Cerbère et Géryon, au sujet desquels les poètes mythologues ont inventé des histoires fantastiques et ridicules. Il réduit également à des proportions modestes et simplement humaines les travaux d'Hercule et des autres héros du paganisme, entre autres, la destruction de l'Hydre de Lerne, de la Chimère et du Minotaure.

L'Histoire naturelle se continue dans le Livre douzième, *De Animalibus*.

On ne saurait trop admirer encore ici l'étendue des connaissances variées dont l'auteur fait preuve. Il serait trop long pour nous de le suivre dans ses innombrables détails.

Voici les grandes lignes de son plan et les principales divisions : 1° Des animaux domestiques, *De Pecoribus et Jumentis*; 2° Des bêtes fauves, *De Bestiis*; 3° Des petits animaux, *De minutis animantibus*; 4° Des reptiles, *De Serpentibus*; 5° Des vers, *De Vermibus*; 6° Des animaux aquatiques, *De Piscibus*; 7° Des oiseaux, *De Avibus*; 8° Des insectes, *De minutis volatilibus*.

Nous devons noter, à la fin du premier Chapitre, son opinion sur les croisements imposés aux animaux par l'industrie humaine. Il en attribue la première idée à Ana, petit-fils d'Esaü, *ut mulorum indè nova contra naturam animalia nascerentur*; mais, ajoute-t-il, on ne peut par ce moyen obtenir de nouvelles espèces : *sicque adulterina commistio ne genus quidem aliud reperit*.

Remarque judicieuse, absolument conforme aux données les plus précises de la Science moderne, et réponse anticipée aux transformistes de nos jours.

Dans le Chapitre second, sont consignés beaucoup de traits intéressants, concernant les mœurs des grands fauves des bois et des déserts. Ces détails sont exacts.

Il décrit un grand nombre d'espèces de serpents. Autrefois, nous apprend-il, le boa, habitait l'Italie, *anguis Italiæ immensâ mole.* Son nom lui vient des ravages énormes qu'il faisait parmi les troupeaux de bœufs dont il se nourrissait, *atque inde a boum depopulatione boas nomen accepit.* (Libr. XII, cap. IV, n° 28.)

Le venin des serpents ne peut nuire, s'il n'est mêlé au sang de l'homme, ou de l'animal piqué, *non potest venenum nocere, nisi hominis tetigerit sanguinem.* (*loc. cit.* n° 42.)

Il remarque à propos du crocodile que c'est le seul animal dont la mâchoire supérieure soit mobile (cap. VI, n° 20.) Il dépeint parfaitement les commotions électriques dues à la torpille, et donne des détails vrais sur le mode de reproduction des poissons.

Le treizième Livre parle du ciel physique, de ses éléments constitutifs et des phénomènes dont il est le théâtre. Au Chapitre VIII, l'auteur explique pourquoi, lorsque le tonnerre gronde, on entend le bruit un peu après que l'on a vu briller l'éclair. La cause de cette singularité est, d'après lui, la différence de vitesse entre la lumière et le son. Sa théorie de l'arc-en-ciel est également remarquable sous plus d'un rapport.

Vers la fin de ce Traité de Météorologie vraiment digne d'être lu, il embrasse, à l'avance, le sentiment des savants modernes au sujet de la multiplicité des déluges partiels sous lesquels certaines contrées auraient été plus ou moins longtemps submergées.

Dans le Livre suivant (le quatorzième) *De Terra et partibus ejus*, il fait un vrai Cours de Géographie générale et spéciale. C'est la description précise et détaillée du Monde alors connu. Nous ne nous y arrêterons pas, pour ne pas trop nous attarder.

Dans bien des cas, cependant, on gagnerait certainement à le consulter, surtout en vue de l'Histoire ancienne et de celle du moyen âge.

Tout le reste de l'Encyclopédie est encore plus curieux. Le quinzième Livre *De Ædificiis et Agris*, débute par l'historique de la fondation des principales villes ; puis, au Chapitre second, se trouvent les descriptions de toutes sortes d'édifices publics, profanes ou sacrés, et de leurs parties, toujours avec les termes techniques : on dirait un dictionnaire Roret.

Il passe ensuite aux champs et aux divers genres de mesures pour évaluer leurs dimensions en longueur et en superficie.

Comment exprimer maintenant la surprise éprouvée en feuilletant les cinq derniers Livres de l'Encyclopédie de saint Isidore ? Comment un homme chargé du gouvernement d'une vaste église, et absorbé par tant d'autres travaux, a-t-il pu recueillir, classer, apprécier, tant de notions variées ?

Il nous suffira d'une simple nomenclature : malgré la sécheresse inévitable dans une énumération de ce genre, le lecteur, nous en sommes sûr, ne manquera pas d'en être frappé.

Voyons tout d'abord le Traité de Minéralogie et de Métallurgie, *De Lapidibus et Metallis* (Livre seizième.)

La division en est rationnelle.

En premier lieu, les diverses terres et argiles ; les craies ; la pouzzolane, dont il signale la propriété si utile de durcir avec le temps ; le soufre, le bitume, les aluns, les sels, le salpêtre.

Puis, les pierres et rochers, avec un grand nombre d'espèces différentes ; le plâtre, la chaux, le schiste, l'amiante ; les marbres (ils sont innombrables, dit-il ;) les basaltes, etc.

En troisième lieu, les pierres précieuses : émeraude, topaze, saphir, jaspe, rubis, améthyste, hyacinthe, agate, opale, coraux, huîtres perlières, etc., etc.

Ensuite, viennent les cristaux, parmi lesquels il range les diverses espèces de diamants, dont il fait une description très exacte (cap. XIII, n° 2 ;) les pierres phosphorescentes, dont il présente douze genres divers ; l'anthracite ; une sorte de phosphore, etc.

Le verre ; historique de sa découverte ; manière de le façonner, de lui donner toutes les formes ; récit fort curieux sur le verre incassable (cap. XVI, n° 6 ;)

Les métaux précieux, l'or et l'argent ; les monnaies et les médailles ; le mercure, le bronze, le cuivre, l'airain, le fer, le plomb, l'étain, etc. Manière d'extraire et de travailler tous ces métaux ;

Les poids ; les mesures de capacité ; les abréviations nombreuses par lesquelles on les désigne, etc., etc.

Tel est le sommaire de ce Livre extrêmement intéressant.

Le Livre dix-septième, *De Rebus rusticis*, ne l'est pas moins. C'est la continuation de l'*Histoire naturelle*, commencée aux Livres XI et XII. Saint Isidore traite ici des végétaux.

Après un Chapitre sur les auteurs qui ont écrit sur ce sujet, il enseigne la méthode à suivre pour donner aux champs la meilleure culture : il ne recule devant aucun détail, et tout chez lui est instructif.

Il passe en revue les richesses du règne végétal : les légumes, les vignes, les arbres et les arbustes ; les fruits et les autres produits, comme les résines, les gommes, les essences aromatiques ; les fleurs et les plantes médicinales ou tinctoriales ; les champignons, dont on se servait déjà pour faire de l'amadou, etc., etc.

L'étonnement augmente quand on voit écrit par un évêque, un Livre comme le dix-huitième de sa vaste Encyclopédie, *De Bello et Ludis*, *de la Guerre et des Jeux*.

Après une introduction sur l'origine et le droit de la guerre, sur les cas où elle est permise, et ceux où elle ne l'est pas, se succèdent des dissertations sur les diverses sortes de combats ; le récit des triomphes, avec leurs pompes et leurs solennités ; de nombreux chapitres sur les drapeaux, les bannières et les aigles ; sur les trompettes guerrières, les armes offensives et défensives, les casques et les cottes de maille ; la législation militaire, etc., etc.

La seconde Partie de ce curieux Livre a pour objet les jeux et les spectacles : la gymnastique, les sauts, la course : le tir, au moyen de pierres, de frondes, d'arcs et de flèches : les cirques, les amphithéâtres et leurs ornements : obélisques, bornes, barrières ; les chars et les cochers ; les chevaux de course ; les cavaliers et les fantassins ; la comédie et la tragédie ; l'orchestre et les bouffons ; la mimique et les rétiaires ; les combats de gladiateurs et de bêtes fauves ; les jeux de hasard, le jeu de paume, etc., etc.

Avec le Livre dix-neuvième nous en arrivons à ce que la langue contemporaine comprend sous la dénomination générique d'Arts et Métiers.

L'auteur commence par l'Architecture navale. Il fait la description des navires, de leurs espèces et de toutes leurs parties constitutives ; de leur gréement : antennes, mâts, cordages, voiles, ancres, câbles, etc. Il s'occupe ensuite des métiers de forgeron, de maçon, de menuisier et des instruments à leur usage.

Il nous entretient, tour à tour, des peintres et de la manière de préparer les couleurs : céruse, ocre, pourpre, encres, etc. ; des sculpteurs, des charpentiers, des cordonniers, des tisserands, etc.

Une transition naturelle le conduit de ceux-ci aux divers tissus de fil, de laine, de soie, de lin, etc. ; aux habits qu'ils servent à former, selon les climats et les nations. Rien n'est oublié, ni les tapis, ni les nappes, les serviettes, les essuie-mains et les rideaux.

C'est ensuite le tour des ornements et des bijoux : couronnes de rois, tiares et mitres de l'Orient, épingles à cheveux, boucles d'oreilles ; colliers et bracelets ; chaînettes et bagues ; broches et coiffures ; rubans et miroirs ; ceintures et baudriers.

Le tout est entremêlé de détails instructifs ou curieux. Par exemple, saint Isidore nous apprend que dans l'antique Grèce, les jeunes garçons, comme les jeunes filles, portaient des pendants d'oreilles; seulement les premiers n'en avaient qu'à l'oreille droite. Il nous enseigne d'où vient l'habitude de passer les bagues, de préférence, au quatrième doigt de la main (cap. XXXII, n° 2.)

Parfois, une pointe de malice se dégage du récit. Les miroirs, dit-il, sont surtout à l'usage des femmes: elles aiment tant à les consulter!... les boites à parfum sont également surtout pour elles, *olfactoriola vascula sunt muliebria.*

Auparavant, un seul anneau était accepté par la coutume: il eût été déshonorant ou ridicule d'en mettre plusieurs: *ultrà unum annulum uti infame habitum;* les femmes même n'en avaient aucun, excepté celui des fiançailles. Mais, de nos jours, poursuit le caustique narrateur, leur penchant pour l'or est tel, qu'elles ne craignent pas de s'en surcharger, et d'en couvrir tous leurs membres: *At nunc præ auro nullum feminis leve est atque immune membrum* (cap. XXXII, n° 4.)

L'Encyclopédie se termine, enfin, par le vingtième Livre, consacré à l'Économie domestique.

L'auteur y a renfermé tout ce qui a rapport au bien-être ou à l'utilité des familles.

En premier lieu, l'alimentation, la table, les repas, la manière de les faire, les mets dont ils sont composés; les boissons: eau, vins, cidres, liqueurs; les ustensiles de toute espèce, en métal, en verre, ou en terre cuite: amphores, plats, bassins, vases pour les huiles, batterie de cuisine, corbeilles et paniers, etc., etc.

Puis, l'aménagement intérieur et les meubles dont une maison bien tenue doit être fournie: les armoires et les coffres-forts; les lampes et les lanternes; les chandeliers et les candélabres, les torches et les chandelles, avec une digression sur les phares; l'âtre et le foyer; les clefs et les cadenas; les horloges, etc., etc.

Parmi les meubles, notons les lits et les sièges; les berceaux et les chaises curules, sans excepter les civières pour les blessés ou pour les morts; les chars et les voitures de tout genre, pour la promenade, les voyages, ou les transports; les harnais des chevaux; les outils ou instruments pour la culture des champs ou des jardins; les objets d'un usage plus personnel ou plus intime, comme ciseaux, peignes, rasoirs, fers à friser, etc., etc.

Si le lecteur a bien voulu nous suivre, il partagera, sans aucun doute, notre admiration. Le résumé qui précède est bien sommaire : c'est une sèche nomenclature; cependant un pareil exposé n'a pas besoin de commentaire; par lui-même il est assez éloquent.

Que manque-t-il à ce Traité si vaste et si profond, pour constituer une Encyclopédie véritable? L'auteur n'y parle-t-il pas *de omni re scibili?* Quelle idée ne nous donne-t-il point de la pénétration de son esprit, de sa persévérance dans le travail, de l'étendue de son érudition?...

Et voilà un homme, savant de premier ordre, que, par un infâme mensonge, l'impiété moderne voudrait faire passer pour un ignorant !...

S'il avait été un arabe ou un païen, elle ne trouverait pas assez de paroles pour le couvrir d'éloges. Mais c'était un chrétien et un évêque; il fallait donc, à tout prix, ternir sa gloire et faire oublier son nom.

Et, comme tant d'autres, saint Isidore a été la victime de cette conspiration du silence et de la calomnie!...

§ III

Le Vénérable Bède.

I

Sa vie au monastère de Yarrow.

Un siècle après saint Isidore, naissait en Angleterre le vénérable Bède, destiné par sa science et par ses vertus éminentes, à résumer en lui la période pendant laquelle il vécut, et dont il fut l'un des plus beaux ornements.

Son austère et sympathique figure est une de celles qui, échappant à tous les naufrages, surnagent dans l'océan des âges. Elles triomphent du mépris systématique des ennemis de la justice, et s'imposent au respect des générations frivoles, ou ingrates, trop portées à ne pas se souvenir des services reçus.

Le nom de Bède, qui en anglo-saxon signifie « *homme de prière* » fut, pendant très longtemps, un des plus glorieux et des plus populaires dans le monde chrétien. Il symbolisait, aux yeux de tous, le génie et la sainteté.

Celui qui le porta fut, en effet, un des plus savants de son pays et de son siècle ; il fut aussi l'un des plus saints. On ne peut vivre quelque temps en contact avec lui, par la lecture de ses nombreux ouvrages, sans se sentir devenir meilleur. En le voyant si grand, on s'incline devant lui ; et, en le voyant si bon, on se prend à l'aimer comme un ami.

Sa belle âme a passé tout entière dans ses écrits où se reflètent ses qualités nobles et charmantes. Sans y penser, Bède a tracé de lui-même un portrait fidèle et très ressemblant.

Il raconte trop bien les épreuves de la vertu et de la vérité ici-bas, pour ne pas nous faire comprendre les sentiments dont il était animé. Chez lui, l'humilité accompagnait la science, comme le zèle le plus ardent s'alliait à une paix intérieure et à une sérénité enviables, que nul orage n'était capable de troubler.

Sous ce rapport, l'étude de sa vie serait une des plus utiles; elle constitue un des plus intéressants épisodes de l'Histoire de l'esprit humain.

Né en 673, en Angleterre, sur les confins de l'Écosse, il fut confié, dès l'âge de sept ans, aux religieux du monastère de Wearmouth, fondé naguère par un seigneur de la plus haute noblesse anglo-saxonne, saint Benoît Biscop. Deux ans plus tard, il était envoyé, avec vingt autres moines, jeunes et vieux, sous la conduite de saint Céolfrid, au monastère de Yarrow, bâti à quelques lieues de là. Celui de Wearmouth, malgré ses vastes proportions, ne suffisait plus à contenir le nombre toujours croissant de ceux qui, voulant s'y former à la science et à la vertu, y accouraient de toutes parts.

Les débuts de la nouvelle fondation ne furent pas heureux: l'essaim détaché de la ruche fut soumis à une terrible épreuve. La peste ravagea la colonie naissante, et de tous les religieux capables de chanter au chœur, n'épargna que l'abbé et le jeune enfant [1]. Tous deux n'en continuèrent pas moins, malgré leurs larmes, à célébrer tout entier l'office canonial, jusqu'à l'arrivée d'autres confrères.

Il est beau le spectacle présenté par ces deux moines, un vieillard et un enfant, si différents d'âge, et pourtant si semblables déjà par le goût, les aptitudes et l'invincible ardeur, qui les poussait à ne pas interrompre le chant des louanges de Dieu, dans un cloître dépeuplé par la mort.

Dès sa plus tendre jeunesse, le vénérable Bède était ainsi élevé à l'école du malheur: son caractère s'y trempait fortement; il apprenait déjà la vanité des gloires humaines; il se confirmait de plus en plus dans la pensée de consacrer

---

1. *Excepto ipso abbate et puerulo*, dit l'hagiographe.

à Dieu et aux âmes tous les instants de cette vie fugitive, afin de se préparer, près des tombes, aux joies et aux récompenses de l'éternelle vie.

Il ne sortit jamais de ce monastère de Yarrow. A dix-neuf ans, il y reçut le diaconat, et à trente ans la prêtrise. Tous ses instants furent donnés à la prière et à l'étude. Sa seule distraction était le chant quotidien de l'office au chœur. La part accordée au sommeil était bien petite : elle lui semblait un larcin fait à Dieu et aux âmes : il était convaincu, en effet, qu'un des devoirs les plus rigoureux pour un religieux est de rendre sa vie utile.

Son amour pour le travail avait été favorisé par les maîtres distingués dont il avait reçu les leçons. Parmi eux, citons le moine grec saint Théodore, plus tard archevêque de Cantorbéry et primat d'Angleterre. A son école, il apprit la langue d'Aristote et d'Homère; il la posséda bientôt à la perfection. A son exemple, plusieurs Anglais d'alors se la rendirent familière : ils la parlaient comme leur langue maternelle.

Devenu maître, il distribua l'enseignement aux six cents moines de la double communauté de Yarrow et de Wearmouth. Il se livrait, en même temps, aux immenses recherches nécessitées par ses nombreux et savants ouvrages.

Sa réputation toujours croissante le mit en relations suivies avec les plus grands personnages de l'époque.

Le Pape voulut l'attirer à Rome, afin de le consulter sur des affaires importantes : le roi des Northumbriens, auquel il dédia son *Histoire d'Angleterre*; celui de Kent, auquel il adressa un Traité sur la célébration de la Pâque, et d'autres entretenaient avec lui une correspondance suivie.

Beaucoup d'évêques et de princes anglo-saxons s'honoraient d'être ses amis. Bède profita de ces amitiés précieuses pour se procurer tous les matériaux nécessaires à la composition de son ouvrage si documenté et si précis sur les origines de la nation anglaise. Nous dirons, plus bas, avec quel soin et quelle exactitude il en contrôla les moindres détails.

Sa vaste correspondance nous montre avec toute l'étendue

de ses connaissances, les délicatesses de son cœur. On a souvent cru les moines étrangers aux tendresses de l'amitié. C'est là une erreur profonde. Où donc a-t-on plus aimé que dans les cloîtres? La véritable charité existe-t-elle sans la pureté du cœur? Et quels cœurs jamais furent plus purs?

L'austérité de la vie angélise l'amour, mais ne le détruit pas. On n'a, pour s'en convaincre, qu'à lire les lettres écrites par les anciens moines. On verra combien la vertu avait enflammé leurs âmes des sentiments les plus doux d'une sainte affection et d'une confiante intimité.

Comment, d'ailleurs, en serait-il autrement? La religion chrétienne n'est-elle pas basée sur l'amour infini de Dieu pour les hommes? Le premier et le plus grand de tous les préceptes, au jugement du Dieu incarné lui-même, n'est-il pas l'amour de Dieu et du prochain, poussé jusqu'aux dernières limites de la tendresse affectueuse et compatissante, et jusqu'à l'héroïsme surnaturel du plus entier dévouement?

Les saints l'ont admirablement compris. C'est peut-être ce qui étonne le plus les gens du monde, quand il leur est donné de voir de près quelqu'un d'entre eux. L'austérité ne fut jamais l'égoïsme; mais toujours, au contraire, elle engendra la charité.

Il en fut ainsi pour le vénérable Bède. Mais ses amitiés avaient toujours une influence salutaire. Elles n'allaient jamais jusqu'à l'aveugler sur les défauts de la personne aimée. Il les lui signalait en toute franchise et fraternelle affection.

La duplicité n'aurait pu s'allier avec la noblesse de son caractère.

A ce sujet, la lettre qu'il écrivit à son ami Egbert, frère du roi des Northumbriens, et évêque d'York, est à lire, car elle est pleine d'utiles enseignements. C'est tout un Traité sur les devoirs des Prélats et sur la lourde responsabilité qui leur incombe. A la netteté de son langage, on reconnaît la haute autorité dont cet humble moine était investi en face des puissants d'ici-bas.

Il recommande à cet évêque de sang royal d'éviter les conversations oiseuses, et l'exhorte à la méditation assidue de l'Écriture-Sainte, à la simplicité et à la mortification.

Il lui fait une obligation impérieuse de prêcher, jusque dans les moindres bourgades de son immense diocèse ; ou, du moins, s'il ne peut le faire lui-même, à cause de l'étendue des terres soumises à sa juridiction, d'y envoyer, à sa place, des hommes de doctrine irréprochable et de vie exemplaire.

Bède avait le droit de parler ainsi, car lui-même donnait l'exemple. Du fond de son cloître, il ne cessait de prêcher par la parole et par la plume. Le travail intellectuel était pour lui, tout à la fois, une mortification (car c'en est une,) une prière et un apostolat. Il ne l'interrompit jamais : il le continua jusque sur son lit d'agonie, et mourut en achevant de dicter le dernier chapitre d'un de ses livres.

Comme un vaillant athlète, c'était mourir sur la brèche, les armes à la main.

Ces détails si touchants, nous ont été conservés par un témoin oculaire, le moine Cuthbert, qui lui servit de secrétaire en ces derniers instants, et dont les larmes baignèrent, plus d'une fois le parchemin sur lequel il traçait cette scène empreinte d'une incomparable grandeur.

Bède était alors dans sa soixante-deuxième année. Atteint de la maladie qui devait l'emporter bientôt, il ne laissait pas, cependant, de travailler jour et nuit, ne donnant au sommeil qu'un temps très court, et ne se dispensant d'aucune des observances régulières de la vie claustrale.

Sa maladie était pour lui une source d'incessantes joies. « Le Seigneur, disait-il avec saint Paul, châtie ceux qu'il aime ; il flagelle le fils qu'il se dispose à recevoir. *Quem enim diligit Dominus, castigat ; flagellat autem omnem filium, quem recipit*[1]. Mais, ajoutait-il avec saint Ambroise, je ne crains pas la mort, car elle me réunira au Seigneur, mon Dieu. »

Depuis quelque temps, il avait entrepris deux nouveaux ouvrages : la traduction en anglais de l'Évangile selon saint Jean, et un recueil de sentences extraites des livres de

---

1. Ad Hebræos, xii, 6.

saint Isidore de Séville, pour la commodité de ses disciples. « Je veux, disait-il, après ma mort être encore utile à mes enfants, et les aider dans leur travail. »

Le mardi avant l'Ascension, le mal empira ; la respiration était devenue haletante et ses pieds s'étaient enflés. Néanmoins sa douce gaité ne l'abandonna pas, et il dictait avec sa lucidité habituelle. Souvent, toutefois, il répétait à ses secrétaires : « Pressez-vous, mes enfants, car je le sens bien, je ne resterai pas longtemps parmi vous ; le Seigneur m'appellera bientôt à lui. » Ceux-ci se hâtaient, car ils étaient persuadés que leur vénérable Maître connaissait l'instant précis de sa mort [1].

Le lendemain fut le dernier jour de sa vie. Il travailla comme de coutume, malgré l'affaiblissement de ses forces. Vers neuf heures, un de ses disciples, Wibert, s'approcha du lit du malade, et lui dit : « Cher Maître, il manque un chapitre au livre que vous avez dicté. Serait-ce une trop grande fatigue pour vous que de continuer à parler ? — Non, répondit le saint, déjà sur le seuil de l'éternité ; je le puis encore, car il me reste quelques instants de vie ; mais dépêche-toi, prends ta plume, et tâche d'écrire rapidement. »

A ce moment, les autres moines, retournant de la Messe conventuelle, vinrent se ranger autour de lui. En les voyant il leur dit avec une grande tendresse : « Les riches de la terre travaillent toute leur vie pour léguer à leurs parents des pierreries, de l'argent, ou de l'or ; pour moi, je suis pauvre, mais en toute joie et charité je donnerai à mes frères le peu que je tiens du Seigneur. » Et il leur distribua quelques petits présents conservés, jusqu'à ce jour, dans sa cassette : c'étaient des linges fins, des épices et de l'encens.

En même temps, il les conjura de vouloir bien, après sa mort, célébrer la Messe pour le repos de son âme. Il s'était fait agréger, pour un motif analogue, au monastère de Lindisfarne, afin d'avoir part aux suffrages des religieux de cette nombreuse et fervente communauté.

---

1. Nobis autem videbatur quod suum exitum bene sciret. (*Vita Bedæ venerabilis. Patr.* tom. XC, p. 40.)

Tous les témoins de cette scène attendrissante pleuraient, et la plus vive émotion étreignait leur cœur à la pensée que bientôt ils n'entendraient plus cette voix aimée. Lui-même s'attachait à consoler leur douleur. « J'ai vécu de longs jours, disait-il; mon juge en connaît l'emploi : j'espère en sa miséricordieuse bonté. L'heure de ma délivrance est proche. Par la volonté divine je vais retourner bientôt à celui auquel je dois tout ce que je suis; il m'a tiré du néant où j'étais, pour me donner l'être que je n'avais pas. Je soupire après la joie de voir mon Créateur, mon Père, et Jésus-Christ, son Fils unique, mon Rédempteur, mon Sauveur et mon Roi. »

Ces entretiens n'étaient plus de la terre. Ils se poursuivirent jusqu'au soir. Wibert s'approcha de nouveau, et dit : « Cher Maître, il reste encore une sentence à dicter. — Prends donc ta plume, répondit Bède, et écris promptement. »

Au bout de quelques minutes, le secrétaire ayant achevé son travail s'écria : « Maintenant c'est fini. — Oui, répondit le mourant, tu dis vrai. *Tout est consommé*[1] ; c'est fini ! Soulève dans tes mains ma tête défaillante, et tourne-la vers l'Église. Ma consolation, en ce moment suprême, est d'expirer en dirigeant mon regard vers le sanctuaire où j'ai tant prié. »

Couché sur le pavé de sa cellule et sur un simple cilice, il se mit à chanter encore une fois : « Gloire au Père, au Fils et au Saint-Esprit. » En invoquant la troisième des trois personnes divines, il exhala son âme, pour aller achever dans le ciel, et y répéter pendant les siècles des siècles, la doxologie interrompue sur ses lèvres par le doigt glacé de la mort[2].

C'était le soir, après les premières vêpres de l'Ascension; il s'éteignit ainsi dans le calme et dans la paix. Les témoins d'un trépas aussi tranquille furent convaincus qu'il était allé continuer cette fête dans la céleste patrie.

---

1. Joan. xix, 30.
2. *De obitu venerabilis Bedæ a Cuthberto ejus discipulo. Patr.* tom. XCI, p. 41.

Sa gloire lui survécut, et ne fit que s'accroître. Pendant sa vie déjà, sa science et sa modestie lui avaient gagné tous les cœurs, en lui attirant l'estime de chacun, et (chose rare) sans exciter la moindre jalousie.

On lui attribua bientôt le titre de vénérable : des auteurs prétendent même qu'on le lui avait donné avant sa bienheureuse mort, tellement on était persuadé de son éminente sainteté. Quoi qu'il en soit, dès le IX° siècle, il était ainsi appelé par un consentement universel.

Ce titre ne signifiait pas alors, comme aujourd'hui, un degré inférieur dans la hiérarchie sacrée : il équivalait à une canonisation régulière. La procédure usitée de nos jours pour les procès de béatification est de beaucoup plus récente. Les saints de cette époque furent canonisés, presque tous, par la vénération des peuples, tacitement ou formellement approuvée par l'Église.

Il en fut de Bède, sous ce rapport, comme de Pierre le Vénérable, abbé de Cluny, au XII° siècle. D'ailleurs, beaucoup de miracles furent accomplis à son intercession ; de nombreux pèlerins vinrent visiter sa tombe, au monastère de Yarrow ; on se disputait ses reliques, et, en divers endroits, des autels lui furent érigés.

Bientôt sa renommée se répandit au loin : il apparaissait à tous comme le modèle de la vertu et de la science. Les nations catholiques de l'Europe envièrent à l'Angleterre la gloire d'avoir produit un si grand docteur. Saint Boniface le fit connaître à l'Allemagne ; la France l'honora de plus en plus, grâce au célèbre Alcuin, son disciple à Yarrow, devenu, dans la suite, l'ami et le précepteur de Charlemagne.

II

Nombreux ouvrages du vénérable Bède.

Parlons maintenant, plus en détail, de ses travaux surprenants.

Son style, sans être très pur et très élégant, se distingue par sa clarté et son naturel. Il s'exprime avec une facilité merveilleuse, sans prétention, mais avec une aimable simplicité. Chez lui, surtout, se réalisa parfaitement l'adage si connu : *le style, c'est l'homme*. D'une candeur diaphane, ce style était bien le fidèle reflet de la paix de son âme et du calme de son cœur.

Ses travaux théologiques furent très étendus. Leur base fut l'Écriture-Sainte qu'il commenta en entier, depuis les premières pages de la Genèse, jusqu'au dernier verset de l'Apocalypse.

Il avait une prédilection marquée pour ce genre d'études ; aussi poursuivit-il jusqu'au bout ce gigantesque travail. Le mérite en était d'autant plus grand que, pour se conformer à un désir manifesté par l'évêque d'Hagustadt, il s'adonna surtout à une sorte d'exégèse patristique, exigeant des recherches immenses et une admirable patience.

Tout ce que les Pères les plus illustres de l'Orient et de l'Occident avaient produit de meilleur sur les Livres inspirés, fut recueilli et réuni par lui. Son œuvre était ainsi non seulement la manifestation de sa pensée propre, mais l'écho de l'enseignement commun de l'Église.

Sa sincérité d'écrivain le poussa à noter avec une scrupuleuse exactitude les endroits des Pères et des Docteurs auxquels il empruntait ses citations. Il s'appliquait ainsi, moins à trouver des idées nouvelles, qu'à se faire, pour l'utilité de ses disciples, le porte-voix de la Tradition.

Ainsi fut composée, dès le viiie siècle, une chaîne d'or

catena aurea, prélude de celle, dont, cinq cents ans plus tard, le génie de saint Thomas d'Aquin devait enrichir le monde.

Le but de l'auteur était de mettre à la portée de tous les explications les plus autorisées des passages obscurs de la Bible. Il en exposait le sens mystique et l'utilité morale. Il nourrissait la piété de ses lecteurs, leur procurant ces consolations dont on a si grand besoin dans les tristesses de la vie, et que seule la connaissance des saintes lettres ou de la religion peut fournir aux âmes affligées.

En Histoire, il ne fut pas moins remarquable : il écrivit un ouvrage immortel qui lui a valu, jusqu'à nos jours, l'admiration de tous les érudits. Il fut, en effet, pour la Grande-Bretagne, l'historien national, comme Grégoire de Tours l'avait été pour la France.

Les Anglais considèrent le vénérable Bède comme le père de leur Histoire.

Rien n'approche de la précision de son langage, ou du soin scrupuleux apporté à contrôler les moindres détails, et à se procurer les documents les plus authentiques et les plus exacts. Partout on discerne l'historien consciencieux.

De l'avis des juges les plus compétents, c'est un chroniqueur aussi méthodique que bien renseigné, et un critique aussi habile que pénétrant. Ses nombreuses relations avec les plus hauts personnages de son époque, avec les princes et les rois, avec les évêques et les abbés des monastères importants, où se conservaient toutes les archives d'alors, le mirent à même de consulter les rapports les plus véridiques sur ce qui s'était passé avant lui sur la terre des Anglo-Saxons.

Les détails donnés, à ce sujet, par Bède lui-même, sur la provenance des matériaux employés dans la composition de son grand ouvrage historique, ne peuvent laisser aucun doute.

On comprend d'autant moins les insinuations malveillantes d'Ellies Dupin, laissant entendre que Bède se serait servi parfois, souvent même, de faux mémoires.

Cette accusation est injustifiable. Si quelqu'un pouvait clairement apprécier la valeur relative des documents mis à sa disposition, c'était bien le vénérable Bède lui-même, presque contemporain des faits racontés, et en relations très fréquentes avec ceux dont il les tenait. On ne peut pas plus faire des réserves sur la sûreté de ses informations, qu'on ne le peut sur sa sincérité, à l'abri de tout soupçon.

La postérité s'est plu à lui rendre justice. Quelques notes discordantes de la part d'auteurs mal intentionnés, ou victimes de préjugés de secte et d'éducation, ne sauraient prévaloir contre ce concert universel d'éloges que lui ont adressés et lui adressent encore, dans leur admiration reconnaissante, tous les amis de la vérité.

Dans sa préface, il disait lui-même :

« Je crois n'avoir rien avancé que sur des preuves irréfragables [1]. » A voir la peine qu'il s'est donnée pour s'entourer de toutes les garanties de véracité, on aurait tort de ne pas se ranger à son avis.

Signalons, par exemple, l'extrême prudence dont il use en racontant les miracles dont l'exposé tenait une si large place dans les annales de son temps. Il a toujours soin de distinguer la légende de la narration strictement historique. Si, parfois, il cite des faits merveilleux, il a bien soin de noter les personnes par lesquelles ces récits lui ont été communiqués, et d'indiquer si ce sont des témoins oculaires et dignes de foi.

En parcourant ses œuvres historiques, il est impossible de n'être point frappé de son esprit de saine critique. Grâce à cette qualité précieuse, il a doté l'Angleterre, sa patrie, d'un magnifique monument d'Histoire nationale, tel que peu de peuples modernes ont la bonne fortune d'en posséder.

Ses compatriotes n'ont pas été ingrats. Ils firent imprimer plusieurs fois, à Cambridge et dans d'autres villes de leur pays, son Histoire ecclésiastique d'Angleterre, sous ce titre : *Ecclesiasticæ historiæ gentis Anglorum libri quinque, Bedá anglo-saxone auctore.* Elle fut également publiée, dès le XVIe siècle, à Anvers, à Cologne et à Paris.

---

1. Bedæ, *Histor. præfatio.*

III

Encyclopédie du vénérable Bède.

C'est là cependant, au point de vue où nous nous sommes placés, le moindre des mérites du vénérable Bède. Nous devons le considérer ici comme encyclopédiste, et, sous ce rapport, il est digne encore de toute notre admiration.

Ses connaissances théologiques et scripturaires en firent un Père et un Docteur de l'Église ; ses connaissances scientifiques en firent la merveille et l'honneur de son temps.

Comment ne serait-on pas étonné en considérant tant de lumières réunies dans cet Anglo-Saxon, né presque à l'extrémité septentrionale du monde, et issu d'une race qui, moins d'un siècle avant sa naissance, était encore barbare et idolâtre.

Du fond de son monastère, il projette une vive clarté, et attire des foules de disciples, avides de s'instruire à son école. Sa renommée, européenne déjà, était fondée non seulement sur la profondeur de son savoir, en Histoire, en Théologie et en Patristique, mais, encore et surtout, sur sa vaste érudition embrassant, dans un cercle immense, tout ce qu'il était possible d'apprendre alors.

Ses contemporains étaient surtout émerveillés par le caractère encyclopédique de son génie, et cette admiration se transmit à la postérité.

Il tint en Angleterre la place occupée auparavant par Cassiodore en Italie, et par saint Isidore de Séville en Espagne. Mais son influence ne s'arrêta point dans les limites de son pays ; elle s'étendit fort au loin au delà de ses frontières, et se perpétua longtemps après lui.

Ses œuvres ornèrent bientôt toutes les bibliothèques des monastères et des églises. Jusqu'à la Renaissance elles furent classiques, et se trouvèrent dans les mains de tous ceux qui voulurent faire des études complètes.

Comment aurait-il pu en être autrement ? Ce travailleur infatigable avait écrit, toujours avec la même compétence, sur les matières les plus variées.

Son intelligence précoce s'étant ouverte de bonne heure à tous les genres de spéculations, il avait pu composer une véritable Encyclopédie littéraire et scientifique, dans laquelle il s'éleva depuis les simples éléments jusqu'aux plus hauts sommets.

On le vit, en effet, traiter successivement de l'Orthographe, de la Grammaire et de la Versification; de la Numération, de l'Arithmétique et de toutes les branches des Mathématiques; de la Rhétorique et de la Philosophie; de la Géographie et de la Musique; de la Physique et de la Médecine; de la Météorologie et de l'Astronomie.

Comme saint Isidore dans ses Étymologies, il s'est contenté assez souvent de formules abrégées, plus commodes pour ses élèves, dont il ne voulait pas trop surcharger la mémoire. Dans sa pensée, ce texte devait être expliqué et développé par le professeur.

Cette préoccupation ne l'a pas empêché de s'avancer d'un pas hardi dans toutes les voies tracées devant l'intelligence humaine. Il y a fait preuve d'une surprenante perspicacité ! Songeons à quelle époque il vivait ! Que d'obstacles presque insurmontables ne rencontrait-il pas à chaque instant devant lui !

Son enseignement vraiment encyclopédique réclamerait aujourd'hui la coopération d'une vingtaine de professeurs spéciaux. Pour lui, il ne succomba pas sous cette tâche formidable. On s'imagine donc sans peine l'espèce de fascination qu'il devait exercer sur les esprits.

D'après le témoignage unanime de ses contemporains, rien n'égalait le prestige incomparable de cet homme extraordinaire, qui par son activité prodigieuse avait trouvé le moyen de se multiplier et d'exceller en tout.

Son Traité de l'Orthographe, *De Orthographia liber*, comprend, à la fois, les règles de la Grammaire et les notions de l'Étymologie. Celui de l'Art métrique (*De Arte metricâ*) renferme la Prosodie, la Versification et l'Art poétique : celui des Figures et des Tropes (*De Schematis et Tropis*) explique les principes du style et de l'Art oratoire en faisant connaître la nature et l'emploi des figures de Rhétorique.

Ces livres précieux répandus en Occident contribuèrent beaucoup à donner un caractère de régularité et de netteté aux langues modernes. Elles se formaient, à cette époque, par le mélange du latin avec les idiomes parlés jusqu'alors chez les nations qui vinrent fondre sur l'empire romain.

A ces travaux de Linguistique, Bède en ajouta un autre bien plus considérable par l'étendue et par l'érudition. C'est son ouvrage sur la Nature, *De Rerum naturâ*, dont nous allons essayer de donner une idée : il est remarquable à plus d'un titre : le lecteur en jugera.

Après avoir rappelé comment, d'après nos saints Livres, l'Univers a été créé, l'auteur commence un Cours d'Astronomie.

Les Grecs, dit-il, donnent au monde le nom de κόσμος, à cause de sa beauté, et, en cela, ils ont bien raison.

En décrivant le ciel physique, il explique pourquoi les constellations boréales décrivent des cercles si étroits, au-dessus de nos têtes ; pourquoi elles ne se couchent jamais à l'horizon pour nous, tandis qu'elles n'apparaissent que peu de temps, et même jamais, dans d'autres pays. Par contre, il y a des constellations sans cesse cachées pour nous : ce sont celles de l'hémisphère austral.

Les pôles, même le pôle sud, sont toujours entourés d'une couronne de glace. Bède en donne encore la raison.

A ce propos, il nous entretient des cinq zones terrestres : deux sont absolument désertes à cause de la rigueur du froid (*immanitate frigoris ;*) ce sont les deux zones polaires : la mer elle-même y est congelée. Chaque hémisphère terrestre a une zone tempérée et par conséquent habitable.

Quant à la zone intertropicale, il la suppose sans habitants à cause de la chaleur ; mais la durée des jours et des nuits y est toujours égale, tandis que dans les autres zones elle varie suivant le temps et suivant les lieux. Le même phénomène se produit, mais en sens inverse, dans les deux hémisphères.

Après cela, il s'occupe des étoiles, et les distingue en fixes, et en mobiles, ou planètes.

Le jour, elles n'en continuent pas moins à briller sur nos têtes, mais elles ne paraissent point, car elles sont noyées dans les flots de lumière versés par le Soleil : voilà pourquoi nous ne les apercevons que la nuit. Il prouve cette assertion : d'abord, par les éclipses de Soleil qui nous permettent de les voir, même à midi; ensuite, par le phénomène de la pleine Lune qui les dérobe à nos yeux même pendant la nuit.

Le fait des étoiles filantes ne démontre pas que les étoiles ne soient fixes et immobiles dans le ciel; car ces étoiles filantes ne sont pas à proprement parler des étoiles, ni des astres.

Il expose ensuite comment le lever de certaines constellations influe sur les phénomènes d'ordre météorologique.

A ce sujet, il développe des considérations judicieuses sur les Pléiades, les Hyades, Orion, Saturne, etc.

D'après Bède, les étoiles se trouveraient également éloignées de la Terre, mais les planètes circuleraient à des distances variables. Leur mouvement est toujours dans le même sens, et ne s'interrompt jamais, quoiqu'elles paraissent tantôt s'arrêter, et tantôt retourner en arrière.

La plus lointaine d'entre elles est Saturne; il lui faut trente années, pour accomplir sa révolution; puis, vient Jupiter, avec son cycle de douze ans, et Mars qui en emploie seulement deux. Vénus, appelée alternativement étoile du matin et étoile du soir, achève sa révolution en 347 jours. Dans ses plus grandes élongations, elle ne s'écarte jamais du Soleil plus de quarante-six fois la distance que le Soleil parcourt chaque jour dans les signes du Zodiaque, etc. Ce chapitre contient une foule de détails intéressants.

L'auteur entre ensuite dans des considérations particulières sur le mouvement des astres.

Les orbites des planètes, dit-il, sont toutes excentriques

à la Terre, et chacune d'entre elles l'est d'une façon différente. En parlant de ces mouvements des corps célestes, Bède ne pouvait éviter de présenter la théorie et l'explication des éclipses du Soleil et de la Lune : il le fait avec beaucoup d'exactitude et de netteté.

Chaque planète a sa nuance propre. Le Soleil toutefois change de couleur et de dimensions apparentes à son lever, au midi et à son coucher. Bède en donne la raison.

Le Soleil, continue-t-il, est beaucoup plus grand que la Terre : si son diamètre ne nous semble pas excéder une coudée, c'est à cause de l'énorme distance qui nous en sépare. Elle est immense; on arrive à s'en convaincre facilement, si l'on réfléchit que dans les Indes, comme en Bretagne, le Soleil paraît sensiblement le même. La distance entre ces deux pays est donc comme une quantité négligeable en comparaison de celle qui s'étend entre la Terre et le Soleil.

C'est de lui que la Lune reçoit sa lumière, car elle ne brille point par elle-même. Ses phases proviennent de ce que, tournant sur son axe, et s'éloignant ou s'approchant alternativement de l'astre du jour, elle nous présente parfois sa face éclairée, parfois sa face obscure, et parfois aussi une portion variable de l'une et de l'autre.

Ajoutant ici quelques détails à sa précédente théorie sur les éclipses, il indique les pays de la Terre où elles ne sont pas aperçues, et ceux où elles ne le sont qu'en partie. Toutes ces propositions sont accompagnées de leurs preuves et de leurs explications.

Le Traité se termine par la description de la voie lactée, du Zodiaque, de ses douze signes, et des comètes.

Comme on le voit, ce Traité d'Astronomie ne laisse pas d'être fort curieux et frappant, vu surtout l'époque à laquelle il a été écrit.

Le Traité de Météorologie, qui lui fait suite, n'est pas moins remarquable.

L'auteur nous entretient successivement de l'air atmosphérique; du vent et de ses espèces; il les décrit, et donne à ce propos, une sorte de rose des vents.

Puis, il parle du tonnerre et des éclairs, faisant remarquer que le bruit du tonnerre est perçu plus tard par les oreilles, que la lumière de l'éclair ne l'est que par les yeux : *sonitum tardius aures, quam fulgorem oculos penetrare.*

Le mouvement, poursuit-il, se transforme en chaleur, *rerum collisio ignem creat.* Toutefois le feu de l'éclair est beaucoup plus actif que celui dont nous nous servons. Il explique aussi pourquoi les éclairs et les tonnerres sont plus rares en hiver et en été.

L'arc-en-ciel, provient de la réflexion par les nuages des rayons du Soleil. On aperçoit quelquefois aussi, la nuit, un arc-en-ciel lunaire.

Les nuages lui fournissent l'occasion d'exposer la théorie de l'évaporation et de la circulation aérienne des eaux. Le sel de la mer ne s'évapore pas, de sorte que les eaux des océans sont parfaitement douces quand elles retombent en pluie. Mais, sous l'effet de la chaleur, l'évaporation se produit constamment à la surface des mers, des fleuves et des lacs. D'ailleurs, l'eau des mers peut se purifier et devenir potable, grâce à un filtrage fait avec soin.

La grêle est le résultat de la congélation des gouttes de pluie par le vent et le froid. La neige est de l'eau moins compacte et cristallisée ; aussi fond-elle plus facilement.

Le vénérable Bède parle ensuite des signes avant-coureurs des tempêtes et du beau temps ; des maladies contagieuses causées par les variations trop accentuées de la température ; des eaux douces et des eaux amères ou salées ; des marées et de leur relation avec le mouvement de la Lune.

Il explique pour quelle raison la mer, malgré les fleuves qu'elle reçoit incessamment, n'augmente pas néanmoins de volume ; pourquoi ses eaux sont et demeurent amères, et pourquoi les inondations du Nil surviennent avec tant de régularité.

Les continents ne sont que de vastes îles, car, de tous les côtés, la mer les entoure. Ils sont traversés en tous sens par des fleuves et des rivières, non seulement à leur surface, mais encore dans leurs couches profondes. Ces cours d'eau souterrains sont, comme les veines dans le corps, destinés à porter partout la fécondité.

Après ces notions si complètes sur la Météorologie, le vénérable Bède passe à la Géodésie.

La Terre est isolée dans l'espace, dit-il ; elle ne repose que sur elle-même : le vide l'entoure de toutes parts. Il lui est aussi difficile de tomber plus bas que de monter plus haut, *natura cohibente et quo cadat, negante.*

Malgré les proéminences résultant de la juxtaposition des vallées et des montagnes, la Terre est semblable à un globe. Sa sphéricité est la cause de la variété des aspects du ciel aux diverses latitudes. De là vient aussi la différence de la longueur des jours, suivant les contrées et les époques de l'année.

Une transition toute naturelle amène l'auteur à exposer la science gnomonique : il le fait avec beaucoup de compétence et d'habileté.

Puis, viennent des considérations sur les tremblements de terre et sur les volcans ; en particulier, sur l'Etna.

Le Livre *De Temporibus* n'est pas moins intéressant et instructif.

L'auteur décrit en détail les différentes manières de diviser le temps, en usage chez les peuples anciens : Hébreux, Chaldéens, Perses, Égyptiens ; et chez les peuples plus récents : Grecs, Romains, races teutoniques, etc., etc. Il y parle du jour et de la nuit ; de la semaine et des mois ; des solstices et des équinoxes ; des saisons et des années ; des bissextiles ; des cycles de huit et de onze ans ; de celui de Méton ; des irrégularités dans le mouvement de la Lune ; du cycle pascal et du comput ecclésiastique ; des indictions et des épactes lunaires et solaires ; des divers âges du monde, etc., etc.

Toutes ces questions sont reprises et enseignées, avec plus d'ampleur, dans un autre de ses ouvrages, dont le titre est presque semblable : *De Temporum ratione.* Il y donne de nouvelles preuves de l'étendue et de la profondeur de ses connaissances.

Si à tous ces ouvrages, déjà si nombreux et si volumineux, on ajoute ceux qu'il a composés en outre sur la Musique, l'Arithmétique, la Géométrie et les autres branches des Mathématiques [1], on ne pourra s'empêcher d'être frappé de l'universalité de son savoir, du cachet encyclopédique de son œuvre, et de la puissance de son génie.

On verra, par là même, combien vaste était le programme des études dans ces écoles monastiques du VIII° siècle, dirigées par des hommes comme Bède.

N'a-t-il pas droit d'être mis en bonne place parmi les grands esprits dont s'honore le genre humain, celui qui fut, à la fois, philosophe, théologien, commentateur de l'Écriture-Sainte, historien sûr, poète élégant, orateur, astronome, mathématicien, et la merveille de son époque par son érudition sans égale, dans ces temps réputés barbares, et cependant déjà si éclairés?

On ne s'étonnera donc pas de voir un des plus célèbres citoyens modernes de la fière Albion, l'appeler le père de la Science anglaise, *father of English learning* [2]. Un autre de ses compatriotes, juge compétent aussi, montre qu'il a été supérieur à Pline [3].

D'ailleurs, Bède était familiarisé avec tous les auteurs les plus renommés de l'antiquité grecque et latine. Il cite à chaque instant Aristote et Hippocrate, Platon et Sénèque, Cicéron et Lucrèce, Ovide et Lucain, surtout Virgile.

Que faut-il de plus, pour le considérer comme un littérateur et un savant de premier ordre?

Non seulement il a eu la Science de l'antiquité, mais il y a ajouté le fruit de ses patientes observations et de ses laborieuses recherches. En certains points même, il a pressenti les résultats de la Science actuelle. Comme devait l'être, plus tard, Roger Bacon, il a été lui aussi, pendant quelque temps, suspect à plusieurs de ses contemporains, pour s'être écarté un peu des idées alors généralement reçues.

---

1. Il n'a pas moins écrit de quatre-vingts Traités.
2. Burke, *Essay of English history*.
3. Sharon Turner, *History of the Anglo-Saxons*, t. III.

Ces mesquines persécutions, suscitées à Bède par quelques esprits étroits, n'ont rien enlevé à sa gloire : au contraire, elle en a resplendi d'un plus vif éclat.

§ IV

Le Bienheureux Raban Maur.

I

Sa vie et ses œuvres.

Vers la fin du viiie siècle, en 776, naissait à Mayence un enfant destiné, lui aussi, à prendre rang parmi les encyclopédistes du moyen âge.

Ses parents appartenaient à la noblesse ; mais cette illustre origine ne l'empêcha point de s'adonner énergiquement au travail intellectuel, et de devenir l'un des plus féconds écrivains de son temps. Ses ouvrages remplissent, en effet, plusieurs volumes in-folio.

Ses premières études furent commencées à l'abbaye de Fulda, à laquelle il avait été offert, dès l'âge de dix ans, suivant la coutume généralement suivie à cette époque. Il alla, plus tard, les continuer à Tours, où l'attira la réputation du célèbre Alcuin. Il s'y perfectionna dans la littérature sacrée et profane, et dans la connaissance des sept arts libéraux.

Par la douceur de son caractère, la pénétration de son esprit, et son énergie dans le travail, il fut bientôt l'élève préféré de son maître. Celui-ci, à cause de sa docilité exemplaire, et en souvenir de saint Maur, disciple chéri de saint Benoît, ajouta le nom de Maur, à celui de Raban [1].

---

1. Ou Hraban, avec l'aspiration gutturale de l'orthographe germanique.

Retourné à Fulda, il fut chargé d'enseigner la Grammaire et la Rhétorique. Malgré la foule toujours croissante des auditeurs pressés autour de sa chaire, il trouva le loisir de composer de nombreux ouvrages dont le retentissement fut immense.

Les savants les plus considérés d'Allemagne, d'Italie et de France, s'estimèrent heureux d'être de ses amis. Les princes et les rois, les évêques et le pape correspondaient avec lui.

Avec sa réputation augmentaient ses dignités. Il fut bientôt chargé des plus hautes fonctions.

Sous sa direction, l'abbaye de Fulda devint, en peu de temps, l'École la plus célèbre du centre de l'Europe. Grâce à cette vigoureuse impulsion vers les fortes études, elle fut, durant de longues années, une pépinière d'où sortirent les plus illustres prélats de l'Allemagne et toute une armée de savants docteurs.

A certains moments, il y eut jusqu'à quatre cents élèves réunis à la fois.

L'influence de Raban Maur, nous l'avons déjà dit, s'étendait jusqu'aux plus grands personnages. Aussi sa vie est-elle un tableau animé, dans lequel se reflètent les événements les plus importants de son siècle.

A une vive intelligence il joignait une prudence consommée.

Dans les démêlés survenus entre Louis le Débonnaire et ses enfants, il se conduisit avec une admirable sagesse. S'appliquant de tout son pouvoir à faire cesser ces discordes scandaleuses, il fut pour beaucoup dans le calme relatif qui succéda à l'orage. L'empereur et ses fils s'en montrèrent tous reconnaissants, et lui témoignèrent leur gratitude en accordant de nouvelles largesses au monastère dont il était abbé.

Nommé, plus tard, quand il était presque septuagénaire, archevêque de Mayence, Raban Maur parut digne de cette suprême distinction. Il administra son diocèse avec cette merveilleuse sagesse qui avait brillé en lui, pendant une vingtaine d'années, dans le gouvernement de son abbaye.

L'âge n'avait pas éteint sa vigueur. Il combattit avec

force les erreurs de son temps, surtout celle de Gothelscalc, et le fit condamner. Jusqu'à sa mort, il resta un redoutable athlète pour les hérétiques de son temps.

Sa science était aussi vaste que profonde.

Il écrivit sur l'Écriture-Sainte de volumineux commentaires, que les évêques et les rois lisaient, ou étudiaient à l'envi. Cependant, il ne s'adressait pas directement à eux. Son but était plus modeste. Il voulait surtout vulgariser l'enseignement des saintes lettres et la doctrine des anciens commentateurs.

Voilà pourquoi sa méthode d'exégèse consistait surtout à extraire des Pères et des Docteurs précédents, ce qui lui semblait plus apte à procurer une saine interprétation de la Bible. Il indiquait toujours exactement le livre et le chapitre auxquels la citation était empruntée.

Ce procédé suppose une érudition immense et une humilité peu commune. Il désirait venir en aide à ceux qui ne pouvaient acquérir, en nombre suffisant, les livres si rares alors, et par suite si chers, mais dont les riches bibliothèques des monastères étaient toujours abondamment fournies. Il en présentait à ses lecteurs la quintessence et le résumé fidèle. C'était faire acte de charité.

Raban Maur fut aussi un poète élégant. Il est l'auteur de nombreuses pièces, telles que : hymnes, épitaphes, inscriptions, élégies, etc.

Son Traité des *Louanges de la Croix*[1], en deux Livres, est, sous ce rapport, un ouvrage extrêmement curieux. C'est un recueil d'acrostiches dont les lettres forment des vers, non seulement quand elles sont lues dans le sens horizontal, mais aussi suivant plusieurs lignes verticales, et selon diverses directions.

Elles délimitent, en même temps, des figures mystiques de la Croix, des Anges, des Chérubins et des rois ou empereurs alors régnant. C'est un chef-d'œuvre de patience. Alcuin et Louis le Débonnaire en demandèrent des exemplaires à l'auteur.

---

1. *De Laudibus Sanctæ Crucis, libri duo.*

Le poète était peintre également, *ut pictura poesis*. Lui-même avait colorié ces figurines et enluminé ces manuscrits. Il s'était révélé un véritable maître dans cet art parvenu déjà pourtant à un si haut degré de perfection.

Philosophe et théologien, il était aussi canoniste et orateur. Il a laissé, dans cet ordre, plusieurs volumes de valeur.

II

Encyclopédie de Raban Maur.

Comme le vénérable Bède et saint Isidore, Raban Maur s'occupa aussi des Sciences profanes, physiques et naturelles. Il en fit le sujet de sa vaste Encyclopédie, divisée en une vingtaine de Livres ou Parties [1].

Ce travail considérable fut dédié à Louis le Débonnaire, roi de France. Les premières lignes de la dédicace étaient conçues en ces termes :

Au seigneur très excellent et très digne de tout honneur, Louis, roi ; Raban, le dernier des serviteurs de Dieu, souhaite dans le Christ le salut de l'éternelle Béatitude [2].

Dans la préface l'auteur indique l'ordre des matières. L'ouvrage comprend deux sections : Sciences sacrées et Sciences profanes. Nous allons, pour le faire connaître, en donner ici le plan général.

Section première : Sciences sacrées.

Livre I. — Théologie. — Dieu et les Anges.

---

1. *De Universo, libri viginti duo.*
2. Domino excellentissimo, et omni honore dignissimo Ludovico regi, Rabanus, vilissimus servorum Dei servus, æternæ beatitudinis in Christo optat salutem. (*Præfatio ad Ludovicum regem invictissimum Franciæ.*)

Livre II. — Théologie (suite.) — Création de l'homme ; Adam et les Patriarches.

Livre III. — Théologie (suite.) — L'Ancien-Testament ; les Prophètes.

Livre IV. — Théologie (suite.) — Le Nouveau-Testament ; l'Église et les Sectes.

Livre V. — Écriture-Sainte.

Section seconde : Sciences profanes.

Livre VI.	— Anthropologie.
Livre VII.	— Sociologie et Ethnologie.
Livre VIII.	— Histoire naturelle ; les Animaux.
Livre IX.	— Astronomie et Météorologie.
Livre X.	— Chronologie.
Livre XI.	— Hydrographie.
Livre XII.	— Géographie.
Livre XIII.	— Orographie.
Livre XIV.	— Architecture.
Livre XV.	— Philosophie et Sciences occultes.
Livre XVI.	— Linguistique.
Livre XVII.	— Minéralogie et Métallurgie.
Livre XVIII.	— Poids et Mesures. — Médecine.
Livre XIX.	— Agriculture ; Végétaux.
Livre XX.	— De la Guerre et des Jeux. — Marine.
Livre XXI.	— Arts et Métiers : maçonnerie, peinture, menuiserie, tissage, etc., etc.
Livre XXII.	— Économie domestique.
Appendice.	— Traité de Grammaire.

On a également de Raban Maur un autre ouvrage précieux sur la Linguistique, intitulé : *De inventione linguarum ab hebræâ usque ad theotiscam, et notis antiquis*. Il contient des dissertations savantes sur les alphabets et les langues des Hébreux, des Grecs, des Scythes et des Teutons.

Il avait composé aussi un *Glossaire théotisque*, resté manuscrit, et dont on conserve actuellement encore des exemplaires dans les grandes bibliothèques de Vienne et de

Munich. Des fragments, toutefois, en furent publiés à diverses époques par plusieurs auteurs.

Nous ne nous arrêterons pas à analyser en détail l'Encyclopédie de Raban Maur. Ce que nous avons dit de ses prédécesseurs, suffit pour en donner une juste idée. Son plan, comme on le voit, s'écarte peu de celui de saint Isidore de Séville, surtout dans les derniers livres. Il est exécuté avec plus d'ampleur, mais dans un sens moins strictement scientifique.

L'auteur, en effet, a une tendance aux applications mystiques et cite plus abondamment l'Écriture-Sainte. Ses informations scientifiques sont cependant, en général, sûres et précises.

Son jugement est droit ; il n'avance rien sans preuves, et son esprit positif n'est jamais tombé à ce sujet dans de graves écarts.

La lecture de cette œuvre immense nous le révèle comme un travailleur infatigable et un véritable érudit.

§ V

Hugues de Saint-Victor.

I

Sa vie.

Nous allons maintenant dire quelques mots d'un autre encyclopédiste, dont la vie, en grande partie, s'est écoulée en France. Ce sera pour nous une occasion de parler, en même temps, de ces fameuses Écoles du xiie siècle, surtout de celle de Paris, où se pressaient un si grand nombre d'étudiants pour entendre les leçons de maîtres distingués.

On y enseignait dans toute leur étendue le *Trivium* et le

Quadrivium, c'est-à-dire la Littérature et les Sciences, avec la Médecine, la Théologie et le Droit.

Elle jouissait d'une telle réputation qu'on y accourait de tous les pays. Il s'y trouvait, côte à côte avec les enfants de la France, des Italiens et des Anglais, des Allemands et des Suédois, des Danois et des Slaves.

Aussi les rois la protégeaient-ils de tout leur pouvoir, la considérant comme la gloire la plus pure de leur royaume : ils lui octroyaient des chartes portant des franchises et des privilèges de tout genre.

Parmi les centres intellectuels de la capitale les plus célèbres à cette époque, il faut citer Notre-Dame de Paris et l'abbaye de Saint-Victor, dans la même ville. Ils constituaient ensemble une brillante Académie, destinée à devenir le berceau de notre moderne Université.

Un des premiers fondateurs de l'École de Saint-Victor fut l'illustre Guillaume de Champeaux, dont le trop fameux Abélard fut d'abord le disciple, et ensuite le rival.

A l'époque où Guillaume de Champeaux enseignait avec tout l'éclat de son rare talent, on vit arriver un jeune homme, appelé Herman ou Heymon. Suivant certains auteurs, il serait né à Ypres, en Flandre, vers 1096, et selon d'autres, à Hartingam, en Saxe. Les uns le disent de famille noble, les autres le supposent issu de parents pauvres.

Quoi qu'il en soit, il vint en France, vers 1118, à l'âge de vingt-deux ans. Il s'arrêta quelque temps à l'abbaye de Saint-Victor, à Marseille ; puis, définitivement se fixa dans celle du même titre à Paris.

Les Français modifièrent un peu son nom : ils l'appelèrent Hugues ; et, pour la postérité, il fut Hugues de Saint-Victor.

Ses progrès dans toutes les branches du savoir furent si rapides qu'il devint bientôt professeur, et fut désigné pour la charge d'écolâtre, ou de directeur des études. Il remplit avec gloire ces importantes fonctions jusqu'à sa mort, et il fut le maître de Pierre Lombard, maître lui-même de saint Thomas d'Aquin.

II

Travaux encyclopédiques d'Hugues de Saint-Victor.

Sa facilité pour écrire n'était pas ordinaire : elle lui permit de composer toute une collection d'ouvrages, sans que cette fécondité surprenante nuisît à leur solidité. Par cette multiplicité d'œuvres de toute sorte, il mérite, lui aussi, d'être rangé parmi les encyclopédistes du moyen âge.

Philosophe à la manière de Platon et de saint Augustin, théologien profond, ascète sûr et mystique admirable, il fut aussi un littérateur de marque.

On s'étonne de voir combien ces moines du xiiᵉ siècle, si souvent accusés d'ignorance, étaient familiarisés avec l'antiquité païenne. Les citations d'auteurs profanes abondaient sous leur plume ; elles arrivaient comme tout naturellement dans des ouvrages où l'on s'attendrait le moins à les rencontrer. Virgile et Horace, Térence et Lucain ou Juvénal, Cicéron et Sénèque, Suétone et Quinte-Curce, Tite-Live et Tacite étaient fort souvent mis à contribution.

Voici comment Hugues de Saint-Victor exposait le programme d'études élaboré pour ses élèves :

La Science, dit-il, comprend trois divisions principales. La première est la partie théorique, composée de la Théologie ou Théodicée, de la Physique et des Mathématiques. La seconde est la partie pratique : elle embrasse l'Éthique ou Morale, l'Économie et la Politique. La troisième est la Logique ; elle enseigne à bien traiter les parties précédentes : elle comprend la lecture, l'écriture, l'Orthographe, la Grammaire et l'Éloquence [1].

Dans un ordre inférieur à la Science proprement dite,

---

1. *Didascal.* libr. VI, cap. 14.

sont les Arts mécaniques destinés à subvenir aux besoins de la vie.

Hugues de Saint-Victor nous raconte lui-même qu'il avait consacré beaucoup de temps, dans sa jeunesse, à étudier sérieusement la Géométrie, les Mathématiques et l'Astronomie.

Nous parlerons peu de ses Commentaires sur l'Écriture-Sainte, ni de ses autres ouvrages considérables sur la Théologie, l'Ascétisme, le Droit et la Philosophie. Il nous suffira d'indiquer son *Traité des Études*, sorte d'Encyclopédie en sept Livres, où, dissertant sur les Arts libéraux et mécaniques, il en explique la nature, et en fait connaitre les inventeurs.

Il composa, en outre, un Traité de Géométrie. On lui attribue également une Histoire naturelle des Animaux, en quatre Livres avec un appendice sur la Minéralogie et l'Anthropologie.

Il distingue très nettement l'Astronomie de l'Astrologie. L'une, dit-il, observe les astres et formule les lois de leurs mouvements ; l'autre envisage leur prétendue influence sur la destinée des hommes et sur les événements heureux ou malheureux dont nous sommes les témoins ou les victimes. L'une est donc une vraie science, et l'autre est une superstition.

Hugues de Saint-Victor mourut consumé avant le temps par les travaux et les austérités. Il avait quarante-quatre ans à peine. Arrêté presque subitement au milieu d'une brillante carrière, il put donc seulement laisser soupçonner ce qu'il aurait accompli, s'il avait vécu davantage.

On conçoit difficilement comment, dans une existence aussi courte, il a réussi à apprendre tant de choses et à composer tant d'ouvrages, d'autant plus que ses travaux n'étaient pas hâtifs, mais toujours consciencieux, profonds, et sur des matières extrêmement variées.

L'explication en est peut-être dans son grand sens pratique, par lequel il savait discerner sûrement les questions frivoles de celles qui sont dignes d'attention. Cette qualité est précieuse ; elle est, d'ailleurs, assez rare pour mériter d'être signalée.

Ainsi le xiiᵉ siècle préparait le xiiiᵉ. Une des écoles les plus prospères et les plus influentes de ce xiiᵉ siècle, avant-coureur d'une magnifique floraison intellectuelle de la société au moyen âge, fut incontestablement, grâce à Hugues, celle de l'abbaye de Saint-Victor de Paris.

§ VI

Les femmes instruites du Moyen Age. Encyclopédie de sainte Hildegarde.

I

Fondation de l'Université d'Oxford par des religieuses anglaises.

A une époque où l'on parle tant de l'émancipation des femmes et de la nécessité de leur donner une culture intellectuelle, qui les tir. de l'infériorité où la faiblesse de leur sexe semble les placer naturellement, il ne sera pas inutile de donner un rapide aperçu de ce que le moyen âge avait réalisé sous ce rapport. Nous ne sortirons pas du sujet de ce Chapitre, car il s'agit toujours de programmes d'études et d'Encyclopédies.

Beaucoup de nos contemporains ne seraient-ils pas stupéfaits d'apprendre que les foyers littéraires et intellectuels les plus actifs et les plus illustres de l'univers, ont été fondés par les moines, et quelquefois même par des religieuses ?

Nous l'avons dit, au paragraphe précédent, pour l'Université de Paris ; nous pouvons maintenant continuer cette thèse, en promenant nos regards sur l'Angleterre, et en considérant l'origine de ses plus célèbres aréopages : ceux de Westminster et d'Oxford.

En anglais, Westminster signifie *monastère de l'Ouest*.

En effet, un moine romain, venu de la Ville éternelle pour convertir les Saxons, avait construit, au VIIe siècle, tout près de Londres, mais du côté du couchant, un monastère, sur un îlot formé par un bras de la Tamise.

L'humble germe avait jeté dans le sol des racines profondes, et s'était bientôt transformé en grand arbre. Suivant le mot de l'Évangile, à son ombrage s'abritèrent les oiseaux du ciel, c'est-à-dire les âmes régénérées.

Environné d'une splendeur et d'une renommée toujours croissantes, Westminster suivit dans son épanouissement le développement même de l'Angleterre, dont il devint le sanctuaire national. L'abbaye prit bientôt des dimensions gigantesques et s'embellit en s'étendant.

Les princes et les peuples avaient pour elle la même vénération et le même amour. Elle fut la sépulture préférée des nobles et des rois. Aujourd'hui encore, elle est le Panthéon de l'Angleterre. Sous ses voûtes, tant de fois séculaires, reposent les guerriers, les orateurs, les poètes, les hommes d'État, et les plus glorieux enfants de la puissante Albion.

On connaît ce mot de Nelson, au moment d'engager une bataille décisive : « Cette journée me vaudra, ou la pairie, ou un tombeau à l'abbaye de Westminster. »

L'antique abbaye n'était pas seulement consacrée aux morts ; la royauté anglaise séjourna longtemps à côté : dans une de ses plus belles salles, la Chambre des Communes tint sa première séance ; là encore, agit et légifère le parlement anglais.

Centre de la vie politique de l'Angleterre, et sa vraie capitale, Westminster, fut l'œuvre des moines : l'histoire le dit à toutes ses pages. Malgré sa prospérité croissante, il est resté un monastère, une abbaye, et il en porte encore le nom.

Quant à la célèbre Université d'Oxford, non seulement elle doit son origine aux moines, mais elle eut pour berceau une communauté de religieuses : ce sont des femmes qui l'ont fondée.

Nous ne voulons pas dire simplement que l'illustre

Alma Mater, s'est établie, plus tard, dans les anciens bâtiments du monastère délaissé. Mais, alors même que ses cloîtres n'abritaient que des religieuses, ils furent, pendant longtemps, un foyer d'études scientifiques et littéraires très actif.

Ce n'était pas, d'ailleurs, une exception. Il en fut ainsi, en Angleterre, dès la fin du viie siècle, pour toutes les grandes abbayes de femmes. Leur influence bienfaisante se répandit au loin. De ces ruches monastiques sortirent bientôt des essaims de religieuses familiarisées avec les Sciences. Elles prêtèrent un concours des plus efficaces à saint Boniface et aux autres missionnaires saxons dont le but était de convertir la Germanie.

Elle ne laisse pas d'être singulière cette germination de la littérature classique chez des religieuses dont les ancêtres étaient, peu d'années auparavant, ignorants et barbares.

Dans ce monastère fondé à Oxford par une fille de roi, sainte Frideswida, dont la mort arriva la même année que celle du vénérable Bède, des centaines de jeunes personnes, souvent des plus riches familles, étaient venues prendre le voile.

Là, comme dans les autres monastères de femmes, les études littéraires étaient cultivées avec une insatiable ardeur. On y apportait le même soin et la même persévérance que dans les communautés d'hommes, et, peut-être, plus d'entraînement et d'enthousiasme.

En premier lieu, ces saintes filles s'attachaient aux auteurs chrétiens : elles lisaient attentivement les saints Pères et les Docteurs de l'Église. Ainsi préparées, elles ne craignaient pas de commenter elles-mêmes les Écritures : elles en recherchaient les interprétations historiques, allégoriques, morales et mystiques ; les passages les plus obscurs ne les effrayaient pas, et ne les arrêtaient point.

Presque toutes savaient le latin : elles s'écrivaient dans cette langue, quand elles habitaient des couvents différents, ou qu'une cause fortuite les séparait pour quelques jours. Non seulement elles cultivaient la prose, mais elles possédaient la prosodie, et composaient des vers. Beaucoup connaissaient aussi le grec, et étaient familiarisées avec les auteurs de l'antiquité auxquels elles faisaient de nombreux emprunts. Elles citaient tout naturellement Virgile et Ovide ou d'autres anciens.

Nos savantes modernes, élevées à grands frais dans des lycées fastueux, auraient peut-être beaucoup de peine à soutenir la comparaison. Mais ces religieuses, si instruites, vu leur état et leur époque, n'étaient point des pédantes, ni des précieuses ridicules.

La règle leur imposant l'obligation du travail, elles étudiaient pour se conformer à ce point de leur code monastique. Elles ne négligeaient pas cependant les occupations propres à leur sexe.

Pour les ouvrages de broderie fine, elles étaient d'une merveilleuse habileté. Elles garnissaient de perles et de pierreries les étoffes d'or et d'argent destinées au culte divin. Mais elles ne pensaient pas que le travail des mains dût absorber toute leur activité. Elles quittaient volontiers l'aiguille pour la plume. En transcrivant les manuscrits et en les ornant de miniatures et d'enluminures, quelquefois remarquables, elles avaient pris le goût et l'habitude de les lire et de les étudier.

Ainsi ces communautés de femmes étaient déjà des maisons d'éducation. L'instruction y était sérieuse, profonde et étendue.

En cela, d'ailleurs, les religieuses de la Grande-Bretagne ne faisaient qu'imiter leurs sœurs de la Gaule, qui avaient été les premières institutrices et les modèles des religieuses anglo-saxonnes.

Sainte Radegonde et ses compagnes s'étaient, bien longtemps auparavant, adonnées aux études littéraires ; elles avaient montré, par leur exemple, combien les classiques de l'antiquité, même profane, trouvaient facilement accès dans les cloîtres de femmes.

II

Sainte Hildegarde.

Cette efflorescence littéraire dans les monastères de religieuses avait passé de France en Angleterre, et de là se transmit aussi à l'Allemagne, grâce aux missionnaires anglo-saxons. Nous en citerons un exemple frappant, et l'on se demandera, sans doute, comment une humble vierge a pu acquérir tant de connaissances variées.

Vers la fin du xie siècle, en 1098, naissait à Mayence une jeune fille dont le nom était destiné à briller dans les annales de la sainteté et de la science : elle fut appelée Hildegarde.

A peine âgée de huit ans, ses parents l'offrirent à une recluse qui lui apprit la lecture et surtout la forma à la vertu.

Après avoir mené, pendant plusieurs années, cette vie solitaire, Hildegarde, voyant accourir vers elle un certain nombre de jeunes filles avides de se mettre sous sa direction, se résolut à fonder un monastère. Elle le bâtit sur les bords du Rhin, à quelques lieues de Mayence, et elle en devint la première abbesse. Elle y mourut en 1178, à l'âge de quatre-vingts ans.

Favorisée de visions célestes, elle avait eu sur l'ensemble des Sciences des intuitions merveilleuses.

On peut mettre en doute, si l'on veut, le contenu d'une partie de ses révélations. Quoique l'Église en ait permis la lecture, elle ne les a jamais, en effet, approuvées formellement. Mais on ne saurait nier les connaissances scientifiques et littéraires de cette religieuse cloîtrée.

Dès lors, la question se pose : comment les a-t-elle acquises ? est-ce par ses efforts ou des moyens surnaturels ?

Les plus hauts personnages de son temps, les princes

et les rois, les évêques et les docteurs, la consultaient souvent sur les sujets les plus divers et parfois les plus difficiles : aussi sa correspondance, écrite d'un style vif et figuré, est-elle fort considérable et très intéressante à lire.

Elle composa plusieurs vies de saints, fit une exposition doctrinale de la règle de saint Benoit, et des commentaires volumineux sur l'Écriture-Sainte. Dans les Sciences sacrées rien ne lui était étranger : elle écrivait indifféremment, et toujours avec une grande compétence, sur la Mystique, la Théologie, l'Ascétisme, la Morale, l'Herméneutique, etc.

Mais ce qui surprend bien plus encore, ce sont ses livres de Médecine, de Pharmaceutique, de Physique générale, où se trouvent de larges aperçus sur l'Histoire Naturelle, sur la Minéralogie et la Métallurgie, sur l'Astronomie et la Météorologie, et même sur la Géologie, cette Science si récente et à peine née d'hier.

Ses ouvrages forment donc une véritable Encyclopédie, un peu mystique, il est vrai, mais scientifique pourtant. Elle est remarquable autant par son étendue que par la précision d'innombrables détails et par la profondeur des vues.

Son *Traité de Physique*, par exemple, ne comprend pas moins de 300 pages in-folio. Il se divise en neuf Livres, et embrasse les trois règnes de la Nature [1].

En voici les grandes lignes.

Livre I. — Des Plantes et des Légumes.
Livre II. — Des Éléments primordiaux.
Livre III. — Des Arbres et des Fruits.
Livre IV. — Des Pierres et des Pierreries.
Livre V. — Des Poissons.
Livre VI. — Des Oiseaux.
Livre VII. — Des Animaux.
Livre VIII. — Des Reptiles.
Livre IX. — Des Métaux.

---

1. Sanctæ Hildegardis *Physica, sive subtilitatum diversarum naturarum creaturarum libri novem*.

Ces divers Livres auraient pu, sans doute, être disposés dans un ordre plus logique ; mais les éditeurs ont préféré, peut-être, suivre l'ordre chronologique de la composition.

Le but de l'auteur est d'exposer les diverses natures des êtres, et de montrer l'utilité qui résulte pour l'homme de leurs propriétés, au point de vue médical.

Sainte Hildegarde avait joint la pratique à la théorie. D'après les témoignages irrécusables de ses contemporains, des malades nombreux qui s'adressaient à elle, il y en avait peu qui ne fussent rapidement soulagés.

Était-ce par un don surnaturel ou par l'effet de sa science? Peut-être faut-il admettre ces deux causes simultanément. Beaucoup de saints ont fait de ces prodiges. D'autre part, les recettes de sainte Hildegarde nous restent encore. Il est aisé de constater que la plupart sont aptes à adoucir les maux et à rendre la santé.

Les ouvrages récents présentent ces recettes comme nouvelles. N'est il pas étrange, cependant, de les retrouver dans les œuvres de notre sainte?

Ce recueil de formules thérapeutiques pour toutes sortes de maladies a été imprimé plusieurs fois.

Nous donnerons une idée de l'importance de l'ouvrage, en disant que le premier Livre *De Plantis*, contient à lui seul, deux cent trente Chapitres assez longs.

Dans un autre de ses écrits, non moins curieux et non moins étendu, *Liber divinorum operum simplicis hominis*, elle donne des notions développées et remarquables sur la constitution générale de l'Univers, sur l'organisme humain, sur les maladies, sur la Météorologie et l'Hygiène, etc.

Plusieurs de ces Chapitres forment un véritable Traité d'Anatomie. Aurait-on jamais cru une religieuse mystique, comme sainte Hildegarde, capable d'écrire certaines pages, dont la composition et la conception sembleraient réservées aux seuls habitués d'un amphithéâtre de dissection?

En Astronomie, elle a enseigné clairement que, malgré

ses vallées et ses montagnes, la Terre est ronde et isolée dans l'espace, étant de toutes parts entourée d'air [1].

Quant à la Géologie, elle a résumé admirablement ce que cette Science affirme aujourd'hui comme certain, après l'avoir tenu si longtemps pour controversé. A l'origine, dit-elle, les roches ont été en fusion dans le feu et dans l'eau, et en se coagulant ont formé l'ossature du globe ; la terre humide en est comme la moelle [2].

Dans ses écrits se rencontrent beaucoup de passages de ce genre, enchassés dans des considérations mystiques en rapport avec son état d'âme, mais absolument frappants par leur mérite scientifique.

Inspirée ou non, sainte Hildegarde a composé des ouvrages volumineux, sur toutes les branches des connaissances humaines. Que faut-il de plus pour la ranger, à bon droit, parmi les encyclopédistes des siècles passés?

§ VII

Roger Bacon.

I

Caractère encyclopédique de ses œuvres.

Parmi les encyclopédistes du moyen âge, une place de choix doit être évidemment réservée à l'illustre Roger Bacon.

Nous avons déjà longuement parlé de lui en traitant des Sciences Mathématiques, de la Physique et de la Chimie. Il nous suffira de rappeler ici le titre de ses principaux ou-

---

1. *Liber divinor. operum simplicis hominis.* Parte I^a, cap. xc.
2. Lapides ex igne et aqua velut ossa fudi, et terram ex humiditate et viriditate quasi medullam constitui.

vrages, pour montrer le caractère encyclopédique de ses travaux.

Ses œuvres embrassent, en effet, la Grammaire, la Linguistique, la Logique, la Métaphysique, la Théologie, la Morale, la Géographie, la Chronologie, les Mathématiques, la Physique, l'Optique et l'Acoustique, la Chimie et l'Astronomie, la Médecine, et des questions variées, sous le titre de Mélanges. On y trouve les sujets les plus divers, par exemple, des dissertations sur Virgile, sur les causes du flux et du reflux de la mer, etc.

En Philosophie, il a courageusement abordé les plus graves problèmes de la Métaphysique. Il a commenté Aristote, après en avoir recherché et traduit les textes authentiques. Mais, s'il respecte beaucoup le Stagirite, il se garde bien d'admettre aveuglément toutes ses idées, comme ses contemporains. Il discute librement ses opinions, et en découvre le fort et le faible.

Écrivant le latin avec élégance et familiarisé avec le grec, l'hébreu, l'arabe et les langues orientales, il a deviné tout ce que réservait à l'avenir l'étude comparée des langues. Il a signalé les défauts inévitables dans les traductions, aussi bien faites qu'on les suppose, surtout la difficulté de rendre la force de l'original. Que de fois se réalise l'adage connu, *traductor, traditor*.

Mathématicien, il a pressenti le secours immense qu'apporterait la Science des nombres à l'Astronomie, à la Physique et à la Chimie. Les Mathématiques, aimait-il à répéter souvent, sont nécessaires pour toutes les Sciences, comme pour les affaires commerciales et dans une foule de circonstances de la vie civile.

L'ignorance sur ce point lui paraissait d'autant plus regrettable, que ceux qui en sont entachés s'en aperçoivent moins. Nul n'est bon théologien, sans être philosophe ; mais aussi, ajoutait-il, nul n'est bon philosophe sans être mathématicien.

Les Mathématiques ne disciplinent-elles pas l'esprit, en l'habituant à la rigueur impeccable des raisonnements abstraits ?

Elles sont nécessaires même pour l'étude de l'Écriture-Sainte, dont beaucoup d'endroits resteront éternellement obscurs, si l'on ne connait bien l'Astronomie et la Chronologie. Or comment, sans les Mathématiques, faire des progrès dans ces Sciences si importantes?

Fondateur de la méthode expérimentale en Philosophie naturelle, il en a tracé les lois, bien autrement que le chancelier Bacon de Vérulam, et, le premier, les a mises en pratique. Aussi comme ses observations ont été délicates et précises!

En Astronomie, il a précédé Képler, comme en Optique il a devancé Newton. Il avait reçu à un haut degré cette sagacité et cette perspicacité qui permettent au génie de l'homme de pénétrer les mystères de la Nature. Ses découvertes ont excité l'admiration des peuples les plus éclairés, même dans les temps modernes.

N'a-t-il pas noté avec une singulière exactitude les vices du calendrier Julien, et le moyen de corriger ses erreurs qui allaient toujours croissant? Prédécesseur de Copernic et de Galilée, il n'a pas eu peur d'attaquer Ptolémée, alors aussi intangible qu'Aristote, et d'indiquer les défectuosités de son système.

Le caractère encyclopédique de son œuvre gigantesque apparaîtra plus visible encore par le simple exposé des principales divisions de son *Opus Majus*.

Dans les deux premiers Livres, il montre, d'abord, les obstacles qui s'opposent à l'acquisition de la Science. Ce sont, dit-il, une dépendance trop servile des opinions humaines; la crainte puérile de contredire le vulgaire; la préoccupation trop constante de cacher son ignorance sous des apparences trompeuses; par conséquent: la fatuité et la timidité.

Ce tableau d'un certain état d'âme est fait de main de maître [1].

Viennent ensuite des Traités sur l'utilité de la Science;

---

1. *Opus Majus*, lib. I et II. *De impedimentis sapientiæ; de causis ignorantiæ humanæ.*

sur l'utilité des langues; sur les rapports de la Philosophie et de la Théologie.

Ces deux branches du savoir ne sont pas opposées, dit-il; elles sont, au contraire, destinées à se prêter mutuellement secours. Nous devons, en effet, nous efforcer de connaître le Créateur par le moyen des créatures; car la perfection de sa nature incréée nous impose l'obligation stricte de le servir [1].

Nommons ses Traités variés et profonds sur les centres de gravité; sur les poids et mesures; sur la puissance des Mathématiques; sur la Musique; sur l'Astrologie et la Cosmographie; sur la Géographie générale et la Géodésie; sur la Perspective et sur l'Optique, où sont des notions si précises sur la Science de la lumière et le phénomène de la vision. A ce propos, il expose dans la Catoptrique les lois de la réflexion des rayons lumineux, et dans la Dioptrique, celles de la réfraction [2].

Sur la Chimie, il composa surtout son Traité *De l'admirable puissance de l'art et de la nature* : il y relate ses plus merveilleuses inventions, celle de la poudre, par exemple [3].

La Médecine fut également l'objet de ses études. Il publia, sur ce sujet, le Traité fameux: *Remèdes contre la vieillesse et manière de conserver la vigueur des jeunes ans* [4].

On a de lui aussi une remarquable description du cerveau et de l'organe de la vision.

Si ce n'est pas là une véritable Encyclopédie, que faut-il faire de plus ?

---

1. *Op. Majus*. De utilitate scientiarum; de utilitate linguarum; etc...
2. *Op. Maj*. De centris gravium; De ponderibus; De valore musices; De judiciis astrologiæ; De cosmographiâ; De situ orbis; De regionibus mundi; De situ Palestinae; De locis sacris; Descriptiones locorum mundi; Prognostica ex siderum cursu; Specula mathematica; Perspectiva; Computus; De specierum multiplicatione; De arte experimentali; De radiis solaribus; De coloribus per artem fiendis, etc...
3. De potestate mirabili artis et naturae, ou Speculum Alchemiae; De secretis operibus artis et naturae, et de nullitate Magiae.
4. *De retardandis senectutis accidentibus, et sensibus conservandis*.

§ VIII

Vincent de Beauvais.

I

Sa vie, son mérite et sa modestie.

Comme inventeur et savant, Roger Bacon n'a pas été surpassé; mais comme encyclopédiste il a eu un digne rival : on pourrait même dire un vainqueur, si l'on considère l'unité de l'œuvre et la fécondité du plan.

Nous voulons parler du dominicain Vincent de Beauvais.

On ne sait pas bien exactement le lieu et l'année de sa naissance. Il naquit probablement aux environs de Beauvais, au commencement du xiii° siècle, ou dans les dernières années du xii°. Il mourut, en effet, en 1264, et l'immensité de ses travaux suppose une assez longue vie.

Sa science et ses talents le mirent en faveur auprès des princes et à la cour de France. Il aurait pu, sans doute, s'il l'avait voulu, occuper un rang élevé dans la hiérarchie ecclésiastique. N'était-il pas tout désigné pour l'épiscopat, dès le jour où le roi saint Louis l'avait choisi pour diriger l'éducation de ses enfants? Mais il préféra rester simple religieux. Cette modestie l'honore : elle nous montre que son humilité et ses vertus furent égales à son génie.

II

Analyse de son Encyclopédie monumentale.

Le colossal ouvrage [1] sur lequel sa réputation a été justement fondée, fut entrepris d'après le désir et sous les auspices du roi lui-même, qui avait conçu le dessein de créer une vaste bibliothèque pour la commodité des savants.

Il exprima au précepteur de ses fils le souhait de le voir résumer, dans une œuvre d'ampleur suffisante, toutes les Sciences enseignées de son temps dans les Universités les plus renommées. Cette idée grandiose était bien d'un monarque magnanime. Il en favorisa l'exécution, en procurant à l'écrivain tous les manuscrits nécessaires, et en lui fournissant des secrétaires pour en multiplier les copies ou en faire des extraits.

Vincent méritait d'avoir été si honorablement choisi pour une œuvre de cette importance.

Il se mit au travail avec un courage indomptable et une sagacité digne de notre admiration.

L'élévation de son esprit et la sûreté de son goût paraissent de prime abord, dès que l'on examine la division de son ouvrage et l'enchaînement méthodique des parties. Il ne voulut pas, en effet, être un simple compilateur, mais il fit une œuvre à soi.

Bien supérieur à Pline, il mit de l'ordre dans le chaos.

La volumineuse *Histoire naturelle* de l'ancien auteur latin ne consistait guère qu'en une juxtaposition de pièces souvent disparates, entre lesquelles les transitions étaient à peine ménagées par des raisons arbitraires et fortuites. Il n'y avait point d'idée maîtresse et directrice, rattachant

---

1. Vincentii Bellovacensis *Speculum majus*. Édition de Strasbourg, 1473, 10 volumes grand in-folio.

tous les matériaux, pour en constituer un édifice remarquable par l'unité et l'harmonie des proportions.

Au contraire, et dès le principe, Vincent de Beauvais considéra les choses de haut : il en comprit l'étendue et en sonda la profondeur. Les passant en revue avec une sûreté de coup d'œil rare, il en discerna les différences et les similitudes; puis, il procéda à leur classification logique et systématique, en les disposant dans un ordre admirablement gradué.

Nous allons en indiquer les principales lignes, et le lecteur dira si nous exagérons.

Voici, d'abord, les quatre grandes divisions.

1° *Speculum naturale;* Miroir naturel (description de la Nature créée.)

2° *Speculum morale;* Miroir moral (règles des mœurs.)

3° *Speculum doctrinale ;* Miroir scientifique (Sciences et Arts.)

4° *Speculum historiale ;* Miroir historique (Histoire.)

La raison d'après laquelle ce partage général fut ainsi fait, est très philosophique.

Dans les deux premières Parties, il groupe les vérités qui, n'étant pas l'œuvre de l'intelligence humaine, lui sont antérieures et supérieures. Ces vérités sont toutes les merveilles de l'Univers créé (1re Partie, *Speculum naturale,*) et les lois éternelles de la Morale que l'homme ne fait pas et auxquelles il doit se soumettre (2e Partie, *Speculum morale.*)

Au contraire, les beaux-arts, la Poésie, l'Éloquence, la Musique, etc., les Sciences, les Arts manuels et l'Industrie, quoique basés sur des principes inébranlables, dépendent néanmoins beaucoup plus, dans leur constitution, des progrès ou des développements successifs de l'âme humaine, et de ses conquêtes sur le monde extérieur, dans la suite des siècles.

Sans doute, la Morale aussi est une Science; mais elle est surtout une loi : la pensée de cette prédominance a déterminé Vincent de Beauvais à la placer au second rang.

Tel est donc le premier fil conducteur pour ce vaste dédale : dans la première Partie, l'auteur parle de l'âme, comme nature créée ; dans la seconde, il traite des lois supérieures par lesquelles l'âme est régie ; dans la troisième, il fait connaître les produits des facultés de l'âme, c'est-à-dire les Arts et les Sciences; dans la quatrième, enfin, il raconte les diverses manifestations de cette activité intellectuelle de l'âme : c'est l'Histoire, depuis l'origine des temps jusqu'au xiiie siècle.

N'est-ce pas là une vue d'ensemble magnifique? Ne fallait-il pas un véritable génie, ou une perspicacité peu commune, pour réunir ainsi dans un seul tout harmonieux les faits innombrables et d'espèce si différente, dont devait nécessairement se composer la description générale de l'Univers vivant et inanimé?

Cette classification, si remarquable, est bien de Vincent de Beauvais : c'est son œuvre à lui. Pline n'a rien trouvé de comparable.

Par cette seule innovation, l'humble dominicain se révèle comme un penseur profond. C'est un savant chez lequel une érudition immense n'a pas nui à la claire perception des généralités, de même que les vues d'ensemble ne l'ont pas empêché de saisir les détails dans toute leur précision.

Ces deux qualités sont rarement dans un seul homme.

Ainsi par cette admirable coordination des parties, Vincent de Beauvais a su merveilleusement harmoniser les éléments nombreux de ce majestueux tableau.

Dans ces quatre Miroirs se réfléchissent, sous des aspects divers, la grandeur de Dieu, sa puissance infinie, sa bonté inépuisable et sa prévoyante providence. Ces quatre Miroirs n'en font donc qu'un seul, en réalité, le *Speculum majus*.

Nous allons maintenant donner un aperçu des principales subdivisions de chacune de ces quatre Parties.

I

Le Miroir naturel. (*Speculum naturale.*)

C'est l'exposition des merveilles de l'Univers créé. L'auteur y suit l'ordre de la Création, tel qu'il est marqué dans la Genèse. Cet ordre n'est pas arbitraire, ni anti-philosophique. La Science géologique et astronomique du xix° siècle, n'a pas su trouver mieux.

Pour décrire la Nature, n'est-il pas bon, d'ailleurs, de se conformer à l'ordre que Dieu lui-même a suivi en la faisant ?

Le tableau synoptique ci-joint fera comprendre, mieux que toute explication, combien cet ordre est rationnel.

a) Êtres incorporels.	Livre I.	Dieu, les Anges, l'âme humaine considérée comme esprit.
b) Corps impondérables.	Livre II.	La lumière ; sa nature et ses espèces ; les fluides.
c) Corps inorganiques.	Livres III, IV, V.	Le firmament et les cieux ; éléments célestes : l'eau, les vapeurs, l'air et le feu.
	Livres VI, VII, VIII.	Éléments terrestres : pierres, minéraux, métaux.
d) Corps organiques.	Livres IX à XIV.	Végétaux. Plantes et arbres.
	Livre XV.	Œuvre du quatrième jour. Les deux grands luminaires ; les étoiles fixes et errantes ; les comètes et les planètes ; les divisions du temps et les calendriers. Chronologie ; réfutation des astrologues [1].
	Liv. XVI à XXII.	Animaux : oiseaux, poissons, animaux domestiques, fauves, reptiles, etc. Leurs mœurs ; leur anatomie comparée.
	Liv. XXIII à XXVIII.	Anthropologie. Union de l'âme et du corps. Anatomie ; veille et sommeil.

---

1. L'ordre logique semblerait ici un peu interverti. Mais n'oublions

e) Considérations philosophiques sur l'ensemble de l'Univers.	Liv. XXIX et XXX.	Réflexions générales et philosophiques sur les vues de la Providence dans la création de l'homme; le libre arbitre et le péché; la chute et la réparation.
	Livre XXXI.	Œuvre du dernier jour: *crescite et multiplicamini*. La génération, la vie et la mort.
	Livre XXXII.	Repos éternel de Dieu après l'œuvre de la Création. La fin du monde et son renouvellement futur; les lieux habitables et la succession des temps.

Cet ordre n'est-il pas à louer, et tout ne s'y enchaîne-t-il pas régulièrement depuis le point de départ?

L'exécution de cette œuvre gigantesque est magistrale. A côté de quelques erreurs inévitables à cette époque, on y trouve des notions scientifiques d'une clarté et d'une précision étonnantes.

La rotondité de la Terre; son équilibre dans le vide qui l'entoure de toutes parts; le peu d'importance des montagnes et des vallées par rapport à son diamètre; les antipodes habitables, sans que les habitants courent le danger de tomber, car tout est attiré vers le centre, etc., etc., sont des vérités exposées et scientifiquement prouvées par l'expérience et le raisonnement dans le vi° Livre.

A propos des minéraux et des métaux, Vincent de Beauvais fait le procès aux alchimistes, comme il le fera ensuite aux astrologues. Cette idée de la pierre philosophale était une invention arabe; elle était venue en Occident surtout par Avicenne. Notre auteur enseigne qu'on ne peut pas changer la nature des métaux; mais, par des moyens particuliers, on arrive à séparer l'or et l'argent des matières étrangères qui en neutralisent les propriétés et en ternis-

---

pas que l'auteur suit l'ordre des jours ou des périodes de la Création, ordre confirmé par les plus récentes découvertes de la Géologie et de l'Astronomie.

sent l'éclat. On peut aussi donner à certains corps l'apparence, la couleur et le brillant des métaux précieux.

Tout cela est incontestablement très juste.

Sur les plantes et les arbres, il n'est pas moins précis. Il rentre dans d'innombrables détails, et s'occupe successivement des plantes sauvages ou incultes et des plantes de culture ; des arbres sauvages et des arbres fruitiers. Il décrit les phénomènes si complexes de leur germination, de leur croissance, de leur nutrition, de leur respiration, de leur vie, de leur dégénérescence et de leur mort. Au sujet de leur reproduction, il joint des observations savantes sur les sexes des végétaux de toute espèce.

Il indique aussi leurs propriétés médicinales et la manière de les employer en Thérapeutique.

C'est un Traité de Botanique auquel il manque fort peu pour être complet.

Son Histoire naturelle des animaux n'est pas moins remarquable : elle comprend six Livres entiers.

Son Anthropologie est un cours intéressant de Physiologie et de Pathologie. On y trouve l'Anatomie du corps humain, la description des passions, les divers états de l'organisme par l'effet de l'influence réciproque du corps sur l'âme et de l'âme sur le corps.

II

Miroir moral. (*Speculum morale.*)

Cette seconde Partie est beaucoup moins longue que la première. Probablement elle n'est pas de Vincent de Beauvais lui-même. La mort, paraît-il, l'empêcha de l'exécuter. Mais elle entrait dans son plan, et elle aurait été écrite ensuite par ses collaborateurs, d'après ses idées.

Elle se compose de trois Livres, ayant pour objet la Morale générale et la Morale spéciale. On y voit l'exposé des vertus cardinales et des vertus qui en découlent, les moyens de conserver l'innocence et d'éviter le péché, etc.

Cette Partie a beaucoup de ressemblance avec la Partie

analogue de la Somme théologique de saint Thomas d'Aquin.

Nous nous abstiendrons, par conséquent, de l'analyser, ces notions se rencontrant dans la plupart des Traités de Théologie un peu complets.

3
Miroir Scientifique. (*Speculum doctrinale.*)

Par la préface, l'auteur nous montre l'enchaînement existant entre cette Partie et les précédentes.

Dans le *Speculum naturale*, dit-il, nous avons décrit les merveilles de l'Univers, la création de l'homme et sa chute originelle par le péché. Nous allons parler maintenant des moyens dont l'homme dispose pour améliorer son sort si malheureux depuis sa première chute.

Ces moyens, après les vertus exposées dans le *Speculum morale*, sont le travail, l'étude et la science, ou doctrine. Nous appellerons donc cette troisième Partie, Miroir scientifique ou doctrinal, *Speculum doctrinale*.

Voici l'ordre des matières traitées par Vincent de Beauvais dans son *Miroir scientifique* :

Livre I.	Utilité pour l'homme de l'étude des Sciences, surtout après sa chute originelle (64 chapitres.)
Livre II.	Grammaire (193 chapitres.)
Livre III.	Logique, Rhétorique et Poésie (131 chapitres.)
Livres IV et V.	Sciences pratiques et Sciences morales. Règles de la vie monastique pour bien se conduire personnellement (311 chapitres.)
Livre VI.	Économie domestique (149 chapitres.)
Livre VII.	Politique et Droit public (152 chapitres.)
Livre VIII.	Droit privé ; Procédure (130 chapitres.)
Livre IX.	Jurisprudence criminelle. Juridiction ecclésiastique et civile (160 chapitres.)
Livre X.	Crimes contre le prochain et contre soi-même (134 chapitres.)

Livre XI.	Arts mécaniques; Commerce; Guerre et Marine; Agriculture et Chimie; jeux et spectacles, etc. (133 chapitres.)
Livre XII.	Médecine (148 chapitres.)
Livre XIII.	Chirurgie (176 chapitres.)
Livre XIV.	Nosologie (132 chapitres.)
Livre XV.	Physique (178 chapitres.)
Livre XVI.	Mathématiques et Métaphysique (175 chapitres.)
Livre XVII.	Théologie (64 chapitres.)

On a réédité au commencement de ce siècle et traduit en allemand une grande partie du Livre septième, sous ce titre *Manuel d'éducation de Vincent de Beauvais pour les princes et leurs précepteurs* [1].

D'autres passages de cette vaste Encyclopédie mériteraient le même honneur.

4

Miroir historique (*Speculum historiale.*)

La quatrième Partie du travail colossal de Vincent de Beauvais est le digne couronnement d'une pareille entreprise. L'auteur y fait preuve d'autant de patience, de talent et d'érudition que dans les trois premières Parties.

C'est une véritable Histoire universelle de l'humanité, depuis la création du monde jusqu'au milieu du xiii° siècle de notre ère.

Il y a, d'abord, le récit des événements les plus mémorables de l'Ancien-Testament et du Nouveau. Dans ce vaste panorama, défilent successivement les patriarches; les juges, les rois, les prophètes; puis, les apôtres et les premiers chrétiens.

L'Histoire profane n'est pas négligée. Les actions et les pa-

---

[1]. A Francfort, en 1819, 2 volumes in-8°. (Vincent's von Beauv. Hand und Lehrbuch fur kœnigliche, u, s. w.) Il avait, d'ailleurs, été publié à part, depuis longtemps, sous le titre : *De eruditione puerorum regalium.*

roles célèbres des héros de l'antiquité païenne sont relatées, expliquées et commentées. Chaque royaume ou empire est l'objet d'une étude spéciale. On y voit leurs origines plus ou moins brillantes, leur croissance, leur gloire ou leurs malheurs, leur décadence et leur ruine.

Mais Vincent de Beauvais n'est pas un simple narrateur froid et insensible. Il saisit, avec une grande netteté, le vrai côté des choses. Avec lui un récit se transforme en enseignement. D'une foule de faits disparates il sait tirer des considérations générales d'une haute envolée : les siècles écoulés, à jamais disparus, sont un exemple pour le temps présent.

En un mot, il écrit surtout la Philosophie de l'Histoire, et il a des aperçus grandioses qui ne dépareraient pas l'immortel *Discours sur l'Histoire universelle* par Bossuet.

En nous montrant la sagesse de la Providence dans la marche des nations sur la terre, il dépeint la grandeur de cette Justice souveraine et impeccable qui sait, quand il lui plaît, « donner aux rois de grandes et sévères leçons ». C'est d'elle, en dernière analyse, que relèvent tous les empires ; c'est elle qui les soutient ou les abat ; car à elle seule appartiennent la gloire, la majesté et l'indépendance.

Ce cours d'Histoire, embrassant la totalité des siècles, se termine par des réflexions du docte et pieux écrivain sur le mélange actuel des bons et des méchants ; sur l'état des âmes après la mort et avant la résurrection ; sur les signes avant-coureurs de la fin du monde ; sur l'antéchrist ; sur la vie future, l'enfer et le ciel éternels.

L'esprit de sage critique est remarquable chez Vincent de Beauvais. Sans doute, à son époque les Sciences chronologique et archéologique, auxiliaires indispensables de l'historien des temps passés, n'étaient pas ce qu'elles sont aujourd'hui. Mais, néanmoins, le savant dominicain du XIIIe siècle se garde bien de donner à tous les documents le même degré de certitude.

Les textes sont discutés ; les uns lui paraissent authentiques ; les autres, d'après lui, ne le sont pas. Tous les auteurs, du reste, n'ont pas à ses yeux le même poids. Il en est dont l'autorité est incontestable, et d'autres dont il faut se défier.

Quelles fatigues du jour et de la nuit n'a pas dû coûter à Vincent de Beauvais une œuvre aussi colossale, et dont les moindres détails ont été traités avec le même soin, avec le même souci de la vérité, avec la préoccupation constante d'éviter toutes les causes d'erreurs possibles!

A la force incontestable de son génie, Vincent de Beauvais a dû joindre une puissance de travail incomparable, et une indomptable énergie. Car le génie, pas plus que la terre, ne porte de bons fruits spontanément. Il faut le cultiver, et la culture en est parfois bien pénible.

Les hommes supérieurs n'ont pu tracer un sillon durable dans le champ de l'Histoire sans être des héros, quelquefois même des martyrs du travail.

Dans son labeur ininterrompu, ce moine, aussi charitable qu'érudit, était soutenu par l'espoir d'être utile à ses frères, en leur manifestant les merveilles de la nature et, par elles, la puissance du Créateur. Il ne voulait pas seulement coopérer à l'éclosion de demi-savants à l'esprit pédantesque, comme il en sort tant, à notre époque, des écoles officielles; il voulait surtout faire des hommes qui se serviraient de leurs connaissances pour aller à Dieu.

Chez eux, la lumière intellectuelle ne resterait pas froidement à la pointe de l'âme, pour, de là, s'évanouir dans les vaines fumées de l'orgueil; elle devrait se transformer en chaleur vitale; en énergie dans la volonté; en amour, en miséricorde et en bonté dans le cœur.

Tout vrai savant est humble, a dit quelqu'un; mais aussi tout vrai savant est bon. L'orgueil gâte la science; l'égoïsme rend stérile le savoir acquis. L'orgueilleux égoïste renfermant tout en lui-même, périt bientôt de pléthore; c'est un avare qui meurt sur un monceau d'or : sa science le tue. Qui veut trop n'a rien.

Que le Seigneur donne à notre siècle beaucoup de savants désintéressés et vertueux comme Vincent de Beauvais!

Nous ne prétendons pas, certes, que son travail ait atteint le comble de la perfection.

Une Encyclopédie est toujours fatalement incomplète : c'est une œuvre exigeant sans cesse de nouvelles additions et des suppléments de plus en plus étendus.

Mais n'est-il pas surprenant qu'il y ait si peu de défauts dans cette œuvre gigantesque, entreprise et exécutée par un humble moine, dans un siècle réputé barbare?

Depuis lors, les découvertes se sont succédé variées et brillantes dans toutes les branches du savoir humain. Son Encyclopédie n'en demeure pas moins un trésor inestimable. C'est un recueil immense dans lequel, avec un nombre considérable de remarques justes et vraies, sont conservés une foule d'écrits sur les connaissances scientifiques des anciens.

Sans lui, la plupart de ces livres auraient péri. Nous lui en devons la possession. De ce chef aussi il mérite notre gratitude, car il a fourni aux érudits modernes les moyens de reconstituer, presque de toutes pièces, l'Histoire des sciences aux temps passés.

CONCLUSION

Les esprits les plus indifférents et les plus hostiles au moyen âge ne peuvent s'empêcher d'être frappés de ravissement, à la vue des superbes cathédrales gothiques du xiii° siècle. Bâties pour l'éternité, tant leur solidité les rend inébranlables, elles montent, néanmoins, sveltes vers les cieux par la souplesse de leurs voûtes ogivales, et par la hardiesse de leurs flèches perdues dans les nues. Malgré leur masse, elles paraissent légères, à force d'être élancées.

Le moyen âge a construit des édifices immatériels plus beaux encore. Leurs proportions sont colossales; mais tous leurs éléments se fondent dans les lignes harmonieuses d'une sublime unité.

Malheureusement, ces monuments sont moins connus. Trop peu de voyageurs prennent la peine de s'en approcher, et d'en franchir le seuil. S'ils le faisaient une fois, ils seraient saisis d'admiration, et, sans aucun doute, ils n'en sortiraient qu'en se promettant d'y revenir encore.

Nous avons essayé dans ce volume de tracer une rapide esquisse de quelques-uns de ces édifices, dont les architectes furent des moines, comme Vincent de Beauvais, Roger Bacon, Raymond Lulle, Cassiodore, Boëce, etc., et parfois des femmes, humbles religieuses, comme sainte Hildegarde, ou sainte Frideswida, fondatrice de l'Université d'Oxford.

Mais rien ne vaut une visite personnelle; voir de ses yeux est toujours préférable, même à notre époque, où la photographie et les cinématographes ont fait tant de progrès.

Celui qui voudrait examiner par lui-même ces œuvres si remarquables des générations passées, y rencontrerait certainement des joies qu'il n'aurait pas soupçonnées, avant d'entreprendre cette excursion sur un terrain négligé trop longtemps.

Si nous n'avions craint de trop nous écarter de notre cadre, nous n'aurions pas résisté au désir de dessiner les grandes lignes d'un autre de ces monuments, le plus gigantesque et le plus magnifique de tous : *la Somme théologique* de saint Thomas d'Aquin. Il les dépasse, car c'est le chef-d'œuvre de l'intelligence humaine et l'Encyclopédie des Sciences divines.

Nous nous en sommes abstenu cependant, car notre but a été d'exposer quel fut, au moyen âge, l'état des connaissances désignées plus spécialement, à notre époque, sous le nom de Sciences. Voilà pourquoi nous avons laissé de côté les ouvrages plus directement philosophiques ou théologiques.

Mais là encore que de merveilles à contempler! Comme elles resplendissent, sous la claire lumière du jour!

On s'est follement imaginé que l'Église avait à rougir de son passé, et qu'elle le cachait avec soin. Quelle erreur!... Les portes sont largement ouvertes, entrez et voyez!

Les aveugles volontaires, capables de proférer cette injure se gardent bien d'entrer et de regarder. Et si, parce qu'ils refusent d'aller à la vérité, la vérité vient à eux, ils se détournent, de mauvaise humeur, ou ferment les yeux, pour ne point l'apercevoir. A ce prix, ils peuvent conserver leurs préjugés et continuer leurs blasphèmes.

Mais il n'en restera pas moins incontestable pour tout esprit sincère que, malgré les circonstances si défavorables dans lesquelles se débattait la société, l'Église a produit, au moyen âge, des hommes remarquables dans toutes les branches du savoir.

Il n'en restera pas moins incontestable que nulle institution sur la terre n'a fait autant que l'Église pour l'avancement des Sciences, car nulle n'a protégé davantage les savants et plus encouragé leurs travaux.

Dans une prochaine étude, suite naturelle de celle-ci, nous considérerons le rôle de l'Église dans la culture intellectuelle à l'époque de la Renaissance et dans les siècles suivants. Nous y verrons que, dans les temps modernes, comme au moyen âge, elle s'est distinguée par son zèle pour la Science, et que, alors aussi, les plus grands savants furent chrétiens.

TABLE DES MATIÈRES

INTRODUCTION

AVANTAGES PRÉSENTÉS PAR L'ÉTUDE DE L'ÉVOLUTION SCIENTIFIQUE DE L'ESPRIT HUMAIN.

1) Sublimes émotions des hommes de génie lorsque, après de longues et pénibles recherches, ils parviennent à découvrir une vérité ignorée avant eux. L'Histoire des Sciences nous fait participer à cette joie et à ce ravissement 1

2) Le lever du soleil des intelligences, au milieu des ténèbres répandues sur l'humanité, n'est pas moins admirable que celui de l'astre du jour commençant sa course et dissipant l'obscurité de la nuit. De ce que maintenant ses clartés sont plus vives, on n'est pas en droit de mépriser ses premières lueurs et de se croire en plein midi 5

3) Attrait spécial des études de ce genre pour le catholique. Les vrais savants n'ont jamais refusé de se mettre à genoux. Il importe de ne pas l'oublier et de le répéter hautement à ceux qui prétendent faire de la Science le monopole de l'incrédulité. Plan et division de cet ouvrage. 8

PREMIÈRE PARTIE

HISTOIRE DES SCIENCES ET DES SAVANTS DE L'ANTIQUITÉ.

Considérations préliminaires 13

CHAPITRE PREMIER

LES CALCULATEURS DANS L'ANTIQUITÉ.

§ I. — **Leur manière d'écrire les nombres et de les compter.**

1) Notation par barres : Phéniciens, anciens Chinois, Étrusques et Romains; notation par lettres : Hébreux et Grecs 16

2) Numération : Archimède est le premier à l'étendre au delà de dix mille, vers le IIIe siècle avant notre ère. A quel propos il fut amené à la compléter. Critique de son système : il manque de régularité; mais, très ingénieux, il contient en germe la théorie des logarithmes. Perfectionnements introduits par Apollonius de Perga 23

§ II. — **Les Opérations fondamentales du Calcul.**

1) Pourquoi l'Arithmétique végétait encore tandis que la Géométrie était déjà florissante. Parmi les causes principales de ce long retard, on doit signaler : d'abord, l'habitude des anciens de ne raisonner que sur les

grandeurs concrètes, et jamais sur des nombres; ensuite, l'impossibilité d'exprimer, avec une exactitude suffisante, les quantités incommensurables, à l'aide d'une numération tronquée, s'appliquant seulement aux nombres entiers.   28

2) Époque à laquelle le Calcul numérique a commencé à devenir l'auxiliaire des recherches scientifiques. Son introduction en Géométrie par l'évaluation du rapport de la circonférence au diamètre. Méthode d'Archimède pour trouver la valeur de π. Remarques à ce sujet. . . .   31

3) Comment par le moyen de considérations d'ordre géométrique, les anciens établirent la théorie des opérations fondamentales de l'Arithmétique : la multiplication, la division, et l'extraction des racines . .   34

4) Parallèle entre l'application de la Géométrie à l'Arithmétique dans l'Antiquité, et l'application de l'Algèbre à la Géométrie dans les temps modernes. Les liens existant entre la Science des nombres et celle des grandeurs, longtemps ignorés, puis soupçonnés à peine, ne sont mis en pleine lumière qu'après un travail de près de deux mille ans . . .   37

§ III. — Divagations pythagoriciennes au sujet de la Philosophie des Nombres.

1) Tentatives de Pythagore dans le but d'expliquer, par de simples combinaisons numériques des atomes constitutifs des êtres, la diversité des phénomènes naturels. Un éclair de génie lui fait apercevoir les merveilles de la Physique mathématique ; mais, n'ayant pas su profiter de cette lumière fugitive, il s'égare dans des voies détournées   40

2) Ses erreurs sur les propriétés chimériques des nombres : l'unité, la dyade, la triade... ; le nombre nuptial ; les nombres carrés et oblongs, triangulaires et polygonaux, plans et solides, circulaires et sphériques, abondants et déficients, etc... Les Arithméticiens s'efforcent de se rapprocher des Géomètres : ceux-ci les repoussent avec dédain.   42

§ IV. — La Philosophie numérique de Pythagore dans l'École Platonicienne et chez les Pères de l'Église.

1) Dans les qualités occultes attribuées aux nombres par Pythagore, Platon trouve le germe de ses « idées premières, ou prototypes ». *Quidquid a Platone dicitur, vivit in Augustino.* Par l'intermédiaire de l'École néo-platonicienne cette Philosophie des *nombres* passe à saint Augustin, qui l'introduit en Mystique et en Exégèse. Divers exemples d'explications mathématico-scripturaires : les quarante jours de jeûne et les trente-huit ans de maladie ; les dimensions de l'arche de Noé, etc.   47

2) Le pape saint Grégoire le Grand et les nombres de la Sainte-Écriture. Pourquoi, d'après lui, les richesses de Job s'élevaient à mille paires de bœufs, mille ânesses, six mille chameaux et quatorze mille brebis ? Les cent cinquante-trois gros poissons de la pêche miraculeuse. Tous les chemins conduisent à Rome. L'Exégèse ancienne et l'Exégèse contemporaine. Ces saints Docteurs n'en demeurent pas moins les plus grands génies de leur siècle.   53

CHAPITRE SECOND
LES GÉOMÈTRES DE L'ANTIQUITÉ.

§ I. — Notions générales.

1) Objet de la Géométrie élémentaire ; ses procédés et ses auxiliaires.

Combien de théorèmes intéressants reposent sur la simple notion de la ligne droite et du cercle. 60

2) L'etude des Sections coniques, transition naturelle entre la Géométrie élémentaire et la Géométrie transcendante. Objet de celle-ci ; ses moyens d'action. Analyse et synthèse géométriques. 62

§ II. — Les Législateurs de la Géométrie élémentaire.

1) Dès le VIIe siècle avant J.-C., les éléments de Géométrie étaient enseignés régulièrement dans l'École ionienne fondée par Thalès de Milet. Nombreuses et importantes propositions connues dès lors. Pythagore, au VIe siècle, découvre les propriétés du carré construit sur l'hypoténuse d'un triangle rectangle. La quadrature des lunules par Hippocrate de Chios, au Ve siècle avant J. C. Il cherche la quadrature du cercle. Problème de la duplication du cube. Volumes de la pyramide et du cône découverts par Eudoxe de Cnide. Mérite de Conon de Samos. . . 64

2) Euclide, au IVe siècle, éclipse tous ses prédécesseurs. Sa réponse au roi Ptolémée Philadelphe qui lui demandait, pour son propre usage, une méthode plus facile. Ses *Éléments de Géométrie* traduits dans toutes les langues, même en chinois et en persan, deviennent, pendant vingt siècles, le manuel obligatoire de tous les étudiants. A notre époque, ils restent encore la base de tous les ouvrages similaires. 67

3) Archimède, le plus grand géomètre de l'antiquité. — Ses découvertes sont encore, à l'heure présente, les plus beaux théorèmes de la Géométrie élémentaire. Il les consigne dans son fameux *Traité de la Sphère et du Cylindre*. Hommage que lui rend son ennemi politique et son admirateur, le général romain Marcellus, en lui construisant un mausolée suivant ses désirs. Conduite, à cet égard, de Cicéron, questeur en Sicile cent cinquante ans après. 71

§ III. — Les Fondateurs de la Géométrie Transcendante.

1) Platon semble, le premier, avoir considéré les Sections coniques ; il introduit la méthode analytique dans la Science des grandeurs. Ses disciples formulent la théorie des lieux géométriques, et démontrent plusieurs propositions fort importantes sur l'ellipse, la parabole et l'hyperbole. 74

2) Travaux d'Archimède sur le même sujet : ils sont couronnés du succès le plus étonnant. Il trouve la quadrature de la parabole. Sa merveilleuse habileté dans les cas les plus complexes et les plus difficiles. Quelques exemples frappants, où, pour suivre son argumentation, on a besoin absolument de recourir au Calcul algébrique. Il pose les bases de l'Analyse infinitésimale ; il découvre des théorèmes d'un ordre si relevé que, dans l'impossibilité de les comprendre, plusieurs géomètres du XVIIe siècle les avaient jugés faux. Mais le Calcul différentiel et le Calcul intégral ont ensuite donné raison à Archimède, et fait resplendir d'un plus vif éclat son incomparable génie. Mot de Leibniz. 76

3) Apollonius de Perga marche sur les traces glorieuses d'Archimède. On lui donne le nom de Grand à cause de la beauté de son *Traité sur les Coniques*. Ses découvertes nombreuses. De lui nous viennent les termes employés encore, de nos jours, dans la Géométrie analytique. Il semble, lui aussi, avoir connu le Calcul infinitésimal et s'en être servi. Comme Archimède, il mérite un rang distingué parmi les génies dont le monde a le droit d'être fier. 88

§ IV. — L'Inventeur de la Trigonométrie.

1) Les immenses travaux astronomiques d'Hipparque le poussent à chercher un procédé plus puissant pour ses gigantesques calculs. Il invente la double Trigonométrie rectiligne et sphérique, vers le commencement du Ier siècle avant J.-C. Dès le début, il la constitue sur ses véritables bases et dans ses parties essentielles. 92

2) Elle est perfectionnée ensuite par Ménélaüs et Ptolémée. . . 96

3) La Trigonométrie sphéroïdique pour les triangles tracés sur un ellipsoïde de révolution. 97

CHAPITRE TROISIÈME
LES ALGÉBRISTES DE L'ANTIQUITÉ.

§ I

Diverses opinions des auteurs relativement à l'existence d'une Algèbre à cette époque. Quels furent son caractère primitif et l'étendue de son domaine ? 99

§ II

Pourquoi les anciens Algébristes n'ont-ils pas inventé des signes abréviatifs analogues aux nôtres ? La Science et le langage scientifique. 104

§ III

Ce que serait devenue l'Algèbre, si, considérée dès le principe comme Science à part, elle s'était développée au temps où la Géométrie était si florissante sous Archimède et Apollonius. Pourquoi fallut-il attendre, deux mille ans environ, son véritable épanouissement 107

§ IV

La décadence de l'Algèbre et de la Géométrie dans les siècles suivants. Grecs et Romains, au point de vue scientifique. Aveu de Cicéron. 110

CHAPITRE QUATRIÈME
L'ASTRONOMIE DANS L'ANTIQUITÉ.

§ I. — La Mesure du Temps.

1) Le Gnomon, le plus ancien des instruments d'observation servit, dans les siècles les plus reculés, à trouver la méridienne du lieu, et à déterminer l'époque des solstices, l'obliquité de l'écliptique et celle de l'équateur par rapport à l'horizon. 114

2) Origine des cadrans solaires ; leurs diverses espèces : perfectionnements apportés peu à peu à leur construction. 116

3) L'année chez les anciens peuples : Égyptiens, Syriens, Phéniciens, Chaldéens et Perses ; Juifs, Grecs et Carthaginois. Années solaires, lunaires et luni-solaires. Confusion inexprimable ; les cycles de Méton, de Calippe et d'Hipparque. Les Romains sont encore plus embarrassés : Romulus et Numa ; calendrier julien. 118

§ II. — Constitution de l'Univers d'après les anciens.

1) Système héliocentrique. Enseignement de Pythagore sur la rotation diurne de la Terre ; doctrine de ses disciples sur sa révolution annuelle

autour du Soleil. La Pluralité des Mondes habités : sentiment de Cicéron
et de Sénèque.................................... 128
  2) Système géocentrique. Ptolémée ; les épicycles, les excentriques et
les cercles déférents............................... 133

§ III. — Grandeur de l'Univers d'après les anciens.

  1) Connaissance de la forme et des dimensions de la Terre. Aristote
se trompe de beaucoup. Les calculs d'Ératosthènes sont, au contraire,
d'une surprenante exactitude......................... 137
  2) Dimensions relatives des astres ; leurs distances respectives. Travaux d'Aristarque de Samos et d'Hipparque............. 140
  3) Cartes uranographiques et globes célestes. Mesure précise de l'obliquité de l'écliptique............................ 142
  4) État florissant de l'Astronomie. Plusieurs de ses observations, vieilles de vingt siècles, nous sont encore précieuses, et ont beaucoup contribué aux progrès merveilleux de la Science contemporaine. Gé. d'Hipparque.. 144

CHAPITRE CINQUIÈME
LA MÉCANIQUE DANS L'ANTIQUITÉ.

  Mécanique pratique. Invention de la vis et de la poulie. Mécanique théorique. Archimède en est le véritable fondateur ; ses écrits sur les centres de gravité et sur les conditions d'équilibre du levier : « Donnez-moi un point d'appui et je soulèverai le monde ». Curieux calcul à ce sujet. Combien il aurait fallu de temps à Archimède pour soulever la Terre d'un décimètre seulement...................... 147

CHAPITRE SIXIÈME
LA PHYSIQUE ET LA CHIMIE DANS L'ANTIQUITÉ.

  1) Hydrostatique et Pesanteur. Acoustique ; expériences des Pythagoriciens sur les vibrations des corps sonores. Optique ; réflexion et réfraction de la lumière. Électricité : l'ambre jaune................. 151
  2) Chimie. Histoire naturelle ; Botanique et Zoologie....... 154

DEUXIÈME PARTIE
HISTOIRE DES SCIENCES ET DES SAVANTS DU MOYEN AGE.

CHAPITRE PREMIER
CONSIDÉRATIONS GÉNÉRALES SUR L'ACTION DE L'ÉGLISE AU MOYEN AGE POUR LA CULTURE DES SCIENCES.

§ I. — Les Précurseurs du moyen âge.

  1) Accusations mal fondées contre l'Église : on lui reproche de n'avoir pas su recueillir le précieux héritage scientifique légué par l'antiquité. On oublie que la société païenne est elle-même la cause de la décadence des Sciences et des Lettres. L'empire romain par ses orgies et son abso-

lutisme avait exercé une influence néfaste sur la culture intellectuelle Avant d'instruire cette société agonisante, l'Église devait, tout d'abord, la guérir et la ressusciter. Elle le fit en lui infusant un nouveau sang, le sang de ses fils et de ses martyrs. 160

2) Ère glorieuse des saints Pères. Ils furent, même dans l'ordre naturel, au courant de toutes les connaissances de leurs contemporains. Plusieurs s'essayèrent, non sans succès, à l'étude de la Science comparée. 162

§ II. — Obstacle au développement des Sciences: les Barbares.

1) Invasion des Barbares; les Vandales, les Huns, les Hérules, les Goths, les Ostrogoths, les Normands se précipitent, tour à tour, sur l'empire romain, et s'en disputent les lambeaux. Partout règnent, avec le carnage le plus effroyable, le désordre et la confusion. 164

2) Mission régénératrice de l'Église. Elle entreprend l'œuvre surhumaine de la conversion des Barbares. Avant de leur enseigner les Mathématiques et les autres Sciences spéculatives, elle pensa qu'il fallait les civiliser. Au lieu d'en faire des savants, elle en fit des agriculteurs. A-t-elle eu tort? N'était-ce pas le meilleur moyen de transformer leur naturel farouche, en les attachant au sol? En leur donnant une patrie, elle déracinait de leur cœur le désir de la vie nomade et l'amour de la destruction. Rôle des moines dans le défrichement de l'Europe. En attendant de pouvoir reparaître au grand jour, la Science trouve un asile dans le sanctuaire et dans le cloître. 168

§ III. — Autre obstacle au développement des Sciences: le Mahométisme.

1) Origine du Mahométisme. Il se propage rapidement par l'imposture et la violence. Il envahit l'Espagne, la France, une partie de l'Italie, toutes les îles de la Méditerranée et le midi de l'Europe. Danger imminent pour les nations chrétiennes. Ambition des califes: leur désir de faire de Rome, comme de Jérusalem ou de Damas, une ville musulmane, et de remplacer sur ses coupoles la croix par le croissant. 173

2) Opposition radicale entre l'Islamisme et la vraie civilisation. Le Coran a-t-il quelque mérite littéraire? Comment il a été rédigé. Ses erreurs; sa morale immonde; son ciel!... L'Islamisme salit tout ce qu'il touche, et paralyse ou détruit toutes les énergies. Les nations qu'il régit, sont irrémédiablement vouées à la décadence sociale et morale, à l'apathie et à la mort. 177

3) Exagérations de certains auteurs au sujet de la prétendue culture intellectuelle des Arabes. Incendie injustifiable de l'immense et si riche bibliothèque d'Alexandrie, par les ordres du calife Omar. Ignorance des Arabes, obligés de recourir aux Chrétiens pour la tenue des registres de la comptabilité publique, et pour le traitement des maladies, quoiqu'on leur ait supposé un grand talent médical. Inanité de leur Philosophie. L'architecture arabico-espagnole, plagiat inintelligent de l'architecture hispano-romaine et latino-byzantine. 183

§ IV. — Les connaissances scientifiques sont-elles venues aux Chrétiens par les Arabes ou aux Arabes par les Chrétiens?

1) Les Chrétiens n'ont pas eu besoin des traductions arabes pour lire les auteurs grecs. Depuis les premiers siècles de l'Église, la langue grecque

était répandue en Occident ; elle fut enseignée dans les écoles monastiques d'Espagne, d'Italie, de France, d'Angleterre et d'Allemagne, longtemps avant les invasions des Sarrasins. 198

2) C'est, au contraire, au moyen des traductions faites par les moines de Syrie, que les Arabes ont eu connaissance des auteurs grecs de l'antiquité. Très probablement aucun musulman, et certainement aucun Arabe d'Espagne n'a su le grec. Témoignage de M. Renan ; mensonges de plusieurs historiens 206

§ V. — Appendice sur les Palimpsestes et la Féodalité.

1) Les palimpsestes... Exagérations malveillantes. Facile justification. 210

2) Les princes barbares devenus seigneurs féodaux apportent, eux aussi, un nouvel obstacle à la culture des Lettres et des Sciences. 213

3) CONCLUSION. On a bien tort de reprocher à l'Église de n'avoir pas fait davantage au moyen âge. Son œuvre civilisatrice, poursuivie malgré tant de difficultés, est plus qu'un travail humain. 214

CHAPITRE SECOND

LES CALCULATEURS AU MOYEN AGE.

§ I. — La Notation numérique et la Numération.

1) Nécessité d'un système régulier et complet de numération écrite et parlée. Il se propage, enfin, en Occident, pendant le moyen âge. Importance de cet événement. Nous n'en sommes redevables, ni aux Grecs, ni aux Romains, ni aux Arabes ; mais, ou bien aux Hindous, ou bien aux savants chrétiens eux-mêmes. 216

2) Époque de l'introduction des chiffres et de la numération décimale en Europe. Longtemps avant l'invasion des Arabes, les Chrétiens d'Occident s'en servaient. Au Ve siècle, l'illustre Boèce en usa le premier, et peut-être en fut-il le véritable inventeur. Plus tard, Gerbert travailla efficacement à la diffusion du système 220

3) Différents genres de numération. La numération décimale est-elle essentielle à l'homme, comme le dit Aristote ? La raison invoquée par le philosophe de Stagire ne serait-elle pas autant et plus péremptoire en faveur de la numération duodécimale ? Les numérations binaire, septenaire, vigésimale, etc. L'influence de ces nomenclatures anciennes ne s'est-elle pas fait bizarrement sentir sur le système de numération généralement adopté ? 225

4) Y aurait-il eu quelque profit à fonder la numération sur une autre base que le nombre dix ? Considérations sur les avantages et les inconvénients respectifs des numérations décimale, duodécimale, septenaire et binaire. 229

§ II. — Les Opérations arithmétiques.

1) Traités d'Arithmétique composés à cette époque par les Chrétiens. 236
2) Exemples de problèmes tirés des écrits du vénérable Bède. . 239
3) Récréations mathématiques des moines. Le problème des traversées en bateau ; le loup, la chèvre et les choux ; les trois ménages, etc. 242

CHAPITRE TROISIÈME

LES GÉOMÈTRES DU MOYEN AGE.

§ I. — Diffusion de la Géométrie élémentaire.

1) Chez les Grecs. Pappus et ses *Collections mathématiques* ; la doctoresse Hypathia ; le magicien et géomètre Proclus ; Eutocius et Héron le Jeune. 247

2) Chez les Hindous. Différence de procédés chez les Hindous et chez les Grecs : ceux-ci furent géomètres ; ceux-là, calculateurs. Travaux d'Aryabhata et de Brahma-Gupta. Malgré leur valeur, ils ne méritent pas les éloges exagérés qu'on en a faits parfois. 251

3) Chez les Arabes. Mohammed-Ben-Musa-Ben-Schaker ; Thébit-Ben-Corrah-Ben-Haroun. — Même remarque que pour les Hindous . . 256

4) Chez les Chrétiens. Boèce, dès le v° siècle, traduit Euclide et le fait connaître à l'Occident. Il compose lui-même une Géométrie et divers Traités de Mathématiques, admirés par les savants venus ensuite. Les moines Cassiodore en Italie, Bède en Angleterre, Alcuin en France, Raban Maur en Allemagne, cultivent avec succès la même Science. Puis, vient Gerbert, le futur pape Sylvestre II. Valeur de son Traité de Géométrie. Léonard de Pise, le franciscain Roger Bacon, le chanoine Campanus de Novarre, le dominicain Léonard de Pistoie, Georges Valla, le franciscain Lucas de Burgo continuent ces belles traditions. — On le voit, les Chrétiens du moyen âge n'ont pas à redouter d'être mis en parallèle avec les Arabes ou les Hindous. 257

§ II. — Assoupissement de la Géométrie Transcendante.

Pappus et le théorème de Guldin. 268

§ III. — Usage de la Trigonométrie.

1) Chez les Hindous. Singulière méthode suivie par Aryabhata dans la formation de sa Table des Sinus. 270

2) Chez les Arabes. Ils copient les Hindous. Emploi des tangentes ou ombres. Duplicité dans la manière d'écrire l'Histoire. 272

3) Chez les Chrétiens d'Occident. Gerbert, Campanus, le cardinal de Cusa, Purbach, Régiomontanus, ou Jean Müller, Jean Werner. . . 274

CHAPITRE QUATRIÈME

LES ALGÉBRISTES DU MOYEN AGE.

§ I

Résumé des considérations faites au sujet de l'Algèbre, dans la première Partie. 281

§ II. — Chez les Grecs.

1) L'Algèbre reste dépendante des Sciences inférieures. 283

2) Le plus ancien des algébristes grecs, Diophante. Ses expressions ; les opérations fondamentales ; la règle des signes. En est-il l'inventeur ? Sa curieuse manière de résoudre les problèmes. Ne connaissait-il pas les méthodes générales, plus qu'il ne le dit ?. 285

§ III. — Chez les Hindous.

1) A l'encontre des Grecs, ils eurent une Algèbre indépendante de leur Géométrie ; mais il est difficile de préciser jusqu'à quel degré de perfection ils l'ont poussée. Leurs méthodes n'ont pas le caractère de la généralisation ; elles procèdent par artifices de calcul, chinoiseries et casse-tête. 295

2) Écrits algébriques des Hindous. D'une extrême obscurité et condensés en sentences apocalyptiques, ils sont, parfois, absolument inintelligibles. 297

§ IV. — Chez les Arabes.

1) Origine du mot Algèbre. Rapports entre cette Science et la Chirurgie. 299

2) Écrits algébriques des Arabes. Incohérences. Solutions par casse-tête. Les Arabes, en Algèbre, ont tout reçu des Hindous, mais ils ne les ont pas dépassés. 300

§ V. — Chez les Chrétiens.

1) Jean de Séville ; Fibonacci ou Léonard de Pise ; Jordanus Nemorarius ; le chanoine Jean de Muris ; les moines Planude et Barlaam ; Régiomontanus et le franciscain Lucas de Burgo. 303

2) Notations algébriques usitées à cette époque. 306

CHAPITRE CINQUIÈME
L'ASTRONOMIE AU MOYEN AGE.

§ I. — La Mesure du temps.

1) La Chronologie et les calendriers. Travaux de Denys le Petit. A lui est due la pensée de compter toutes les dates à partir de la naissance de N. S. J.-C. Il fait adopter ce projet par les nations de l'Europe. Étrange lutte en France entre le roi et le parlement. Les *Éphémérides* du vénérable Bède. Roger Bacon demande la réforme du calendrier julien dont il fait une sévère critique. 308

2) Les cadrans solaires et les horloges. Le vénérable Bède compose un Traité de Gnomonique très apprécié. Le premier, il en réunit les lois en un corps de doctrine. Le gnomon gigantesque de Toscanelli, à Florence. 316

§ II. — Constitution de l'Univers d'après les écrivains du moyen âge.

1) Connaissance de notre planète. Division en cinq zones. Sans se renfermer, comme les Arabes, dans des spéculations purement théoriques, les Chrétiens, non contents d'évaluer la longueur du méridien, entreprennent de faire le tour du globe. 318

2) Connaissance du ciel physique. Traités de Raban Maur, de Sacro-Bosco, de Roger Bacon, de Gérard de Sabbionetta. Tables alphonsines. Purbach et Régiomontanus. 320

§ III. — Comparaison entre la science astronomique des Chrétiens et celle des Arabes.

1) Conclusions d'Al-Bategni, le plus illustre des astronomes musulmans. Ses instruments et ceux de Gerbert. 323

2) Les Arabes n'ont pas observé par eux-mêmes. Ils furent surtout as-

trologues, et ils considérèrent les astres principalement pour deviner les secrets de l'avenir. Tous, ils ont cru aux cieux de cristal, et ont coopéré à embrouiller encore davantage le système, déjà bien assez compliqué, des sphères emboîtées les unes dans les autres.................. 325

3) La découverte du système héliocentrique est due uniquement aux Chrétiens.. 328

CHAPITRE SIXIÈME

LA MÉCANIQUE AU MOYEN AGE.

Appareils en usage pour soulever les fardeaux. Horloges à roues, remarquables par leur grandeur, leur précision et la délicatesse de leur mécanisme. Transport des édifices; redressement des tours penchées. 329

CHAPITRE SEPTIÈME

LA PHYSIQUE AU MOYEN AGE.

§ I. — Les Gaz, les Liquides et la Pesanteur.

Expériences d'Anthémius; les clepsydres de Boèce et sa théorie des puits artésiens; les orgues hydrauliques de Gerbert.......... 332

§ II. — L'Optique.

Les lunettes de conserve; le microscope et le télescope décrits dans les œuvres de Bacon. Phénomène de la vision et étude de l'œil. Réflexion et réfraction de la lumière................................ 333

§ III. — L'Acoustique.

Théorie mathématique de la Musique exposée avec une surprenante exactitude par Boèce. Nature du son; accords parfaits et dissonants. Le moine Obdoramne, au xie siècle, traite les mêmes questions, avec non moins de succès................................ 336

§ IV. — Le Magnétisme.

Découverte de la boussole. Les anciens peuples, Grecs, Phéniciens ou Chinois, l'ont-ils connue? Cela paraît peu probable. Les premières applications en furent faites à l'époque des croisades. L'inventeur est-il français, italien ou anglais? Passage curieux du poète Guyot de Provins, du xiiie siècle. Variations diurnes de l'aiguille aimantée...... 338

CHAPITRE HUITIÈME

LA CHIMIE AU MOYEN AGE.

§ I. — Chez les Arabes.

1) Geber-Abou-Moussah, fondateur de l'École des alchimistes arabes compose un ouvrage sur la transmutation des métaux. Recherche de la pierre philosophale et de l'élixir de longue vie............ 343

2) Les successeurs de Geber-Abou-Moussah............ 344

§ II. — Chez les Chrétiens.

1) Avant le xiiie siècle........................ 345

2) Albert le Grand. Ses écrits et ses découvertes. A cause d'elles, plusieurs de ses contemporains l'accusent de magie............ 346

3) Roger Bacon. Ses nombreux écrits ; ses procédés, ses découvertes. On le prend aussi pour un magicien en commerce habituel avec le diable. Légende sur la tour d'Oxford. Sublimes intuitions et pressentiments prophétiques de Roger.......... 318

4) Arnaud de Villeneuve. Ses écrits et ses découvertes..... 353

5) Raymond Lulle. Sa vie extraordinaire, presque fabuleuse et romanesque. Son désir de convertir les Arabes, au moyen de la Science. Nombre étonnant de ses ouvrages dans tous les genres. Étendue de ses connaissances en Chimie.......... 354

6) Les chimistes chrétiens après Raymond Lulle. Saint Thomas d'Aquin et le Traité des Minéraux. Le premier, il se sert du mot *amalgame*. Le moine Basile Valentin et ses importants travaux sur l'antimoine, en vue de la Thérapeutique. Eck de Sulzbach et l'arbre de Diane. Le chanoine Ripley.......... 362

CHAPITRE NEUVIÈME

LA MÉTHODE EXPÉRIMENTALE AU MOYEN AGE.

§ I. — **Jugements contradictoires sur le chancelier Bacon de Vérulam.**

1) Témoignages des auteurs lui attribuant la découverte de la méthode expérimentale : Hooke, Voltaire, d'Alembert, Reid........ 366

2) Témoignages opposés : Laplace, Stanley Jevons, Draper... 368

§ II. — **La méthode expérimentale avant le chancelier Bacon.**

1) Elle apparaît, dès le xe siècle.......... 369

2) Elle est exposée complètement dans les œuvres de Roger Bacon, au XIIIe.......... 370

§ III. — **Conséquence du paragraphe précédent.**

L'emploi de la méthode expérimentale, durant le moyen âge, a permis aux Chrétiens et aux moines d'être les véritables fondateurs de la Chimie.......... 375

CHAPITRE DIXIÈME

LES ENCYCLOPÉDISTES DU MOYEN AGE.

§ I. — **Considérations générales sur les Encyclopédies.**

1) Ce qu'est une Encyclopédie. Son utilité et son but...... 377

2) Rapide coup d'œil sur les Encyclopédies anciennes et leurs auteurs. Chez les Grecs : Aristote, Stobée, Suidas ; chez les Romains : Varron et Pline ; chez les Hindous : Les Védas et les Pouranas ; chez les Chinois : les Livres sacrés.......... 380

3) Une Encyclopédie doit-elle être synthétique ou analytique? Un mot, à ce sujet, sur la trop fameuse Encyclopédie du XVIIIe siècle. Avantages et inconvénients de l'ordre alphabétique. Différence, sous ce rapport, entre les Encyclopédies modernes et celles du moyen âge. Imperfection inévitable à toute entreprise de ce genre.......... 390

§ II. — **Saint Isidore de Séville.**

1) Sa vie, ses vertus et ses œuvres.......... 396

2) Son Encyclopédie en vingt Livres : les *Étymologies*, ou *Origines*. Plan général. Aperçu sur chacun des vingt Livres 401

§ III. — Le vénérable Bède.

1) Sa vie au monastère de Yarrow. Son immense réputation de science et de sainteté. Les tendresses de l'amitié alliées, chez lui, à l'austérité. Touchants détails sur ses derniers instants. Son culte. 419
2) Ses nombreux ouvrages. 427
3) Son Encyclopédie surprenante lui vaut le titre de *Père de la science anglaise*. 430

§ IV. — Le bienheureux Raban Maur.

1) Sa vie et ses œuvres. 438
2) Son Encyclopédie *De Universo libri viginti duo* 441

§ V. — Hugues de Saint-Victor.

1) Sa vie. 443
2) Ses travaux encyclopédiques. Programme d'études des écoles monastiques du XIIe siècle. 445

§ VI. — Les femmes instruites du moyen âge ; Encyclopédie de sainte Hildegarde.

1) Fondation de l'Université d'Oxford par des religieuses anglaises désireuses de rivaliser de zèle avec les moines fondateurs du Collège de Westminster. 447
2) Les religieuses de la Germanie. Sainte Hildegarde. Incroyable étendue de sa science infuse ou naturelle. Étonnante Encyclopédie écrite par une humble vierge consacrée à Dieu. 451

§ VII. — Roger Bacon.

Caractère encyclopédique de ses œuvres. Il expose avec profondeur toutes les Sciences de son temps, et, devançant son époque, il pressent les merveilles de la Science moderne. 454

§ VIII. — Vincent de Beauvais.

1) Sa vie, son mérite et sa modestie. 458
2) Analyse de son Encyclopédie monumentale, le *Speculum Majus*. Première Partie (*Speculum naturale*) description du Monde ; seconde Partie (*Speculum morale*) règles pour la direction de l'esprit et du cœur ; troisième Partie (*Speculum doctrinale*) Arts et Métiers ; quatrième Partie (*Speculum historiale*) Histoire universelle depuis la création jusqu'à l'époque où vivait l'auteur. 459

Conclusion 470
Table des matières. 473

FIN DE LA TABLE DES MATIÈRES

Imprimerie Générale de Châtillon-sur-Seine. — A. Pichat.

www.ingramcontent.com/pod-product-compliance
Lightning Source LLC
Chambersburg PA
CBHW070601230426
43670CB00010B/1370